南明区人民法院
诉源治理研究

吴大华　舒子贵 / 主编

张　可 / 执行主编

RESEARCH ON
LITIGATION SOURCE GOVERNANCE
IN NANMING DISTRICT

————

PEOPLE'S COURT

社会科学文献出版社
SOCIAL SCIENCES ACADEMIC PRESS (CHINA)

主编简介

吴大华　侗族，法学博士后，经济学博士后；贵州省社会科学院原党委书记，贵州省法治研究与评估中心主任、贵州省社会科学院大数据政策法律创新研究中心主任；二级研究员，华中科技大学、云南大学、西南政法大学、贵州民族大学、贵州师范大学博士生导师；国家哲学社会科学领军人才、全国文化名家暨"四个一批"人才、国务院政府特殊津贴专家、贵州省核心专家。主要研究方向：刑法学、民族法学（法律人类学）、犯罪学、马克思主义法学、循环经济。主要社会兼职有：中国法学会常务理事、中国法学会民族法学研究会常务副会长、中国人类学民族学研究会法律人类学专业委员会主任委员、贵州省法学会副会长兼学术委员会主任，以及贵州省人大常委会、贵州省人民政府法律顾问室、贵州省高级人民法院、贵州省人民检察院咨询专家。

先后出版《中国少数民族犯罪与对策研究》《依法治省方略研究》等个人专著13部，合著《法治中国视野下的政法工作研究》《侗族习惯法研究》等38部，主编23部；发表法学论（译）文300余篇；主持国家社会科学基金重大项目"建设社会主义民族法治体系、维护民族大团结研究"、国家社会科学基金重点项目"国家制度和国家治理地方实践经验研究"等国家级科研课题6项，"中国少数民族传统法律文化及其现代转型研究"等省部级科研课题10余项。

舒子贵　土家族，中共党员，贵州大学法学学士，四川大学法律硕士，三级高级法官。2016年9月至2021年2月任贵州省清镇市人民法院党组书记、院长，2021年2月至今任贵州省贵阳市南明区人民法院党组书记、院长。

编委简介

执行主编

张　可，贵州省社会科学院法律研究所副研究员，法学博士

编委成员

王　平，贵阳市南明区人民法院党组成员、副院长

杨小菠，贵阳市南明区人民法院党组成员、副院长

韦　娟，贵阳市南明区人民法院副院长

杨　志，贵阳市南明区人民法院党组成员、政治部主任

向　阳，贵阳市南明区人民法院党组成员、执行工作局局长

周凌蔚，贵阳市南明区人民法院党组成员、审判委员会专职委员

何　骧，贵阳市南明区人民法院审判委员会专职委员

廖　芳，贵阳市南明区人民法院立案庭副庭长

马　倩，贵阳市南明区人民法院审判管理办公室副主任

胡　静，贵阳市南明区人民法院审判管理办公室二级法官助理

吴月冠，贵州省社会科学院法律研究所副所长，研究员

王　飞，贵州省社会科学院法律研究所研究员，法学博士

摘　要

　　党的十八大以来，以习近平同志为核心的党中央高度重视从源头上解决矛盾纠纷、推进基层治理体系和治理能力现代化。习近平同志在党的二十大报告中指出，在社会基层坚持和发展新时代"枫桥经验"，完善正确处理新形势下人民内部矛盾机制，加强和改进人民信访工作，畅通和规范群众诉求表达、利益协调、权益保障通道，完善网格化管理、精细化服务、信息化支撑的基层治理平台，健全城乡社区治理体系，及时把矛盾纠纷化解在基层、化解在萌芽状态。

　　贵阳市南明区人民法院作为省会城市中心城区人民法院，在党委领导和上级法院指导下，大力推动形成"党政主抓、法院主推"的诉源治理大格局，构筑源头预防联动解纷、诉调对接依法解纷、案源治理实质解纷的"全链条"诉源治理模式。贵阳市南明区人民法院通过紧扣党委引领"一条主线"，夯实院本部和法庭"两个阵地"，守好调解优先、裁判断后"两个端口"，加强跨部门协调互动，创新发挥审判专业职能，发挥基层人民法庭堡垒作用，坚持诉非分流与诉调分流联合发力，做强速裁快审快执基本功，注重数字技术赋能诉源治理等举措，保障诉源治理高效顺畅运行，取得了宝贵的经验和启示。

　　本书系统地展现了近年来贵阳市南明区人民法院坚持以习近平新时代中国特色社会主义思想为指导，深入践行习近平法治思想，聚焦诉源治理创新，梳理总结经验做法，研究诉源治理实践中遇到的问题，从法庭建设、理论探究、实务调研、宣传报道和工作纪实等方面多角度、全方位地呈现贵阳市南明区人民法院在诉源治理创新工作中取得的成就，同时也在诉前调解、司法确认、大型社区治理、"无讼"建设、司法大数据、智慧法院等方面提出有益的对策与建议，更好地将研究成果转化为人民法院推进诉源治理创新的可行性举措。

关键词：贵阳市南明区　人民法院　诉源治理　矛盾纠纷化解　"枫桥经验"

Abstract

Since the 18th National Congress of the Communist Party of China, the CPC Central Committee with Comrade Xi Jinping at its core has attached great importance to resolving conflicts and disputes from the source and promoting the modernization of grass-roots governance systems and capabilities. Comrade Xi Jinping pointed out in the report to the Twentieth National Congress of the Communist Party of China that we should adhere to and develop the "Fengqiao Experience" in the new era at the grass-roots level, improve the mechanism for correctly handling contradictions among the people in the new situation, strengthen and improve people's petition work, unblock and standardize the channels for the expression of people's demands, the coordination of interests, and the protection of rights and interests, improve the grass-roots governance platform with grid management, refined services, and information support, improve the urban and rural community governance system, and timely resolve conflicts and disputes at the grass-roots level and in the bud.

As a people's court in the central urban area of the provincial capital city, Nanming District People's Court of Guiyang City, under the leadership of the Party Committee and the guidance of the higher-level court, vigorously promotes the overall pattern of litigation source governance with "Party and government leadership, court leadership", and constructs a "full chain" litigation source governance model of source prevention, linkage and resolution, litigation and mediation coordination and legal resolution, and substantive resolution of case source governance. By closely following the main line led by the Party Committee, consolidating the "two battlefields" of the hospital headquarters and the court, guarding the two ports of "mediation priority and judgment after judgment", strengthening cross departmental coordination and interaction, innovating the

3

professional functions of trial, playing the role of grassroots people's courts as fortresses, adhering to the joint efforts of litigation non litigation and litigation mediation diversion, strengthening the basic skills of fast arbitration, fast trial, and fast execution, focusing on digital technology empowering litigation source governance, and ensuring the efficient and smooth operation of litigation source governance, valuable experience and inspiration have been obtained.

This book systematically shows that in recent years, the People's Court of Nanming District of Guiyang City has adhered to the guidance of Xi Jinping's thought of socialism with Chinese characteristics for a new era, deeply practiced Xi Jinping's thought of rule of law, focused on the innovation of litigation source governance, summarized experience and practices, studied the problems encountered in the practice of litigation source governance, and comprehensively presented the achievements of the People's Court of Nanming District of Guiyang City in the innovation of litigation source governance from multiple perspectives, including court construction, theoretical exploration, practical research, publicity reports, and work records. At the same time, it also puts forward useful countermeasures and suggestions for pre litigation mediation, judicial confirmation, large-scale community governance, "no litigation" construction, judicial big data, smart courts, and other aspects, so as to better research The achievements are translated into feasible measures for the people's court to promote the innovation of litigation source governance.

Keywords: Nanming District of Guiyang People's Court; Litigation Source Governance; Contradiction Dispute Resolution; Fengqiao Experience

目 录

I 总报告

II 诉源治理

III 法庭建设

IV　理论探究

V　实务调研

I 总报告

▼

贵阳市南明区人民法院诉源治理：
举措、成效与启示

"贵阳市南明区人民法院诉源治理创新研究" 课题组[*]

摘 要：近年来，贵阳市南明区人民法院在党委领导和上级法院指导下，大力推动形成"党政主抓、法院主推"的诉源治理大格局，构筑源头预防联动解纷、诉调对接依法解纷、案源治理实质解纷的"全链条"诉源治理模式。通过紧扣党委引领"一条主线"，夯实院本部和法庭"两个阵地"，守好调解优先、裁判断后"两个端口"，加强跨部门协调互动，创新发挥审判专业职能，发挥基层人民法庭堡垒作用，坚持诉非分流与诉调分流联合发力，做强速裁快审快执基本功，注重数字技术赋能诉源治理等举措，保障诉源治理高效顺畅运行，取得了宝贵的经验和启示。

关键词：南明区人民法院 诉源治理 多元解纷 治理能力现代化

一 南明区人民法院诉源治理的背景

（一）诉源治理的背景

以习近平同志为核心的党中央高度重视从源头上解决矛盾纠纷、推进基层

---

* 课题组组长：吴大华，贵州省社会科学院研究员，博士生导师，法学、经济学博士后；舒子贵，贵阳市南明区人民法院党组书记、院长。课题组成员：吴月冠，贵州省社会科学院法律研究所副所长、研究员；王飞，贵州省社会科学院法律研究所研究员，法学博士；张可，贵州省社会科学院法律研究所副研究员，法学博士；孟庆艳，贵州省社会科学院法律研究所副研究员。

治理体系和治理能力现代化。党的十八届四中全会通过的《中共中央关于全面推进依法治国若干重大问题的决定》指出："坚持系统治理、依法治理、综合治理、源头治理，提高社会治理法治化水平"。习近平总书记在 2019 年 1 月中央政法工作会议上强调："要坚持把非诉讼纠纷解决机制挺在前面，从源头上减少诉讼增量"；在 2020 年 11 月中央全面依法治国工作会议上强调："我国国情决定了我们不能成为'诉讼大国'。我国有 14 亿人口，大大小小的事都要打官司，那必然不堪重负！要推动更多法治力量向引导和疏导端用力，完善预防性法律制度，坚持和发展新时代'枫桥经验'，完善社会矛盾纠纷多元预防调处化解综合机制，更加重视基层基础工作，充分发挥共建共治共享在基层的作用，推进市域社会治理现代化，促进社会和谐稳定。"

2021 年 2 月 19 日，中共中央全面深化改革委员会第十八次会议审议通过的《关于加强诉源治理推动矛盾纠纷源头化解的意见》要求，要坚持和发展新时代"枫桥经验"，把非诉纠纷解决机制挺在前面，构建"党委领导、政府主导、多方参与、司法推动、法治保障"工作格局，推动更多法治力量向引导和疏导端用力，加强矛盾纠纷源头预防、前端化解、关口把控，从源头上减少诉讼增量。诉源治理正式上升为国家社会治理领域的重要制度安排。

2022 年 10 月，习近平总书记在党的二十大报告中指出，在社会基层坚持和发展新时代"枫桥经验"，完善正确处理新形势下人民内部矛盾机制，加强和改进人民信访工作，畅通和规范群众诉求表达、利益协调、权益保障通道，完善网格化管理、精细化服务、信息化支撑的基层治理平台，健全城乡社区治理体系，及时把矛盾纠纷化解在基层、化解在萌芽状态。

近年来，在中共南明区委的坚强领导和贵阳市中级人民法院的监督指导下，南明区人民法院大力推动"党政主抓、法院主推"诉源治理大格局，构筑源头预防联动解纷、诉调对接依法解纷、案源治理实质解纷的"全链条"诉源治理模式，努力推动从源头上减少诉讼增量。

（二）南明区人民法院所处区情与法院概况

1.南明区基本区情

南明区是贵州省省会贵阳市的中心城区之一，是省委、省军区所在地，全区总面积 209.34 平方公里，常住人口为 104 万余人，下辖 19 个街道办事处、4 个乡。全区平均海拔高度为 1260 米，年平均日照 1354 小时，为世界上紫外线辐射最低的城市之一；年平均气温 18℃ 左右，其中夏季平均气温 24℃ 左右，年平均降雨量 1200 毫米，富含负氧离子，空气清新，一年中空气质量优良的天数占到 95%，是一个宜聚、宜业、宜居的城区。

南明区地处我国西部地区通向"两广"和东部沿海及出海口的枢纽地带。湘黔、川黔、黔桂、贵昆铁路干线及贵广快速铁路在这里交会，贵阳火车站、贵阳南站、贵阳东站三个铁路大站齐聚区境；贵阳环城高速、贵黄、贵遵、贵新、贵毕等高等级公路以及贵广、厦蓉高速使对外出口畅通无阻，形成了航空、铁路、公路相互连通的立体式交通网络。

2022 年，南明区面对严峻复杂的宏观环境和新冠疫情反复冲击等多重挑战，坚持稳中求进工作总基调，贯彻新发展理念，加快构建新发展格局，推动高质量发展，高效统筹疫情防控和经济社会发展，切实抓好稳经济各项政策举措落实，全区经济实现平稳健康发展。根据区（市、县）生产总值统一核算结果，2022 年全年南明区实现国内生产总值（GDP）1005.43 亿元，同比增长 0.9%。

当前，南明区坚持以习近平新时代中国特色社会主义思想为指导，全面贯彻党的二十大精神，坚决落实习近平总书记视察贵州重要讲话精神，立足新发展阶段、贯彻新发展理念、构建新发展格局，坚持稳中求进工作总基调，以高质量发展统揽全局，守好发展和生态两条底线，统筹发展和安全，围绕"四新"主攻"四化"，聚焦"强省会"五年行动，坚决落实省委"一二三四"工作思路、市委"四主四市"发展方向、区委"六抓六强"工作主线，按照整体发展、持续发展、共同发展的路径，充分发扬新时代南明精神，激发干部队伍、市场主体和辖区群众的积极性、主动性、创造性，推进有为政府、有效市场、有机社会一体建设，着力构建"强南明高质量发展共同体"新发展形态，勇当全市经济发展领跑者、开放合作领头雁、城市建设主力军、治理创新先行者、品质生活引领者，奋力在"强省会"中实现"强南明"，以"强南明"贡献"强省会"。

2. 南明区人民法院基本情况

南明区人民法院成立于 1955 年 5 月，前身是贵阳市法院第三区分庭。

南明区人民法院诉源治理研究

2019 年内设机构改革后，根据省委编办批复，全院有内设机构 10 个，即立案庭（诉讼服务中心）、刑事审判庭、民事审判一庭、民事审判二庭、综合审判庭（行政审判庭）、审判管理办公室（研究室）、执行局、司法警察大队、综合办公室、政治部；派出人民法庭 5 个，即甘荫塘人民法庭、二戈寨人民法庭、花果园人民法庭、永乐人民法庭、双龙人民法庭。全院干警编制数 172 人（政法专项编制 159 人，机关工勤 13 人），现实有法院干警 154 人（政法专项编制 143 人，机关工勤 11 人）。全院员额法官编制 75 名，实有员额法官 51 名，员额法官空编 24 名（2022 年计划遴选 13 名）；法官助理 61 名，司法行政人员 16 名，司法警察 15 名。全院在职在编干警中，男性干警 66 人，女性干警 88 人；中共党员 109 人，占比 71%，35 岁以下干警 19 人，45 岁以下干警 66 人；博士研究生 1 人，硕士研究生 36 人，本科生 117 人。全院现有聘用审判辅助人员（法务助理、书记员、辅警、驾驶员、其他行政人员）合计 289 名（其中省法院聘用制书记员 58 名、自聘人员 193 名、劳务派遣人员 38 名）。法院队伍呈现知识化、年轻化、专业化的特点。

2022 年，南明区人民法院共向特邀调解员或调解组织推送调解案件 17364 件（诉前 16808 件，诉中 556 件），同比上升 50.16%，完成调解 16041 件，调解成功 8303 件（诉前 7834 件，诉中 469 件），同比上升 141.79%，调成率为 51.76%，同比上升 23.8 个百分点，调解平均用时 18.22 天，其中调解成功执行案件 1119 件，当庭履行 237 件。全年新收各类案件 34242 件，同比下降 32%，其中新收民商事案件 18566 件，同比下降 36.5%，结束持续多年的案件增长势头，实现近 1/3 的民商事案件在诉前得以快速成功化解，在 2022 年全市基层法院审判执行业务类绩效考核中列一类地区第一名。

2023 年，南明区人民法院共向特邀调解员和调解组织推送诉前调解案件 22618 件，调解结案 21173 件，调解成功各类案件 10945 件，成功率为 51.69%，平均调解用时 19.79 天。目前，共有 10 个调解组织、232 名调解员进驻南明区人民法院调解平台。

二　南明区人民法院诉源治理的措施及成效

在中共南明区委领导和上级法院指导下，南明区人民法院围绕"人民群众何所求，人民法院何所应"的思路开展诉源治理工作。根据诉讼案件实际情况，南明区人民法院成立以党组书记、院长舒子贵为组长的诉源治理工作领导小组，下设院本部和人民法庭治理两个工作专班，按照"1+2+2"的工作思路和模式，紧扣党委引领"一条主线"，夯实院本部和派出人民法庭"两个阵地"，守好调解先行、裁判断后"两个端口"，进一步促进由被动司法向主动解纷的诉源治理转化，在诉源治理工作中取得了较好的成绩。

（一）紧扣党委引领"一条主线"，增强上层推力，强化制度保障

南明区人民法院认真贯彻落实习近平总书记"坚持将非诉讼纠纷解决机制挺在前面，从源头上减少诉讼增量"的重要指示精神，扎实执行中央和省市区委及上级法院关于加强诉源治理的工作部署和制度要求，在诉源治理工作中坚持党的领导、强化制度保障、展现司法担当。

1.坚持党的领导，主动融入党委和政府领导的诉源治理机制建设

诉源治理是党委和政府领导下的社会治理机制，必须坚持在党委的领导下，有效发挥党委总揽全局、协调各方的核心优势，强化顶层设计和上层推动，统筹各方面力量和各种资源，形成参与诉源治理的合力。自大力开展诉源治理工作以来，南明区人民法院严格落实《最高人民法院关于建设一站式多元解纷机制　一站式诉讼服务中心的意见》提出的法院"主动融入党委和政府领导的诉源治理机制建设"的要求，积极主动融入党委领导、政府主导、多方参与、司法推动、法治保障的诉源治理格局中，不折不扣贯彻落实好党委对诉源治理工作的决策部署，促进形成现代化诉源治理格局。

（1）主动向党委请示汇报诉源治理工作

诉源治理工作开展伊始，南明区人民法院党组向南明区委作专题工作汇报，区委主要领导亲自听取汇报并批示推动，区委政法委多次召开矛盾纠纷

非诉讼解决机制工作会议且到南明区人民法院实地调研,在人员、经费和工作机制上给予了有力支持和保障。南明区委政法委印发《南明区关于加强诉源治理推动矛盾纠纷源头化解的工作方案》,对矛盾纠纷多元化解的平台体系、运行机制、工作保障等作出明确规定,进一步完善和巩固诉源治理工作格局。

（2）不断巩固诉源治理"府院联动"

南明区人民法院积极融入南明区政府"六调联动"工作机制。南明区政府为全面推进矛盾纠纷多元化解工作,探索成立"南明区矛盾纠纷联动调解中心",构建警调对接、诉调对接、访调对接、物调对接、环调对接和家事调解"六调联动"机制,将调解工作下沉到村居、街道,依靠专业力量,积极参与社会治理,化解矛盾纠纷,促进社会和谐。作为"六调联动"机制的联动方之一,南明区人民法院充分利用专业知识和法律赋予的司法权力,为调解工作提供法律咨询服务和司法确认服务,为调解工作的顺利开展、调解协议的高效执行提供法治保障,有效化解社会矛盾,减少诉讼纠纷。协调政府有关职能部门配合诉源治理。南明区人民法院多次与南明区司法局、南明区住建局等政府职能部门协调协作诉源治理事项。南明区司法局印发《南明区司法局关于加强诉源治理推动矛盾纠纷源头化解的工作方案（试行）》,提出"强化人民调解基础性作用、优化公共法律服务配置、加强复议调解力度、引导律师积极参与、开展常态化非诉解纷法治宣传"等工作措施,对南明区司法行政系统诉源治理工作做出进一步的安排部署,满足当事人对纠纷化解方式的多元化需求,助力减少衍生诉讼案件的发生。

2.切实执行上级文件规定,结合南明实际细化形成诉源治理制度体系

（1）严格落实中央和省市区委及上级法院关于加强诉源治理的工作部署和制度要求

认真执行中共中央全面深化改革委员会《关于加强诉源治理推动矛盾纠纷源头化解的意见》、贵州省委平安贵州建设领导小组《贵州省关于加强诉源治理推动矛盾纠纷源头化解的实施意见》、《贵阳贵安关于加强诉源治理推动矛盾纠纷源头化解的实施方案》、《南明区关于加强诉源治理推动矛盾纠纷源头化解的工作方案》以及最高人民法院《关于深化人民法院一站式多元解纷

机制建设推动矛盾纠纷源头化解的实施意见》、贵州省高级人民法院《关于全面加强诉源治理工作推动矛盾纠纷多元化解的实施意见》《全省法院诉源治理工作实施方案》①、贵阳市中级人民法院《贵阳市两级法院关于全面开启"多元解纷直通车"的实施方案》② 等文件规定。

（2）创新细化制定诉源治理工作文件

南明区人民法院制定一系列规范性文件细化落实诉前调解相关规则，包括《特邀调解工作管理方案（试行）》《关于建立特邀调解员管理机制的工作方案》《特邀调解员案件补贴办法（试行）》《诉源治理工作实施方案》《诉调对接工作管理规定（试行）》《关于诉前委托鉴定工作的操作规程》《调解案件补贴办法（试行）》等规范性文件，对调解工作的多个方面进行了细化、规范和指引，促进实现诉调对接实质化。《特邀调解工作管理方案（试行）》提出，邀请依法成立的人民调解、行政调解、商事调解、行业调解及其他具有

---

① 执行的贵州省高级人民法院文件还有：贵州省高级人民法院、中国保险监督管理委员会贵州监管局《贵州省保险纠纷诉调对接工作实施细则（试行）》，贵州省人力资源和社会保障厅、贵州省高级人民法院《关于实施劳动人事争议仲裁与诉讼衔接的若干指导意见》，贵州省高级人民法院、贵州省司法厅《关于开展律师调解试点工作的实施意见》，贵州省高级人民法院、中国人民银行贵阳中心支行《关于建立金融消费纠纷诉调对接工作机制的指导意见》，贵州省高级人民法院、贵州省工商业联合会《关于发挥商会调解优势推进民营经济领域多元化解机制建设的实施意见》，贵州省高级人民法院《关于民商事案件繁简分流和调解速裁实施办法（试行）》，贵州省高级人民法院、贵州省发展和改革委员会、贵州省司法厅《关于贯彻落实〈最高人民法院国家发展和改革委员会司法部关于深入开展价格争议纠纷调解工作的意见〉的通知》，贵州省高级人民法院、贵州省归国华侨联合会《关于开展涉侨纠纷在线诉调对接工作的实施意见（试行）》，贵州省高级人民法院、中国证券监督管理委员会贵州监管局《建立证券期货纠纷多元化解机制合作备忘录》，贵州省高级人民法院、贵州省总工会《关于开展劳动争议在线诉调对接工作的实施意见（试行）》等。

② 执行的贵阳市中级人民法院文件还有：《贵阳市开展民商事案件诉调对接工作的实施意见》，《关于建立市级民商事案件诉调对接机制的工作方案》，《贵阳市中级人民法院完善特邀调解试点工作规程（试行）》，《贵阳市中级人民法院优化司法确认程序试点工作实施细则（试行）》，《贵阳市中级人民法院民商事案件诉调对接工作经费申报管理办法》，《贵阳市民商事案件调解中心案件补贴管理规定》，《贵阳市中级人民法院特邀调解员培训办法》，《贵阳市中级人民法院特邀调解组织、特邀调解员年度工作考核办法》，《贵阳市民商事案件人民调解委员会调解规则》，《贵阳市民商事案件人民调解委员会工作制度》，《贵阳市民商事案件调解中心接待制度》，《贵阳市民商事案件人民调解委员会岗位职责（试行）》，贵阳市市场监管局、贵阳市中级人民法院《关于推进知识产权纠纷多元化解工作的实施方案》等。

调解职能等符合条件的组织成为特邀调解组织，邀请人大代表、政协委员、人民陪审员、专家学者、律师、仲裁员、退休法律工作者等符合条件的个人成为特邀调解员。《诉源治理工作实施方案》提出，选调有经验、有活力的骨干力量（法官）负责诉前调解、司法确认及诉调对接工作，从源头上减少法院收案量。《诉调对接工作管理规定（试行）》明确，该院主管和管辖的民事纠纷、行政争议、申请强制执行案件，符合条件的可以委派、委托调解员、调解组织在规定期限内进行调解。《关于诉前委托鉴定工作的操作规程》明确规定了当事人在诉前调解程序中申请司法鉴定的范围、条件、环节、流程等。《调解案件补贴办法（试行）》明确，调解员的调解补贴按照"以案定补""一案一补"的原则发放，补贴发放标准根据调解员工作完成情况、工作成果、工作质效确定。这些规范性文件进一步为南明区人民法院诉源治理工作提供了制度保障，让诉源治理工作在法治的快车道上加速推进。

（二）夯实院本部和派出人民法庭"两个阵地"，延伸治理触角

南明区人民法院成立两个治理工作专班，分别针对院本部和派出人民法庭开展工作，夯实院本部和派出人民法庭"两个阵地"，确保相应诉源治理工作行之有效。

1.院本部建立"诉调联动"一站式多元解纷机制

南明区人民法院以诉讼服务中心作为法院参与诉源治理、开展分流对接的大本营和中转站，通过大力优化诉讼服务模式改革等措施推进"诉调联动"一站式多元解纷机制建设。

（1）打造"三化三式"诉讼服务模式

依托"三化三式"诉讼服务体系建设为诉源治理工作提供坚实保障。南明区人民法院以诉讼服务中心为依托，为人民群众提供"人性化、智能化、规范化"和"菜单式、集约式、一站式"的诉讼服务，努力提升人民群众的司法获得感和满意度。法院选配工作经验丰富、专业能力强、业务素质高的中青年骨干充实到立案窗口，强化立案登记和导诉分流工作，加快立案环节的繁简分流。利用专业知识为群众解决实际问题，从而提高办事效率。在诉讼服务中心智能化建设方面，加快推进诉讼服务大厅规范化标准化建设，不断整合资源、优化流程、拓展服务，形成集诉讼服务、立案审查、评估鉴定、诉前调

解、诉调对接、繁简分流、保全速裁等多重职能于一体的诉讼服务中心，为人民群众提供一站通办的诉讼服务；使用"贵州移动微法院"小程序等信息化诉讼平台，进行网上立案审查。智慧化服务更加便民利民惠民，作为南明区人民法院"诉源治理"工作机制的重要部分，"三化三式"模式有效控制了案源增量，提高了诉讼服务工作效率，取得了良好的社会效果。2022年以来，网上立案率达34%，无纸化立案率达75%，线上调解率达39%。

（2）以诉讼服务中心为总抓手展开全方位调解工作

法院诉讼服务中心针对不同阶段的特点和要求，作出相应对策。在起诉阶段以诉讼服务中心为总抓手，进行针对性调解，迅速化解矛盾纠纷。在当事人来院起诉时，中心统一协调"老法官之家"等调解组织，先行开展诉前调解，争取将矛盾纠纷化解在诉讼之外，确保调解组织物尽其用、人尽其力。在登记立案阶段，案件分流中心对案件进行甄别分流，对家事、邻里、小额等适宜调解的纠纷再次推送诉前调解，开展中立评估和解释疏导工作，积极向当事人宣传调解"低成本、省时长、较简便"的优势，积极引导温和化解纠纷。在实质调解阶段，分配业务庭负责人或员额法官轮流值班，对诉调案件开展业务指导，在具体案件中就案件法律适用等问题为调解员提供专业指导，助力调解员规范解纷、高效解纷，实现一案多调、层层过滤的"漏斗"式化解。

（3）积极强化"诉前调解+司法确认"，提升诉前调解公信力

司法确认制度是人民法院运用司法权对人民调解工作给予的一种有力支持和保障，"司法确认"能保障诉前调解所达成的协议得以实现。南明区人民法院自2022年以来，对多起涉案金额达亿元的涉企纠纷进行司法确认，为企业节省诉讼费近200万元，充分彰显"诉前调解+司法确认"在诉源治理中的积极作用。

2. 派出人民法庭植根基层，积极化解诉前矛盾纠纷

派出人民法庭是国家审判体系的"神经末梢"和"基层土壤"，处于国家司法服务基层社会治理的最前沿，也是人民法院参与社会治理的排头兵。南明区人民法院充分发挥派出人民法庭植根基层的优势，积极化解基层诉前矛盾纠纷。

（1）强化人民法庭布局定位建设

南明区人民法院立足实际，积极落实最高人民法院《关于推动新时代人民法庭工作高质量发展的意见》，优化人民法庭区域布局，配强法庭领导干

11

部，明确法庭定位，为诉源治理夯实机构根基。根据行政区域、行业属性等特点，综合考虑南明城乡差异，区分城区法庭、城乡结合法庭，同时结合案件数量、区域特点、人口数量、经济发展、乡村振兴和社会治理等因素，科学合理地布局人民法庭，将"三个便于""三个优化"① 原则融入具体实践。通过干部交流、选拔任用等方式进一步选优配强五个派出人民法庭庭长，并配合推进人民法庭庭长兼任乡镇街道综治中心副主任工作，延伸人民法庭在基层源头化解矛盾的触角。根据"一核引领、四翼联动、多点支撑"的工作思路，南明区人民法院以花果园人民法庭为核心，以永乐、双龙、二戈寨、甘荫塘四个人民法庭为四翼联动并行，各法庭根据自身定位，打造"一庭一品"，主动融入辖区，在经济发展、乡村振兴、助攻"四化"建设等格局中，搭建起司法参与基层社会治理的四梁八柱。

（2）完善人民法庭参与基层社会治理的体制机制

主动做好与乡镇、街道办事处党委政府加强城乡社区治理、建设公共法律服务体系、创建"无讼社区"等工作对接，主动参与培育城乡诉源治理基层自治力量，支持将"万人成诉率"等诉源治理的重要指标纳入地方平安建设考核体系。充分发挥司法在基层多元化纠纷解决机制中的引领、推动和保障作用，将预防化解职能延伸到纠纷产生的源头，在社区、村、乡镇设立"法官工作站""法官调解工作室"，对接基层治理单位、基层党组织等，及时就地预防化解纠纷，并积极开展法律宣讲和裁判示范等活动，前移解纷关口，打造"无讼社区"，力促将矛盾化于萌芽。同时，对起诉到法院的案件进行串并分析，对属于"高发频发"的区域性、类型化矛盾纠纷，深入分析争议成因，追根溯源，积极向区委政法委汇报，协同基层组织、行业主管部门开展矛盾纠纷源头治理。2022 年以来，经府院联动协同合作，已实现大量团体诉讼、物业纠纷以案促调、前端化解的效果。

（3）花果园人民法庭创新"超大型社区"诉源治理模式

花果园片区总占地面积 10 平方公里，常住人口 45 万，近年来每年产生矛盾纠纷近万起，涉及大量物业费缴纳、产权办理、租赁合同等纠纷，牵涉住户

---

① "三个便于"：便于当事人诉讼，便于人民法院依法独立公正高效行使审判权，便于人民群众及时感受到公平正义的工作原则。"三个优化"：优化法庭布局，优化队伍结构，优化专业化建设。

数量、涉案金额都较大，基层法院诉讼案件剧增。这也是"超大型社区"社会治理所面临的新挑战。为此，南明区人民法院推出"综治中心牵总、企业化解为主、联合解纷为辅、法院诉讼断后"四项举措，以化解超大型社区治理难题。具体做法如下。

一是综治中心牵总，汇聚治理合力。贯彻落实"党委领导、政府主导、多方参与、司法推动、法治保障"诉源治理工作机制，依托南明区综治中心，联合政法委、公安局、司法局、住建局等力量，共谋解纷策略、共搭解纷平台、共建解纷力量，形成诉源治理整体合力。截至 2023 年底，已制定 9 个实施意见及方案、5 个实施细则。

二是企业化解为主，明确主体责任。根据"谁主管谁负责，谁引发谁化解"思路，企业承担矛盾纠纷化解主体责任。通过召开联席会研究、类案分析、提出法律建议等方式，引导和激发企业自我体检、自我盘活、自我化解的内生动力，确保从源头上减少企业矛盾转化为纠纷、纠纷转化为诉讼。

三是联合解纷为辅，强化源头预防。依托综治中心牵总的治理合力，联合各方力量化解矛盾纠纷，针对高发、多发的矛盾纠纷类型成立工作专班。如成立产权办理专班，推动网签备案 5825 套、开展产权办理 2400 户；成立物业纠纷治理专班，对花果园未交纳物业费业主逾 40000 户、涉案金额 1.5 亿元的矛盾纠纷，采取专班统筹、调解中心联合调解、裁判文书类案公示等措施，最终仅有 50 件物业纠纷进入诉讼，切切实实地将大量矛盾纠纷化解在诉前，有效减少争议各方的诉讼成本，节约诉讼资源。

四是法院诉讼断后，推动实质解纷。发挥司法专业职能，以联调促联控，向双方当事人充分说明诉调对接的特点与优势、诉讼风险与成本，为联合调解提供专业方案和建议；主动嵌入基层治理，在花果园片区 3 家街道办事处设立法官工作站、法官调解工作室，作为诉源治理桥头堡，通过"相约星期五"等活动开展诉前矛盾化解工作。

自"四项举措"实施以来，花果园片区仅有少量物业纠纷进入诉讼，产权办理也将大量矛盾纠纷从源头上化解从而避免成案涌入法院。在涉某大型物业公司的数百人物业服务合同集团案件的处理中，南明区人民法院在区委政法委组织协调区住建局、街道办事处等部门的联动调解下，使物业服务矛盾及后续纠纷得到有效化解。同时以创建多个"无讼社区""无讼乡镇"为支撑点，为人民法庭发挥各项职能、融入辖区治理奠定坚实基础。目前，法庭已设立法官调解工作室 3 个，自挂牌成立以来，诉前化解矛盾纠纷接近 100 起；创建"无讼社区" 1 个，目前该社区无一起刑事案件、无一起涉民事诉讼案件。

（4）永乐人民法庭尝试打造"无讼乡"

永乐人民法庭针对性地在当地打造"无讼乡"，充分发挥"人民调解+司法确认"的作用，引导乡民将矛盾化解在诉讼之前。永乐乡是南明区唯一的农业乡，也是南明区推进乡村振兴的主阵地。永乐乡辖 5 个行政村 39 个村民组，常住人口 13070 人；水果种植是其支柱型产业，实施乡村振兴战略以来，永乐除积极发展水果种植业外，还开展乡村旅游等伴生产业。永乐乡人员结构单一，经济业态单一，受传统文化熏陶，非常重视乡风文明建设。永乐乡乡风、民风淳朴，矛盾纠纷多通过调解解决。南明区人民法院立足新时代人民法庭"三个服务"① 工作原则设立永乐人民法庭，坚持和发展"枫桥经验"，为其乡村振兴发展提供强有力的法治保障。在永乐乡综治中心设立"法官工作站"，法庭负责人同时担任工作站负责人，选派优秀干警组成法律服务队伍，履行法律咨询、纠纷调解、矛调分流、法治宣传、应急处险等基本职责；联合乡政府、司法所开展现场调解、现场审判。此外，还主动跟进农户法治需求，输送法律知识，提升农户法律意识，并走访收集农户法律难题，反馈给当地党委、政府，构建"政府+司法"帮扶机制，构筑起永乐乡果蔬发展的"防护网"，助推乡村产业振兴，维护农民合法权益。

（三）守好调解优先、裁判断后"两个端口"，加强矛盾纠纷源头预防

南明区人民法院通过非诉过滤和诉讼分层两个制度的并联运行，实现司法资源配置优化，守好调解优先、裁判断后"两个端口"，强化矛盾纠纷源头预防。

---

① "三个服务"，即紧扣"三农"工作重心历史性转移，发挥面向农村优势，积极服务全面推进乡村振兴；紧扣推进国家治理体系和治理能力现代化，发挥面向基层优势，积极服务基层社会治理；紧扣新时代社会主要矛盾新变化，发挥面向群众优势，积极服务人民群众高品质生活需要。

总报告
贵阳市南明区人民法院诉源治理：举措、成效与启示

1. 坚持把非诉讼纠纷解决机制挺在前面，多元化、专业化、规范化地推进纠纷调解

南明区人民法院按照不缺位、不越位、不错位的原则，积极贯彻落实上级有关诉调规定，大力推进调解程序前置体制机制制度改革，着力夯实调解先行的前端治理基础，全力打好诉前化解"阻击战"。探索建立"五员六室"现代化一站式诉调对接多元解纷新机制，充分调动社会治理资源，全面引入各种纠纷化解力量，精准对接和构建调解组织，打造形成"老法官之家"等多个纠纷化解调解品牌，为群众化解矛盾纠纷提供多样化选择，促进从源头上减少诉讼增量。

（1）大力建设"五员联调与六室联调"一站式多元解纷服务体系

大力推进"五员联调与六室联调"一站式多元解纷服务体系建设。坚持"专业调解与联合调解"相结合，广泛发动人民调解、行政调解、行业调解、商会调解、律师调解等各类调解主体优先参与到纠纷化解中，积极引进金融、保险等行业调解组织，增选各行各业具备一定专业知识和调解能力的调解员，组建来源广泛的调解员队伍，实现"五员联调"，即人民调解员、行业调解员、特邀调解员、律师调解员、商事调解员等发挥各自的职业优势，专门和联合调解各类民商事案件。构建专业化调解工作室，实现"六室专调"，即家事、道交（贵州省保险行业协会）、金融（贵州省金融消费权益保护联合会）、医疗（贵州省医疗纠纷人民调解委员会、贵阳市医疗纠纷人民调解委员会）、劳动、商事六个专业调解工作室，精细化调解专属民商事纠纷。通过"五员联调与六室联调"相结合，吸纳行业组织、专业调解委员会的加入，丰富了调解资源，充实了调解力量，逐渐形成人民调解、行业调解、特邀调解、律师调解等多种形式参与的多方联动解纷模式，以尽可能全面、尽可能专业、尽可能便利、尽可能多样的渠道为群众化解矛盾纠纷，促进矛盾纠纷的有效分流、多元化解。

以行业调解为例，在金融纠纷调解上，自然人与金融机构之间因购买、使用金融产品或接受金融服务产生的金融消费纠纷，包括金融借款合同、金融不良债权追偿、金融不良债权转让合同、储蓄存款合同、借记卡、信用卡、金融委托理财合同、银行结算合同、不当得利、国债权利确认、国债交易等纠纷，在法院立案前，经双方当事人同意，可以将案件委托给当地金融消费权益保护

联合会进行调解。在保险纠纷调解上，保险行业协会建立调解员名册，聘请熟悉保险业务和相关政策法规、具有一定调解经验的人员担任调解员，在自愿、合法的基础上对保险纠纷进行调解。法院采取立案前委派调解、立案后委托调解的方式开展保险纠纷调解工作，保险行业协会人员或调解员对保险纠纷进行调解，并且保险行业协会直接受理当事人申请并调解成功的保险纠纷，可引导纠纷当事人向有管辖权的人民法院申请司法确认。在商会调解上，法院吸纳符合条件的商会人民调解委员会或者调解员加入特邀调解组织名册或者特邀调解员名册，以调解民营企业的各类民商事纠纷和劳动纠纷为主，包括商会会员之间的纠纷、会员内部的纠纷、会员与职工之间的纠纷、会员与生产经营关联方之间的纠纷、会员与其他单位或人员之间的纠纷以及其他适合商会调解的纠纷。

（2）主动引入仲裁、公证、律所、高校等机构单位人员参与调解工作

南明区人民法院主动与仲裁、公证、律所、高校等机构单位合作，充分发挥其专业优势，调动机构资源参与矛盾纠纷调解。

引入仲裁和公证力量设立"仲裁调解室""公证调解室"。2022年3月28日，贵阳仲裁委员会驻南明区人民法院仲裁调解室、贵阳市衡律公证处驻南明区人民法院公证调解室签约揭牌成立，帮助群众树立仲裁思维和公证意识，提高群众对仲裁、公证解决民事纠纷的知晓率，疏通仲裁、公证多元解纷渠道，进一步实现充分利用仲裁和公证资源，发挥仲裁委和公证处在商事纠纷、婚姻家庭财产纠纷、继承析产纠纷、抚养权纠纷化解中的专业优势和公信力，为民商事主体提供诉讼、仲裁、公证、调解一站式多元解纷服务。

挂牌成立贵州首家"民商事案件律师事务所调处工作站"。2021年7月17日，南明区人民法院民商事案件贵州黔信律师事务所调处工作站正式揭牌成立。设立律所调处工作站，按照"试点先行、全面推广"原则，结合南明实际，突破现有体制机制，拓展纠纷化解机制，分流诉讼纠纷，提高办案效率，充分发挥律师及律师事务所的专业优势、数量优势，有效分流法院案件，切实缓解法院案多人少的突出矛盾。

建立"贵阳学院调解基地"。2022年5月7日，借助第二个"贵州人才日"系列活动时机，南明区人民法院与贵阳学院签订合作培养法律人才

协议，双方合作开展诉源治理、司法辅助事务外包等工作。"贵阳学院调解基地"的设立，是探索引进贵阳学院师生参与调解和诉源治理工作、学生担任法官助理等机制的有力举措，有利于立足司法审判场地，融入人才培养基地，致力于改革创新阵地，坚持法治实践和法学教育深度融合，寻找审判工作人力资源需求与高校大学生就业输出契合点，努力实现借力发展、互助共赢。

（3）着力加大"民商事调解中心""老法官之家"等诉前调解品牌建设力度

2019 年 6 月，在南明区委政法委的统筹协调下，南明区人民法院结合本区民商事诉讼案件数量大、增速快的特点，围绕"减少诉讼，降低成本，方便群众，提高效率"的原则，在贵阳全市率先与南明区司法局成立民商事案件调解中心，实现诉调对接、平台调解、司法确认"三点一线"无缝衔接。调解中心内设一个大厅、三个办公室、四个调解室，在南明区人民法院设立"诉调对接窗口"，负责对民商事纠纷进行引导，办理委托调解手续，将案件转交调解中心，在调解中心设诉调对接大厅和调解室，分别负责对法院委托的案件进行接收和调解。通过设立民商事案件调解中心，健全民商事案件调解工作机制，调解适宜以人民调解方式化解的人民法院民商事案件，切实减轻群众诉累和解决法院办案压力大等问题，通过说服教育、规劝疏导，促使纠纷各方互谅互让、平等协商，自愿达成调解协议，及时、有效、妥善、公平、公正地化解民商事纠纷，维护社会和谐稳定。

2021 年 4 月，南明区人民法院进一步创新"南明解纷模式"，返聘退休政法干部组建成立"老法官之家"，聘请了 14 名政治素质高、专业知识和调解技能突出的退休法官作为特邀调解员参与调解工作。为不断发展壮大调解员队伍，增强源头解纷和实质解纷的能力，通过公开选聘，"老法官之家"的调解员队伍达到 58 名，其中专职调解员 28 名、兼职调解员 30 名，兼职调解员中包含了高校教授、政协委员、专家学者，调解力量进一步夯实。设立立案庭诉讼服务分流中心，让"老法官之家"的专职特邀调解员轮流坐班前段分流，在当事人立案的第一时间与当事人对接，能调尽调、快调快审。"老法官"利用丰富的审判经验、生活经验，较好地掌握了纠纷当事人的心理、情绪，能恰当地引导当事人在理智的思考下，遵循利益最大化原则寻求解决方案，从而节约当事人的诉讼成本，迅速平息争端。"老法官之家"成立一年多以来，诉前调解成功近5000件案件，成功率达50%，并攻坚化解信访案件近200件，"老法官之家"调解成为南明区人民法院诉前大调解的中坚力量。特别是，通过"老法官之家"特邀调解员主持诉前调解达成调解协议并及时进行司法确认，南明区人民法院成功化解一起涉案金额达1.5亿元的债权转让纠纷，有效节约了企业诉讼成本和法院司法资源。该起高标的额涉企纠纷在诉前得到快速化解，既确保申请人债权依法实现，又为企业化解债务风险、稳定产业链供应链赢得时间，成为南明区人民法院对大额商事纠纷开展诉源治理的有益尝试和重大突破，为进一步优化营商环境探索出新路。

2.构建行之有效、运转有序的解纷体系"治已病"，减少次生矛盾纠纷

（1）提升案件质效，以"规则之治"引导群众减少不必要的诉争

南明区人民法院多措并举提升案件质效，以强化司法裁判的规范、指引、评价和引领作用，增强司法裁判本身的终局性、权威性，促进"规则之治"，从源头上引导群众减少不必要的诉争。同时加强裁判文书说理，完善案例指导，培育和增强人民群众的法治意识、规则意识。大力开展"套路贷"虚假诉讼专项治理、失信被执行人联合惩治，大力推进案件繁简分流等工作，既保护当事人合法诉权，又确保程序流转通畅、内部案件化解畅通，促进生效裁判自动履行，减少执行和涉诉信访案件，严防反弹形成旧存案"堰塞湖"，防止长期未结案衍生新矛盾新纠纷。

（2）探索构筑以调解促执行和解渠道，促进案结事了人和

执行和解是执行程序中双赢的结案方式，南明区人民法院积极创新执行工作机制，大力推行"执前督促+执行和解"模式，以调解促执行和解。虽然大量执行案件矛盾突出，化解难度大，但仍有一定的和解基础和空间，南明区人民法院依托人民法院调解平台，把"老法官之家"调解模式引入执行工作中，努力提升执行工作效率、节约司法资源，积极推动执行案件履行与和解，进一步促进矛盾纠纷多元化解，缓解当事人之间的矛盾对立情绪，切实为当事人降低诉讼成本并有效维护当事人的合法权益，最大限度地满足人民群众多元司法需求，通过"执前督促+执行和解"真正实现法律效果与社会效果的有机统一。

三　南明区人民法院开展诉源治理的经验启示

（一）紧紧依靠党的统一领导，融入诉源治理大格局

近年来，南明区委、区委政法委高度重视诉源治理矛盾纠纷防范化解工作，通过创新基层治理平台载体加强矛盾纠纷调处，协调党委、政府和法院检察院司法职能部门形成合力，推进诉源治理工作在经济社会发展安全稳定中起到积极作用。南明区委政法委发挥具体协调作用，通过建立健全综合协调机制、加强党政职能部门联系、组织召开推进工作会议、调配资源加强人才资金保障等协调促进活动，推进诉源治理措施落地见效。南明区人民法院紧紧依靠地方党委，主动融入诉源治理大格局，同时坚持不缺位、不越位、不错位的职能定位，有效发挥人民法院在诉源治理中的应有作用。通过将诉源治理工作纳入平安建设，与综治工作和矛盾调解资源整合融合，最大限度地将非诉讼解决纠纷机制挺在前面，助力实现地方经济社会发展安全稳定。

（二）加强跨部门协调互动，增强综合化解纠纷效果

在诉源治理具体工作中，南明区人民法院精准对接职能部门，加强单位间协调互动，搭建并推动发挥各类调解组织特色作用，不断增强综合化解纠纷成效。通过动员和协调司法、人社、律师、保险、金融等各类调解力量组建"民商事调解中心"，提高专业化解易发多发民商事等领域矛盾纠纷的能力和效果。通过对接公证机构设立"公证调解室"，发挥公证力量预防纠纷、促进纠纷化解、权威高效的特点优势，促进矛盾纠纷源头化解。通过对接仲裁机构设立"仲裁调解室"，发挥仲裁力量专业、高效、灵活、保密的特点优势，促进矛盾纠纷源头化解。通过对接高等院校设立"贵阳学院调解基地"，充分发挥法学专业教育人才资源优势，坚持高校与法院优势互补，引入法学专业师生这一柔性力量促进经济社会领域矛盾纠纷化解。发挥退休法官人才作用设立"老法官调解之家"，充分借助老法官经验多、业务强、有说服力等优势促进矛盾纠纷化解。南明区人民法院通过具体对接各个职能部门，动员协调人民调解、行业调解、行政调解、律师调解、商事调解等各类调解力量，争取人民法

院诉源治理工作经费并予以保障和激励，从而不断提高综合化解矛盾纠纷的能力和成效。

（三）创新发挥审判专业职能，响应诉源治理业务需求

在多部门参与协同的诉源治理活动中，南明区人民法院在坚持党委领导、政府主导、社会参与、司法保障的同时，突出发挥司法审判部门职能和人员技能优势，深入参与诉源治理各环节，助力矛盾纠纷源头化解。在矛盾纠纷化解处理阶段，通过选派有经验的法官参与调解，提供案例借鉴、示范指导促进矛盾纠纷调处，参与符合司法确认的调解协议文书制定，及时衔接司法确认程序，保障矛盾纠纷调解更加规范、有效地实施。在群体性矛盾纠纷和同类性矛盾纠纷调处过程中，通过类案示范指引，坚持前端防范，有效化解群体性、同类性矛盾纠纷调处，避免大量涌入诉讼程序，进而降低社会运行成本、维护社会稳定。在审判执行阶段，通过诉调分流、繁简分流、速裁、快审、快执等系列流程精准导入、高效实施，实现矛盾纠纷在诉讼审判执行等阶段得以妥善高效处理，保障诉源治理中矛盾纠纷所涉主体的合法权益。

（四）发挥基层人民法庭堡垒作用，促进矛盾纠纷源头化解

南明区人民法院不断探索加强基层法院建设，促进基层审判力量不断向社区村居延伸，打造无讼乡村，充分发挥人民法庭在基层社会矛盾纠纷源头化解中的保障作用，促进矛盾源头化解在基层。积极打造集源头解纷、诉讼服务、案件审理、调解确认、法治宣传等矛盾纠纷化解和诉源治理功能于一体的现代化人民法庭。在花果园等超大型社区，通过设立法官工作站、法官调解工作室等形式参与并融入矛盾纠纷联动调解中心相关工作，发挥审判人员专业优势和司法程序保障功能，助力矛盾纠纷有效化解、调解成果得到有力保障和执行。积极发挥人民法庭法治宣传作用，通过典型案例参考、审判人员讲法释法、类案示范等法治宣传教育活动的开展，引导市场主体和群众积极避免矛盾纠纷产生或发展，营造诉源治理和矛盾纠纷化解的良好氛围。同时，做好人民法院诉讼服务和案件审理主体工作，一方面在系列环节流程中突出以调解促进矛盾纠纷实质性化解，另一方面精准高效及时裁判从而保障当事人合法诉讼权益，促进当事人实体权益高效实现。

（五）坚持诉非分流与诉调分流联合发力，促进矛盾纠纷持续消解

南明区人民法院面向各类矛盾纠纷，先行分流引导，发挥专业联动调解和"分调裁审"机制积极作用，更有针对性地化解矛盾纠纷。诉源治理的一个重要基础工作就是要精准快速区分各类矛盾纠纷，案件分流中心将诉讼纠纷与非诉讼纠纷予以分类，同时将诉讼纠纷中的诉前调解纠纷和裁判纠纷予以分类，通过层层分流、逐级过滤化解矛盾纠纷机制，将更多的矛盾纠纷在诉讼庭审之前予以化解。借助矛盾纠纷联动调解中心、人民法院调解平台，用好行政调解、专业调解等各类调解力量，将非诉讼矛盾纠纷和可调解诉讼纠纷及时导入调解渠道，一案多调与多案分调相结合，实现诉源矛盾纠纷最大限度地化解。通过"诉前调解+司法确认"，不断增强诉前调解的公信力和可执行力，提高当事人优先考虑以调解、和解方式化解矛盾纠纷的积极性。

（六）做强速裁快审快执基本功，增强诉源治理审判执行保障能力

通过诉讼服务中心精准实现案件分流，加强调裁对接为可能的诉讼程序提供审判事实支撑，减少时间和人力重复支出。通过组建的民事、行政、刑事领域速裁快审专门团队，保障案件专门集中办理。探索要素式审判、繁简分流及时转换，实施简案快审、繁案精审，提升案件审理效率。积极用好解决执行难探索成果，发挥执行指挥中心作用，用好网络查控、文书送达、资产处置等团队，发挥"总对总"系统信息共享协同优势，实施简案快执、难案精执，提升执行效率、增强执行效果。通过速裁、快审、快执等审判执行全流程精准实施、精细落地探索，为诉源治理及时疏导解决矛盾纠纷提供基础保障。

（七）注重数字技术赋能诉源治理，保障诉源治理高效顺畅运行

贵阳是大数据发展应用的热土和试验田，南明区人民法院充分运用数字技术赋能作用，加强智慧法院建设，实施司法裁判业务和诉源治理参与流程再造优化，坚持信息技术有机融入诉源治理全过程，提升诉源治理效能。加强科技法庭建设，实现基层法庭调解、审判工作的远程化、数字化、智能化。用好调

解平台、"总对总"系统、司法文书公开等信息化平台，为诉源治理活动开展提供信息平台保障，提供便捷的司法查询资源和协调联动信息化支撑。不断强化电子卷宗、线上流转、电子送达等智慧诉讼保障机制建设，持续推广移动微法院平台使用，努力推进司法裁判各流程环节电子化、数字化，用好统一送达平台，加强要素式审判、裁判文书自动生成、审判智能辅助技术应用，提高司法裁判效能。加强数字技术在执行领域应用，助力破解执行难问题，通过数字化的信用约束机制强化对被执行人的约束和引导，实现失信信息通报、失信行为惩戒、关联信息反馈等环节的自动化、流程化运行，促进良好执行效果的实现；通过数字化信息线索共享平台，有效快速获取执行对象关联信息，促进案件执行到位，尽最大可能保障申请执行人权利得到实现。

II 诉源治理
▼

深耕"1+1+N"诉源治理模式，奋力打造社会治理现代化南明样板

——南明区深入推进诉源治理改革综述

钟　锋[*]

摘　要：近年来，南明区坚持在上级党委和区委统筹领导下，不断加强矛盾纠纷源头预防和前端化解，全力推进"1+1+N"（1套工作体系、1个工作载体、N项调解举措）的诉源治理机制，通过坚持党委统筹、积极构建党委领导综合工作大格局，坚持多方联动、全力开创矛盾纠纷诉前化解新局面，建强工作队伍、推进诉源治理满足群众司法新需求的方式，构建起以法治方式推动实现社会治理现代化的新时代矛盾纠纷多元化解新格局。

关键词：社会治理现代化　诉源治理　南明区

诉源治理作为新时代"枫桥经验"的深化与发展，不仅是预防性法律制度的重要方面，更是推动更多法治力量向引导和疏导端用力的重要抓手，对于推进社会治理体系和治理能力现代化具有重要意义。党的十八大以来，以习近平同志为核心的党中央高度重视纠纷源头化解工作，习近平总书记曾强调："我国国情决定了我们不能成为'诉讼大国'"。2021年2月，中央全面深化改革委员会审议通过《关于加强诉源治理推动矛盾纠纷源头化解的意见》，"诉源治理"上升为国家社会治理领域的重要制度安排。中共贵州省委平安贵州建设领导小组办公室成立诉源治理工作领导小组，由省委平安办主任、省高

---

　*　钟锋，中共贵阳市南明区委常委、区委政法委书记。

级人民法院院长担任"双组长"，还将诉源治理纳入为群众办实事为基层解难题的"十件实事"中。贵阳市委构建形成"党委领导、政府主导、多方参与、司法推动、法治保障"诉源治理工作格局，推动效能不断向源头和前端延伸。近年来，南明区坚持在上级党委和区委统筹领导下，不断加强矛盾纠纷源头预防和前端化解，全力推进"1+1+N"的诉源治理机制，构建起新时代矛盾纠纷多元化解的新格局。

一 坚持党委统筹，积极构建党委领导综合工作大格局

诉源治理工作牵涉面广、涉及部门多、协调难度大，仅靠由法院主导的纠纷多元化解模式难以形成整体合力，为此，南明区积极构建诉源治理综合工作大格局。

（一）全方位加强组织领导，充分发挥党委统揽全局的优势

2022年5月，南明区委平安建设领导小组制定印发《南明区关于加强诉源治理推动矛盾纠纷源头化解的工作方案》，成立由区委常委、区委政法委书记任组长，区委政法委、区人民法院、区人民检察院等牵头部门主要负责同志任副组长的诉源治理领导小组，探索建立起了行之有效的部门联动、调解对接、司法确认、信息共享、人员培训等工作机制，形成"党委牵头，政法机关为主体，其他行政机关、社会组织等各方参与"的工作格局。

（二）全环节强化制度保障

按照《贵阳贵安关于加强诉源治理推动矛盾纠纷源头化解的实施方案》文件精神，南明区在结合实际制定实施了《南明区关于加强诉源治理推动矛盾纠纷源头化解的工作方案》的基础上，领导小组各成员单位按照职责，制定实施《南明区人民法院关于深入开展诉源治理工作的实施方案》《南明区司法局关于加强诉源治理推动矛盾纠纷源头化解的工作方案》等系列文件，为切实推动诉源治理提供了更加坚实的制度保障。

（三）全过程强化考核

南明区将诉源治理工作纳入平安建设核心内容，坚持把诉源治理工作与平安建设工作同安排、同部署、同推进，加大万人起诉率、"无讼村（社区）"创建率和达标率在平安建设、法治建设中的考核权重，相关考核结果作为对成员单位领导班子和领导干部考核评价的重要参考，充分调动职能部门、各乡（街道）的积极性和主动性。

二 坚持多方联动，全力开创矛盾纠纷诉前化解新局面

通过打造"1+1+N"的诉源治理模式（1套工作体系、1个工作载体、N项调解举措），构建了分层递进、源头预防的矛盾纠纷化解路径，形成了"纵向到底、横向到边"的基层预防化解纠纷网络。

（一）健全一套工作体系，凝聚基层自治合力

一是由区综治中心牵头，以区、乡（街道）、村（社区）三级综治中心为平台，依托"一中心一张网十联户"机制，通过网格员摸排、政法系统"大走访"等形式开展网格化矛盾排查，将收集到的矛盾纠纷按照类型、化解难度进行登记立案、繁简分流、分流交办。2023年1~5月，全区基层网格有效受理矛盾纠纷7029条，完成化解7010条，化解率为99.73%。二是由区人民法院与区司法局牵头，以民商事诉前调解平台为依托，建立健全非诉讼与诉讼平台对接、机制对接、人员对接和保障对接机制，加强对非诉讼解纷力量的法律指引和业务指导。三是由区矛盾纠纷调处中心（区综治中心）建立"矛盾纠纷隐患排查任务清单"，指导各乡（街道）、各村（社区）对排查出的矛盾纠纷加强研判，认真研究矛盾纠纷各主体间的诉求合理性和可化解性，对正在化解的矛盾纠纷持续督促、已经稳控的矛盾纠纷定期跟踪、化解成功的矛盾纠纷收集归档。同时，落实三级回访制度，按照案情复杂程度开展定期回访，构建了集预防、调处、稳控于一体的"大调解"工作体系。

（二）做实一个工作载体，打造一站式化解平台

将民商事案件调解中心作为诉源治理、诉调对接的平台载体，与区直相关单位、重点行业领域形成预防化解链条，推动一站式多元解纷向基层延伸，向社会延伸，向网上延伸，向重点行业领域延伸。一是强化分流对接功能。以"三调联动"机制为基础，将人民调解、司法调解、行政调解有机结合，构建警调对接、诉调对接、访调对接、物调对接、环调对接、劳调对接和家事调解等"多调联动"机制，综合运用法律、政策、行政等手段和教育、协商、疏导等办法，形成联调联动、行专结合的大调解工作格局。二是强化各方力量入驻。组建由退休法官、政法干部、法律工作者担任专职调解员，居委会委员担任兼职调解员的"专职+兼职"调解队伍，由专职调解员分组轮流派驻各调解工作室。同时，积极引导律师团队、房开、物管等社会力量有效参与矛盾纠纷多元化解，形成共建共治的工作局面。三是强化司法确认衔接。为确保特邀调解与司法确认紧密衔接，人民法院与人民调解组织、行政部门、行业性专业性调解组织等加强衔接联动，在区人民法院诉讼服务中心设立"司法确认窗口"，对于民商事案件调委会调解成功的案件，调委会工作人员对案件是否进行司法确认开展跟踪，确保及时移送法院，对案件协议进行审核并开展司法确认，保障协议的执行效力，充分发挥司法确认"不收费""抗反悔""保落实"的优势，确保合法调解协议的履行。2022 年，区人民法院共向特邀调解员或调解组织推送调解案件 17364 件（诉前 16808 件，诉中 556 件），同比上升50.16%；调解成功 8303 件（诉前 7834 件，诉中 469 件），同比上升 141.79%，调成率为 51.76%，同比上升 23.8 个百分点。

（三）N 项举措全面发力，促进源头性实质化解

一是将人民调解委员会作为化解矛盾纠纷的"前沿阵地"，通过建立矛盾纠纷分级调处机制，对简易矛盾纠纷坚持法治宣传与纠纷调处并举，力争纠纷即时就地化解；对一般性矛盾纠纷，调解员稳定并疏导纠纷当事人情绪，使矛盾纠纷在村（社区）调委会得以化解；对复杂矛盾纠纷，由乡（办）人民调解委员会进行化解，村（社区）调委会做好跟踪调查，参与做好劝说稳控工作。2022 年，矛盾纠纷联动调解中心调解案件 2669 件，调解成功 2438 件，成

功率为 91.3%,涉及金额 14871.77 万元;2023 年 1~5 月调解 947 件,调解成功 888 件,成功率为 93.8%,涉及金额 1918.88 万元。二是促进行政调解和行政裁决、行政复议融合衔接。进一步细化行政调解范围、规范调解程序,把房屋征收、社会保障、治安管理等行政赔偿、行政补偿以及行政机关行使自由裁量权产生的行政争议及与行政管理职能有关的民事纠纷作为行政调解重点,严格依法组织调解。2022 年,南明区行政复议受理 102 件,不予受理 7 件,办结 94 件,办结的 94 件案件中经复议机关调解后由被申请人撤销行政行为或由申请人撤回行政复议的案件共计 42 件,占审结案件的 44.7%。三是深入推进诉访分离制度改革,落实好涉法涉诉信访问题化解会商机制,强化信访工作联席会分析研判机制运用,推动多部门、多主体"联合调度、联合督查、联合接访、联合调处、联合帮扶"。畅通群众申诉信访渠道,加强网上信访建设和智能管控,全面落实领导干部深入基层接访、巡查制度,加强重复信访治理,及时依法解决信访积案。2022 年,南明区完成化解重复访治理事项 227 件,涉法涉诉信访事项 113 件。四是鼓励律师事务所按市场化方式提供解纷服务,组织引导律师参与法院委派、委托民商事案件调解中心的案件调解和各级矛盾纠纷调处化解中心的调解、化解工作,完善村(社区)法律顾问机制,鼓励村(社区)法律顾问提供法律服务时引导当事人选择非诉讼方式解决纠纷,积极参与村(社区)矛盾纠纷调解。五是推动行业主管部门、行业协会商会等共同参与金融、知识产权纠纷化解,探索开展集中调解。以社会需求为导向,鼓励群团组织、行业协会商会、民办非企业单位等设立行业性专业性调解组织,依法调处成员之间以及成员与其他主体之间的民商事纠纷。推动物业管理行业协会调解中心建设,加大物业纠纷调解力度。鼓励商事调解组织从事商事合同、电子商务、跨境贸易、民间借贷等商事纠纷的调解。探索引入专家对特定类型纠纷进行调解。六是充分借助和发挥"互联网+"、大数据等信息化优势,用好"贵阳政法大数据工程"、社会治理指挥调度平台等现有信息化系统,搭建线上矛盾纠纷多元化解平台,推动实现纠纷解决的案件预判、信息共享、资源整合以及数据分析等功能,推动实现矛盾纠纷在线咨询、在线评估、在线分流、在线调解、在线确认。2022 年,通过"贵阳市网格化服务管理系统"、"和贵阳"App、调委会等渠道收集受理案件 15741 件(起),完成调处 15479 件(起),调处率为 98.34%。七是推进建立知识产权、交通事故、经济纠纷等领域的仲裁纠纷解决合作机制，区人民法院牵头与贵阳仲裁委员会共同探索建立网络仲裁办案系统，探索线上仲裁、智能仲裁，实现线上线下协同发展，引导和鼓励社会主体协商解决纠纷、自动履行，加强案件立案前调解以及庭前调解工作，并加以仲裁确认。

三 建强工作队伍，推进诉源治理 满足群众司法新需求

南明区始终坚持练好兵，不断充实培育调解队伍，推动诉源治理工作队伍素养不断提升，全力实现调解法律效果与社会效果的有机统一。

（一）提升调解员的工作能力和水平，确保非诉案件办理水平和质量

区人民法院建立培训联络机制，不定期组织调解员开展业务培训、调解工作调度会、交流座谈会，邀请资深法官、优秀调解员讲解民法典等常用法律法规、分享调解经验和心得，及时总结调解工作经验和不足，征求改进工作的意见建议，促进非诉调解工作高质量开展。

（二）加强法官对诉调案件开展业务指导

由业务庭负责人或员额法官轮流值班，在具体案件中就案件法律适用等问题对调解员提供专业指导，帮助调解员规范解纷、高效解纷；对于疑难复杂有争议的调解案件，提交相对应的法官专业会议进行专题研究，为案件处理给出专业意见，确保非诉调解案件经得起法律和群众检验。

（三）建立"法官+调解员+居（村）委会"联动联调机制

对部分复杂疑难的家庭矛盾纠纷，充分发挥法官的专业特长、调解员的调解经验以及当地基层组织熟悉社情村情优势，就地联动开展调解工作，不仅从源头化解矛盾纠纷、修复亲情关系，而且还让辖区群众从身边人身边事中得到启发和教育，起到"化解一案，教育一地"的普法效果。

通过上述举措，2022 年，南明区人民法院新收各类案件 34242 件，同比

诉源治理
深耕"1+1+N"诉源治理模式，奋力打造社会治理现代化南明样板

下降32%，其中新收民商事案件18566件，同比下降36.5%，收案数近3年来持续攀升的势头首次出现拐点，实现近1/3的民商事案件在诉前得以快速成功化解，在2022年贵阳市基层法院审判执行业务类绩效考核中列一类地区第一名。

新时代背景下，南明区将继续贯彻以人民为中心的发展思想，创新思路、积极作为，抓牢源头性疏导、实质性化解、综合性治理三个诉源治理发力点，充分夯实法治基础，运用法治思维维护人民权益、增进人民福祉，努力满足人民群众对新时代司法的新需求、新期待，以法治方式推动实现社会治理现代化，构建基层社会治理新格局。

南明区人民法院推进诉源治理工作概述

舒子贵[*]

摘　要： 近年来，南明区人民法院主动融入"党委领导，政府负责，民主协调，社会协同，公众参与，法治保障，科技支撑"的社会治理大格局，并主动作为、锐意创新，积极探索"1231"诉源治理"南明模式"，取得了优异的成绩。下一步，南明区人民法院将坚持党的全面领导，坚持以人民为中心，紧紧依靠党委领导和政府支持，切实贯彻执行上级法院的安排部署，进一步探索完善诉源治理机制和模式，切实推动矛盾纠纷源头化解，努力让人民群众满意。

关键词： 南明区人民法院　诉源治理　南明模式

南明区人民法院坚持以习近平新时代中国特色社会主义思想为指导，认真贯彻落实习近平总书记关于"把非诉讼纠纷解决机制挺在前面"的重要指示精神，主动融入党委领导的诉源治理工作体系，切实发挥人民法院在诉源治理中的参与、推动、规范和保障作用，竭力将矛盾纠纷消弭在前端、化解在基层。

一　诉源治理工作整体情况

2022年，南明区人民法院共向特邀调解员或调解组织推送调解案件17364件，同比上升50.16%，调解成功8303件，同比上升141.79%，调

---

* 舒子贵，贵阳市南明区人民法院党组书记、院长。

成率为 51.76%，同比上升 23.8 个百分点，调解平均用时 18.22 天，其中调解成功执行案件 1119 件，当庭履行 237 件。全年新收各类案件 34242 件，同比下降 32%，其中新收民商事案件 18566 件，同比下降 36.5%，结束持续多年的案件增长势头，实现近 1/3 的民商事案件在诉前得以快速成功化解，在 2022 年贵阳市基层法院审判执行业务类绩效考核中列一类地区第一名。

2022 年 7 月，贵州省人大常委会副主任杨永英率队赴南明区人民法院开展基层社会治理调研时，对南明区人民法院诉源治理工作予以充分肯定。南明区人民法院制作的视频短片《治源》在 2022 年全省法院诉源治理工作推进会上展播，撰写的《努力提升人民群众的司法获得感和满意度》被"长安评论"公众号采用推送，《"四项举措"推动超大型社区诉源治理》被中国法院网采用，《南明区人民法院"三联动"合力推进诉源治理》《和谐桃花源，无讼永乐安》等多篇文章被多家省市媒体采用推送，法院政协委员关于《推进花果园片区诉源治理的建议》被南明区政协评为"优秀提案"。

2023 年，南明区人民法院共向特邀调解员和调解组织推送诉前调解案件 22618 件，调解结案 21173 件，调解成功各类案件 10945 件，成功率 51.6%，平均调解时长 19.79 天。目前，共有 10 个调解组织、232 名调解员进驻人民法院调解平台。

二　积极探索"1231"诉源治理"南明模式"

南明区人民法院主动融入"党委领导，政府负责，民主协调，社会协同，公众参与，法治保障，科技支撑"的社会治理大格局，并主动作为、锐意创新，积极探索"1231"诉源治理"南明模式"。

（一）建立一套工作体系，全力强化组织保障

南明区人民法院认真贯彻落实党委、政府和上级法院对诉源治理工作的安排部署，将诉源治理工作作为"一把手"工作高位推进，成立由党组书记、院长任组长，其他班子成员任副组长的诉源治理工作领导小组，下设多元解纷

和源头治理两个专班，定期召开诉源治理工作推进会。为诉源治理工作提供了强有力的组织保障。先后制定《南明区人民法院关于深入开展诉源治理工作的实施方案》《南明区人民法院诉调对接工作管理规定》《贵阳市南明区人民法院关于诉前委托鉴定工作的操作规程》《贵阳市南明区人民法院调解案件补贴办法（试行）》《南明区人民法院关于开展执源治理工作实施方案》等系列工作制度，压紧压实责任，形成全院一盘棋、各部门协调联动的工作体系，推动诉源治理工作走深走实、行稳致远。

（二）探索两条路径，力求实现矛盾纠纷"标本兼治"

一是构建一站式多元解纷机制。将诉讼服务中心作为分调裁审总枢纽进行全方位升级打造，组建分流引导团队、司法确认团队、立案登记团队、小额速裁团队，有条不紊地开展案件分流引导，以及诉调衔接、调裁对接、登记立案、繁简分流工作。对于家事、邻里、小额等适宜调解的纠纷，引导当事人选择非诉方式解决，将案件推送给特邀调解员和调解组织进行诉前调解。对于无调解基础的小额诉讼纠纷，分流至小额速裁团队，启动"六快三简化"工作机制进行便捷高效审理。通过发挥"总枢纽"的调度、协调功能，建立了分流引导、诉调对接、司法确认"三点一线"的一站式多元解纷机制，满足当事人一站式多元解纷需求，推动矛盾纠纷源头化解，诉讼案件增量得到有效控制，诉前调解成功案件量和成功率大幅上升，新收案大幅下降，呈现"两升一降"的良好态势。

二是构建矛盾纠纷源头预防化解网格。充分发挥人民法庭职能，融入基层社会治理，联动辖区基层组织构建矛盾纠纷预防化解网格，着力打造"一庭一品"的基层法庭诉源治理模式。在花果园片区，探索"综治中心牵总、企业化解为主、联合解纷为辅、法院诉讼断后"诉源治理模式，助力超大型社区社会治理现代化建设；在永乐乡，以"无讼乡"创建为抓手，着力打造"法官入乡村、就地解纠纷、矛盾不入庭"诉源治理模式，积极服务保障乡村振兴。2022年以来，在全区成立17个法官工作站（点），入驻率达100%，参与4个"无讼社区"、1个"无讼乡"、1个"无讼村"创建试点工作，并有11家基层治理单位入驻人民法院调解平台。

（三）注重"三个联动"，凝聚诉源治理合力

一是加强"府院联动"，实现矛盾纠纷源头预防。不断助力完善以政府为主导的诉源治理矛盾纠纷化解机制，联动化解矛盾纠纷，目前已有司法局、住建局等7家职能部门出台诉源治理机制文件。南明区人民法院充分发挥司法在多元化解纠纷解决机制中的引领、推动和保障作用，对属于"高发频发"的区域性、类型化矛盾纠纷，深入分析争议成因，积极向政法委汇报，协同基层组织、行业主管部门开展矛盾纠纷源头治理。对于多发频发的物业纠纷，积极加强与区住建局、街道办事处等部门的联动联调，成功化解大量涉大型物业公司的集团物业服务合同纠纷。在花果园片区，经物业纠纷治理专班统筹、矛调中心联合调解、裁判文书类案公示等措施，2022年以来仅有少量物业纠纷进入诉讼。

二是加强"多调联动"，推进矛盾纠纷多元化解。坚持"专业调解与联合调解"相结合，倾力打造民商事调解中心、"老法官之家"等精品调解团队，积极引进金融行业和保险行业等调解组织，挂牌成立商事调解、公证调解等驻院调解工作室，并主动与专业律所、高等院校、基层社区等加强合作，增选各行各业具备一定专业知识和调解能力的调解员，逐渐形成人民调解、特邀调解、行业调解、公证调解、律师调解等多种形式参与的多方联动解纷模式。目前，共有7个调解组织、136名调解员进驻调解平台，非诉解纷呈现多元化、专业化、规范化特点。

三是加强"诉调联动"，确保非诉解纷依法规范高效。建立培训联络机制，不定期组织调解员开展业务培训、调解工作调度会、交流座谈会，邀请资深法官、优秀调解员讲解民法典等常用法律法规、分享调解经验和心得等，促进非诉调解工作高质量推进；由业务庭对诉调案件开展业务指导，在具体案件中就法律适用等问题对调解员提供专业指导，帮助调解员规范解纷、高效解纷；积极建立"法官+调解员+居（村）委会"联动联调机制，充分发挥法官的专业特长、调解员的调解经验以及当地基层组织熟悉社情村情优势，就地联动开展调解工作，从源头化解矛盾纠纷、修复亲情关系，实现"化解一案，教育一地"的普法效果。同时，积极探索执源治理和行政争议协调化解工作机制，率先开展执源治理工作，2022年共调解成功执行案件1425件，即时履

行 300 余件，2022 年 3 月 16 日，成立南明区行政争议协调化解中心，努力打造行政争议实质化解新品牌。

（四）打造一个精品调解团队，提升非诉解纷能力和水平

为进一步提升非诉调解的专业化、规范化水平，推动矛盾纠纷源头解纷、实质解纷，南明区人民法院先行先试，探索成立"老法官之家"调解团队，广泛吸纳具有调解经验的退休法官及资深法律工作者作为特邀调解员参与非诉调解工作，为化解矛盾纠纷注入新的力量。经过不断的摸索和实践，"老法官之家"前端分流案件的功能日渐明显，调解团队也不断壮大，现有特邀调解员 76 名，其中专职调解员 27 名，兼职调解员 49 名。2022 年"老法官之家"调解成功各类纠纷 5600 余件，占南明区人民法院诉前调解成功案件的 68%，其中诉前调解成功涉营商环境案件 240 件，有两件标的上亿元涉企纠纷，为企业节约诉讼费百余万元。"老法官之家"调解员凭着丰富精湛的专业素养、高效便捷热情的解纷服务，不仅为当事人减轻诉累，赢得一致肯定和好评，同时对从源头控制诉讼案件增量、缓解案多人少矛盾起到积极作用，"老法官之家"已经成长为非诉解纷的中坚力量，成为南明区人民法院一张亮丽的名片。

三　工作中存在的问题和困难

一是诉源治理协同联动机制不健全。诉源治理是强化基层治理体系和治理能力现代化的重要手段，治理链条延伸到社会各角落，需要法院、街道社区、行政部门、行业协会、商会等多个机构或部门的参与。但目前，矛盾纠纷治理主体之间的组织关系松散，协同性不足，工作黏合力不够，导致联动解纷职能难以实现，各行业、各层级齐抓共管、协同合作的诉源治理大格局还有待完善。

二是部分诉源治理相关质效考核短板指标还有待完善。目前，法院系统审判质效考核、3.0 诉讼服务质效评估指标和年终诉源治理考核体系都对法院诉源治理工作有相关考核任务。从目前法院各项指标情况来看，部分短板指标还

未实践出有效的提升方案，还未充分发挥各方参与的能动优势，部分诉源治理工作指标还有完善空间。

三是调解经费保障力度有待加大。南明区人民法院 2022 年的诉源治理经费包含在法院办案业务及装备经费预算中，为保障诉源治理工作深入推进、向纵深发展，应在经费上积极争取支持。

四 下一步的工作打算

一路走来，一心为民。南明区人民法院自开展诉源治理工作以来，一刻未停歇，一丝未松懈。南明区人民法院将坚持党的全面领导，坚持以人民为中心的发展思想，紧紧依靠党委领导和政府支持，切实贯彻执行上级法院的安排部署，进一步探索完善诉源治理机制和模式，切实推动矛盾纠纷源头化解，努力让人民群众满意。

一是要切实学习贯彻落实党的二十大精神。把学习贯彻党的二十大精神作为当前和今后一个时期的重大政治任务，切实把思想和行动统一到党的二十大精神要求上来，坚持以习近平新时代中国特色社会主义思想为指导，准确把握诉源治理工作的新形势新任务新要求。

二是要认真学习贯彻落实省、市法院院长工作会议精神。积极担当作为、谋划思路，做到"观大局""谋全局""干大事""拓新局"，鼓足苦干的劲头、弘扬实干的精神、增长巧干的智慧，切实推进诉源治理工作创新发展。

三是要更加积极主动地融入地方党委统一领导的工作大局。着眼于满足辖区内人民群众更加多样化的矛盾纠纷解决需求，积极与各行业主管部门、行业协会共同建立联系会商、信息共享的联络互动机制，实现解纷资源最优配置，形成重点行业领域预防化解链条。充分发挥"老法官之家"调解优势和人民法庭"桥头堡"的纽带作用，推进"法院调解平台进乡村、进社区、进网格"，推动矛盾纠纷就地发现、就地调处、就地化解，不断提升服务保障基层社会治理和乡村振兴的水平与能力。

四是要狠抓绩效意识，充分发挥绩效考核"指挥棒"作用。持续推进绩效情况月通报月调度机制，对标新考核要求，常态化调度管理案件质量及办案效率，以高质量工作成果带动各项指标稳步优化。同时，倡导建立以地方党委为考核督导主体，各基层治理单位和职能部门为考核对象的多维度多层次考核体系，将诉源治理工作、"万人成讼率"等工作纳入平安建设考核，形成共建共治共享的现代社会治理格局。

人民调解、人民法庭工作对诉源
治理的影响

王　平*

摘　要： 人民调解和人民法庭工作是诉源治理工作的重要抓手和主要阵地。近年来，贵阳市南明区人民法院大力推进人民调解工作，充分运用人民调解化解各种民间纠纷、最大限度地把矛盾解决在基层，消除在萌芽状态，起到维护社会稳定的"第一道防线"的作用。同时守好人民法庭这个主阵地，积极探索无讼社区和城市大型社区诉源治理新机制，让社区不产生纠纷，将矛盾纠纷消灭在萌芽状态，消灭在基层，诉源治理工作取得了良好的效果和宝贵的经验。

关键词： 南明区人民法院　人民调解　人民法庭　诉源治理

习近平总书记说，中国不能成为诉讼大国。矛盾和争议需要用"和谐"的方式去处理，这种"和谐"的方式就是调解。人民调解工作是诉讼程序外化解矛盾、消除纷争的重要手段，是解决矛盾纠纷机制的重要组成部分，对维护社会稳定、建设平安贵阳具有十分重要的作用；同时，人民调解具有扎根基层、深入群众、便民、利民、不收费等特点，化解各种民间纠纷、最大限度地把矛盾解决在基层，消除在萌芽状态，起到维护社会稳定的"第一道防线"的作用。这就必然要求人民调解员们既要熟悉基层工作，了解乡土人情，又要熟知法律法规，不断总结调解经验、技巧、方法。在办案中充分

---

* 王平，贵阳市南明区人民法院党组成员、副院长。

发挥调解的作用和优势，把调解贯穿于办案始终，提高办案效果，切实推进诉源治理。

一　人民调解工作的内容、职责与程序

（一）人民调解员的工作内容

1. 负责受理调解辖区内民间纠纷。

2. 负责对辖区内民间矛盾纠纷的排查，掌握了解社情动态，并对排查出的矛盾纠纷提出处置意见。

3. 及时向街道办汇报重大疑难纠纷，特别是群体性的纠纷发展情况，采取必要的措施有效控制事态的扩大与恶化。

4. 协调配合处理跨地区的矛盾纠纷调解。

5. 对有民事权利义务内容的，或者当事人要求制作书面调解协议的，应当制作调解协议书。

6. 督促当事人自觉履行解决纠纷的协议，对事后反悔拒不履行又不起诉的，劝导、帮助当事人提请法院通过诉讼程序解决。

7. 通过调解矛盾纠纷，开展普法教育与法治宣传。

（二）人民调解员的工作职责

1. 人民调解员的调解工作严格按照司法部关于《人民调解工作若干规定》的要求，在依法、自愿、平等、尊重当事人诉讼权利的原则下开展调解工作。

2. 人民调解员要熟练掌握应当掌握的全面情况和事件的全过程，要以法律为依据，以说服教育和引导的方法指出其过错和应当承担的责任。调解内容不能违反国家有关法律的禁止性规定，调解协议不能损害国家、集体和他人的合法权益。

3. 人民调解员在协议书上要签字，并在所达成条款的关键数字上加盖私人印章，调解完毕将材料打印或复写发到双方当事人的手中。

4. 人民调解员不得泄露当事人的隐私。

5. 人民调解员不得以任何理由向纠纷当事人收费。

6. 调解达不成协议的，人民调解员不得担任任何一方的诉讼代理人，不得为一方或双方介绍诉讼代理人。

（三）人民调解委员会调解工作程序

1. 受理纠纷

一是纠纷当事人主动申请调解；二是人民调解委员会发现纠纷后主动调解；三是上级部门交办调解。受理纠纷后，如发现纠纷不属于人民调解范围，或者当事人表示异议的，应当告知当事人按照法律、法规向人民法院起诉或提请有关部门解决。随时可能激化的纠纷，应当在采取必要的疏导措施后，及时提交有关部门处理。

2. 调解前的准备工作

一是受理纠纷后，要向当事人、知情人和周围群众、当事人所在单位进行调查，掌握纠纷情况、弄清纠纷性质，拟定调解方案；二是应当以口头或书面形式告知当事人人民调解的性质、原则和效力，以及当事人在调解活动中享有的权利和应承担的义务。

3. 促成当事人达成调解协议

进行说服教育和劝导，使得当事人在知道"利害得失"的情况下接受调解。如果当事人能互谅互让，调解人员应促成当事人达成调解协议；如果达不成一致意见，调解人员应当提出合情、合理、合法的建议性解决方案，使他们经过协商，在自愿平等的基础上达成调解协议。

4. 做好回访工作

一方不履行调解协议的，应先进行劝解；拒不履行的，如未经司法确认，告知当事人通过诉讼维护合法权益；经过司法确认的，告知当事人向法院申请强制执行维护合法权益。

5. 做好调解卷宗等档案资料的存档保管工作

（四）人民调解委员会工作制度

1. 人民调解委员会的任务是调解民间纠纷，通过调解宣传法律和政策，向有关部门反映民间纠纷和调解工作的情况。

2. 人民调解委员会依据法律和社会公德调解纠纷，在双方当事人自愿平等的基础上进行调解，尊重当事人的诉讼权利。

3. 调解纠纷应当进行登记，制作笔录，经调解解决的纠纷，有民事权利义务内容的或者当事人要求的，应当制作书面调解协议，并适时进行回访，就履行情况作出记录。

4. 人民调解委员会调解纠纷一般在一个月内调结，人民调解应使用司法部制定的人民调解文书格式，人民调解委员会调解民间纠纷不收费。

5. 人民调解委员会应当做好调解委员会组织名单、纠纷信息员名单，以及调解纠纷登记表、重大矛盾纠纷暨不稳定因素摸排登记表、调解卷宗、人民调解宣传资料等文书档案的归档管理工作。

6. 人民调解委员会应当定期对辖区内的民间纠纷进行摸排，对排查出的纠纷落实专人进行调解，不属于人民调解范围或调解不成的及时上报。

7. 人民调解员必须遵守工作纪律，不得徇私舞弊、吃请受礼，不得对当事人进行压制、打击报复、侮辱处罚当事人、泄露当事人的隐私。

8. 人民调解工作接受司法行政机关和人民法院的指导，并接受人民群众的监督。

（五）将调解融入纠纷化解全过程，切实提高办案效果

诉讼前的调解，双方当事人还未真正对簿公堂，有和解的心理准备，言语较平和，冲突意见有所保留，这样在态度上、心理上彼此相互容忍，退步余地大，调解的成功率较高。对不能调解达成协议的当事人，至少摸清了双方争议的主要问题，在调解中侧重于对双方争议的焦点进行相关法律法规的宣传教育，对双方合理合法的请求及意见予以肯定和采纳，对双方不合理、不合法的请求或意见予以否定和批驳。对于双方争议不大的问题还可帮助计算分析诉讼成本，引导当事人将精力投入到创造更多社会经济价值的活动中去，不要因小失大。让双方当事人充分知晓与请求相关的法律法规的精神，在明白是非的基础上主持调解成功率也较高。有些纠纷的当事人在调解中虽未达成调解协议，但却明白了自己的主张是否合理、合法，调解后经过冷静思考，也有自行和解或再次申请调解成功的。总之要将调解工作贯穿于整个纠纷解决的始终，不受次数的限制，创造更多的调解机会，不断促进调解，提高办案效果。

（六）灵活运用多种调解方式，妥善解决矛盾纠纷

调解工作熟能生巧，南明区人民法院形成了自己的一套经验。

1. 面对面调解法

对家庭类纠纷及争议较小的纠纷可采取面对面调解法，以亲情打动双方，对有过错的一方进行批评教育。

2. 分别调解法

对矛盾争议较大的纠纷先采取分别调解法，让双方有一个缓和下台阶的机会，先了解双方争议的焦点与差距后再辅之以面对面调解法，指出双方各自行为合法与违法的地方，及应承担的法律后果，让双方在明白是非的基础上再面对面说服教育。

3. 邀请相关组织及个人参与调解

案件调解除要求审判人员具有较高的素质外，还要依靠当事人的亲友和社会力量的支持帮助。因为当事人的亲友与当事人关系较为密切，又对案件真实情况比较了解，能摸清当事人脉搏，请他们给当事人做工作有针对性，往往能一针见血、切中要害，再加上情感上亲近、信任，因此效果比较好。另外还要依靠各种社会力量，主要有当事人的单位、当地村居委会、当地政府、人大等相关部门及组织。这些相关部门及组织对当事人双方的基本情况较熟悉，借助他们的威信与影响往往能对当事人产生一定的社会压力，促使当事人合理合法主张权利，不会过于无理提出过高的要求。营造良好的调解氛围，能起到事半功倍的效果。如陈某某诉叶某某、罗某某返财一案，承办法官得知罗某某为镇人大代表后，即邀请了镇人大主席协助案件的调解，使该案顺利调解成功。

4. 委托相关组织及个人对案件进行调解，达成调解协议后再由法院依法确认调解协议内容，完善相关法律手续

当事人所在单位及当地村、居调解委员会等组织，与当事人联系较为密切，了解双方当事人的基本情况，容易取得当事人的信任。将案件委托给这些组织调解，发挥它们的惯常影响作用，往往会取得较好的效果。如罗某某诉朱某某赡养纠纷一案，人民法庭将该案委托给双方当事人居住地的基层组织村委会调解，该案顺利调解成功，双方当事人自愿达成了和解协议。将案件委托给与当事人有特殊关系的个人进行调解，这些人包括当事人的亲朋好友、老师、

长辈，以及在当地威信较高的长者等。充分发挥各方亲友的亲情感化作用，老师、长辈、长者的惯常影响作用，他们易摸清当事人的真正思想动态，当事人也比较信任他们，容易促使当事人双方达成调解协议。

（七）丰富调解方法，注重调解效果

调解的方法多种多样，在调解实务中，常用的调解方法有以下几种。

1. 举例说明法

对于文化水平偏低的纠纷双方，他们既不懂法律法规，也不懂政策方针，但只要调解员举出相同案例或事例（最好是当地的），他们就会自我进行对照比较，之后容易接受调解。

2. 法律释明法

对文化水平较高的纠纷双方，直接向其释明与该案相关的法律法规，使其在明白是非的基础上再主持调解，容易取得较好的效果。

3. 道德教育法

在向纠纷双方宣传相关法律法规的基础上，再结合道德规范进行教育。道德规范是非标准通俗易懂，易使纠纷双方从内心深处唤起遵守公序良俗的自觉，放弃不当请求，减少调解阻力。

4. 情感交流法

对于家庭类纠纷、邻里纠纷及纠纷双方关系比较熟悉的其他纠纷，可适用情感交流法。因这几类纠纷的纠纷双方有一定的情感基础，有亲情、爱情、友情因素的存在，调解员一定要利用这些情感因素，劝导纠纷双方以和为贵，不要只顾眼前利益，情义才真正无价。对这类纠纷再辅之以道德教育法，一般易取得较好的调解效果。

5. 核算成本法

对争议不大的纠纷，可以帮助纠纷双方分析对比诉讼及调解的成本，说明如果双方对较小的争议达不成协议，那么一审判决后双方不服上诉至终审的诉讼活动，将会造成时间及人力、物力的损失，后果是得不偿失。如果双方互谅互让达成协议，将精力投入到创造更多经济价值的活动中去，则会实现双赢的局面。

6. 范围界定法

有的纠纷双方尤其是赔偿纠纷，由于不明白法律法规的规定，想当然地漫天要价，就会出现"要齐天还齐地"的现象，造成双方分歧较大，难以调解，对此类纠纷要结合法律释明法，释明相关法律法规的内容，指出双方合理与不合理的主张，提出合法合理的调解范围，指导双方在界定的调解范围内进行协商。界定了调解范围后，双方的思路清晰，就会进入有意义的实质调解环节。此种调解方法在调解实务中效果较好。

7. 人格感动法

人民调解员在调解工作中的主观能动作用非常重要，在调解工作中要充分施展自身的人格魅力，通过自己热情的服务拉近与当事人的距离，不厌其烦地去做双方的思想工作，努力为纠纷双方调解提供便利，使纠纷双方对人民调解员产生亲近感、信任感，感受到调解员是真心想纠纷双方之所想、急纠纷双方之所急。用调解员的人格及职业品格打动纠纷双方，他们就会互谅互让，最终达成调解协议。

社区是调处各种矛盾纠纷的前沿阵地，也是诉源治理的桥头堡。要充分利用社区调解优势，高效及时地解决民事纠纷，促进社区和谐。人民调解员在调解实务中要善于思考、勤于观察，不断总结调解经验，创新调解方式、方法，不断提高化解矛盾纠纷的能力和水平，将矛盾纠纷化解在社区。为无讼社区创建及平安南明建设做出积极贡献，在"强省会""强南明"的建设中发挥应有的作用。

二　人民法庭在乡村振兴中的司法职能和作用

没有农民的富裕，就没有全国人民的富裕。农村稳定是全国稳定的基础，乡村振兴是实现全国人民共同富裕的重要一环。人民法庭的服务范围主要是广大农村，人民法庭如何找准工作的切入口，在乡村振兴建设中发挥应有的司法作用，已成为人民法庭法官们思考的重要问题。

（一）充分发挥调解优势，为构建和谐农村服务

人民法庭直接面向农村、面对农民，是调处各种矛盾纠纷的前沿阵地，

要充分利用调解优势，节约审判资源，高效及时地解决民事纠纷，为构建社会主义新农村提供司法保障服务。在办案中充分发挥调解的优势和作用，坚持"能调则调、当判则判、调判结合、案结事了"的原则，实行送达调解、庭前调解、庭审调解、庭后调解相结合，把调解工作贯穿于办案始终。不受诉讼阶段和次数的限制，创造更多的调解机会和时机，不断促进调解，提高办案效果。充分发挥调解方式在解决纠纷中的作用，促进纠纷双方和谐相处，减少矛盾升级与对抗，消除不稳定因素，构建和谐稳定的新农村。

（二）加强普法宣传教育，营造良好的农村执法环境

人民法庭直接面对广大农村人口，他们法治观念意识淡薄，文化素质普遍偏低，对法律政策不了解或知之甚少，不少纠纷的发生就是因为当事人不懂法而造成的。针对这种情况，人民法庭应该利用农村赶场日进行法治宣传，热情接待群众的咨询，并散发各种宣传资料。另外，要将赡养纠纷及其他具有典型教育意义的案件巡回到当事人居住地开庭，给当地群众上一堂堂生动的法治课。在办理具体案件中，要对当事人进行法治教育及政策教育，提高他们的法律意识，用法律政策去引导他们明白自己的责任和错误，促进纠纷的和谐处理。老百姓的法治意识提高了，在广大农村即形成了良好的执法环境，对乡村振兴的和谐发展具有重要意义。

（三）充分发挥审判职能，促进农村精神文明建设

社会主义新农村建设的重要内容之一就是"乡风文明"，实际就是农村的精神文明建设。人民法庭审理的案件主要是婚姻家庭纠纷与邻里纠纷。这些案件的处理在很大程度上影响着农村的社会风气。通过以案释法开展法治教育，树立社会主义荣辱观，弘扬社会主义新风尚。在处理婚姻家庭纠纷时，倡导婚姻自由、男女平等、尊老爱幼、相互扶助的传统美德，打击遗弃老人、家庭暴力、重婚、不尽赡养义务、不尽扶助义务、不尽抚养义务等违法犯罪行为。在处理邻里纠纷时，要教育当事人互谅互让，妥善化解矛盾，要倡导相互尊重、互助互爱、举止文明的和谐农村新风尚，打击恃强凌弱、蛮横霸道等违法犯罪行为，净化农村社会风气，促进农村精神文明建设。

（四）加强农村调解员培训工作，提高农村调解员的调解能力与水平

人民调解委员会是村民委员会和居民委员会下设的调解民间纠纷的群众性组织，在基层人民政府和基层人民法院的指导下进行工作，对及时化解民间纠纷、增进人民团结、维护社会安定起到了重要作用。社会主义和谐社会是权利受尊重、利益有保障、纠纷可化解、人民安居乐业的社会。建设社会主义和谐新农村，既要通过生产发展来增强物质基础，也要通过不断增强司法能力来提供法律保障。人民调解是群众定分止争的"金钥匙"，但目前农村调解员普遍存在文化程度不高、整体素质不高的状况，无法应对新时期日益复杂的农村民间纠纷。为适应建设社会主义新农村发展的需要，必须加强对人民调解员的指导与培训工作，不断提高其调解能力与水平。人民法庭每年要对辖区内村（居）调解委员会集中进行一次以上的调解业务知识培训，并利用下乡办案的机会与调解委员座谈，邀请调解委员旁听庭审，交流调解方法、技巧，不断提高调解委员的调解能力与水平。农村人民调解委员会的建设，对新农村文明新风及和谐社会的构筑具有重要意义。

（五）建立诉调对接点，完善特邀调解工作机制

对未设法庭的乡镇，可以在各乡镇政府驻地设立诉调对接点，既参与所在乡镇的矛盾纠纷化解，也可以承担诉前调解工作。对调解成功具有履行内容的案件，可以申请法庭司法确认，对调解不成的案件，移送法庭立案处理。同时负责本乡镇的送达工作，缓解法庭案件送达难的压力。在每个乡镇的诉调对接点聘请两名特邀调解员开展工作，办公场所由乡镇解决。特邀调解，是健全多元化纠纷解决机制，加强诉讼与非诉讼纠纷解决方式的有效衔接，对于解决当前案多人少的矛盾以及搞好司法便民工作均具有十分重要的意义。《中华人民共和国人民调解法》《最高人民法院关于人民法院特邀调解的规定》是特邀调解工作的法律依据。可以探索常驻特邀调解员与个案特邀调解员相结合的方法，在诉调对接点聘请两名常驻特邀调解员开展工作，按底薪加案件绩效的方式给付报酬。对于各个村居调解委员会的成员，可以作为该村居个案的特邀调解员，仅以案件绩效的方式给付报酬。此外，常驻特邀调解员与个案特邀调解

员均可参与法庭的案件送达工作，送达案件的报酬按法院送达工作出差费的方式报销处理。结合此次调研收集到的意见和建议，特邀调解员的选任、培训管理、考核工作由法院负责，乡镇予以配合。

（六）将巡回审理点与法官工作站（点）、诉调对接点整合

打通司法便民的"最后一公里"，就是要使诉讼服务、便民司法全覆盖、无死角。我们要建设"人民法院诉讼服务中心"—"人民法庭诉讼服务中心"—"巡回审判点（法官工作站、法官工作点）、诉调对接点"—"特邀调解"四位一体的诉讼服务网络。巡回审理是司法便民的有力举措，要加强巡回审理工作的开展，切实解决人民群众诉讼难问题。同时，对于巡回审理的案件，要加强同乡镇、村居的对接工作，发挥巡回审理的法治宣传作用。将巡回审理点与法官工作站（点）、诉调对接点整合，将法官到法官工作站（点）工作的时间固定化并进行公示。法官到法官工作站（点）工作期间，可以接待当事人、登记立案、送达文书、调解案件、巡回审理，同时也可以指导和参与诉调对接工作，对特邀调解员调解成功且具有履行内容的案件，可以依申请进行司法确认。法官没有来法官工作站（点）工作的其他时间，可以由诉调对接点帮助接待，先行调解，切实解决未设法庭乡镇人民群众诉讼难问题。

（七）完善巡回审理制度

人民法庭要完善巡回审理制度，创新性地开展便民利民的巡回审理工作，将法庭案件巡回到其他非法庭驻地的乡镇，到村寨、老百姓家中以及田间地头开庭审理，要让人民群众方便诉讼，感觉法庭就在身边。要贯彻落实"巡回审理六法"：一是固定巡回法。凡未设法庭的乡镇的案件，一律按规定的时间、地点巡回受理开庭。二是委托立案巡回法。聘请未设法庭乡镇的特邀调解员为巡回点上的义务接待员，负责巡回之外时间的接待及立案工作，法庭在下一个巡回日再将案件带回。重大案件随时到位，方便当事人诉讼。三是电话预约巡回法。对符合上门立案、开庭的案件，即一方当事人为行动不便的残疾人、70周岁以上老人、重病卧床当事人及赡养纠纷的原告，可电话预约法官上门立案及开庭。四是典型案件巡回法。上述第 3 类可电话预约巡回案件及在

当地具有典型教育意义的案件，法庭可不依当事人申请，直接将案件定在当事人住所地开庭审理，起到审理一案、教育一片的作用。五是节假日巡回法。针对上班族当事人工作日无法正常到庭参加诉讼的情况，为方便上班族当事人诉讼，当事人可申请将案件定在节假日开庭审理。六是夜间巡回法。针对农村当事人在农忙季节时、上班族当事人在工作日八小时内无法到庭参加诉讼的情况，为方便此类当事人诉讼，可依当事人申请将案件定在晚上开庭审理。此外，要结合各法庭的实际，进一步完善巡回审理制度和各种便民利民措施，切实解决诉讼难问题，满足人民群众对司法的新需求。

人民法庭应当准确把握职能定位，坚持"面向农村、面向基层、面向群众"，坚持便于当事人诉讼、便于人民法院依法独立公正和高效行使审判权的"两便"原则，充分发挥审判职能作用，积极参与基层社会治理，创新落实便民利民举措，因地制宜做好巡回审判工作，不断完善巡回审理制度，回应人民群众对司法工作的新需求，切实解决人民群众诉讼难问题，打通司法为民"最后一公里"。在乡村振兴建设过程中，因社会转型、体制转轨和贫富不均等原因引发的各种矛盾和纠纷，制约着新农村的建设和发展。人民法庭要充分发挥审判职能，为乡村振兴建设扫除障碍，提供司法保障服务。要找准工作的切入口，积极探索服务乡村振兴的新途径，发挥定分止争的重要作用。

三　城市超大型社区人民法庭调解的实践与探索

花果园片区，是单个楼盘占地面积、容积率等多项指标排名第一的国内超大型社区，总占地面积 10 平方公里，规划入住人口 50 万。花果园片区内现设立有花果园、五里冲、小车河、兰花都四个街道办事处。近年来，受新冠疫情以及房地产市场波动等影响，商品房销售合同纠纷、租赁合同纠纷、金融借款合同纠纷、物业服务合同纠纷等与日俱增。花果园片区人口密度高，入驻企业众多，因此产生的邻里纠纷、家事纠纷、合同纠纷以及劳动纠纷等数量亦呈逐年上升趋势。为降低万人成讼率，更好地建设平安南明，应深入推进花果园片区诉源治理工作，从源头上预防和化解矛盾纠纷，实现人民群众诉求表达渠道更加畅通、矛盾纠纷多元化解更加有效。

（一）花果园片区诉源治理工作开展现状

1. 花果园片区参与诉源治理工作的调解组织和人员

（1）调解组织

花果园片区现参与矛盾化解、诉源治理工作的调解组织主要有：南明区社会治理综合服务中心、花果园矛盾纠纷联动调解中心、花果园人民法庭、公安派出所及街道调委会。

（2）调解人员

花果园片区现参与矛盾化解、诉源治理工作的调解人员主要有：接受南明区社会治理综合服务中心委派的人民调解员及网格员、花果园矛盾纠纷联动调解中心聘请的调解员、南明区人民法院"老法官之家"聘请的诉前调解员、街道调委会的调解员、派出所等行政机关的行业调解人员、居委会的兼职调解员等。

2. 各调解组织开展诉源治理的模式

（1）南明区社会治理综合服务中心的调解模式

在收到矛盾纠纷信息后，将矛盾纠纷以"属地原则"分配到相关街道和社区就地解纷，或以"对口原则"将矛盾交由对口的行政机关化解。

（2）花果园矛盾纠纷联动调解中心（矛调中心）的调解模式

在小车河街道办事处设立调解中心，在综治中心、人民法庭、花果园片区各派出所、劳动监察大队等部门设立调解室，对花果园片区的各类矛盾开展行政调解、司法调解、人民调解。

（3）花果园人民法庭的调解模式

在法庭的立案窗口设立诉前调解员接待窗口，由特邀调解员对立案案件分类、分流，在征得当事人同意后开展诉前调解工作，调解成功的案件由法官作出司法确认裁定，确保调解协议的强制力。

（4）公安派出所等行政机关的调解模式

派出所及其他行政机关，仅对职权管辖范围内的纠纷进行行业调解。如派出所的治安调解、劳动监察大队的劳动纠纷调解、市场监管局的消费者权益纠纷调解等。

（5）街道调委会的调解模式

主要是在街道办事处的安排下，对辖区内的矛盾纠纷进行化解。

（6）居委会的调解模式

居委会的组成人员一般是兼职调解员，对辖区内的矛盾纠纷进行化解。

（二）现有诉源治理工作模式存在的问题

虽然花果园片区的矛盾化解工作在各个调解组织的共同努力下取得了一定的成绩，但现有的诉源治理工作模式还是存在一些问题。

1. 合力解纷机制未健全

花果园片区的各调解组织各有特色、各具优势，面对花果园片区复杂的矛盾纠纷时各调解组织之间虽有协作，但未形成合力解纷机制。仅凭单个调解组织并不能将矛盾有效化解，难以达到诉源治理工作的预期效果。

2. 调解力量未完全整合

在现有工作模式下，诉源治理工作的参与单位以区综治中心、矛盾调解中心以及人民法庭为主。花果园片区内的行政职能部门、相关街道、社区在诉源治理工作中参与度不高。对涉众型、类型化矛盾的化解，仍以各自为政方式处理，缺乏统一调度、专业化解的工作方式加以规制。若将上述部门和基层组织力量整合到诉源治理工作中，将有助于花果园片区诉源治理工作效率全面提升。

3. 专职调解员人案矛盾突出

现有模式下花果园片区的矛盾主要依靠各调解组织的专职调解员完成，仅2021年花果园矛盾调解中心受理矛盾调解案件就达5810件，花果园人民法庭受理的诉讼案件达3832件。面对成倍增长的矛盾趋势，仅凭现有调解员开展调解工作难以应对复杂、繁多的解纷工作。

4. 经费保障机制不健全

目前诉源治理调解工作经费主要支出单位是司法局和人民法院，但支付标准、结案标准、工作经费标准不统一。人民调解组织的工作经费及调解经费保障不到位，人民调解员工作没有激情。

（三）推进诉源治理工作的建议

1. 加大组织保障力度

推进花果园片区的诉源治理工作，应当在区委、区政府统一领导下进行。

建议由区政府牵头成立花果园片区诉源治理工作领导小组，办公室设在区综治中心。全面领导该片区诉源治理、矛盾解纷工作。

2. 加大经费保障力度

花果园片区诉源治理工作经费每年由区综治中心测算后报区财政，区政府将诉源治理工作经费纳入财政预算。经费的开支由综治中心统一核算、报销，专款专用，保障诉源治理工作有序推动。

3. 加大调解力量的整合力度

将各部门和基层组织的调解力量整合到诉源治理工作中，由区综治中心统一调度。各调解组织、司法机关以及行政职能部门、基层组织，在诉源治理工作中信息互通、相互联动、资源共享，力争建立一套结合实际、科学严谨、行之有效的诉源治理联动工作制度，有利于整合资源，形成"你中有我，我中有你"的工作局面，在花果园片区用诉源治理的"组合拳"打响矛盾解纷的"攻坚战"。

4. 加大无讼社区的创建力度

由综治中心牵头，整合力量加大无讼社区的创建力度，由各单位结合工作实际加强矛盾纠纷的源头治理。人民法庭在社区设立法官工作站，参与基层社会治理。司法局进社区开展普法宣传，提高群众的法律意识。街道办事处加大社风文明建设力度，推进精神文明阵地建设。各相关部门加大诚信体系建设，让失信者寸步难行。通过无讼社区的创建，让社区不产生纠纷，即使产生纠纷，相关部门立即进行调处，让矛盾纠纷消灭在萌芽状态、消灭在基层。

"老法官之家"工作站开展诉源治理工作创新研究报告

刘伟琦[*]

摘　要：诉源治理工作的重点是开展矛盾纠纷实质性化解。"老法官之家"工作站开展矛盾纠纷实质性化解具有多方面的优势：能够增强诉前调解力量，增强源头解纷和实质解纷的能力，能够发挥退休法官扎实的法律功底、丰富的审判和调解经验，可以激发退休法官对调解工作的热爱和甘于奉献的精神，加大法院在诉源治理工作中的人力资源投入，有助于推动构建调解在先、诉讼断后、协调联动的多元解纷工作机制，最大限度地化解纠纷、减少矛盾。南明区人民法院以"老法官之家"工作站开展矛盾纠纷实质性化解的具体经验是：注重遴选政治素质过硬、具有公正情怀、具备过硬业务素养的老法官；注重引导"老法官之家"团队成员在调解中运用灵活的工作方法。

关键词：南明区人民法院　诉源治理　"老法官之家"

一　"老法官之家"工作站开展矛盾纠纷
实质性化解的概况

为深入贯彻落实习近平总书记关于"把非诉讼纠纷解决机制挺在前面，从源头上减少诉讼增量"的指示精神，深化完善矛盾纠纷多元化机制，坚持创新发展新时代"枫桥经验"，围绕"减少诉讼、降低成本、方便群众、提高

---

[*]　刘伟琦，贵州民族大学法学院教授，法学博士，中国社会科学院法学研究所·贵州省社会科学院博士后科研工作站联合培养博士后。

效率"的原则，满足人民群众多元司法的需求，结合南明区民商事诉讼案件数量大、增速快的特点，从 2021 年 4 月起，南明区人民法院最初选聘 14 名政治素质好、专业知识和调解技能突出的退休法官作为特邀调解员，后又吸纳退休政法干部、高校教授、政协委员等，现已扩展为有专职调解员 29 名、兼职调解员 54 名的调解团队，形成"专职与兼职融合，专业与行业互补为架构，和言和行和贵为宗旨"的调解品牌。2022～2023 年，"老法官之家"已调解成功各类纠纷 14284 件，占区法院诉前调解成功案件的 85.65%，其中包含 8 件标的额上亿元的涉企纠纷。

"老法官"调解员的加入增加了诉前、诉中案件调解力量，提高了调解队伍的专业性，增强了源头解纷和实质解纷的能力，通过充分发挥"老法官"扎实的法律功底、丰富的审判经验、对调解工作的热爱和甘于奉献的精神等优势，最大限度地化解纠纷、减少矛盾，使纠纷止于未发、止于萌芽，缓解法院人案不相适应的矛盾，进一步推动构建调解在先、诉讼断后、协调联动的多元解纷工作机制，以实际行动为人民群众办实事、做好事、解难事。

二 "老法官之家"工作站开展矛盾纠纷 实质性化解的优势

第一，"老法官之家"工作站能够增强诉前调解力量，增强源头解纷和实质解纷的能力。"老法官之家"工作站开展调解对于实质性化解矛盾纠纷具有以下几方面的优势。一是"老法官之家"工作站开展调解具有主动性，有利于矛盾纠纷及时解决，防止矛盾纠纷的激化和升级。二是"老法官之家"工作站开展调解具有简捷、及时和经济的特点，可以就近、及时地化解民间纠纷，以最短的时间完成对矛盾纠纷的处理，能降低纠纷解决的成本。三是"老法官之家"工作站开展调解能实现情与法的融合。合法不合情，合情不合法，是司法中经常遇到的情况，也给司法人员工作带来很大的困惑。调解的性质可以避免这方面的困惑，可以将法与情融合在调解过程中实现法与情的统一，使法的实施更易于被广大人民群众所接受。

第二，"老法官之家"工作站依靠退休法官扎实的法律功底、丰富的审判和调解经验，能够最大限度地化解纠纷、减少矛盾。老法官在漫长的职业生涯中边办案边学习，积淀了扎实的法律功底，组建"老法官之家"工作站能够充分利用退休法官扎实的法律功底参与矛盾纠纷的调解。此外，正如美国著名首席大法官霍姆斯所说："法律的生命在于经验"，调解工作的成效很大程度上取决于调解员的调解经验。面对同样尖锐的矛盾纠纷，经验丰富的调解员能够运用娴熟的技巧有效化解双方的矛盾，而缺乏经验的调解员可能迟迟打不开矛盾的僵局。老法官在长期的办案过程中经历过大量矛盾尖锐的案例，具有丰富的调解和释法说理经验。组建"老法官之家"工作站能够充分利用退休法官丰富的调解经验开展释法说理，减少、消除矛盾双方的症结，从而最大限度地化解纠纷、减少矛盾。

第三，"老法官之家"工作站能够激发退休法官对调解工作的热爱和甘于奉献的精神，从而最大限度地化解纠纷、减少矛盾，使纠纷止于未发、止于萌芽。很多纠纷是多年矛盾积累而发，要化解此类矛盾往往需要调解员耐心细致地说理和疏导，这就需要调解员投入较多的时间。面对此类矛盾纠纷，仅凭扎实的专业功底和丰富的调解经验是不够的。退休法官之所以自愿加入"老法官之家"工作站，是受热爱调解工作激励，是受甘于奉献精神的感召。因此，即使面对较为尖锐的矛盾纠纷，一个热爱调解工作、甘于奉献的调解员也能够不厌其烦地向矛盾双方剖析矛盾纠纷的来龙去脉，查明矛盾发生的事实，厘清双方的权利和义务，阐明如何解决矛盾才是双方最合理的选择，从而实现实质性化解矛盾纠纷，使纠纷止于未发、止于萌芽。

第四，"老法官之家"工作站能够缓解法院人案不相适应的矛盾，加大法院在诉源治理工作中的人力资源投入。虽然近年来法官的人数在不断增加，但是法官增加的数量远远跟不上案件增加的比例，这导致法院案多人少的矛盾异常突出。事实上诉源治理的一个重要目的就是通过从源头上减少矛盾纠纷，减少法院审理案件的数量，以缓解案多人少的矛盾。但现实情况是，在案多人少的矛盾情况下，如果再抽调一部分法官从事诉源治理工作，至少短时间内会加剧案多人少的矛盾。遴选退休法官组建"老法官之家"工作站，使其在法院的指导下实质性参与矛盾纠纷的调解，既能够加大法院在诉源治理工作中的人力资源投入，也能够化解法院案多人少的矛盾。

第五，进一步推动构建调解在先、诉讼断后、协调联动的多元解纷工作机制，以实际行动为人民群众办实事、做好事、解难事。调解在先、诉讼断后、协调联动的多元解纷工作机制是由调解在先、诉讼断后、协调联动三套组合拳构成的多元解纷机制。调解在先是指对于民事纠纷凡是具备调解条件的，均开展调解工作，力争以调解的方式实质性化解矛盾纠纷。诉讼断后是指对调解不能有效化解矛盾纠纷的案件，通过司法诉讼来厘定是非，解决纠纷。协调联动是诉前人民调解和诉中调解协调联动，旨在实现非诉解纷呈现多元化、专业化、规范化，推动矛盾纠纷源头化解、实质化解。

三 "老法官之家"工作站开展矛盾纠纷实质性化解的经验

第一，注重遴选政治素质过硬的老法官。《中华人民共和国宪法》规定："中国共产党领导是中国特色社会主义最本质的特征""中华人民共和国的一切权力属于人民"。① 宪法规定的上述政治属性决定了开展矛盾纠纷实质性化解工作必须坚持党的领导，必须牢牢坚持全心全意为人民服务的宗旨。因此，政治性是确保矛盾纠纷实质性化解的前提和基础。据此，南明区人民法院在组建"老法官之家"工作站开展矛盾纠纷实质性化解时，特别注重遴选具备坚定政治素养的老法官。

第二，注重遴选具有公正情怀的老法官。彪炳史册的包拯之所以能被人民群众世代敬仰，靠的就是"刚直不阿、秉公执法、一身正气、两袖清风"的高尚品德和职业操守。调解员唯有廉洁公正、公道正派，当事人才能对其充分信任，才可能实现胜败皆服的调解结果，实现定分止争，才能最终实现矛盾纠纷实质性化解。因此，为有效开展矛盾纠纷实质性化解，调解员必须具有公正情怀。为了确保具有公正情怀的退休法官加入"老法官之家"团队，南明区人民法院侧重以下两方面的措施。一方面，在遴选退休法官时，由退休法官原任职单位推选。因为原任职单位比较熟悉其推荐的人选，便于推荐具有公正情怀的退休法官加入"老法官之家"团队。另一方面，通过向参加调解的当事人发放匿名调查问卷的形式，既能了解老法官的品行表现，也能督促老法官自觉树立公正办案的情怀。

---

① 《中华人民共和国宪法》第 1 条、第 2 条。

第三，注重遴选具备过硬业务素养的老法官。精湛的业务能力和高超的专业水平是一名合格调解员的基本素质。矛盾纠纷之所以发生，绝大部分是因为一方的权益遭受损害或者一方认为自己的权益遭受损害。通过调解的方式有效化解矛盾纠纷，要求调解的过程中既要厘清事实，也需要厘清双方的法律关系，并在法律的框架内提出公平公正的调解方案。因此，调解员只有具有过硬的业务素养，运用过硬的专业能力厘定是非，进而让矛盾双方在调解过程以及调解方案中感受到公平正义，才能确保以调解的方式实现实质性化解矛盾纠纷。为了确保具备过硬业务素养的老法官加入"老法官之家"团队，南明区人民法院侧重以下两方面的措施。一方面，从具有员额法官从业经验的退休法官中遴选。员额法官遴选一般经历单位推荐、专业笔试考核和业务能力面试等环节，最终能够成功遴选上员额法官者往往具有过硬的业务能力，因此，从具有员额法官从业经验的退休法官中遴选调解员，为"老法官之家"团队具有较强的业务能力提供了坚实的保障。另一方面，从获得"全国优秀法官""全国法院办案标兵"以及获得过省、市（州）、县"优秀法官""办案标兵""办案能手"等荣誉称号的退休法官中遴选调解员。"优秀法官""办案标兵""办案能手"等荣誉称号的评选往往经过多层选拔，通常只有专业知识扎实、办案能力突出的法官才有可能获得上述荣誉称号。因此，从获得上述荣誉称号的退休法官中遴选调解员，能够确保"老法官之家"团队成员具有较强的业务能力。

第四，注重引导"老法官之家"团队成员在调解中运用灵活的工作方法。调解是一门释法说理的艺术，既要在释法说理中讲原则、遵守法律的底线，也要正确认识到调解的过程是调解员与各种类型的人在交流思想。虽然调解是在矛盾双方自愿的基础上启动的，但是调解员在整个调解的过程中应当具有主动性和控制力，要善于引导双方多一点理性思考、换位思考。因此，通过调解的方式实质性化解矛盾，就必须讲究调解的方法和技巧。据此，南明区人民法院着重从以下几方面引导"老法官之家"团队成员在调解中运用灵活的工作方法。一是引导老法官运用"内方外圆"的调解工作模式。"内方"是指解决矛盾最终必须坚持"以事实为根据""以法律为准绳"，而不能脱离事实和法律和稀泥。"外圆"是指调解方法要灵活，善于做矛盾双方的工作，结合双方的心理特征动之以情、晓之以理。二是引导老法官善于剖析各种纷繁复杂的纠纷，厘清各种激烈深刻矛盾的症结。三是引导老法官善于灵活运用多种调解方式方法和调解技巧，善于借助外力，妥善化解各种矛盾纠纷，最终实现调解的政治效果、法律效果和社会效果的有机统一。

南明区人民法院深入落实打造"老法官之家"，聘请退休法官或法律工作者作为特邀调解员，组建了一支业务强、专业精、水平高的调解员队伍，充分发挥"老法官"深厚的法律专业优势、丰富的调解工作技巧，推动矛盾纠纷源头化解、实质化解。"老法官之家"现在已成为南明法院诉源治理的一张亮丽的名片，品牌创建的经验做法在贵阳法院系统得到推广，各基层法院也成立了老法官工作室或调解室，更好地调动、发挥"老法官"群体在多元解纷中的作用。

南明区人民法院诉前调解研究报告

张　松*

　　摘　要： 诉源治理是中央决策的司法体制改革重点任务，是政法工作和社会治理的重大课题。近年来，南明区人民法院从内部制度建设和外部协同建设两个层面，积极推进诉前调解，做好诉源治理工作。对于下一步做好诉前调解工作，本文提出了坚持党的领导、有机融入社会治理大格局，全面争取财政经费保障，全面提高一站式多元解纷能力和水平，全面发挥人民法庭"桥头堡"的纽带作用，大力推介各种非诉讼纠纷解决方式、立体化开展宣传工作等对策建议。

　　关键词： 诉源治理　诉前调解　多元纠纷解决　南明区人民法院

一　诉前调解指导思想与理论基础

　　2019 年初，最高人民法院在总结四川、湖北、上海等地经验的基础上发布的《关于深化人民法院司法体制综合配套改革的意见——人民法院第五个五年改革纲要（2019—2023）》明确提出"诉源治理"的概念及相应改革任务。2021 年 2 月 19 日，中央全面深化改革委员会第十八次会议更加明确地强调推进诉源治理工作，并审议通过了《关于加强诉源治理推动矛盾纠纷源头化解的意见》。至此，诉源治理成为由中央决策的司法体制改革重点任务，成为政法工作和社会治理的重大课题。

---

　　* 张松，贵州省社会科学院科研处助理研究员，武汉大学法学院博士研究生。

（一）诉前调解工作的指导思想

党的十八大以来，社会转型过程中各种社会矛盾大量涌现、互相叠加，而且大规模进入人民法院司法程序，以习近平同志为核心的党中央正确认识和处理改革与发展稳定的关系，研究部署社会矛盾化解的体制、机制和方法。2014年10月，党的十八届四中全会通过《中共中央关于全面推进依法治国若干重大问题的决定》，提出要健全依法维权和化解纠纷机制。要强化法律在维护群众权益、化解社会矛盾中的权威地位，引导和支持人们理性表达诉求、依法维护权益，解决好群众最关心最直接最现实的利益问题。要构建对维护群众利益具有重大作用的制度体系，建立健全社会矛盾预警机制、利益表达机制、协商沟通机制、救济救助机制，畅通群众利益协调、权益保障法律渠道。特别是推动"健全社会矛盾纠纷预防化解机制，完善调解、仲裁、行政裁决、行政复议、诉讼等有机衔接、相互协调的多元化纠纷解决机制。加强行业性、专业性人民调解组织建设，完善人民调解、行政调解、司法调解联动工作体系。完善仲裁制度，提高仲裁公信力。健全行政裁决制度，强化行政机关解决同行政管理活动密切相关的民事纠纷功能"，尽可能地把矛盾纠纷化解在司法程序之外。

2020年11月16日，习近平总书记在中央全面依法治国工作会议上更是明确指出："古人说：'消未起之患、治未病之疾，医之于无事之前。'法治建设既要抓末端、治已病，更要抓前端、治未病。我国国情决定了我们不能成为'诉讼大国'。我国有14亿人口，大大小小的事都要打官司，那必然不堪重负。要推动更多法治力量向引导和疏导端用力，完善预防性法律制度，坚持和发展新时代'枫桥经验'，完善社会矛盾纠纷多元预防调处化解综合机制，更加重视基层基础工作，充分发挥共建共治共享在基层的作用，推进市域社会治理现代化，促进社会和谐稳定。"

2021年2月19日，习近平总书记主持中央全面深化改革委员会第十八次会议，以推进诉源治理工作为主题，审议通过了《关于加强诉源治理推动矛盾纠纷源头化解的意见》。习近平总书记在会议上发表重要讲话，再次强调指出："法治建设既要抓末端、治已病，更要抓前端、治未病。要坚持和发展新时代'枫桥经验'，把非诉讼纠纷解决机制挺在前面，推动更多法治力量向引导和疏导端用力，加强矛盾纠纷源头预防、前端化解、关口把控，完善预防性法律制度，从源头上减少诉讼增量。"

（二）诉前调解理论基础

1. 诉讼外纠纷解决制度相关概念

诉讼外纠纷解决制度与审判以及谈判相并列，作为一种民事纠纷的解决方法，占据着重要的位置。谈判是为了解决纠纷而进行的当事人之间的交涉，中立的第三人并不参与纠纷的调停过程。这样的谈判有两种情形，一种是由当事人本人进行，另一种是律师等作为当事人的代理人或建议人参与。审判是法院根据法定程序进行审理，认定事实、适用法律、作出裁判的纠纷解决方法。审判除了诉讼之外，还有非诉讼案件程序。用非诉讼程序处理的案件各式各样，其中也包含了以解决民事纠纷为目的的案件。而诉讼外纠纷解决方式是介于谈判与审判之间的方法，为了解决纠纷，由中立的第三人介入当事人之间。诉讼外纠纷解决方式大致可以分为裁断型和调停型两类。前者有仲裁、裁定，后者有调停、斡旋等多种形态。诉讼外纠纷解决方式也被称为代替性纠纷解决方式或 ADR（Alternative Dispute Resolution）。ADR 兴起的背景非常复杂，尤其要指出的是：一是伴随着法院案件云集而导致的诉讼迟延的严重化，人们深感减轻法院负担的必要性；二是必须保证所有的社会成员都有实现法律正义的途径，这种平等的权利保护理念已经广泛地为人们所拥有；三是通过审判纠纷解决的处理方法就好像是零合计游戏，最好能避免这种僵化了的解决方式，而采取使当事人双方都能高度满意的统一性的处理方式。①

2. 诉源治理的概念

"诉源治理"是一个颇具中国特色、时代特点的概念。诉源治理是在诉讼案件居高不下、人民法院不堪重负、诉讼当事人难以忍受的特殊情况下必然出现的迫在眉睫的治理问题。党中央提出并推动实施诉源治理，其政策实质在于对形成诉讼井喷状之矛盾源头问题进行有效治理。诉源治理的重大意义在于推动更多法治力量和治理资源向引导和疏导端用力，加强矛盾纠纷源头预防、前端化解、关口把控，从源头上减少社会矛盾、控制并逐步减少诉讼纠纷及诉讼

---

① 〔日〕小岛武司等编《诉讼外纠纷解决法》，丁婕译，中国政法大学出版社，2005，第1~2页。

案件总量。诉源治理的根本抓手是在源头上预防矛盾纠纷，最大限度地减少矛盾纠纷总量。[1]

二 南明区人民法院积极推动诉前调解工作的内在原因分析

从司法政策和法社会学理论角度来看，法院推动建设多元解纷体制机制，主要有以下三个方面原因：第一，司法不能解决因社会转型造成的利益调整、阶层分化而引发的所有矛盾纠纷；第二，司法的职能构造和角色安排很大程度上取决于制度设计者的现实需求与选择而非司法的自我定位；第三，司法的固有局限与纠纷的多元化解决定了司法必须克制[2]。

（一）司法不能解决因社会转型造成的利益调整、阶层分化而引发的所有矛盾纠纷

当代中国的主题之一就是社会转型。社会转型的任务和目标就是在法治轨道上全面建设社会主义现代化国家。从大历史的视角看，这一历史进程从19世纪末到今天仍未完成。我们坚持走中国特色社会主义法治道路，建设中国特色社会主义法治体系、建设社会主义法治国家的任务仍在进行中。改革开放四十多年的历史是社会变迁非常剧烈的时段，由此带来当今中国社会的许多深层次问题。在社会结构与社会运行中呈现以下三个特点。一是利益格局深刻调整，社会发展不平衡，社会矛盾特别是不同阶层之间的矛盾较为普遍，不同阶层和群体之间缺乏有效的扭合机制。二是支持经济正常发展和社会规范运作的资源配置不合理。比如，行政性垄断、资本无序扩张、中小微企业融资困难等问题。三是社会规范缺失以及支持社会规范运作的资源条件不足，政府执行力还有待提高，社会信用机制建设还处于初期。

进入司法程序的个案貌似能够得到解决，但个案代表的诉讼之外的社会

---

① 梁雪：《新时代诉源治理的理论之基与实践之路》，《法律适用》2022年第10期。
② 陆永棣：《从立案审查到立案登记：法院在社会转型中的司法角色》，《中国法学》2016年第2期。

冲突法院力所不能及。考察这些年来爆发的带有普遍性的社会矛盾纠纷，可以发现很多是随着经济的发展，贫富差距拉大，社会阶层分化，而引起一部分群体心理不平、心理失衡。如上访问题中比较突出并引发系列民事、行政纠纷的改制企业下岗职工待遇问题，推进城镇化建设过程中的土地、房屋征收等方面的问题，等等。类似这样的纠纷更多地需要政策调整而非个案判决来解决，司法无力也不能制定这样的公共政策。在转型过程中出现的新问题大多属于制度供给不足或者发展中的问题，社会需要相对宽松的发展环境，许多还是属于当下暂时看不清的问题，对此不适宜由法院通过司法程序匆匆作出法律评判。法院只是确认规则，可以解决一些比较重大的、具有实际规则意义的案件。对于一些涉及政策性的甚至高度政治性的问题，应当慎重运用司法介入的方式。①

（二）司法的职能构造和角色安排很大程度上取决于制度设计者的现实需求与选择而非司法的自我定位

转型时期的中国法院自身尚不具备解决各种社会矛盾和社会冲突的实力，直观上表现为需要处理的各种类型的案件超出了法院的负荷。司法作为实现社会公平正义的最后一道防线，其主要作用是让偏离法律轨道的法定公平正义得到回归，而要成为最后一道防线意义上的司法诉讼案件，必须符合法院受理案件的范围和条件。立法通过分配正义将社会成员公平正义的某些诉求法律化，可以说是实现社会公平正义的第一道防线；行政通过执行正义将法律化的社会公平正义付诸实施，可以说是实现社会公平正义的第二道防线。换言之，如果社会成员公平正义的诉求尚未通过立法程序转化为法律诉求，成为法律可以具体维护和保障的公平正义，那么司法对于这种"公平正义"往往是爱莫能助的。

全面实现社会公平正义有赖于国家和社会治理的系统工程。我们应当从中国特色社会主义民主政治和初级阶段的基本国情出发，对司法实事求是地做出功能定位，赋予它能够承担和实现的功能。如果在实践层面已经发现或者证明

---

① 陆永棣：《从立案审查到立案登记：法院在社会转型中的司法角色》，《中国法学》2016年第2期。

了中国的许多问题是现阶段的司法不能有效解决的，而其他途径更为有效，无论在理论还是实践中都应减轻司法难以承受之重。①

（三）司法的固有局限与纠纷的多元化解决决定了司法必须克制

纠纷是社会主体之间的一种利益对抗状态，蕴含着对现存秩序的破坏，但是社会需要秩序。由于纠纷的发生是必然的，如何科学、有效、彻底地解决纠纷也就成为必然选择。纠纷的发生和解决构成了人类社会发展的一对永恒矛盾，也正是在解决这对矛盾的过程中人类社会不断进步。设置法院的目的或作用主要在于定分止争，但是司法又只能是各种解决纠纷机制中的一种。

原因主要在于，司法的固有局限决定了司法必须克制。任何一种权力都有它的效力边界，司法在当今社会扮演的角色尽管因各国的国情不同而不同，但并非无所不能。同时，诉讼解决纠纷在其方式上也有固有缺陷。就民事诉讼而言，它是一种极具职业专门性的活动，在认知方面不易为一般民众所理解和接受；与其他民事解决纠纷机制相比，程序复杂烦琐、时间持久、成本高昂；其严格的规范性和国家强制力，在很大程度上限制了当事人的意思自治，从而难以适应特殊个案所需的灵活性解决要求，也难以满足当事人之间不伤和气与维持原有关系的要求。

司法鞭长莫及力有不逮之处，正是多元化纠纷解决机制能够着力之地。多元化纠纷解决机制应成为解司法围城之困的不二选择。一个稳定的社会，仅仅依靠司法系统解决纠纷是远远不够的，而是必须建立一套以非诉解决方式（包括调解、仲裁）为中心、以其他解决方式为补充、以诉讼解决为终极环节，适应不同需求的多元化纠纷解决机制。在这个机制中，各种解纷方式既相对独立又互相配合，从而在宏观上适应社会变迁需要，解决民事纠纷，保障交易安全，维系社会秩序；在微观层面减轻法院负担，使普通民众能够方便、迅捷地接受正义。

基于司法的固有局限和诉讼的内在缺陷，就法院而言，不能把司法神圣化，只看到诉讼程序的价值所在；就当事人而言，同样不能迷信司法，而应看

---

① 陆永棣：《从立案审查到立案登记：法院在社会转型中的司法角色》，《中国法学》2016年第2期。

到司法永远只是各种纠纷解决机制中的一种，在遇到纠纷需要保护自己利益的时候无须首选诉讼；就社会而言，建设法治国家，建立一个高效、有序的社会治理体制，必须健全各种纠纷解决机制。从总体上要让各种纠纷解决机制既相互竞争又相互补充。转型时期深层次矛盾凸显、各类纠纷频发的当今中国社会，树立这样的平衡观念更显必需且迫切。

三 南明区人民法院诉前调解工作开展情况

诉前调解其实质是在法院设立多元主体参与的纠纷解决平台，将大量涌入法院的案件分流给各大解纷主体，并利用"强制性"的诉前调解机制，最大限度地将纠纷化解在诉前，从而达到化解法院案多人少的矛盾。[①]

（一）内部制度建设

1. 关于诉源治理总体制度建设方面

南明区人民法院于 2020 年先后主要制定出台了《贵阳市南明区人民法院关于民事诉讼程序繁简分流改革试点工作的实施方案》《贵阳市南明区人民法院关于印发〈民事诉讼程序繁简分流改革试点工作实施细则〉》《贵阳市南明区人民法院关于调整民事诉讼程序繁简分流改革试点工作领导小组的通知》。

南明区人民法院于 2021 年先后主要制定出台了《贵阳市南明区人民法院特邀调解工作管理方案（试行）》《关于建立贵阳市南明区人民法院特邀调解员管理机制的工作方案》《贵阳市南明区人民法院特邀调解员案件补贴办法（试行）》。

南明区人民法院于 2022 年先后主要制定出台了《贵阳市南明区人民法院诉源治理工作实施方案》《贵阳市南明区人民法院诉调对接工作管理规定（试行）》《贵阳市南明区人民法院调解案件补贴办法（试行）》。

2. 关于矛盾纠纷源头防控方面

南明区人民法院先后主要制定出台了《贵阳市南明区人民法院关于民事

---

① 左卫民：《通过诉前调解控制"诉讼爆炸"——区域经验的实证研究》，《清华法学》2020年第 4 期。

诉讼程序繁简分流改革试点工作的实施方案》《南明区人民法院民事诉讼程序繁简分流改革试点工作实施细则（试行）》《贵阳市南明区人民法院关于涉贵阳某开发有限公司系列案件执行工作情况的紧急报告》。

3. 关于矛盾纠纷前端化解方面

南明区人民法院先后主要制定出台了《南明区人民法院关于加强法院在线调解平台运用工作的通知》《南明区建立常态化府院联动机制工作方案》《南明区人民法院诉源治理工作实施方案》《关于推进建筑装饰装修行业矛盾纠纷多元化解工作的合作协议》。

4. 关于矛盾纠纷关口把控方面

南明区人民法院先后主要制定出台了《贵阳市南明区人民法院关于贯彻落实全市法院院长会议暨民事诉讼程序繁简分流改革试点动员部署会议精神的情况报告》《关于立案庭设立小额速裁团队的通知》《贵阳市南明区人民法院特邀调解工作管理方案（试行）》《贵阳市南明区人民法院诉调对接工作管理规定（试行）》《贵阳市南明区人民法院关于诉前委托鉴定工作的操作规程》。

通过在上述各方面进行制度建设，主要取得了以下成效：一是进一步强化了综治中心、矛调中心一站式建设，进一步提高了综治中心、矛调中心高效解决矛盾的专业性服务能力；二是进一步推动了数字法院建设，提高了在线化解矛盾纠纷的能力；三是进一步健全完善了专业化调解员队伍建设，也适时扩大队伍、不断夯实力量，加强了矛盾纠纷在诉前依法高效化解的能力。

（二）外部协同建设

外部协同制度建设方面。关于诉源治理总体制度建设方面制定出台了《南明区矛盾纠纷联动调解案件补贴管理办法（试行）》，关于矛盾纠纷源头防控方面制定出台了《南明区关于开展民商事案件诉调对接工作方案》。

通过上述制度建设，主要取得了以下几个方面的成效。一是拓宽调解面，对执行和案件化解进行了有益探索。具体来说就是把"老法官之家"调解模式引入执行工作中，以调解促执行和解。加大调解工作力度，提升纠纷化解率，努力实现纠纷案结事了。二是妥善运用正向激励机制，提升案件自动履行率，推动实现审执质效进一步提升。从源头减少诉讼增量，合理运用"万人起诉率"考核指标，力求案件量稳步下降至合理区间。三是加强了多元共治局面的形成，对"无讼社区""无讼厂区"的建立进行了有益探索。依托"法官调解工作室""特邀调解员""特邀调解组织"深入一线，进一步提升了社区、厂区自治能力。同时深入研究近年来比较集中的物业服务纠纷、商品房买卖合同衍生的相关群体纠纷的案件态势，研判存在的主要矛盾、法律关系，为相关部门及调解员开展调解工作提供了法律支持，共同助推纠纷化解。四是多方联动诉调对接，诉源治理为党委领导、政府主导的社会治理大格局，应与相关行政机关和职能部门建立相对固定的诉调对接关系。借助行政机关、社会团体、行业协会建立专门化案件调解机制，促进诉调对接多方联动，提升化解效率，为当事人提供更为便捷、快速、和谐的纠纷解决途径。

四　南明区人民法院诉前调解工作存在的问题及对策建议

（一）存在的问题

南明区人民法院在诉源治理工作方面，取得了一定成效，但仍然存在一定的困难和问题，从目前的数据来看，南明区人民法院作为中心城区人民法院，案件体量仍然很大，解纷压力较大，调解队伍建设、经费保障等还需进一步强化，针对上述问题，南明区人民法院在各级人大监督、党委政法委坚强领导、上级法院精心指导下，立足职能、系统谋划、积极作为、扎实推进非诉化解、多元解纷工作，努力推动基层治理向有诉无讼的前端防范转型，积极助力市域社会治理现代化建设。

（二）对策建议

一是坚持党的领导，有机融入社会治理大格局。始终坚持党的领导，不断加强院党委的领导力量和能力建设，紧紧围绕社会治理和经济社会发展大局，准确理解和抓住经济社会发展的趋势、存在的主要问题以及中心任务，更加主动地参与党委、政府一体化矛盾纠纷调处，加大与司法行政等有关部门在诉非分流、多元化解等方面的衔接联动，凝聚更大的预防化解矛盾纠纷合力，助力形成共建共治共享的现代社会治理格局。逐渐实现群策群力，形成"一盘棋"

联调联动，从源头上减少诉讼增量的目标。

二是全面争取财政经费保障。积极向各级人大、政协呼吁，向各级党委、政府报告，反映诉源治理中存在的经费困难问题，争取财政对人民法院诉源治理工作经费予以保障和倾斜，落实"以案定补"，激发调解队伍和调解员的积极性，以期在调解工作中释放持久、高效的战斗力和生命力。

三是全面提高一站式多元解纷能力和水平。加强调解员队伍建设，从深化提高调解员数量和质量两个方面入手，进一步加强法学、社会学、心理学、企业管理等方面的专业实务能力培训指导，不断充实调解员队伍，优化调解员年龄结构，充分发挥退休法官等司法专业者的余热，加快促进调解员队伍专业化、规范化建设。建立健全先行分流引导、专业联动调解和"分调裁审"机制，不断完善繁简分流、调解速裁、多元化解的分层递进纠纷解决机制。

四是全面发挥人民法庭"桥头堡"的纽带作用。依法积极参与村镇、社区基层社会治理，积极配合与促进基层行政机构、自治组织合法有效开展工作。继续优化升级打造集"源头解纷、诉讼服务、案件审理、调解确认、法治宣传"等功能于一体的现代化人民法庭，推动矛盾纠纷就地发现、就地调处、就地化解。

五是大力推介各种非诉讼纠纷解决方式，立体化开展宣传工作。融合传统与新兴媒体，采取群众喜闻乐见的方式，加大移动微法院、线上调解平台等服务平台的推广力度，面向社区、村镇、企业、学校等重点区域积极宣传典型经验和先进做法，大力推介各种非诉讼纠纷解决方式，在提高群众法治意识的同时，也帮助提高群众自我解决纠纷的能力，以此广泛凝聚社会共识，促进一站式多元解纷和"无讼社区"建设。

III 法庭建设

▼

探索超大型社区诉源治理之路

——以贵阳市南明区人民法院花果园人民法庭为例

王　平　马　倩　许靖聆*

摘　要：贵阳市南明区花果园片区是国内具有影响力的超大型城市社区，近年来，针对花果园片区案件数量不断攀升的严峻形势，南明区人民法院花果园人民法庭不忘初心、牢记使命，通过守正创新、"四项举措"助推诉源治理工作提质增效，多方协同、物业纠纷化解初见成效，精准对接、复工复产得到有效助力，府院联动、产权办理难题得到有效化解，多调联动、矛盾纠纷化解把控到位，关口前移、优化环境促营商，不忘初心、努力做好人民群众幸福生活的守护者等多项诉源治理举措，把满足花果园片区人民群众更加多样化的矛盾纠纷解决需求作为工作重点，在市域社会治理现代化建设的新征程中彰显法院担当。

关键词：人民法庭　诉源治理　花果园片区

　　贵阳市南明区花果园片区，系国内单个楼盘占地面积等多个指标位列第一的超大型社区，总占地面积 10 平方公里，常住人口 45 万；现有企业 1.2 万余家，涉房纠纷、物业纠纷突出。2019~2021 年，花果园片区每年产生的矛盾纠纷近万起，除院本部办理的案件和人民调解、诉前调解的案件外，花果园人民法庭每年新收案件近 4000 件，员额法官年均办案逾千件。

　　为破解南明区人民法院难承其重的困境，并回应司法助力社会治理能力和

---

　　*　王平，贵阳市南明区人民法院党组成员、副院长；马倩，贵阳市南明区人民法院审判管理办公室副主任；许靖聆，贵阳市南明区人民法院花果园人民法庭副庭长。

治理体系现代化的需求，推动花果园区域基层治理破题开局，南明区人民法院在进一步优化调整花果园人民法庭干部队伍的基础上，多次向党委、政法委汇报花果园片区诉源治理的工作思路，提出工作建议，并成立以分管副院长为组长的法庭诉源治理专班，分管副院长入驻花果园指挥部和区综治中心，花果园人民法庭庭长兼任辖区三个街道办事处综治中心副主任，积极主动融入党委统一领导的大局之中。并在党委、政法委的牵总引领下，与区公安局、区司法局等多部门共同成立花果园区域基层社会治理工作领导小组，共同参与花果园片区的城市基层党建引领基层治理工作，并推动形成花果园片区"区域统筹、条块协同、上下联动、共建共享"的区域社会治理模式，共克超大型社区诉源治理堵点和难点。

一 守正创新，"四项举措"助推诉源治理工作提质增效

南明区人民法院在花果园片区现已初步探索形成"综治中心牵总、企业化解为主、联合解纷为辅、法院诉讼断后"的花果园片区治理模式，并已取得较好的工作成效及社会效果。

一是综治中心牵总，汇聚治理合力。贯彻落实"党委领导、政府主导、多方参与、司法推动、法治保障"的诉源治理工作机制，依托南明区综治中心，联合政法委、公安局、司法局、住建局等力量，共谋解纷策略、共搭解纷平台、共建解纷力量，形成诉源治理整体合力。目前已制定《关于在五里冲街道中园社区创建"无讼社区"工作方案》等9个实施意见、方案和5个实施细则。

二是企业化解为主，明确主体责任。根据"谁主管谁负责，谁引发谁化解"思路，企业承担矛盾纠纷化解主体责任。通过召开联席会议研究、类案分析、提出法律建议等方式，引导和激发企业自我体检、自我盘活、自我化解的内生动力，确保从源头上减少企业矛盾转化为纠纷、纠纷转化为诉讼。

三是联合解纷为辅，强化源头预防。依托综治中心牵总的治理合力，联合各方力量化解矛盾纠纷，针对高发、多发的矛盾纠纷类型成立工作专班。如成立产权办理专班，推动网签备案 6557 套、开展产权办理 15147 户；成立物业

纠纷治理专班,对花果园未交纳物业费业主逾 40000 户、涉案金额达 1.5 亿元的矛盾纠纷,采取专班统筹、调解中心联合调解、裁判文书类案公示等措施,最终仅有 157 件物业纠纷进入诉讼,切实将大量矛盾纠纷化解在诉前。

四是法院诉讼断后,推动实质解纷。发挥司法专业职能,以联调促联控,向双方当事人充分说明诉调对接的特点与优势、诉讼风险与成本,为联合调解提供专业方案和建议;主动嵌入基层治理,在花果园片区 3 家街道办事处设立了 5 个法官工作站、法官调解工作室,通过"相约星期五"开展诉前矛盾化解工作,充分发挥法官工作站/点的"桥头堡"作用,加强与基层组织联调联动,"零距离"满足辖区内群众司法需求。自 2022 年 1 月 27 日挂牌成立以来至 2022 年 12 月 31 日,诉前调解成功 152 件;在区委政法委、区综治中心的牵总下,2022 年在花果园片区 3 个有代表性的居委会开展"无讼社区"创建试点工作。以社区、街道扎根基层、贴近群众的优势为创建基础,通过普法宣传、调解技能培训、打造"社区法治文化室"等多样化的工作举措,推动建立"无讼社区"矛盾纠纷递进式多面分层过滤体系,及时就地化解矛盾纠纷,提升辖区内居民的获得感、幸福感、安全感。将社区人民调解员全部作为特邀调解员纳入人民法院调解平台,开展专题讲座和培训 5 次;加强普法宣传,加大民法典、打击电信网络诈骗、整治养老诈骗等法律法规宣讲力度,以案释法明理,推动良序善治。

二 多方协同,物业纠纷化解初见成效

物业纠纷是花果园片区诉源治理工作重点之一,针对该片区物业纠纷产生的原因及现状,南明区人民法院积极探索、精准施策,在区综治中心的牵头下,联合花果园矛盾纠纷联动调解中心、花果园各街道办事处、辖区派出所等多方联动共治,共同打造了"诉前多元联动调解+判后典型案例公示"机制,通过前端和末端双向发力,实现标本兼治效果。南明区人民法院在大力推进诉前调解工作的同时,充分发挥司法职能,开展判后答疑工作,引导当事人服判息诉、自动履行生效法律文书确定的义务,从源头上控制执行案件增量,努力实现"案结事了"的社会效果。同时,对拒不履行生效判决确定义务且在辖区内较为典型的案例,南明区人民法院与区综治中心及相关街道办事处启动执行联动机制，加大对此类案件的执行力度，及时保障物业服务企业的胜诉权益，并充分发挥典型案例的示范作用，对无故拖欠物业费的业主进行教育、引导，进一步实现该类纠纷的源头治理。

目前，花果园片区物业矛盾纠纷源头治理工作已初显成效，2021 年，南明区人民法院受理涉花果园片区物业费纠纷共计 845 件，截至 2022 年 12 月 31 日，物业公司起诉的物业费纠纷 172 件，进入庭审程序前和诉讼程序中因业主履行付款义务撤诉 86 件，共计回款 66.48 万元；提报花果园矛盾调解中心的物业费纠纷 240 件，已成功调解 27 件，共计回款 35.24 万元。通过典型案例的示范宣传效应和强制执行的威慑效应，物业公司组织力量自行清收物业费，截至 2022 年 12 月 31 日，已累计清收物业费 4836 万元。

三　精准对接，复工复产得到有效助力

为进一步加大对花果园项目复工复产工作的支持力度，南明区人民法院依托综治中心的法官工作站，主动加强与区综治中心及花果园项目复工复产专班的工作对接，及时分析及研判花果园项目的重点法律问题，厘清工作思路，找准花果园项目复工复产的法律"症结"并予以指导。同时，通过南明区人民法院"老法官之家"特邀调解员开展诉前调解，化解涉及花果园项目复工复产纠纷 14 件，共计组织发放复工专项资金 30790864 元，为花果园项目复工复产提供了精准的司法服务及有力的司法保障。

四　府院联动，产权办理难题得到有效化解

家是避风港，证是定心丸。"办证难"问题事关人民群众的切身利益，是花果园片区居民"急难愁盼"之所在。2020～2021 年，南明区人民法院仅受理涉及贵阳宏益房地产开发有限公司逾期办证及逾期交房的商品房预售合同、商品房买卖合同纠纷就达 1435 件。为解决这一难题，在区综治中心的牵总下，花果园片区成立产权办理专班，自 2021 年 10 月以来，已容缺办理网签备案 6322 户，已预告登记 3632 户，已办理产权 18309 户（住宅 14965 户，商铺 1196 户，写字楼 781 户，公寓 1367 户），通过开具质量合格证明函完成 98 栋

裙楼及地下室、4623 户不动产大证办理，将大量矛盾纠纷消弭于萌芽。2022 年，进入诉讼程序的涉及贵阳宏益房地产开发有限公司的商品房预售合同及商品房买卖合同纠纷数量仅 177 件，同比下降 87.67%。

五　多调联动，矛盾纠纷化解把控到位

在区委、政法委对诉源治理工作的大力支持下，花果园片区持续探索多元解纷工作机制，逐步搭建起聚合区综治中心、人民法庭驻社区法官工作点及"老法官之家"、花果园矛盾调解中心、街道办事处等多方调解力量共同参与的"多调联动"机制，强化矛盾纠纷前端化解及矛盾纠纷关口把控，形成一张矛盾纠纷多维度多层次诉前"过滤网"，通过多调联动的工作机制将尽可能多的矛盾纠纷化解在基层。2022 年，"老法官之家"诉前调解民商事纠纷 998 件，花果园矛盾调解中心化解民商事纠纷 2065 件，花果园人民法庭驻社区法官工作点化解民商事纠纷 152 件。

六　关口前移，优化环境促营商

花果园辖区某汽车服务企业在花果园人民法庭诉讼服务中心登记立案过程中，物业公司以交通堵塞为由，于数月前不再允许在该企业门口停放该企业客户的车辆，导致该企业经营陷入困境，急于通过诉讼途径谋求生机。辖区及时将该纠纷移交给小车河街道办事处法官工作点，由驻点法官与南明区人民法院"老法官之家"驻花果园人民法庭特邀调解员联动开展诉前调解工作。调解人员多次走访双方企业，围绕双方诉求和矛盾焦点有针对性地开展调解工作，积极促成双方达成了协议，成功地帮助该企业破解难题、走出困境。

这只是花果园人民法庭在诉源治理工作中优化辖区营商环境、助力花果园片区商圈发展的工作剪影之一。花果园片区现有企业 1.2 万余家，商业密集，花果园人民法庭坚持关口前移，主动担当作为，紧紧围绕司法工作职责，把"大走访"与优化营商环境、诉源治理等重点工作有机结合、一体推进，通过实地走访增强企业对法院工作的理解与支持，通过诉前调解为辖区企业搭建沟通平台、畅通沟通渠道，从源头上解决涉企案件的增量问题。

切实解决企业实际问题和困难，全力为辖区企业发展保驾护航，营造更加优良的营商环境。

七　不忘初心，努力做好人民群众幸福生活的守护者

在党委、政法委的支持下，南明区人民法院在花果园片区的诉源治理工作取得明显成效。2022 年，花果园人民法庭新收案件 1758 件，相比 2021 年同期减少 2085 件，下降 54.25%。

扎根厚土，情系群众。开展诉源治理是南明区人民法院认真贯彻落实习近平总书记关于"坚持把非诉讼纠纷解决机制挺在前面，从源头上减少诉讼增量"重要指示精神的具体实践，也是积极践行新时代"枫桥经验"的生动体现，南明区人民法院将持续发力、勇于创新，主动融入党委领导的基层社会治理大格局中，积极参与构建分层递进诉源治理新模式，为人民群众提供更优质、高效、多元、低成本的司法服务，充分满足人民群众多层次、多样化的司法需求，努力做好人民群众幸福生活的守护者。

2023 年是全面贯彻落实党的二十大精神的开局之年，南明区委、政法委已出台南明区花果园片区 2023 年度深化城市基层党建引领基层治理工作方案，花果园人民法庭也将切实提高政治站位，更加积极主动地融入党委、政法委统一领导的大局中，着眼于满足花果园片区人民群众更加多样化的矛盾纠纷解决需求，在市域社会治理现代化建设的新征程中彰显法院担当！

永乐人民法庭参与"无讼"乡创建的现状、问题及对策建议

张　帆　　邱俊威*

摘　要：人民法庭探索基层诉源治理，打造共建共治共享的基层社会治理新格局，积极推进"无讼"乡建设是新时期提升农村基层社会治理能力现代化的重要路径导向。相关调研资料显示，南明区人民法院永乐人民法庭作为参与"无讼"乡基层社会治理的重要主体，在永乐乡创建"无讼"乡探索基层诉源治理活动中，虽然在推进矛盾纠纷前端治理和司法促进和谐工作方面取得了一定的成绩，但在不断完善永乐人民法庭纠纷多元化解机制、打造"枫桥经验"升级版以彰显其重要地位和作用等方面亟须努力。

关键词：诉源治理　无讼乡　永乐人民法庭

针对新时代乡村社会发展面临的新形势新问题，深入推进基层社会治理创新，有效化解基层矛盾，构建富有活力和效率的新型基层社会治理体系，成为社会建设领域一个重大的理论和实践问题。[①] 当前，开展"无讼"乡创建工作是创新和发展新时代"枫桥经验"的重要举措，将中国传统乡土社会的"无讼"理念注入现代乡村社会治理，成为基层社会治理的一种尝试和创新，因此要认真贯彻落实习近平法治思想，强化诉源治理和服务乡村振兴。

---

* 　张帆，贵州民族大学法学院教授，法学博士，博士研究生导师；邱俊威，贵州民族大学法学院 2022 级法律硕士专业学位研究生。

① 　包路芳：《费孝通的"无讼"思想与中国基层社会治理》，《湖北民族大学学报》（哲学社会科学版）2022 年第 3 期。

习近平总书记在中央政法工作会议上强调，"坚持把非诉讼纠纷解决机制挺在前面，从源头上减少诉讼增量。"① 党的十九届四中全会提出"推进国家治理体系和治理能力现代化"，这彰显了创新社会治理、构建共建共治共享社会治理新格局。"无讼"② 是理想化的，是现实司法治理实践所追求的目标。南明区人民法院永乐人民法庭深度把握共建共治共享社会治理理念，充分发挥与民众最密切接触的"桥头堡"作用，积极回应当下基层社会治理的现实需求，主动融入党委领导、政府主导的诉源治理机制建设，最大限度地减少和避免社会矛盾，使纠纷止于未发、止于萌芽，形成"以源头预防为先、非诉机制挺前、法庭裁判终局"为核心的诉源治理新实践，竭力提高基层社会治理社会化、法治化、智能化和专业化水平，为创建"无讼"乡提供公正、高效、权威的司法保障。鉴于此，本文以南明区人民法院永乐人民法庭为调研对象，从永乐人民法庭参与乡村治理体系和治理能力现代化建设的视角，逐步探索永乐人民法庭参与推动社会矛盾纠纷诉前有效化解，争创"无讼"乡建设的社会价值。

一 永乐人民法庭参与"无讼"乡创建的现状

当前，我国正处于社会转型期，矛盾多发、调处难度大、解纷供需双方认识存在偏差、解纷供给侧配置不合理等问题都对纠纷解决提出了新的考验。③ 南明区人民法院永乐人民法庭在传承我国传统无讼思想的基础上，吸收了追求

---

① 王昌荣：《通过诉源治理把矛盾纠纷化解在源头》，《学习时报》2021 年 9 月 22 日，第 1 版。

② "无讼"一词源于《论语·颜渊》，子曰："听讼，吾犹人也，必也使无讼乎！"在中华大地上，儒、法、道三大显学，都有对理想社会蓝图的描绘。古人的价值体系形成于天道—自然—和谐的信仰之上，追求一个合乎自然的社会。在古人看来，这不仅是必要的，更是可能的，人只要依天性去生活，那就能达到理想中的和谐社会。古人相信自然的即完善的、自然的即和谐的。和谐是古代中国最为推崇的审美意识，追求矛盾的对立统一，极力避免打破均衡，产生矛盾和冲突，正是这些东西从根本上决定了古代中国人对诉讼的态度，即"无讼"。引自梁治平《寻求自然秩序中的和谐：中国传统法律文化研究》，商务印书馆，2013，第 96 页。

③ 周守忠：《以"无讼村（社区）"创建探索基层诉源治理》，《江苏法制报》2019 年 12 月 31 日，第 3 版。

和谐和善治等积极因素,力争把永乐乡建设成"无讼"乡,积极探索基层诉源治理新路径服务乡村振兴,推动永乐乡基层社会治理法治化建设迈上新台阶。

(一)永乐人民法庭的基本情况

永乐人民法庭设立于贵阳市南明区永乐乡。[①] 在南明区人民法院领导的多次协调下,在永乐乡政府的支持下,永乐人民法庭办公用房不仅面积扩大,而且还重新装修,法庭设施设备进行了改换,工作条件获得了极大的改善。目前,永乐人民法庭有工作人员 8 人,其中员额法官 1 人,法官助理 2 人,书记员 4 人,安保人员 1 人。从人员结构来看,正式干警 3 人(员额法官+法官助理),聘用制人员 5 人(书记员+安保人员);从学历结构来看,正式干警中,研究生 2 人,大学本科生 1 人;从年龄结构来看,办案力量(员额法官+法官助理+书记员)均为 40 岁以下,年轻化趋势进一步凸显。永乐人民法庭在乡政法委的工作支持下,由村支两委选派工作责任心强的两委人员为治保主任、调解员和警务助理,他们是该乡矛盾调处的中坚力量。乡司法所设立人民调解委员会,调解员由 5 名村治保主任兼任,并统筹村内矛盾调处信息。

为构筑果蔬发展"防护网",永乐人民法庭推动专业力量下沉、服务前移,主动跟进农户法治需求,通过走访座谈、法治讲座等方式,输送法律知识,提升农户法律意识。以政法系统"大走访"为契机,走访村民 30 户,收

---

① 永乐乡于 2009 年划转到南明区,已被纳入贵阳市中心城区总体规划。永乐乡下辖永乐村、水塘村、干井村、石塘村、羊角村 5 个行政村,39 个村民组,居住着汉、苗、布依等民族共 13070 人,户籍人口 3843 户 12136 人,面积 42.44 平方公里。永乐乡现有中学 2 所、小学 2 所、幼儿园 5 所。永乐乡水塘村被司法部、民政部评为"全国民主法治示范村(社区)"。"十三五"期间,永乐乡地方财政收入 2017 年为 817 万元,2020 年为 1081 万元,增长 32.3%;农村居民人均可支配收入,2015 年底为 13896 元,2020 年为 18500 元,增长 33.13%。永乐乡是南明区唯一以果蔬为主导产业的纯农业乡,永乐乡实际耕地面积为 19500 余亩,其中,水果种植面积 15000 余亩,专业蔬菜占地 3000 余亩、花卉苗圃占地 1500 余亩。该乡桃树种植面积达 10000 亩以上,共种植水果 20 余个品种。永乐乡农业品种丰富,"四季有花、四季有果、四季有菜、四季有景"的田园风光逐步成型。永乐乡人文旅游资源丰富,不仅有京师大学堂(北京大学前身)首倡者、清光绪礼部尚书李端棻墓、永乐古堡遗址、永乐古柏、刘家大院、方家祠堂等历史人文景观,还有石笋沟水库水利风景区、永乐乡万亩桃园等自然景观,逐步形成了一年一度的"桃花艺术节""桃园文化节"等。

集 2 条问题难题线索，研究法律对策后反馈当地党委、政府，共同构建"政府+司法"帮扶机制。永乐人民法庭以法官工作站（点）、法官调解工作室、"无讼"乡创建等为抓手，加强同村、派出所、司法所、人民调解组织等基层组织的联动沟通，主动融入村（社）基层综合治理大格局。2022 年下半年拟开展"法安桃源、共创无讼"庭村共建结对活动，深化开展法官进网格、进乡村、送法入户等接地气办实事行动，集约化解乡村矛盾纠纷。经过近年的努力，永乐人民法庭的多项质效指标位居贵阳市基层人民法庭前列，为实现永乐乡"有诉"而"无讼"奠定了扎实的基础，在南明区委、政法委牵头领导下，2022 年 7 月 14 日南明区首个"无讼"乡在永乐揭牌创建。

（二）永乐人民法庭参与"无讼"乡创建的基本情况

永乐人民法庭管辖永乐乡辖区内所有民事案件，永乐人民法庭受理该辖区内的民事案件呈现以下特点：一是大量案件涉土地、家庭纠纷，矛盾较大；二是所有案件均经过永乐乡、村级基层组织多次调解，在法庭立案后已无调解基础；三是乡村村民来往密切，案件在当地受关注度高，影响力大。自 2021 年 9 月恢复单独收案以来，永乐人民法庭收案量便达 119 件，2022 年 1~7 月收案 23 件。可见，永乐人民法庭主动将矛盾纠纷化解端口前移，当前，以"无讼"乡创建为契机，在南明区党委的领导下，通过与辖区内政府相关职能部门、综治机关、基层自治组织联合开展诉源治理，落实"一周一网格一访"制度，形成"法官入乡村、就地解纠纷、矛盾不入庭"的良好格局，截至 2022 年 6 月，永乐乡诉前化解矛盾纠纷 45 件，永乐人民法庭新收民事案件仅 22 件，民事案件调撤率为 46%，服判息诉率为 100%。显而易见，永乐人民法庭出现了收案量下降趋势，原因有以下三点。

1. 诉源治理成果显著，大量案件未进入诉讼程序

该法庭将基层社会治理创新的着力点放在乡街道，积极发挥设在乡街道的诉讼服务工作室的作用，大胆探索村居由"少讼"向"无讼"的转变，就地及时化解矛盾纠纷和开展普法活动，努力创造"一般矛盾纠纷不出村居，重大矛盾纠纷不出乡街"的无讼环境。

2. 涉企案件被剥离至营商环境团队

依法审慎处理资金短缺但仍有发展前景的企业涉诉案件，尽量采取"活

保全""活查封"等措施，严格控制把关对企业基本账户的查封，对初步判断有履行能力的涉企案件，采取失信措施前及时与企业对接，限期履行，逐步建立专项建议工作制度。调研数据显示，一年内，该乡作为债务人涉诉超 5 件的企业，由相关职能部门就纠纷成因等进行研判，向该辖区企业发出专项建议，必要时向金融监督部门等发出企业债务预警函。

3. 永乐乡建立完善的基层治理体系，大量纠纷由其基层组织调解

永乐乡辖区内基层人民调解组织和人民调解员比较熟悉乡土人情，同时他们还有丰富的群众工作经验，这些基层组织是化解永乐乡辖区内矛盾纠纷的重要力量。[1] 为了让辖区内特邀调解组织和调解员充分地发挥化解矛盾、定分止争作用，永乐人民法庭立足审判工作实际，他们通过巡回办案、就地开庭，开庭后对人民调解员进行现场讲解和培训，提高人民调解员的调解工作能力。当地村社干部群众对永乐人民法庭的做法给予高度评价。

当前，永乐人民法庭正在增加乡村司法资源供给，不断强化人民法庭建设。永乐人民法庭立足于打造集诉调、立案、审判、执行于一体的立体法庭，将永乐乡辖区内刑事、民事案件统一纳入法庭审理范围，加大审执力度。适时开展巡回审判工作，在永乐乡建立法官工作站的基础上，探索在辖区村落设立法官工作点，最大限度地减少群众诉累。充分发挥人民法庭职能作用，紧扣市域、乡域治理需求，围绕乡村特色产业发展，[2] 建设服务果蔬产业的特色法庭，助推乡村振兴，为解决"三农"矛盾纠纷提供更加精准化、精细化的司法服务。

二 永乐人民法庭参与"无讼"乡建设中存在的问题

当代社会正处于经济快速发展的转型时期，各种类型的矛盾纠纷日益频

---

① 陈锋：《社会组织在"无讼社区"建设中的地位和作用》，《社会治理》2019 年第 6 期。

② 永乐乡作为全市闻名的"水果之乡"，其依托得天独厚的自然资源和具有优势的地理位置，不断发展特色农业，强化特色农产品建设，逐渐形成了特色的水果产业发展模式。推动农文旅融合，打造农村休闲农业。永乐人民法庭将通过司法裁判发挥司法审判规范、指引、评价和引领作用，依法惩处涉重要农产品违法犯罪行为，推进实施重要农产品保障战略；加快涉农案件的审理、执行工作；制定出台涉农案件审理执行的相关措施，宣传和普及此类案件的审理，提升企业和果农的法律意识。

发。在永乐乡调研发现，该乡存在的案件主要涉及土地纠纷、家庭纠纷等民事案件。这些案件的矛盾纠纷较多、调解处理难度大、解纷供需双方存在认识偏差、解纷供给侧配置不合理等诸多问题都对纠纷解决提出了新的考验。就目前而言，尽管永乐人民法庭在争创"无讼"乡建设效果上具备案结事了、息讼止争、防止矛盾激化的独特优势，但在实践操作中仍存在一些问题。

（一）参与创建"无讼"乡的宣传力度不够

历史资料显示，无讼法律思想的实践表明，它既是地方父母官在司法领域内主导实施的德礼教谕艺术，又是善治艺术在司法传统中的体现。[①] 可见，在无讼法律思想的指导下，社会实践中的调解制度便成为矛盾纠纷化解机制的关键环节，两者结合处理案件，最终能实现思想与制度的互补与融合。

在永乐创建"无讼"乡的调查走访中，我们发现村民欠缺"无讼"法律思想观念，这可能是引起很多不必要纠纷的因素之一。据一些村民反映，他们接受的"无讼"法律思想宣传，还是停留于传统做法，永乐人民法庭对村民普遍关心的问题，如农村"五治"中的"治房"方面存在的拆除违章违法建筑、宅基地审批、土地承包、村务公开等法律问题，又如农村"四块地"中的承包地、宅基地、农村集体建设用地、集体林地改革过程中存在的法律问题，只是邀请了个别律师、专家学者到村进行"无讼"法律思想讲座，同时他们还联合永乐乡政法委编印了《农村常见土地问题法律指南》的小册子发放给农户等，总体而言，在永乐乡辖区内通过新媒体，如报纸、杂志、广播、电视、网络、微博微信、新闻客户端、移动微法庭等进行"无讼"乡宣传的力度不够，舆论的导向作用没有得到充分发挥。问卷调查资料显示，通过新媒体传播调解、协商等非诉解决方式的基本内容和经验做法，村民知晓非诉解决方式在化解矛盾纠纷中相对于诉讼程序所具有的迅速、经济、简便的优势的人数约占 40%，可见，大部分村民还没有形成正确、理性的"无讼"乡创建的观念，他们在权衡利弊、逐步认同的过程中，并没有自觉地选择"无讼"方式来解决纠纷。

---

① 张本顺、陈景良：《试论中国古代司法传统中的善治艺术》，《兰州学刊》2017 年第 3 期。

（二）多元主体协同治理合力不够

"协同治理"就是以主体多元化为特点而形成的纵横相结合的主体关系网络。① 在这个网络中，不同的主体应该主动进行优势互补、平等协作和互惠互利，在基层社会治理工作中最大限度地提高治理效率并增进利益融合。

南明区永乐乡秉承"党委领导、政府主导，多方参与、司法推动、法治保障"，在开展永乐"无讼"乡创建活动试点工作过程中，积极与乡政法委，乡司法所，乡派出所，乡农办，乡、村两级治保主任，乡、村两级调解员，乡、村两级警务助理和乡、村两级调解信息员、网格员、联户长取得联系，积极加强乡、村两级矛盾纠纷排查工作。因为多元主体共同参与是协同治理的基本前提，主体的参与能力、参与程度和参与积极性直接关系到乡村治理成效。但在实践中，永乐乡多元主体因自主性不强、自身能力弱、参与程度有限、积极性不高等因素难以体现共治合力，永乐乡基层诉源治理成效不明显。

（三）法官调解的技能有待提高

在永乐乡的调查走访中，我们发现永乐人民法庭在乡党委的领导下，切实加大了对矛盾纠纷的调解工作力度，以人民调解为基础，充分发挥行政调解和司法调解的作用，乡综治办统筹组织乡政府、法庭、派出所、司法所对纠纷进行研判并化解，尝试启动"三调联动"工作机制。民事领域中大量的案件来源于社会生活的各个方面，个别法官只知道固守传统，特别是个别法官的调解业务能力与技巧较弱、沟通疏导技能较弱，无法对受损害一方当事人给予理解和安慰，无法用善解人意的语言让当事人切身感受到法官在帮助自己，无法让当事人从义愤填膺的情绪中走出来，调解过程中逐渐产生了消极懈怠的情绪，调解便不可能取得实质性的进展，最终导致无法满足当事人的诉讼需求。在司法调解实践中，法官应该明白司法调解的最终目的在于为社会的平稳秩序保驾护航，应该掌握并理解以"情、理、法"为据，借

---

① 唐琼、陶放、陈镜伊：《乡村振兴中多元主体协同治理研究——基于湖北省赤壁市 Z 村的调查》，《三峡大学学报》（人文社会科学版）2022 年第 5 期。

助各种平台，通过各种调解技能技巧，从源头上层层化解乡村社会的多元矛盾纠纷。

（四）智慧法庭建设的进展缓慢

在人工智能时代，信息化建设改变了人民群众的生活，同时也推动了审判工作方式的改变。当下，智慧法庭①能够将审判工作与人工智能等信息化技术有效衔接。智慧法庭依托现代人工智能，围绕司法为民、公正司法，坚持司法规律、体制改革与技术变革相融合，以高度信息化方式支持司法审判、诉讼服务和司法管理，实现全业务网上办理、全流程依法公开、全方位智能服务的法庭组织、建设、运行和管理形态。② 南明区人民法院在永乐乡打造永乐智慧法庭，这是推动永乐人民法庭参与"无讼"乡创建所亟须的。但在永乐人民法庭调研过程中，我们发现永乐人民法庭存在以下问题。一是设备比较落后。当前设备不能以高度信息化方式支持法庭审判工作、法庭系统内部的管理工作和面向社会民众的诉讼服务工作。二是人才和技术缺乏。永乐人民法庭不能更好地利用人工智能，推动大数据、云计算以及人工智能在司法领域的全面运用。尽管法院拥有法律素养高的专业人才，但既懂技术和法律，又懂软件和网络系统开发的复合型人才极少。如果借助商业力量来推动智慧法庭建设，寻求外部的技术与人员来开发，那会涉及法庭内部系统中数据安全问题。三是数据缺位。数据是人工智能时代最重要的资源，而法律数据库是建设智慧法庭的重要基础，大数据是在数据库的基础上运用算法进行计算和分析。③ 人工智能时代，掌握的数据越多，供人工智能学习的资源就越多，人工智能越能进行深度计算和运用。然而，永乐人民法庭近年来掌握的数据量不多，所以，为解决永乐人民法庭数据缺位问题有必要加大联网力度。

（五）矛盾纠纷多元化解机制有待完善

无讼法律思想催生了社会矛盾纠纷化解机制。在一定意义上，无讼法律思

---

① 2016 年 1 月 29 日，最高人民法院信息化建设工作领导小组举行了 2016 年第一次全体会议，时任院长周强主持会议并讲话，首次提出建设立足于时代发展前沿的"智慧法院"。
② 黄姿：《人工智能时代的智慧法庭建设》，《西部学刊》2020 年第 6 期。
③ 郑戈：《人工智能与法律的未来》，《探索与争鸣》2017 年第 10 期。

想天然地带有一种平和与柔性的色彩，而司法调解自身具备的自治性与协商性恰好能够与之呼应与对照。世界是动态不居的，要以开放的心灵去追求卓越。① 永乐人民法庭启动"无讼"乡的时间不长，法庭自身在深入理解无讼法律思想方面还有待完善。随着社会经济文化的发展，永乐乡涉农纠纷的数量和类型日益增多，需要结合永乐乡实际，逐步健全矛盾纠纷化解机制。调查发现，当前永乐乡农村矛盾纠纷化解机制无法满足现实的纠纷化解需求。一是农村司法资源配置不合理。严格而言，司法诉讼是化解矛盾纠纷最权威、最公正的手段，但分配给永乐乡农村的司法资源明显不足，存在大量被搁置的民事纠纷，降低了法庭在农村的运行效率。二是地方政府对化解农村矛盾纠纷的重视度还需要提升。众所周知，司法所是农村化解矛盾纠纷的第一道防线，但永乐乡司法所经费不足、人员配置不足、人员素质普遍偏低，基本上无法应对农村大量而复杂的矛盾纠纷。三是农村化解矛盾纠纷的机构不健全。农村最重要的化解矛盾纠纷的组织应该是以村干部为主要成员的农村调解委员会，但村干部因情感和利益因素，在解决村民与集体之间、村民与干部之间的矛盾纠纷时无法保持完全独立性，容易出现偏私而导致不公平的情况。四是农村化解矛盾纠纷的主体呈现多元性。目前，农村比较复杂的矛盾纠纷化解需要各个解决纠纷主体共同参与，但现存的各种矛盾纠纷化解机制之间缺少沟通、衔接不当，降低了矛盾纠纷多元化解的效率。

三　永乐人民法庭参与"无讼"乡创建的对策建议

南明区永乐人民法庭继承、创新和发展"枫桥经验"，积极参与推进基层社会治理，通过建立"2+1+3"② 工作模式，全面升级矛盾多元化解纠纷诉调衔接，以永乐乡为试点参加打造"无讼"乡活动，引导村民立足乡风民俗，运用村规民约等就地化解纠纷，努力实现"小事不出村、大事不出乡、矛盾不上交"，并以乡村"无讼"推动社会"无讼"，以"无讼"乡创建激活诉源治理的探索，最终实现维护社会和谐稳定。

---

① 张成福、党秀云：《公共管理学》，中国人民大学出版社，2007，第16页。

② 即2级矛盾化解机制、1个平台、3大协商调解机制。

（一）培养"无讼"理念，加大"无讼"乡舆论宣传

"无讼"只是一种理念，并不意味着没有纷争，因为在经济社会发展进程中存在各种利益主体，为了实现各自的利益，在利益主体间必然会争夺有限的资源，逐渐衍生出各类矛盾纠纷，如农村宅基地纠纷、相邻纠纷等。有矛盾就需要得到及时解决，调解矛盾根植于中国传统儒家思想的和合文化，在儒家思想的影响下，我国传统法制以"礼法结合，以礼为主"为特征，法律文化与儒家思想密不可分乃至融为一体。"无讼"正是在儒家的思想体系中与道德教化、礼治秩序有着密不可分的关联。[①] 在古代，为了实现无讼的理想境界，人们知耻谦让、安守本分，进而消除一切纠纷并达到一种和谐有序的礼治秩序，可见，中国古代民众的最好选择可能会是"无讼"。如今，党中央提出了建设"和谐社会"的理念，与我国儒家传统和合文化保持着千丝万缕的联系，并在建设中国特色社会主义法治文化路上不断扬弃和继承，这种继承既是社会惯性，也是文化的选择。

永乐人民法庭作为南明区人民法院的"桥头堡"和诉源治理的前沿阵地，在化解多元矛盾纠纷和积极宣传"无讼"乡创建方面发挥着积极的作用。为此，永乐人民法庭需要不定期开展乡村基层社会矛盾预防的座谈会及法治宣传，积极深入村居走访，面对面以案释法。加大以案普法、以案释法力度，深入宣传与农民群众密切相关的法律法规，推动形成"办事依法、遇事找法"的行为自觉。如乡综治中心牵头，专班成员单位及各政法部门以群众法律需求为导向，定期开展送法进村，推动法律服务与法律需求有效对接。人民法庭适时开展巡回审判，提升群众对审理结果的预判能力。充分利用永乐乡法治文化示范广场（水塘村桃园广场）、普法陈列室、永乐人民法庭宣传墙等特色资源，利用国家宪法日、宪法宣传周等时间节点和农贸会、庙会等，组织开展法治宣传教育活动，促进农民群众"学法、信法、用法"。推动法治文化与民俗文化、乡土文化有机融合，创作具有乡土文化特色、群众喜闻乐见的法治文化作品，助力开展群众性法治文化活动，积极推进法治乡村建设。综合利用报纸、杂志、广播等传统媒体和手机、网络等新媒体，宣

① 梁漱溟：《中国文化要义》，上海人民出版社，2011，第69页。

传倡导"和为贵"的优秀和合文化思想，引导群众形成理性的"无讼"乡观念，让群众明白法律并非万能，村民应相互体谅，遇到矛盾纠纷需要相互妥协，自觉选择非诉讼方式化解矛盾，最大限度地预防纠纷风险，将矛盾纠纷化解在萌芽阶段。

（二）增强多元治理主体间的合力

在"无讼"乡创建过程中要使乡村各主体充分发挥各自优势，通过协同合作实现共建共治共享。[①] 首先，要形成并完善基层"党组织为引领、乡政府为主导、村两委为带领、村民为主体、社会组织参与协调"的多元治理体系；其次，要明确各主体间的权利与义务，使多元主体有序参与"无讼"乡创建，这是实现基层诉源治理有效的前提，在明确自治、德治、法治主体的前提下，处理好各主体间行政权、自治权、个体权利之间的关系，增强各治理主体间的有效协作能力。培养各治理主体间相应的能力与素质，鼓励有担当、有情怀、有梦想的"新乡贤"回乡创业，并为他们提供各种政策和财政税收的支持，促进他们积极参与"无讼"乡建设。最后，从乡村实际出发，开展社会组织活动，把分散的农民和其他社会阶层的优秀人士有力地组织起来，调动各主体参与协同治理的积极性、主动性和创造性。

永乐人民法庭要整合司法所、派出所、人民法庭所辖调解人员、调解组织，统一纳入专班管理，由人民法庭调解平台提供技术保障，调动"老法官之家""驻村调解员"等基层调解力量，积极加强对各类协同治理主体的指导，有效提升各主体间的协同合作能力。如梳理永乐乡调解组织、流程、制度，不断加强与公安、司法、劳动人事争议调解仲裁、农村土地承包仲裁、人民调解委员会等其他基层国家机关、群众自治组织、行业调解组织等的协同配合，按照"不缺位、不越位、不错位"的原则，切实履行指导人民调解工作的法定职责，积极做好司法确认等诉讼与非诉讼矛盾纠纷解决机制的衔接工作。加强对各类协同治理主体的指导，推进制度化、规范化建设，不断提升调解的工作质效。永乐乡人民法庭应下沉司法资源，注重培养便民诉讼联络员骨

---

① 唐琼、陶放、陈镜伊：《乡村振兴中多元主体协同治理研究：基于湖北省赤壁市 Z 村的调查》，《三峡大学学报》（人文社会科学版）2022 年第 5 期。

干，吸收他们积极参与"无讼"乡创建中的调解工作和执行工作，构建"庭、站、点、员"四位一体的便民诉讼网络服务体系。同时，积极引导新乡贤、德高望重的族老将急公好义、回馈乡里的优秀品质，转化为化解群众多元矛盾纠纷、做"无讼"乡创建工作的巨大热情。[①] 发挥内生型权威在"无讼"乡创建中的重要作用，整合协同治理主体的价值观念，凝聚社会共识，把全局的利益与各主体的发展同时结合起来，加强各主体之间的协调与合作，实现建设人人有责、人人尽责、人人享有的社会治理共同体。

（三）注重提高和完善法官的调解技能

基层司法调解想要在"无讼"乡创建中取得良好的运行效果，离不开基层法官在调解中发挥的重要作用。[②] 事实证明，这恰好是"无讼"法律思想能够得到贯彻实施的必然要旨。基层司法官以道德教化作为主要手段化解百姓间存在的矛盾纷争，以维护稳定的基层社会秩序。为此，在无讼法律思想的熏陶下，主持调解的基层法官不仅要对当事人进行思想宣教和说服，还要亲自组织与协调整个调解程序。如此一来，基层司法调解会更加关注与重视法官具备的调解技能。基层法官之所以需要在基层司法调解中积极承担思想宣教和说服的任务，是因为矛盾纠纷当事人彼此之间存在不同的立场和偏见，他们无法说服彼此，而此时作为父母官的基层调解法官便可以巧妙灵活地运用各种技巧，如法律宣讲、亲情感召、道德教育等，做当事人的思想工作，目的是舒缓诉讼当事人之间的对立情绪，劝服诉讼当事人双方争执不休的分歧，达成一个互相都能认同和接受的矛盾纠纷化解方案。

基层司法调解是一种有效的纠纷解决技术，基层法官凭借中立的地位扮演着说服者的角色。调研资料显示，永乐人民法庭非常重视基层司法调解队伍培训工作和服务乡村人才振兴行动计划。永乐人民法庭在永乐乡5个村分别设有1名法官兼任司法调解员，其主要任务是抓好年轻法官对乡村级多元矛盾调处各种技巧与方法等培训，如通过法律宣讲、亲情感召、道德教育等劝导和教育当事人。帮助永乐人民法庭年轻的调解法官在悄无声息中扭转当事人原本偏执

---

① 李少平：《传承"枫桥经验"创新司法改革》，《法律适用》2018 年第 17 期。

② 侯学勇：《司法调解中的法官修辞及其对司法公信力的影响》，《法律科学》2014 年第 1 期。

的意见和立场，让当事人能够发自内心地接受调解结果，以提升对司法的亲近感与信任度。永乐人民法庭定期组织并邀请南明区人民法院实践经验丰富的知名法官到永乐乡开展多元矛盾纠纷化解调处的专业培训，通过典型性司法调解案例分析或全国范围内法官调解的经验分享、法律调解知识培训等方式，全面提升永乐人民法庭法官的矛盾化解能力与技能，加强对辖区基层解纷力量的法律指导和业务培训，制作常见案件类型调解指引并推送指导性案例，探索建立双向交流机制，支持和规范永乐人民法庭法官解纷力量在法治轨道上开展纠纷预防化解工作，提升基层社会治理法治化水平。

（四）积极开展智慧法庭建设

在人工智能背景下，将信息化与法律的结合体现在一些重要领域是新的时代所需。智慧法庭是人工智能时代司法理性与信息技术理性的结合，建设智慧法庭有助于缓解法院日益繁重的办案压力，将程序性工作交给人工智能处理能更好地帮助法官审理案件，人民法庭通过利用信息化建设和人工智能，能更好地体现服务人民、司法为民的宗旨，目的是推动司法工作的进行。目前，永乐人民法庭在参与"无讼"乡创建的过程中，积极完善便民惠民司法举措，全面深化智慧法院建设。在一些重要领域，如法律研究、数据分析、电子取证、合同分析、微信立案、网上缴费、手机自助申诉等方面加大了对人工智能时代智慧法庭建设的探索力度。

调研资料显示，永乐人民法庭借助信息技术优势将永乐乡划分为 31 个网格，建立网格微信群 5 个、网格联户群 31 个、联户连心群 214 个，成立 30 个网格党小组，通过网格化管理搜集、梳理矛盾线索。又如永乐人民法庭就涉农纠纷不断优化司法确认程序、小额诉讼程序和简易程序，健全审判组织模式，探索推行电子诉讼在线审理机制，有效降低当事人诉讼成本，促进司法效率提升。同时依托人民法庭调解平台，坚持群众需求导向，不断升级一站式诉讼服务中心，使诉讼服务向农村延伸、向网上延伸，为当事人提供"一站通办、一网通办、一号通办、一次通办"便捷高效、智能精准的诉讼服务。加大一站式诉讼服务中心建设力度，让当事人到一个场所、一个平台就能一站式办理全部诉讼事项。永乐人民法庭还利用信息平台统一管理，加强矛盾调处信息化建设。他们将人民调解业务信息及时上传到永乐人民法庭调解平台①，实现预警、分流、化解、调解、司法确认、进展跟踪、结果反馈、指导督办等全流程在线办理。运用平台信息化技术适时开展远程视频、音频调解，将平台录入信息作为矛盾纠纷登记统计制度的载体、工作量计算依据。

永乐人民法庭还需要基层政府加大投入研发 App 软件系统以帮助法官撰写法律文书，尤其是程序性文书，编制条形码或者二维码，以便更快捷地录入和了解案卷，人工智能还能在解决执行难方面起到一定的作用。永乐人民法庭将通过法院内网的连接，运用大数据联网方便法官确认信息、审核材料，提高法官工作效率，运用人工智能进行庭审记录，既减轻司法工作人员的压力，又能够提高工作效率，还能更好地促进法庭与法院、公安、检察院等其他政府机构的联动。永乐人民法庭深化智慧法庭建设，目的是能帮助法官完成烦琐的、不需要生活经验的程序性工作，以便投入更多的精力到案件的实体审判工作中。

（五）完善矛盾纠纷多元化解机制

社会学家郑杭生教授认为，要实现社会良性运行和协调发展，需要社会各方面的条件支持和机制保障，社会不仅要进行认同性整合、互补性整合，而且还要运用各种方式调动各种社会力量，促使社会成员遵循社会规范，以维持社会秩序，最终实现社会正常运行。② 调研资料显示，永乐人民法庭坚持和发展新时代"枫桥经验"，探索建立以人民法庭为支点，精准对接村委会等乡村社会基层治理力量的矛盾纠纷基层预防治理机制。为此，永乐人民法庭结合永乐乡实际，在建立健全矛盾纠纷多元化解机制方面提出了以下工作思路。

---

① 永乐人民法庭扩充人民调解员队伍，完善调解网络。乡司法所主导，加强乡村调解机构和调解员队伍、调解制度建设，制定在政府部门、行业骨干、寨老、优秀党员、退休干部、知识分子中吸收的人民调解员名单，制作宣传展板。构建网格员、村干部、乡镇专业性调解组织，以及分层递进、专群结合的调解网络。负责组织基层治理单位以及专业性行业性调解组织将其管理的调解员、网格员、乡镇（街道）干部、村（社区）干部以及其他基层解纷人员信息录入调解平台。录入的信息主要包括姓名、性别、联系方式、擅长领域、对接的基层人民法院或者人民法庭等。

② 郑杭生主编《社会学概论新修（第三版）》，中国人民大学出版社，2003，第31页。

法庭建设
永乐人民法庭参与"无讼"乡创建的现状、问题及对策建议

1. 做实二级矛盾化解机制，力争一级矛盾不出村、二级矛盾不出乡

一是做好矛盾排查工作，保证"小事不出村、大事不出乡、矛盾不上交"。在永乐乡"一中心、一张网、十联户"基层治理体制的基础上，建立排查工作制度。各村、乡属各部门要定期或不定期排查矛盾纠纷，对排查出的矛盾纠纷逐件按诱因、时间、地点、单位、涉及人数、重点人员、事态发展预测等要素登记建档，并将相关情况于每月25日前报送乡综治办、派出所和司法所，并及时将收集掌握的有关矛盾纠纷的预警信息通报给各村和各部门。乡综治办负责汇总各村、各部门、各单位的排查结果，并做好情况通报和跟踪管理工作，同时将情况报"无讼"乡工作专班。二是加大矛盾纠纷化解工作力度，做好人民调解、行政调解、司法调解工作。在永乐乡党委的领导下，以人民调解为基础，充分发挥行政调解和司法调解作用，乡综治办统筹组织乡政府、法庭、派出所、司法所对纠纷进行分析研究并化解，及时启动"三调联动"工作机制。对矛盾纠纷较为突出的村，乡党委、政府选派公信力强、素质高、业务精的机关干部组成工作组，对调解工作进行指导帮助。建立"政府+法庭"联动机制，梳理不同类型案件，由行业协会、政府部门调解在前。对乡村多发易发类型的案件，引入专业机构、人员建立争议调解机制，如土地纠纷类案件，由土管所、农经站及时介入，加强矛盾调处，如劳动争议类案件，由乡社保所完善调解机制，加强制度和组织保证，提高调解成功率，及时将争议化解在基层。三是建立矛盾纠纷排查、登记制度。永乐人民法庭区分不同类型的矛盾纠纷，乡调解委员会（含法官工作站）要进行有针对性的处理，能够当场化解的纠纷苗头按照建议程序调解，对涉及婚姻家庭、邻里、房屋、土地、债务、生产经营的纠纷按照规范程序调解。矛盾纠纷排查调解过程中，要及时填写调解文书，调解结束后，将纠纷情况反映在调解台账上。村治保主任对排查和受理的纠纷应作详细的登记，并建立纠纷排查统计台账、报表，每月统计汇总一次，及时上报。台账内容包括当事人的基本情况、发生纠纷的情况、纠纷的调解过程、调解结果。四是建立矛盾纠纷调处回访制度。调解员对已调解完结的纠纷，一个月内进行回访，了解矛盾化解、协议执行情况，遇到新的问题，视情况就地化解或及时上报。五是建立矛盾纠纷递进式多面分层过滤体系，达到小事不出村、大事不出乡的良好效果，以人民法院调解平台科技支撑为依托，推动建立和完善矛调分流机制、完善诉非实质化对接机制和多调

联调沟通机制，畅通法院对外委派、委托调解渠道，多元实质化解纠纷。努力将民事、行政案件万人起诉率稳步下降至合理区间，从源头上减少矛盾纠纷产生，减少衍生诉讼案件发生，切实维护社会稳定和安全。永乐乡位处贵阳市东郊，以"桃"为代表的蔬果产业是该乡的支柱产业，创建"无讼"乡，将有助于实现完善诉源治理、调确对接、诉调对接机制，妥善处理产业振兴、人才振兴、生态振兴、文化振兴、组织振兴中出现的矛盾纠纷，服务乡村振兴。

2. 推动三大协商调解机制，建立健全矛盾调处运行制度

一是矛调分流机制共建共享。未经调解，直接到永乐人民法庭立案的案件，在登记立案前，依据"自愿、合法"原则，通过调解平台进行指派，根据案件具体情况将案件与村、乡基层治理单位和专业性行业性调解组织及其他社会力量开展分流对接。解纷人员及时登录调解平台，确认接受指派，并根据当事人意愿，采取线上或者线下方式开展化解、调解工作。村级化解、调解不成功的，记录不成功原因，并由司法联络员在征得当事人同意后，推送乡基层治理单位再次化解、调解，乡级化解、调解不成功的，记录不成功原因，并由司法联络员在征得当事人同意后，推送其他社会力量再次化解、调解，当事人经引导不同意化解、调解，三次化解、调解仍不成功的，符合受理条件的，依法及时登记立案。二是完善诉非实质化对接制度。村、乡等对接单位或者基层解纷人员在化解、调解过程中需要法官参与指导的，可以向永乐人民法庭在线提出申请，法庭通过推送典型案例、进行法条解释、提供法律咨询、"调解员现场调解+法官远程视频参与调解"联合调解、实地参与化解等方式提供法律指导。三是搭建多调联调沟通机制，努力化解涉法涉诉矛盾纠纷。涉法涉诉矛盾纠纷要明确专人加强与有关职能部门的联系，乡司法所要加强对涉法涉诉问题化解工作的指导，法庭提供法律咨询，同时与信访部门要进一步做好律师参与信访接待工作，为来访群众提供法律法规的咨询和宣传服务，引导群众依法信访。"无讼"乡工作专班每月召开诉源治理工作联席会议，总结工作经验，完善矛盾调处运行制度。与此同时，永乐人民法庭通过量体裁衣，构建"法庭+监督"案结事了格局，合理配置永乐乡司法资源，为诉源治理工作提供制度保障。

（六）专项资金解决永乐人民法庭经费保障难题

在永乐人民法庭调查中，我们发现当前永乐人民法庭参与"无讼"乡创建过程中存在经费和人员保障不足问题。一是经费保障不足。永乐人民法庭针对特邀调解员、人民调解员的经费补助标准太低，甚至已经取消补助的发放，致使调解员为了化解某一矛盾纠纷可能要倒贴油费、误餐费等，无法调动广大调解员的积极性。同时村里联防人员原来每人每月 500 元的补助，自 2022 年 2 月以来已经取消，致使村里建立的联防联治机制处于松散状态。目前永乐乡有 31 个网格、31 名网格员，对所在辖区村民小组的人、房、物等情况均较为清楚，但由于经费缺乏，目前该项工作开展面临较大的困难。二是人员保障不足。由于经费方面的制约，永乐人民法庭开展"无讼"乡创建工作时严重缺乏人员支持。

为了解决上述问题，一方面乡政府要引起高度重视，另一方面南明区人民法院要将一定的专项经费向所辖的永乐人民法庭倾斜。在现有津补贴基础上，适当增加参与矛盾纠纷调解的人员、联防队员、网格员以及法庭法官下乡补贴金额，在确保正常工作的情况下，每月为他们配备一定金额的油费、误餐费以及交通车辆保障，以突出所辖政府、法院对永乐人民法庭的重视，让他们从心里感受到组织的温暖。同时，积极探索建立调解人员、联防队员、网格员以及法庭法官补充医疗保险、意外伤害保险以及法官职业风险基金等保险制度，解除参与"无讼"乡创建工作人员的后顾之忧。当然，在经费保障的前提下，南明区人民法院可以从高校应届毕业生和通过司法考试的人员中招聘合同工，并提供一定的优惠条件，如能通过公务员考试人员可以转为政法专编。这样将部分聘用人员安排在永乐人民法庭协助"无讼"乡创建。

结　语

南明区人民法院永乐人民法庭作为试点单位在永乐乡开展"无讼"乡创建，要以习近平新时代中国特色社会主义思想为指导，认真坚持贯彻落实习近平法治思想，预防和减少永乐乡多元矛盾纠纷，强化诉源治理和服务乡村振兴，确保永乐乡充满活力、和谐有序，推动基层乡村社会治理迈上新台阶。

当前，永乐人民法庭正在总结永乐乡创建"无讼"乡可复制、可推广的经验，不断完善法官业务指导、行政调解、人民调解为主体的调解模式，健全诉调对接机制，让更多的矛盾纠纷化解在法庭大门之外。逐步打造"枫桥经验"升级版，在南明区永乐乡形成"经济增长、案件下降、社会和谐"的良好态势，构筑起维护社会稳定的第一道防线，为永乐乡经济开发和民众安居乐业营造和谐的司法环境。

人民法庭参与超大型社区诉源治理研究

——以南明区人民法院花果园人民法庭为例

李毅　胡杨　兰元富*

摘　要： 花果园片区以人口基数大、人员流动性大为主要特点，其矛盾多发并呈现逐年递增之势。花果园人民法庭为实现源头上预防纠纷发生、在基层调解纠纷，分别采取成立综治中心、联动多元主体、设立法官工作站、巡回审判进社区、优化营商环境五个举措，实现对花果园片区的诉源治理。但在诉源治理工作开展中，存在诉源治理工作机制尚未完善、未能充分调动群众自治力量、未能发挥律师行业调解作用、物业服务合同纠纷治理有待提高的现实困境。为进一步推动诉源治理工作，本文提出从完善诉源治理工作机制、发动基层自治力量、发挥律师调解作用、强化物业合同纠纷诉源治理工作四个维度完善诉源治理路径构建。

关键词： 诉源治理　人民法庭　超大型社区　花果园人民法庭

近年来，南明区人民法院花果园人民法庭认真贯彻落实习近平总书记关于"坚持把非诉讼纠纷解决机制挺在前面，从源头上减少诉讼增量"重要指示精神，并积极践行新时代"枫桥经验"。花果园人民法庭自成立以来，始终致力于构建诉源治理新格局，为人民群众提供多样化的司法保障，充分满足人民群众多层次、多样化的司法需求。

---

* 李毅，贵阳人文科技学院副教授，法学博士；胡杨，贵阳市南明区人民法院花果园人民法庭庭长；兰元富，贵州民族大学法学院副教授。

一 花果园人民法庭概述

（一）花果园片区概况

花果园片区在地理位置上属于贵阳市南明区花果园辖区，花果园项目是目前全国最大的棚户区改造项目，位于贵阳市中心城区。项目总规划面积 10 平方公里，总拆迁户 2 万余户，涉及拆迁人口 10 多万人，拆迁面积 400 余万平方米，项目总投资 1000 亿元，总建筑面积 1830 万平方米，系国内单个楼盘占地面积等多个指标位列第一的超大型社区。

人口与经济方面，花果园片区现有常住人口 14.3 万户，共计 45 万余人，现有企业 1.2 万余家，日均人流量提高至 100 万人次，是集住宅、商业、艺术文化、商务办公、旅游、智能生活服务于一体的大型城市综合体。

交通方面，花果园按照"公共交通优先+道路快速通行"的模式进行交通规划，打造涵盖城市轨道系统、城市公交系统、城市快速公交 BRT 系统、城市道路系统、公共立体交通人行慢行系统、地下交通系统等的综合交通体系。纵贯贵阳市南北向的轨道交通 3 号线，在花果园区域共设松花路站、花果园站、五里冲站 3 个站点。城市公交枢纽 2 个、公交始发站 3 个、BRT 车站 3 个；建设"六横六纵"12 条市政一级主干道，总长约 31.7 公里；规划有隧道 8 座，桥梁 17 座，公铁立交桥梁、棚洞 14 座。交通体系以公交优先为原则，通过人车分流提升道路通行能力。①

（二）花果园人民法庭概况

1.法庭基本组成情况

花果园人民法庭于 2020 年 3 月 27 日挂牌成立，是南明区人民法院的五个派出法庭之一。法庭位于贵阳市南明区小车河路 82 号花果园 S3 区 2 栋，主要承担推行登记立案、诉讼引导、查询咨询、调解确认等多项诉讼服务工作，管

---

① 《贵阳花果园》，百度百科，https：//baike.baidu.com/item/% E8% B4% B5% E5% B7% 9E% E8% 8A% B1% E6% 9E% 9C% E5% 9B% AD/12782997？ fr＝aladdin。

辖范围为花果园片区和甘荫塘片区的民商事案件。① 法庭人员组成方面，花果园人民法庭共有员额法官 3 名，法官助理 2 名，正式干警 5 名，聘用人员10 名。

2. 案件受理情况

花果园人民法庭由于辖区范围内人口总数巨大，流动人口较多，加之花果园各小区的开放性较强，属于非封闭式管理小区，物业管理较为困难，因此房屋买卖纠纷、房屋租赁合同纠纷、物业纠纷突出。总体而言，2019~2021 年，花果园片区每年产生的矛盾纠纷近万起，除院本部办理的案件和人民调解、诉前调解的案件外，花果园人民法庭每年新收案件近 4000 件，员额法官年均办案逾千件。

二　花果园人民法庭参与诉源治理的实践探索

花果园片区作为国内典型的超大型社区，呈现人口密度高、流动性强、区域开放性程度高等特点。花果园人民法庭作为南明区人民法院开展诉源治理的试点区域，在当地党委的坚强领导和大力支持下，以"1+2+3+N"的工作模式，积极开展"无讼社区""法官工作站"创建工作，初步形成了以点带面、以面带片、以片带区的矛盾纠纷化解格局，已积淀了一系列经验，并取得了良好的整治效果、法律效果和社会效果。

（一）坚持党的领导，综合统筹推进

花果园人民法庭始终坚持党的领导，与政府及相关部门沟通衔接，初步形成"党委+政府+法院"的诉源治理格局。具体而言，在党委、政法委的坚强领导和有力支持下，以南明区综治中心为依托，整合南明区政法委、公安局、住建局、司法局、金融办、街道等多方力量，统筹诉源治理资源。坚决贯彻落实"党委领导、政府主导、多方参与、司法推动、法治保障"诉源治理工作机制，通过多方主体共谋解纷策略、共搭解纷平台、共建解纷力量，积极推进

---

① 《贵阳市南明区人民法院关于成立花果园人民法庭的公告》，澎湃网，https：//m. thepaper.cn/baijiahao_ 6742865，2020 年 3 月 28 日。

"无讼社区""法官工作室""法官工作站"以及"法官进网格"等模式创建。并按照"一员多格"的方式配强配齐，全面无缝对接辖区基层网格，同时实行每周五下午法庭安排员额法官到法官工作室、工作站驻点办公，及时倾听基层群众的法治诉求。从源头预防矛盾纠纷，将人民法庭的法治服务触角延伸至社会"最基层"，体现了人民法院在推动诉源治理中的角色与担当。

区综治中心对花果园片区诉源治理工作的领导指挥作用成效显著，极大地降低了诉讼增量，并实质性地为人民群众解决纠纷，做到了化纠纷于萌芽之中。以房屋买卖合同为例，花果园片区住宅楼、商用楼数量巨大，加之近年来受经济环境影响，房地产公司未能如约履行合同，逾期交房、逾期办证情况严重。2021年，花果园人民法庭受理涉及贵阳宏益房地产开发有限公司的逾期办证及逾期交房的商品房预售合同、商品房买卖合同纠纷共计1435件。为解决这一突出难题，花果园片区在综治中心的部署下，成立产权办理专班。截至2022年6月22日，花果园项目涉及应网签备案房屋共8280套，目前已完成6215套，完成率为75%；应预告登记3632套，已出证3629套；已完成71栋裙楼非查封部分大部分产权办理工作，涉及总户数3523户（其中，按照第三批次产权办理计划，共涉及6个区域、48栋、约2400户大产权办理，当前已完成4个区域、33栋、1898户大产权办理）。截至2022年6月29日，进入诉讼程序并涉及贵阳宏益房地产开发有限公司的商品房预售合同及商品房买卖合同纠纷数量仅35件，同比下降95.5%。[①]

（二）聚合纠纷特点，多元联动化解

诉源治理作为缓解法院近年来诉讼"爆炸"的必要之举，也是实质化解、源头化解矛盾纠纷的应对之策。花果园人民法庭结合辖区矛盾纠纷主要特点，成立"综治中心+人民法庭+司法所+N"的联调中心，探索构建以"人民法庭+综治中心、调解员、人民陪审员"等为主体的多元解纷模式。物业纠纷是花果园片区重点纠纷类型之一，为此，花果园人民法庭在厘清片区内物业纠纷产生的原因及现状的基础上，联合花果园矛盾纠纷联动调解中心、花果园各街

---

① 南明区人民法院：《多措并举聚合力　诉源治理显成效——花果园片区诉源治理半年工作小结》，2022年7月28日。

道办事处、辖区派出所等多方联动共治，积极探索、共同打造"诉前多元联动调解+判后典型案例公示"机制，下沉解纷力量，着力推动物业纠纷的就地化解。

花果园人民法庭的统计显示，2021 年，花果园人民法庭共受理物业费纠纷类案件共计 845 件；截至 2022 年 6 月 24 日，某物业公司共向花果园人民法庭立案起诉物业费纠纷类案件 52 件，进入庭审程序前因业主履行付款义务撤诉 21 件，共计回款 179262.33 元，实际进入诉讼程序的物管费纠纷案件仅 31 件；提报花果园矛盾调解中心的物管费纠纷 90 件，已成功调解 12 件，共计回款 242238.81 元。经审判、执行的法律效力及判决书公示的宣传效应，物业公司组织力量自行清收物业费，截至 2022 年 6 月 30 日，已自行清收物业费 2930 万元。①

（三）创新工作举措，创新诉源治理

在南明区委、区政府等部门对诉源治理工作的支持下，花果园片区探索诉源治理新模式，发动退休法官的力量，搭建人民法庭驻社区法官工作点并成立"老法官之家"。将法官工作站/点设立在基层，成为花果园人民法庭参与片区社会治理的重要抓手，在为人民提供优质司法服务的同时，加大了矛盾纠纷化解力度。

2022 年 1 月 27 日，花果园人民法庭在所辖片区先行设立一个法官工作站（区综治中心）及三个法官工作点（花果园街道、小车河街道、五里冲街道）。在总结前期探索工作经验的基础上，2022 年 6 月，花果园片区新设花园社区、双子塔社区两个法官工作点。充分发挥法官工作站/点的"桥头堡"作用，在多元调解、多调联动、诉源治理工作开展过程中不断丰富法官工作站/点的工作内容，总结经验成效，持续推进法官工作站/点建设的实质化运行。截至2022 年上半年，花果园片区已在 3 个有代表性的居委会开展"无讼社区"创建的试点工作。通过普法宣传、调解技能培训、打造"社区法治文化室"等多样化的工作举措，力争实现从源头上减少诉讼案件，推动民商事案件"万

---

① 南明区人民法院：《多措并举聚合力　诉源治理显成效——花果园片区诉源治理半年工作小结》。

人起诉率"下降至合理区间。以社区、街道扎根基层、贴近群众的优势为创建基础，推动建立"无讼社区"矛盾纠纷递进式多面分层过滤体系，及时就地化解矛盾纠纷，提升辖区内居民的获得感、幸福感、安全感。

此外，为切实做好复工复产工作，花果园人民法庭以法官工作站方式对接花果园项目，并通过"老法官之家"的人民调解员，以诉前调解方式共计化解涉及花果园项目复工复产纠纷共计 14 件；组织发放复工专项资金共计 30790864 元，为花果园项目复工复产提供了精准的司法服务及有力的司法保障。同时，通过入驻区综治中心法官工作站，统筹涉辖区重点企业申请执行的案件，依法规范、高效、善意、文明执行，至 2022 年 6 月 30 日，已执行到位 1.02 亿元，有效助力花果园项目复工复产。

（四）开展巡回审判，推动法治宣传

积极开展巡回审判，是花果园人民法庭为辖区群众提供便民利民的诉讼服务措施之一。结合花果园片区人口基数大、人员流动大、部分群众法治意识淡薄的实际情况，花果园人民法庭为提升社区群众的法治意识，精心挑选邻里纠纷、赡养纠纷等具有典型教育意义的案件巡回开庭。将庭审活动开进社区、开进广场、开进企业，改变传统的"坐堂式审案"方式，实现"以案释法"。巡回开庭既能让群众切身感受到人民法院的审判文化，更能够对案件的是非曲直、法律规定、法院的裁判具有更为清晰的认识，有利于深化法治宣传教育。

例如，2020 年 4 月 1 日，花果园人民法庭利用巡回审判车在花果园一区附近广场公开开庭审理原告谢某与被告安某相邻权纠纷一案。原、被告系邻居关系，双方因所购买房屋公共平台的使用产生争议。原告请求被告将在公共平台上的装饰装修设施拆除，恢复原状。该案经审理后当庭进行宣判，支持原告的诉讼请求。2020 年 8 月 21 日，花果园人民法庭在花果园一区广场进行巡回审判，公开审理两件广告合同纠纷案件。原告某某传媒有限公司与经营地址位于花果园 M 区的被告某某文化传媒有限公司分别于 2019 年 1 月、4 月签订两份《广告媒体发布代理合同》，由原告分别提供两处场地给被告代理发布广告使用，被告应按约支付广告代理发布费。合同签订后，原告履行了提供场地给被告使用的义务，但被告未按约履行付款义务，原告遂诉至法院，请求被告按照合同约定支付广告代理发布费及违约金。经过近一小时的审理，法官对两案进行当庭宣判，支持了原告全部诉讼请求。

同时，花果园人民法庭在社区宣讲民法典，为群众提供法律咨询，提升群众法治意识。通过小案件释法，教育和引导辖区群众树立法治思维，依法维权、理性维权，实现"审理一案，教育一片"的法律效果和社会效果。引导群众依法理性维权，切实将矛盾纠纷化解在基层，分别开展了巡回法庭进社区与民法典进社区，取得良好法律效果和社会效果。2020年8月21日，花果园人民法庭同步开展"民法典进社区"普法宣传活动，在宣传台前，不断有人前来咨询离婚、借款、邻里纠纷等与日常生活紧密相关的法律问题，干警们耐心进行释法答疑，引导群众依法理性维权。在民法典宣传展板前，法官用通俗易懂的语言，以深入浅出的方式对《民法典》中的物权、人格权、合同的权利和义务等法律条款进行解读，引导群众依法保障自身合法权益。

（五）优化营商环境，减少矛盾纠纷

营商环境是各类市场主体的生存环境，为依法保护各类市场主体，花果园人民法庭建立多项执行措施优化营商环境，加大执行力度，力求判决对社会环境起到良好的引导、教育作用，督促企业遵法守法，减少该行业纠纷的产生。为此，花果园人民法庭分别采取以下措施。

一是建立"绿色通道"提高执行效率。花果园人民法庭以正在施行的执行案件繁简分流和执行事务集约办理工作新机制为契机，积极推进涉各类市场主体执行案件繁简分流、执调结合、快立快执。对案情简单、标的较小、矛盾不大的执行案件立案前先行分流到民商事案件调解中心进行调解，实现简案快结；对未调解成功的案件，及时移至执行立案窗口，当日立案、当日录入、当日移送执行局，缩短案件的流转时间。执行指挥中心成立网络查控、文书送达、资产处置等团队，对进入执行程序的案件开展网络查控。根据案件难易及查询情况，对案件进行甄别，精准分流到繁、简两个团队，确保"简案快执，难案精执"，有效缩短办案周期和时限，努力营造公平透明可预期的法治化营商环境。

二是完善失信联合惩戒机制。花果园人民法庭与南明区多部门建立联动执行机制，联合出台《关于建立执行联动机制的实施方案》，建立了网络化查人、扣车、限制出境协作机制。将失信被执行人名单通过传统媒体和新媒体等方式予以公布，并纳入"贵阳市失信被执行人联合惩戒云平台"，确保失信被执行人的信息在不同部门和业务场景下能被准确对应，实现失信信息通报、失信惩戒、信息反馈等自动流程化，精准掌控被执行人财产线索，通过信用惩戒，让失信被执行人"一处失信、处处受限"，积极营造守信受益、失信难行的法治化营商环境。

三是践行"善意文明执行"理念。花果园人民法庭本着宜疏不宜堵原则，不轻易堵塞企业资金流通渠道，坚决杜绝超范围、超标的查封、扣押、冻结财产，最大限度地减少、避免办案活动对企业权益和正常经济活动带来负面影响，为各类市场主体发展营造机会、创造条件。特别是在疫情后，对受疫情影响暂时经营困难的市场主体，依法审慎采取强制措施，尽量促成双方当事人达成执行和解。

三　花果园人民法庭开展诉源治理
面临的困难和问题

花果园人民法庭诉源治理工作开展已取得初步成效，辖区大量矛盾纠纷化解于诉前，案件受理数量大幅减少，既减轻了人民群众的"讼累"，又有效节约了司法资源。当然，当前在推动诉源治理工作中仍然面临一系列困难和问题。比如，诉源治理工作机制尚未完善，部门协同联动不够，存在法院唱"独角戏"等尴尬局面，律师等多元主体参与化解矛盾纠纷机制尚未健全，未能充分调动群众自治力量，辖区房屋买卖、物业服务等典型合同纠纷治理有待加强等，亟须加以厘清。

（一）部门协同参与诉源治理不够

诉源治理作为一项系统工程，需要在党委的坚强领导下、政府的大力支持下、各级部门的共同参与下、多方主体的积极配合下，形成诉源治理大格局。然而，当前花果园人民法庭并未形成强有力的诉源治理工作机制，主要体现在以下两方面。一是统一领导局面尚未完全形成。表现为诉源治理工作的主要推进者为法院，党委和政府尚未对诉讼与非诉讼的衔接、基层解纷等工作发挥完全的领导作用。① 局限于法院的政治定位和工作职权，法院并不具备领导其他多个部门共同推进诉源治理工作的能力，更无领导其他部门的正当性基础。因此，法院难以承担统筹诉源治理工作全局的领导重任。诉源治理有其工作推进的特殊性，涉及多方力量的协作与平衡，在法院无法统一领导的情形下，多方力量较难互相协调，案件难以在诉讼和调解间顺畅转换。二是多方配合局面尚未形成。表现为其他部门应当积极配合法院的诉源治理工作，主动积极地参与到解纷队伍中来，但目前局面为大量工作需要由法院来督促与完成，加大了法院的工作负担。部分工作部门对诉源治理工作缺乏必要认识，认为该工作系自身职责范围之外，缺乏群众意识和必要的社会责任感和使命感，缺乏参与解纷工作的责任意识。因此，当前的诉源治理工作格局为法院主导推动，部分部门消极配合，未能实现诉源治理的最佳工作状态。

（二）律师等多元主体参与诉源治理不足

由于花果园片区特有的社区特点，自花果园人民法庭成立以来受理的主要案件类型较为固定，类型化特征突出，成为法庭推动诉源治理工作的核心点。在调解组织设立方面，花果园人民法庭主要设有矛盾调解中心、法官工作站、多发矛盾类型治理专班（如物业纠纷治理专班、产权办理专班），但受限于调解组织类型与数量问题，花果园人民法庭的调解工作仍有较大的进步空间。

就花果园人民法庭的人员组成而言，调解工作缺乏多方面的现实保障。花果园人民法庭人员偏少，而花果园片区整体诉讼量大，工作人员除负责审判案件以外需兼顾调解多项工作。除法官工作站的老法官以外，其他调解员多是行业人员、基层工作者、其他部门工作者，该类调解员的特点是知悉行业知识，但可能存在欠缺法律知识的情况，在进行专业性较强的案件调解时可能专业性不够。鉴于此，律师调解员缺位则让花果园人民法庭少了一支调解队伍的中坚力量。总体来看，花果园人民法庭的诉源治理工作主体较为多元，但缺乏律师调解队伍，普通调解组织对于较为复杂或专业性较强的案件

---

① 刘振勇、黄灵钰、符王婕妤：《诉调对接机制的建设困境与完善进路——以海南省琼中黎族苗族自治县人民法院改革经验为导向》，《南海法学》2020 年第 3 期。

则难以开展调解工作。此外，根据调研情况，南明区人民法院本部也仅有贵州黔信律师事务所参与法院主导的调解工作。可见，律师调解队伍具有较大的挖掘潜力。

（三）基层群众自治力量参与诉源治理有待进一步加强

如前所述，诉源治理是一个系统工程，需要各类主体在不同阶段、不同领域发挥各自作用，人民法院只是诉源治理工作的其中一环，是参与者而非唯一者。尽管花果园人民法庭的一系列措施实现了案件受理数量的大幅下降，但仍应注意到诉源治理的工作须继续加强，其成果有待进一步巩固。当前，由于诉源治理工作的实际积极推动者为法院主导，其他部门配合，社区的解纷主体和解纷力量较为分散，资源、信息互不相通，导致未能发挥出解纷主体的最大作用，出现很多本能够在社区内部平息的纠纷大量涌入法院，诉讼成为化解纠纷的单一途径。同时，法庭的工作重心仍停留在案件审判方面，在诉源治理的推进过程中忽略了社区内部的群众自治功能，未能发动基层群众力量加入诉源治理工作格局，未能发挥群众自治在社会治理中的重要作用，导致基层解纷能力较弱。

（四）辖区重点矛盾纠纷治理有待加强

就花果园片区而言，当前涉诉的主要矛盾纠纷类型为房屋买卖合同纠纷、物业服务合同纠纷，是人民法院化解的重点与难点。以物业服务合同纠纷为例，物业服务合同纠纷主要类型包括前期物业服务合同纠纷、物业服务质量瑕疵纠纷、物业服务合同违约纠纷、物业服务合同更替纠纷。花果园片区住宅楼密集，人口密度较大，花果园人民法庭受理的物业服务合同纠纷案件数量呈逐年递增之势，尤其是物业服务合同纠纷，涉及人数众多，矛盾易激化，影响范围广，是花果园人民法庭的突出案件类型之一。目前，花果园人民法庭对物业服务合同违约纠纷的治理采用的模式是区综治中心牵头，花果园矛盾纠纷联动调解中心、花果园各街道办事处、辖区派出所等多方主体配合，联动共治，取得了良好效果，但仍存在不足之处。以某物业服务合同纠纷为例，物业公司主张被告支付物业管理费，被告答辩认为小区无人值班、业主安全缺乏保障、社会其他人员可以随意进入，存在安全隐患、部分区域清洁工作未达标等问题。该答辩意见体现了业主以拒交物业费的形式表达对物业服务公司的不满，并以此与物业服务公司抗衡。花果园人民法庭虽以多方联合解纷模式对多项物业服务合同纠纷案件进行调解，但未能从根本上预防该类型案件产生，诉源治理工作有待进一步推进。

四　花果园人民法庭参与超大型社区
诉源治理的完善路径

为更好地推进花果园人民法庭的诉源治理工作，本文基于上述现实困境提出完善方案，具体包括完善诉源治理工作机制、发挥律师等多元主体调解作用、发动基层自治力量、完善物业服务合同治理四个方面，有利于花果园片区进一步开展诉源治理工作。

（一）完善落实多方参与工作机制

党的十九届四中全会明确指出，要坚持和完善共建共治共享的社会治理制度，加强和创新社会治理，完善党委领导、政府负责、民主协商、社会协同、公众参与、法治保障、科技支撑的社会治理体系。法院为社会和谐提供坚实的法治保障是社会治理体系中的重要组成部分，但并不意味着法院需要承揽所有的纠纷解决工作。人民法院参与社会治理的目的和效果应该体现为有效引导现有的各类主体资源发挥社会治理功能，实现优势互补、取长补短。同时，构建多元化纠纷解决机制既不是部门职能的简单叠加，也不是法院对各类纠纷的笼统纳入，而是各司其职、多方联动、形成合力的系统工程。因此，法院力量是进行社会治理和建设诉调对接机制的重要部分，但并不意味着仅凭法院的力量就能完成重大建设工作，其他各方力量同样需要提高工作意识，积极履行自身职责。

依据"党委领导、政府支持、多方参与、司法推动"的原则，党委和政府、法院及相关单位需要履行以下职责。① 第一，党委和政府应当坚持对各

---

① 刘振勇、黄灵钰、符王婕妤：《诉调对接机制的建设困境与完善进路——以海南省琼中黎族苗族自治县人民法院改革经验为导向》，《南海法学》2020 年第 3 期。

级单位、相关部门进行统一领导，将所有相关单位全都纳入机制的建设工作中，以统领全局的工作方针协调各方力量，从宏观上分配工作任务，把控诉调对接机制的建设进度，为机制建设提供物质保障。第二，法院基于其专业优势，应当发挥积极主导力量。具体而言，为正确发挥在诉调对接机制建设过程中的作用，法院需做到不越位、不缺位，对不应当干涉的事项保持中立，在其他相关部门需要的情况下为其提供业务上的指导与帮助。第三，其他部门应当以积极的态度面对机制建设，将诉调对接机制的工作视为自身的本职工作，加强与法院、其他相关单位的沟通与协作，并进行信息、资源的及时共享。比如，通过整合各方资源，建立由党委统筹协调，不断完善综治、司法、信访及其他行政机关协作联动机制，改变法院"单打独斗"的现状格局，充分整合人民法庭、派出所、司法所等政法资源，由庭长、所长带头参与、指导重大疑难矛盾纠纷化解，纵深推进诉源治理。通过以上措施，最终形成以"党委统一领导、诉与非诉对接、法院积极主导、司法机关配合、诉求渠道畅通、基层群众受益"为核心内容的全方位、立体式、多元化解决矛盾纠纷模式。

（二）注重发挥律师等多元主体的解纷作用

花果园人民法庭推进诉源治理工作、构建非诉纠纷解决机制需多方力量协调配合。目前，花果园人民法庭已设有矛盾调解中心、行业调解力量、居委会等调解队伍，但律师调解力量相对薄弱。律师队伍作为法律职业共同体之一，拥有专业的法律知识与法治思维，有能力对于部分疑难案件进行释法说理，厘清其中的法律关系，是开展诉源治理工作的重要力量。

发挥律师等主体的调解作用，可以有效借助各方力量，发挥各自所长，形成有效合力。一方面，可以开展律师进社区。参考花果园人民法庭审判进社区模式，以为群众提供法律咨询、帮助困难群众获得法律援助、加强法律风险防范为主要职责，将法律服务、法治宣传与依法管理社区事务相结合，促进社区依法自治工作。"律师进社区"以公共利益为价值追求，以提供法律咨询、法律援助和法治宣传为内容，进而参与社区事务管理，促进社区自治，使社区自治的潜能得到发挥，也使律师有效地参与到村（社区）的基层治理中，将矛盾就地化解。另一方面，鼓励律师以志愿者身份参与公益法律服务。① 2019 年，司法部出台《关于促进律师参与公益法律服务的意见》，就促进律师参与公益法律服务提出具体意见。倡导每名律师每年参与不少于 50 个小时的公益法律服务，或者至少办理 2 件法律援助案件。各地推荐党代表、人大代表、政协委员和选举律师协会会长、副会长、监事长、常务理事、理事、专业委员会负责人，以及选派律师参加国内外交流培训等活动时，应当在同等条件下优先考虑在公益法律服务中表现突出的律师。对在公益法律服务中表现突出的律师和律师事务所，要在本系统评先评优活动中优先考虑，并积极推荐其参加劳动模范、道德模范或者其他形式的评选表彰。根据贵阳市人大常委会办公厅网站显示，截至 2022 年 1 月，贵阳市有执业律师 5704 名，占全省律师总数的 46.37%；律师事务所有 403 家，占全省律师事务所总数的 39.1%。可见，贵阳市的律师队伍初具规模，将律师队伍纳入诉源治理工作，能够为群众提供更多的解纷服务，减少法院诉讼增量，加速开展诉源治理。

（三）积极发动基层自治力量

长期以来，传统中国诉讼文化是以"无讼"为价值取向的。孔子早在《论语》中指出："听讼，吾犹人也，必也使无讼乎。"由此可见，诉讼在儒家学者眼里难以寻找到道德的正当性。在全面推进依法治国的时代背景下，不仅应当注重对域外先进法律制度的移植、借鉴，更需注重对我国优秀传统法律文化的梳理与重释。"无讼"文化作为中国传统法文化的基本价值取向，对于人们具有道德教化的积极意义，能够培育人们一种"兼相爱""和为贵""克己怀仁"的优秀品质。而村规民约是全体村民在进行村民自治的过程中达成一定共识、共同制定、共同遵循、共同监督的一套日常行为规范，致力于引导全体村民崇尚公序良俗、抵制陈规陋习。将无讼文化融入村规民约，引领花果园片区进行自治的社会治理实践，一定程度上能够助益诉源治理工作的推进。

应将诉源治理与乡风文明建设结合起来，因地制宜制定行之有效的村规民约，发挥群众自治力量。依托"一中心一张网十联户"治理机制，建立科学

---

① 王正航、丁洁、麻伟静：《律师参与诉源治理的实践与思考——以浙江省杭州市为例》，《中国司法》2021 年第 10 期。

有效的考核机制，充分发挥村支两委、驻村第一书记、网格员、联户长在矛盾纠纷排查化解中的主力军作用。花果园人民法庭扎根基层、贴近群众，在化解矛盾纠纷、维护基层稳定等方面发挥着不可替代的重要作用。但同时，基层矛盾纠纷不仅是利益冲突的体现，背后可能还隐藏着乡风民俗、伦理民情等因素。人民法庭若仅以适用法律的方式来实现社区治理，可能出现"案结事未了"的情形。诉源治理要求人民法庭积极融入社区治理、综治网络等基层治理格局，通过在基层的社区一级充分发挥村干部、党员、网格员的定期走访与联系作用，及时发现矛盾纠纷，及时化解群众诉求。与此同时，花果园人民法庭应当积极延伸审判职能，除设立老法官工作站以外，建立"社区法官"制度，对接社区网格员，及时发现、解决矛盾纠纷，实现司法资源下沉。通过积极构建驻社区法官"调解员、网格员、执行员"的三员治理模式，加强法治宣传、法律咨询，引导社区矛盾在诉前合理、合法解决。诉源治理横向强化方面，花果园人民法庭可以主动融入党委领导的社会综治格局，探索与综治办、派出所等部门组建"纠纷巡诊团"，开展联合式巡诊，实现多元诉求联动化解。

（四）强化重点类型矛盾纠纷化解

房屋买卖、物业服务等合同纠纷案件是花果园人民法庭的主要纠纷类型之一，通过诉源治理机制，对物业服务合同纠纷分类施策，将纠纷及时化解。

一是坚持多方联动共治。物业服务合同纠纷的化解是基层社会治理的一项重点工作，将其纳入基层社会治理中统一部署调处需要多方联动共治。"多方"即意味着参与纠纷治理的主体数量多。尤其是人民调解员，长期与群众密切联系，具有人缘和地缘方面的亲近优势，[1] 在推进诉源治理的过程中，法院应将基层社区作为载体，将街道办事处、社区居委会、业主委员会、物业服务企业、置业公司等主体动员起来，推进基层善治，争取在物业服务合同纠纷进入诉讼程序之前将其化解。"多方"还意味着纠纷治理形式的多样性。只有将情理法融合于物业服务合同纠纷的化解过程中，才能实现物业服务企业利益

---

[1] 曹建军：《诉源治理的本体探究与法治策略》，《深圳大学学报》（人文社会科学版）2021年第 5 期。

和业主利益的双赢。花果园人民法庭与群众接触最为密切，更应充分发挥纽带作用，建立与街道、社区之间的指导、协作关系。引导社区自治，使社区主导的纠纷调解能够在物业服务合同纠纷化解中充分发挥治理潜能，强化人民法庭的公信力。

二是强调以调为要、以防为基。① 即将调解作为解决纠纷的核心方式，将防范纠纷发生和防止纠纷进入诉讼领域作为基础目标，以科学、合理的调解方式，及时关注民情、民意，将纠纷化解在基层。同时，花果园人民法庭应根据房屋买卖、物业服务合同纠纷的产生原因和特点，充分把握审判权、行政权、人民调解自治权在物业服务合同纠纷解决中的优势，探索构建符合花果园片区社区实际的纠纷解决方式与纠纷解决平台，为各类纠纷解决机制发挥定分止争的作用创造有利条件，为群众寻求救济提供便利、快捷的途径，及时、有效解决各类矛盾纠纷。

三是加强法治理念宣传。诉源治理工作需多方协调配合，法治理念的宣传可由司法机关、社区居委会、业主委员会、房地产开发企业、物业服务公司等主体在社区醒目区域张贴宣传单、公示涉及物业服务合同纠纷的典型案例、开展普法宣讲等活动，使各方主体对互相之间的法律关系有准确的定位，明确各自的权利和应履行的义务。比如，有关行政部门可以定期对物业服务企业的负责人进行培训，促使其探索符合花果园片区实际情况的物业服务模式，建设专业化、规范化的物业服务队伍。街道办事处、社区居委会可以帮助和引导业主代表完善业主公约及业主管理委员会章程中有关物业服务的条款，增强其依法维权的意识。

结　语

花果园片区作为典型的超大型社区，其对诉源治理工作的探索与实践能够有效化解大量矛盾纠纷，是贯彻落实诉源治理工作的具体表现。花果园片区诉源治理工作虽初显成效，但仍然存在部分纠纷仅靠法院一家而难以实质化解的

---

① 郑峥：《物业服务合同纠纷的诉源治理：现实需求及实施路径》，《中州学刊》2021 年第 11 期。

问题，这是对花果园人民法庭的重大挑战。在此情形下，花果园人民法庭强化诉源治理工作，能够多维度减轻群众诉累，实质性化解纠纷，探索积淀出可借鉴、可复制、可推广的经验蓝本，打造出契合自身特质的南明区人民法院"名片"和"样本"，这也是基层人民法院深入开展诉源治理工作的有益创新和尝试。

基层人民法院参与城市大型社区
社会治理的路径选择

—— 以花果园超大社区人民法庭实践为样本

严波　廖芳[*]

摘　要： 随着中国经济社会的高速发展和城市化进程不断推进，基层人民法庭的功能也须相应地调整，特别是拥有大型社区的城市，一般交通都较为便利，为更好地发挥人民法庭这一派出机构的作用，对城市基层人民法庭的建设和功能进行整合与及时调整变得十分必要。是否在城市大型社区设置专属人民法庭，并将其建设成为多功能现代化的联系法院与社区之间的桥梁，切实贯彻落实社区司法治理的创新理念，更好地服务社区社会治理，是城市基层法院需要实践和研究的重要课题。

关键词： 大型社区　社会治理　人民法庭

2019 年 1 月，习近平总书记在中央政法工作会议上强调，"要善于把党的领导和我国社会主义制度优势转化为社会治理效能，完善党委领导、政府负责、社会协同、公众参与、法治保障的社会治理体制，打造共建共治共享的社会治理格局。"[①] 科学良性法治的社会治理是实现社会健康稳定、人民安居乐业、国家持续发展的现实需要。要建立完善优质的社会治理格局，司法不可缺

---

[*]　严波，贵阳学院法学院教师；廖芳，贵阳市南明区人民法院立案庭副庭长。本文获第二届"新时代法治贵州论坛"主题征文活动二等奖。

[①]　《建设更高水平的平安中国》，载《习近平著作选读（第二卷）》，人民出版社，2023，第241 页。

位。针对城市大型社区，建立专属的现代化人民法庭符合人民群众的司法要求和社会治理格局需要。

一 城市大型社区社会治理的法治化需求

法治化是新时代推进社区治理现代化的重要着力点。[①] 要建立完整、科学、高效、优化的社会治理体系，实现有序运转和高质量发展，法治是全程"保障机制"。大型社区的治理必须得到有力的法治保障。

（一）城市大型社区社会治理的现状和难题

1. 社区的定义

社区是若干社会群众或社会组织聚集在某一个领域里所形成的一个生活上相互关联的大集体，是社会有机体最基本的内容，是宏观社会的缩影。尽管社会学家对社区下的定义各不相同，在构成社区的基本要素上认识还是基本一致的，普遍认为一个社区应该包括一定数量的人口、一定范围的地域、一定规模的设施、一定特征的文化、一定类型的组织。社区就是这样一个"聚居在一定地域范围内的人们所组成的社会生活共同体"。

社区具有以下特点：有一定的地理区域；有一定数量的人口；居民之间有共同的意识和利益；有着较密切的社会交往。[②]

2. 城市大型社区的特征

社区是城市的细胞和基础，也是社会治理的基本单元。随着城市化进程的不断推进，越来越多的大型社区甚至超大型社区涌现出来，例如北京的天通苑、天津的京津新城等，在房产行业 2019 年的一个排名上，全国已建成或在建中排名前 20 的超级大盘总建筑面积最大的达到 2000 多万平方米，最小的也有 400 万平方米。以花果园超大社区为例，该社区前身作为全国最大的单体棚改项目，自 2010 年启动项目以来，总拆迁户数 2 万多户，涉及拆迁人口 10 多万人，总开发面积 10 平方公里，总建筑面积 2330 万平方米。从该排名来看，

---

① 李波：《发挥人民法庭作用 提升社会治理能力》，《人民法院报》2019 年 11 月 8 日。
② 百度百科"社区"词条。

这些大型社区都具备一些共同的特点：①容纳人口多，最多的容纳 60 万人口，相当于一个普通中型城市；②楼盘单体面积大，一般为 400 万～2000 万平方米；③社区配套完善，一般都配有学校、医院、商城、政府综合办事部门等；④社区治理难度大。①

3. 治理大型社区面临的难题

大型社区的形成有其历史原因，是社会发展的产物。自工业革命以来，人类社区进入了都市化的进程，不但城市社区的数量日益增多，而且城市社区的经济基础与结构功能的规模也在日益扩大，城市出现了许多大型社区甚至超大型社区。在推动城市化进程的同时，对大型社区的管理也成为党委、政府的难题。一般大型社区配套的不止一所学校、医院、银行、商场等设施，包括公园、休闲娱乐等也一应俱全，甚至其本身是商业中心、金融中心。当就学就业就诊，所有工作经营、生活休闲都能不出社区就完成的时候，对这类体量超大的城市社区的治理就给政府和相关治理部门带来了极大的挑战。城市大型社区因人口众多、住宅密集、商业聚集，更容易出现交通拥堵、环境污染、治安隐患、资源拥挤等需要综合治理的问题。拥有 42 万常住人口的花果园超大社区也曾因治理之难被媒体关注，为彻底治理该社区"乱象"，其成为所在城市的党委、政府重点关注和治理的要点，公安、综合执法、生态环境等多部门对该社区的治理每年都要投入大量的人力、物力，特别在 2016 年以来，多部门的联合整治每年至少 3 次以上，每次行动投入的执法人员都是上百人次，最高达 600 人次。大型社区的社会治理需要花费大量的人力、物力成本和经费，治理难度着实较大。

（二）当前共建共治共享理念对城市大型社区治理的影响

党的十九大报告提出"要打造共建共治共享的社会治理格局"，把"现代化治理格局基本形成，社会充满活力又和谐有序"作为 2035 年基本实现现代化的重要目标，构筑并展现了城乡社区治理的新体系与新蓝图。加强社区治理体系建设作为新时代社会治理和社区治理的战略任务，被提到一个新的历史高度。②

---

① 数据来自房产公司官方资料。
② 阎星、陈艺：《走向共建共治共享的社区治理格局》，《先锋》2019 年第 4 期。

社区作为城市治理的基本单元以及居民生活的共同体，是构建城市共建共治共享社会治理格局的重中之重。抓住了大型社区治理，就抓住了城市治理的根本和基础。随着城市发展规模的不断扩张，大型社区发展起来，许多社会矛盾集中于社区基层，城市治理难度与复杂程度越来越高。构建多元共治的现代社区治理体系和社区良性社会生态，增强社区自治和服务功能，是实践共建共治共享理念、提升社区治理能力的关键。在高速发展的信息智能时代，传统的管理再也不能满足社区群体的需要，新时代城市社区发展，离不开共建共治共享，多元共建、多元共治、多元共享的治理路径更符合当今的城市社区形态。

（三）实现城市大型社区的共建共治共享，人民法院不可缺位

社区的治理能力与治理水平，不仅直接关系着居民的幸福指数，也在一定程度上影响着社会和谐稳定。大型社区的公共服务已不再是简单的生活性服务，还包括高质量的文化性服务、社区内的政治民意诉求以及高质量的获得感、满足感。[①] 加强法治建设有助于增强基层社区的自治能力，打造共建共治共享的社会治理新格局，法治化是必要保障。从改革需要、城市发展、人民需求的角度出发，现代社区治理更需要司法的裁判和指引。作为发挥审判职能作用的司法机关——人民法院，不可缺位。

二　大型社区设置专属人民法庭的必要性

城市社区治理实现法治化对于全面推进依法治国有着基础性的推动作用，人民法院要参与社会治理的共建共治共享，并充分发挥其法治功能，针对城市大型社区，建立专属的现代化人民法庭是符合人民群众的司法要求和社会治理格局需要的。

（一）社区法治化治理思维的实践需求

社区法治化治理的关键，在于用法治精神与法律制度影响和约束社区治理的思想与模式。这就需要专业的法治工具和法治体系来实现提升人民群众

---

① 马涛：《基层社区治理需注入法治化动能》，《人民论坛》2018 年第 13 期。

的规则意识以及行政综合管理的法治化。人民法院在大型社区派驻人民法庭，便于与社区居委会、物管等基层职能部门或组织建立密切的联系与互动，实现资源共享、化解矛盾纠纷，其成为法院履行社会治理职能的最敏感"抓手"。

（二）大型社区规模的客观需求

大型社区人口众多，占到整个基层法院辖区的很大比例，20%～30%较为常见，同时地域面积也大。花果园社区在楼盘交付后常住人口40余万，总人口峰值近百万，入驻企业、商家逾2万户，拥有高层建筑300余栋。在这样一个庞大的社区，无论其案件量如何，设置人民法庭都非常必要，当司法机关的派出机构直接接触基层群众、参与社区治理时，法治能更近距离地覆盖整个社区，普惠整个社区群众。人民法院需要转变过去设置人民法庭的初衷，即主要方便便于地处遍远、交通不便的地区群众诉讼，而应该坚持"人民群众到哪里，法庭就设到哪里"的原则，体现以人为本、以人民为中心的发展理念。

（三）预防化解矛盾纠纷的现实需要

社区矛盾纠纷具有类比性。社区是具有某种互动关系的和共同文化维系力的，在一定领域内相互关联的人群形成的共同体及其活动区域。因此，人们会更关心和自己所在同一区域的案件处理结果，并进行比较，当自己遇到同类纠纷时，希望受到公平、同等的待遇，一个案件的处理结果往往会引起整个社区群众的关注。例如，一些大型社区商品房买卖发生合同纠纷，被告往往为同一家房地产公司，同类的纠纷可能达到几百件。人民法庭统一处理利于裁判尺度的统一。

这里设置专属人民法庭并不是机械地、僵化地认为但凡大型社区都要设置人民法庭，应该根据城区的具体情况综合考虑。

三　大型社区人民法庭的定位及功能

人民法庭制度是具有中国特色的一项司法制度，其设置的初衷为两便原则，即便于人民群众诉讼、便于人民法院审判。在新时代背景下，立足城市及区域发展定位，在保持"两便原则"的同时，满足社会发展对法院工作的司法需求是设置人民法庭的目的。城市社区人民法庭的功能定位和布局也应进行相应的调整，人民法院发挥司法功能也要有新思路、新举措。

（一）人民法庭的职能完善和调整

法律规范源于生活、归于生活。在提供立案、调解、审判等诉讼服务的同时，基层人民法庭要有效提升化解矛盾纠纷、预防风险的能力，还要对社区的社情民意有充分的了解和掌握。基层人民法庭在业务中需要协调各方面关系，要参与到社会综合治理的全过程中，以主动参与、积极协调的态度体现出基层人民法庭在社会综合治理中的应有角色。[①] 相较传统的人民法庭，城市大型社区人民法庭的职能完善并不会改变司法的本质，并且人民法庭对案件的处理融入社区力量，将更符合当事人的利益和社区治理的实际需求。

（二）人民法庭的定位

1. 最基层的诉讼服务机构

党的十九大报告要求"加强社区治理体系建设，推动社会治理重心向基层下移"，人民法庭无疑是最接近群众的基层司法服务主体，相较法院本部，更为便利群众诉讼。并且人民法庭具有多功能综合性，可为群众提供整个诉争解决全流程司法服务，从功能上讲，其提供的法律服务是完整的，群众不出社区就能解决讼争。所以，从人民法庭的工作策略上来看，在保障司法独立性、公正性的同时，"接地气"也很重要。

2. 现代化的诉讼服务标准

人民法庭是人民法院密切联系人民群众的前沿窗口，直接关系人民法院的整体形象和司法权威。没有现代化理念和信息技术的支撑，人民法庭就很难实现高效化解大型社区的大量纠纷，因此人民法庭的现代化是实现现代化治理的必然要求。

3. 社区群众与法院间的桥梁

建设大型社区专属的人民法庭，实现法院诉讼服务资源的全面"下沉"，

---

① 顾亮亮：《基层法庭在社区治理中的功能发挥》，《各界》2018 年第 24 期。

这是推动基层矛盾纠纷化解、社会管理创新的有力举措。从立案咨询、诉讼到调解，人民法庭不仅是人民群众表达诉求、解决讼争的重要场所，更是人民法院联系群众、服务群众的桥梁和纽带。社区治理是一项系统工程，需要多元主体共同参与、协同发力。人民法庭应该充分发挥身处社区的地域优势和专属特性，与公安派出所、司法所、居委会、物管等基层部门形成联动，并运用法治思维有效指引各类行政主体更好发挥社会治理功能，各司其职、优势互补、资源共享，实现人民法院参与社会治理的目的，更好地发挥人民法院社会治理作用，成为社区群众和法院之间的桥梁和纽带，成为化解矛盾、宣传法治和联系群众的桥头堡。

（三）人民法庭的功能

1.解纷功能

解决矛盾纠纷、维护公平正义是人民法院的基本职责。人民法庭作为法院的派出机构自然要履行好解纷职责。人民群众在生产生活过程中难免产生矛盾纠纷，这些纠纷能否得到有效解决，直接关系社区治理效果，解决的方式和时效都直接影响到社区治理效果和社区法制环境的状况，甚至会对人们的行为形成指引。基层人民法庭应立足司法审判实践需要，运用正确的法律手段化解基层矛盾纠纷，充分发挥法律的社会治理功能，使纠纷不仅得到化解，还化解得好、化解得快。这对增强人民群众的获得感、幸福感至关重要。

2.专属诉讼服务功能

如前所述，社区案件的类案化和类比性特征，使得大型社区的类案更容易引起关注，例如物业纠纷，一件个案的判决可能会引起整个社区居民的关注，引发涉众型纠纷和重大舆情并指引居民未来的行为，产生很大的社会影响。基层法院与社区应以人民法庭为纽带，并根据社区的特点提供更符合社区治理的司法服务，通过适宜的方式妥善处理社区纠纷。同时，加强法治宣传、司法建议等工作，充分履行社会综合治理职责，为整个区域创造良好的发展环境。

3.为城市治理提供研究样本

人民法院受理的各类案件可以反映出社会矛盾纠纷突出的领域和变化趋势等，利用大数据可以分析出案件发生的相关成因，及时发现社会治理中存在的问题和漏洞，以点带面、以小窥全，从而了解群众的关注焦点和需求，可以据此有针对性地调整政策，合理分配资源，加强规范引导，制定科学的现代化城市治理方案，做好重大风险的防控，并进行合理的、适时的调整。

四 大型社区人民法庭现代化司法治理的路径

处于大型社区社会治理的框架之内、有效整合各种资源、实现人民法庭处于主导地位、并与其他基层社会治理主体功能互补以实现效能最大化，是设置专属人民法庭、发挥社会治理作用的目标。要充分发挥人民法庭扎根基层、贴近群众的优势和法庭"桥头堡"的纽带作用，大力提升人民法庭解决纠纷和提供诉讼服务的能力水平，实现社区治理的法治化、现代化，更好地助力社区社会治理。笔者以花果园人民法庭的审判实践为样本，将花果园人民法庭的具体工作模式作如下总结、分析和构想。

（一）优化人民法庭功能布局

2013 年，花果园大型社区形成之初，其辖区所在人民法院就根据社区的规模进行了预判，在社区内设立了巡回法庭，专门配置了审判力量，审理部分社区内的类案，并着重开展法治宣传、法律咨询等，经过近几年的发展，逐步建设成集诉讼服务、调解、审判、宣传以及判后延伸工作于一体的现代化人民法庭，人员配置、法庭设施、法庭面貌等得到全面优化和提升。自2013 年成立至 2021 年 8 月，花果园人民法庭共审理社区内各类案件 10313 件，并妥善处理了大量涉众型类案纠纷，在定分止争、维护社区稳定、推进社区经济发展方面发挥了重要作用。矛盾突出的类案，存在可能影响群众正常生活秩序和社会稳定等因素，花果园人民法庭通过审理、调解、释法、协商、重组等综合调处手段配合党委、政府切实做好社会治理现代化工作，取得了一定成效。

（二）提升服务群众的能力

1.充分发挥审判职能

花果园人民法庭于 2013 年成立后，妥善办理涉及众多当事人的商品房买卖合同纠纷、建设工程施工合同纠纷、借款纠纷等案件，及时定分止争、化解矛盾；在社区重点项目建设中，妥善化解涉及拆迁征收的行政及执行纠纷，有效避免群体性事件发生，并协助其所在法院重拳打击社区的涉黑恶案件、涉及众多受害人的集资诈骗传销犯罪，有效净化辖区社会环境，为社区和城市建设提供了强有力的司法保障。

大型社区纠纷量大、类型繁多，人民法庭还是要立足审判实际，根据大型社区的纠纷特点，用法治之手化解基层矛盾纠纷。针对房屋买卖合同纠纷、延迟履行交房纠纷、物业管理纠纷等大型社区容易产生的群体性纠纷，应加强调查研究，深挖纠纷产生的深层次原因，妥善化解群体性案件，必要时应争取党委、政府的支持，举行听证会向房产公司、物业了解情况，妥善解决涉及民生、与群众生活休戚相关的案件。大批的集团案件还要注意统一裁判尺度的问题，对于关注度高、社会影响大的案件，要从全局出发，确保案件的统一性，及时定分止争。人民法院处理各类案件化解矛盾纠纷的过程，本身就是参与社会治理、理顺社会关系的过程。

2. 提供社会安全保障

利用贴近群众的优势发挥纽带作用，准确把握发挥审判职能作用、维护公共安全的基本要求。案件是社会矛盾的集中反映，也是凸显社会安全的风险点，法院在通过依法公正高效审判，实现惩治犯罪、化解矛盾的同时，应积极参与社会治安综合治理，推进社区治安综合防控体系的建设，根据社区大数据分析各类易发风险，通过司法建议向相关部门进行预警，积极核查涉黑恶案件线索，着力解决影响社会安定的深层次问题。针对法院审判执行工作中发现的管理漏洞、安全隐患，作为社区治安综合防控体系的成员之一，人民法庭应及时向有关单位或职能部门提出完善规章制度、强化日常管控、加强源头治理的意见和建议，推动公共安全体系的健全完善。

3. 建设"一站式"诉讼服务

强化"一站式"建设，充分释放人民法庭诉讼服务潜能。建设具有立案、调解、司法确认、保全等功能的"一站式"诉讼服务站点，安装诉讼服务自助一体机，为群众提供高效便捷的诉讼服务；同时建立网络诉讼服务平台，推行网上立案、电子送达、网上查询咨询、线上开庭等网络诉讼服务；针对"老、病、残"等群众开展上门立案等"零距离"司法服务，实现"线上线下"并举，构建立体化综合诉讼服务网络体系，打通司法为民"最后一公里"，加强民生司法保障。

4.发挥司法普惠功能

切实实施民法典，依法妥善审理家事、民间借贷、人身损害赔偿等基层多发易发案件，畅通权利救济渠道，保障留守儿童、妇女、老人、低收入困难群众和特殊群众的人身安全与人格尊严。同时，发挥司法普惠社区群众的作用，全面落实法律援助和司法救助政策，依法对社区贫困群众提供减、缓、免收诉讼费和发放司法救助金；根据法院审判工作实际和受理案件凸显出的社会问题，积极深入社区、学校、企业上法制课，做到提供精准的法律服务；通过公众开放日、法院微信公众号等加强对法院工作的宣传，增强与人民群众的联系，提高人民法院的公众认可度。

5.深化诉讼制度改革

按照推进案件繁简分流、轻重分离、快慢分道的指示要求，组建速裁审判团队，全方位推进简案快审，充分利用电子送达平台等便捷方式送达并推行令状式、要素式文书，实现效率大提速。对于繁案则要办细、办精，力促"疑难""影响力大"的案件依法妥善处理。

（三）打造"一站式"多元高效解纷模式

1.实现精准立案分流

要提升社会整体的治理能力，人民法院不能成为纠纷解决的第一道防线，更不该是解决纠纷的唯一途径。① 司法是维护公平正义的最后一道防线，真正健全的社会治理体系，应该是多渠道多元化解纷的优势互补，而不是所有矛盾纠纷的化解都交由法院全部承担。通过立案分流让适宜诉前调解的纠纷尽量通过非诉快速化解，让须由法院定分止争的案件能够迅速得到法院专业的裁判。

社区人民法庭应严把非诉、调裁、繁简分流关，专门设置立案甄别分流环节，在法庭的诉讼服务中心设置程序分流员，根据案件类型特点、法律适用、社会影响、当事人意愿等因素，在登记立案时确定案件应当适用

---

① 陈莉：《人民法院参与社会治理要有新思路》，《人民法院报》2019年8月13日。

的程序，做好非诉、调裁、繁简"三大分流"工作，分别向"调解中心"
"速裁团队""其他民商事团队"精准推送案件，畅通繁简分流通道，尽量
减少因甄别错误等因素造成的程序空转，工作有的放矢，做到多层次高效
解纷。

2. 加强对调解工作的指导

人民法庭应扎实开展好人民调解指导工作，更多地引导纠纷通过非诉渠道
快速而妥善地化解，对于婚姻家庭、邻里纠纷等，设置当事人选择性调解前置
流程，对于物业、住房、交通事故类纠纷，则邀请社区代表、专业技术人员及
律师参与调解。可以利用社区对人员信息和社区资源了解的优势，充分发挥人
民调解、行业调解和律师的重要作用，推动完善基层调解体系，促进社区自治
管理生态发展，充分发挥群众的力量解决社区基层纠纷，引导人民群众选择性
价比更高的方式解决矛盾纠纷，切实将纠纷化解在源头。

3. 搭建诉调对接平台，构建多元解纷模式

按照"一站式"多元解纷机制目标，以人民法庭为圆心，丰富高效解纷
举措，根据社区资源和法庭条件，设立解决涉及婚姻家庭、相邻关系、物业服
务、交通事故纠纷等各具特色的调解室，同时建立"远程人民调解"网络平
台，充分发挥各类调解员作用，通过诉前调解、巡回调解、委托调解等方式，
为群众提供更加快速便利多元的解纷服务。

4. 形成多部门助力解纷格局

紧紧依靠党委领导和政府支持，加强人民法庭与辖区派出所、司法所、
社区居委会、社区调解组织等基层工作机构、群众自治组织和行业调解组
织的沟通与协作，强化人民法庭诉前联动化解纠纷和案件协调处理的工作
能力，完善诉调对接工作机制，积极融入当地社会治理体系。加强与注重
发挥社区干部、人民调解员、物业管理人员等基层工作者的重要作用，建
立覆盖社区到楼栋的矛盾纠纷化解网络，推进"诉源治理"，打造和谐
环境。

对于法院自身处理的案件，例如征地拆迁或群体性案件等矛盾较为突出的
案件，应加强衔接协调，对于政策属性较强的纠纷可以采取相关部门责任分流
的方式，加大政府职能部门的主体责任，通过政策手段和政府协调满足当事人
的合理需求。其他社会治理主体在掌握政策背景、了解纠纷细节上的明显优势

也可充分发挥。① 构建以地方党委为主导、各部门共同参与的联合治理体系，形成多元解纷合力。

（四）提升大数据网络科技应用能力

1. 提升审判现代化、智能化水平

现代城市社区普遍具备高度发达便利的交通设施、生活设施和生活方式，人民法庭也必须与时俱进，不断加强信息化智能化建设，充分利用大数据智能时代优势才能适应社区的治理需要，要推进信息技术与审判业务深度融合，实现审判质效的提升和诉讼服务的便利，要充分利用司法统计大数据，准确研判公共安全形势，为及时消除公共安全隐患提供决策参考。

花果园人民法庭现已建成六个科技法庭和两个现代化调解工作室，具备全程同步录音录像、案件庭审直播、远程视频庭审调解、巡回审判等信息化办案功能。同时依托"贵州移动微法院"微信小程序、线上调解等平台，实现了网上查询、网上立案、跨域立案、电子送达、线上提交证据、网络调解开庭等信息化诉讼服务功能，让群众充分体验到"指尖诉讼、掌上办案"的便利。

2. 用大数据打造"数智"社区

现代社区的治理需要通过大数据手段赋能，全面升级城市社会治理能力和水平。充分应用大数据，架构社会治理平台，海量搜集常规的社会动态信息，但有选择性地设置提示项目类别，是大型社区相较传统社区更为需要的治理手段。花果园法庭所在大型社区正在进行社区大脑暨城市治理运营平台试点建设，该平台以建设"社区大脑"为核心，通过大数据、云计算等先进科技手段对前端设备采集到的海量数据进行整合、分析、研判，"数化"为一组组数据，直观呈现在花果园社区数智调度运营指挥中心的大屏幕上，点开任意楼层任意房屋就能看见房屋、租客、房主、企业信息，以及消防设备、附近的网格点。通过直观监测整个花果园的各项运营指标，并对异常指标进行报警和预判，为城市的智慧化以及精细化管理提供决策依据。同时，社区大脑下设公安、环境、物业、消防、城管、工商、医疗等分布式小脑及社区调度治理中

---

① 陈莉：《人民法院参与社会治理要有新思路》，《人民法院报》2019年8月13日。

心，通过整合这些小脑，帮助社区构建"共建、共治、共享"的社区治理新格局，从整体上提高社区公共安全级别，有效解决电梯困人、人口走失、火灾消防逃生等民生问题。[①] 该治理平台的应用将社区治理带入了一个新的时代，对于人民法庭办案具有重要作用和意义，对于法院调查取证、快速送达资料、固定证据有很大帮助。

（五）服务基层社会治理

1. 创新"巡回审判+法治宣传"宣传教育模式

人民法庭应强化以案说法的社会功能，通过巡回审判等多种形式，对常见纠纷进行法律提示，培养公民的法治思维和法治理念。针对社区矛盾纠纷特点，发挥法庭审判宣传教育功能，选取群众关注并具有典型教育意义的邻里纠纷、赡养纠纷、物业纠纷等案件利用车载巡回法庭深入社区广场、商业中心、楼栋间开展巡回审判，就地开庭、调解、宣判，并同步开展以案释法，利用小案件中蕴藏的大道理，教育和引导辖区群众树立规则意识、法治意识，弘扬社会主义核心价值观。花果园人民法庭利用车载法庭在社区附近广场公开开庭审理相邻权纠纷案时，得到大量社区群众以及媒体的关注和报道，取得很好的法治宣传效果。人民法庭还利用巡回审判的方式公开审理，送法进校园、企业等，以案说法，利用法庭公告栏及时更新涉及社区居民切身权益的法律法规、政策及典型案例等，结合社区实际情况，大力弘扬道德风尚和文明行为，为居民的行为提供指引，为解决矛盾纠纷提供遵循，加强法制宣传教育，推动社会主义核心价值观和法治精神深入人心。

2. 发挥法律专业优势加强司法建议工作

人民法院应发挥法律专业优势，以人民法庭为桥梁和实践主体，对没有形成纠纷但具有潜在风险的社会问题，可向当地社区或相关单位提出法律风险防控预案建议。同时，对政府在社区的行政行为及行政执法方式等提供法律评估，助力政府合法合规、高质高效开展治理工作；以办理社区内类型新、影响大等重大、典型案件作为突破口，针对审判中发现的社会问题、管理漏洞、治

[①] 廖燕娟、王强：《2019 年"双谷融合 甲秀论剑"论坛嘉宾到这些地方进行了观摩》，《今日头条 甲秀南明》2019 年 10 月 30 日；邓婷婷：《清华大学专家点赞南明区！超大型社区治理样板走在全国前列》，《人民网·人民资讯》2021 年 5 月 28 日。

安隐患，对社区矛盾进行串并分析研判，对社区治理薄弱环节和行业管理漏洞通过提交司法建议白皮书、分析报告等方式，及时向党委、政府反馈，服务社会治理科学决策，促进社会管理的完善。花果园人民法庭设庭以来，已经向公安分局、社区等有关部门发出了关于加强防盗宣传、及时维修监控设备、加强娱乐及餐饮场所人员培训、及时掌握涉毒人员情况等司法建议函，向区委政法委提交了社区综合整治的行政行为规范化建议，就工商登记、规划管理、城市建设等方面提出具体建议。法院的司法建议更具法治视角的高度，能更好地助力政府部门规范化执法，强化源头止纷力度。

五　相关政策支持及建议

（一）设置大型社区人民法庭应参考哪些指标

城市大型社区一般不存在交通不便和偏远的问题，人口、案件量、地域面积是设置专属人民法庭的主要参数指标。花果园人民法庭管辖花果园社区所有民商事案件，司法管辖人口42万余人，司法管辖面积10平方公里，辖区内入驻企业2万余家。随着入住人口的不断增加，2020年，花果园人民法庭收案近3000件，2021年全年收案4000余件，花果园社区虽然占地面积只有辖区的5%左右，但人口占到辖区人口近一半，案件量也占到全院的20%左右，因此设立专属的人民法庭显然是必要的，人民法庭就近办案更便于群众诉讼，更利于人民法院发挥社会治理功能。因此，什么样的大型社区应设置专属人民法庭，其标准应该结合社区人口、案件量、地域面积，以及与本辖区总量占比进行综合考虑。

（二）人民法庭的配置标准

社区人民法庭的建设要趋向正规化、建制化发展，要进一步健全和完善人民法庭建设的工作职能、流程、规范和要求，规范法庭人员的选任标准、工作职责，健全考评体系，将人民法庭的设立和人员的选任以及各种成效纳入社会管理创新和社区科学发展。

法庭建设
基层人民法院参与城市大型社区社会治理的路径选择

1. 人员配置

根据社区人口、案件数量核算人民法庭的人员编制，花果园人民法庭现有人员22人，其中正式干警10名，聘用人员12名；员额法官4名、司法辅助人员13名（含诉讼服务人员、聘用制法官助理和书记员）、司法警察5名。按照司法体制改革要求，以员额法官为中心，按1：1：1模式配置4个办案单元，员额法官年人均办案量略高于院本部（此处数据截至2020年）。未来将按照法庭的职能定位、管辖人口和案件数量，动态增加员额法官，并探索1：N：N的模式设立办案单元，以满足该片区现实的司法需求。专属法庭也应完善司法人员分类管理，建立动态人员管理机制，根据所在城市和其所在基层法院本部的员额法官人均办案量，结合社区的案件量进行核定，配置合适的员额及团队。

2. 物资装备建设

大型社区专属人民法庭的硬件配置关键是要实现现代化办案的需要，要与院本部的办案办公各项信息系统平台完全匹配，保障案件数据的安全性以及司法统计结果的准确性，要能与院本部同步实现办案系统的升级、诉讼服务方式的升级、现代化设备系统的升级。同时，应在地方党委、政府的主导下，建立与社区治理大数据运营平台的对接端口，根据法院办案实际向政府申请相关信息查询权限或建立与相关部门的信息共享机制，促进法庭办案效率的提升。

基础设施，如法庭办公用房等应按照最高人民法院关于人民法庭配置的规定，结合贵州省高级人民法院的要求进行建设，但应配置相应的现代化调解室、数字化法庭，保障人民法庭工作开展的需要。

新时代人民法院积极参与社会治理，要与时俱进，要从更好地为人民群众提供诉讼服务出发，在城市大型社区设立专属的人民法庭，更有利于法院发挥法治功能。人民法庭作为基层法院的派出机构，处在践行司法为民的最前沿，也处在化解矛盾纠纷的第一线，在大数据支撑的智能化社区背景下，现代化的人民法庭在城市社会治理创新工作方面大有作为、大有可为，通过法治手段化解社区矛盾、增强社区群众法律意识、完善社会管理体制、激发社会生机活力、提高群众自我管理能力，实现城市社会治理的法治化、科学化、现代化，积极推进国家治理体系和治理能力现代化。

参考文献

陈莉：《人民法院参与社会治理要有新思路》，《人民法院报》2019 年 8 月 13 日。

李昭：《发挥司法职能作用　筑牢社会治理屏障》，《人民法院报》2020 年 3 月 24 日。

罗雪连：《共建共治共享理念下城市社区治理的挑战与创新》，《内蒙古科技与经济》2018 年第 14 期。

叶敏：《新时代党建引领社会治理格局的实现路径》，《湖南师范大学社会科学学报》2018 年第 4 期。

乡村法庭的诉源治理之路

——以永乐人民法庭参与"无讼"乡创建的具体实践为例

鲁 迪　王 晶[*]

摘　要： 本文以贵州省贵阳市南明区人民法院永乐人民法庭参与"无讼"乡创建的具体实践为例，以永乐人民法庭贴近乡镇，便于获取第一手数据、情况为优势，开展实证调查、文献研究，对永乐人民法庭参与诉源治理实践中发现的问题进行分析，提出乡村法庭的诉源治理之路应立足人民法庭的审判职责，结合乡村独特的人情、社情、案情，分成诉前、诉中、诉后三阶段参与诉源治理。

关键词： 诉源治理　乡村法庭　基层治理　永乐人民法庭

习近平法治思想提出了诉源治理的必要性以及强化多元解纷机制的法治路径："法治建设既要抓末端、治已病，更要抓前端、治未病。我国国情决定了我们不能成为'诉讼大国'"，"要推动更多法治力量向引导和疏导端用力，完善预防性法律制度，完善调解、信访、仲裁、行政裁决、行政复议、诉讼等社会矛盾纠纷多元预防调处化解综合机制。要整合基层矛盾纠纷化解资源和力量，发挥市民公约、乡规民约等基层规范在社会治理中的作用，完善非诉讼纠纷解决机制。"① 贵州省贵阳市南明区人民法院永乐人民法庭（以下简称

---

* 鲁迪，贵阳市南明区人民法院永乐人民法庭庭长；王晶，贵州省高级人民法院赔偿办法官助理。

① 中共中央宣传部、中央全面依法治国委员会办公室：《习近平法治思想学习纲要》，人民出版社、学习出版社，2021，第104页。

永乐人民法庭）积极学习习近平法治思想，参与创建永乐"无讼"乡的实践，推动构建多元解纷机制，探索乡村法庭诉源治理之路。

一　人民法庭参与诉源治理的政策演进与其基本内涵

（一）诉源治理的政策支持

党和人民政府高度重视诉源治理工作并出台了一系列政策文件，如 2021 年 2 月 19 日，中央全面深化改革委员会第十八次会议审议通过的《关于加强诉源治理推动矛盾纠纷源头化解的意见》对诉源治理做出了细化要求，即"加强矛盾纠纷源头预防、前端化解、关口把控，完善预防性法律制度，从源头上减少诉讼增量"。贵州省亦下发相关文件落实相关要求，如《贵州省关于加强诉源治理推动矛盾纠纷源头化解的意见》、贵州省委平安贵州建设领导小组下发的《贵州省关于加强诉源治理推动矛盾纠纷源头化解的实施意见》、《中共贵州省委平安贵州建设领导小组办公室推动落实诉源治理多元共治具体工作措施》（省委平安办〔2022〕8 号）。在党委领导、政府主导的格局下，我国的诉源治理工作安上了"助推器"，正在蓬勃发展。

（二）人民法庭与诉源治理的政策文件

新时代的"枫桥经验"对完善多元化纠纷解决机制、加强人民法庭建设提出了要求。2018 年 11 月 23 日《最高人民法院关于认真学习贯彻纪念毛泽东同志批示学习推广"枫桥经验"55 周年暨习近平总书记指示坚持发展"枫桥经验"15 周年大会精神的通知》要求，始终坚持党的领导，努力推动形成共建共治共享的基层社会治理新格局；充分发挥审判职能作用，为建设更高水平的平安中国提供有力司法服务和保障；积极参与基层社会治理，推动基层自治、法治、德治相结合；健全完善多元化纠纷解决机制，推动矛盾纠纷及时、高效、源头化解；加强人民法庭建设，夯实基层基础。由此观之，人民法庭作为基层人民法院的派出机构，是距离群众最近的司法审判机关，人民法庭的工作人员是距离群众最近的司法工作人员，探索人民法庭如何摆正定位，对推动诉源治理具有重要研究意义。

虽然诉源治理是作用于整个国家治理体系和治理能力的现代化，但在表现上对法院案件量减少的直接影响最为明显，法院应当立足审判职能，主动作为，参与诉源治理。最高人民法院出台了相关文件落实、细化诉源治理的相关要求。2019 年 2 月 27 日，最高人民法院印发《关于深化人民法院司法体制综合配套改革的意见——人民法院第五个五年改革纲要（2019—2023）》，将"完善诉源治理机制"列入人民法院司法体制综合配套改革任务，2023 年是收官之年，有必要反思总结对诉源治理机制的构建情况。《最高人民法院关于深化人民法院一站式多元解纷机制建设推动矛盾纠纷源头化解的实施意见》（法发〔2021〕25 号）提出总体要求、完善人民法院源头化解矛盾纠纷工作格局、创新人民法院源头化解矛盾纠纷方法路径、健全人民法院源头化解矛盾纠纷工作机制、加强重点领域矛盾纠纷源头化解工作、强化配套保障等六点具体意见。在省级层面，2022 年 5 月贵州高院正式印发《全省法院诉源治理工作实施方案》指出，要坚持和发展新时代"枫桥经验"，把非诉讼纠纷解决机制挺在前面，从源头上减少诉讼增量，推动矛盾纠纷源头化解。2022 年 3 月 2 日《南明区人民法院诉源治理工作方案》（南法发〔2022〕10 号）提出，要贯彻落实习近平总书记关于"把非诉讼纠纷解决机制挺在前面，从源头上减少诉讼增量"的重要指示精神，深化完善矛盾纠纷多元化解机制，切实发挥人民法院在诉源治理中的参与、推动、规范和保障作用，推动工作向纠纷源头防控延伸。

（三）人民法庭参与诉源治理的基本内涵

诉源治理从字面意义上解释就是诉讼的源头治理。从矛盾发生和演变的过程来看，就是人民法庭参与到矛盾纠纷的预防、多元化解、审判终局各个阶段的活动中来，人民法庭在依法审判的基础上延伸源头治理、多元解纷的职能。人民法庭参与诉源治理是优化基层司法职能、推进基层治理的重要方式。

二　乡村法庭参与诉源治理的问题

（一）人民法庭参与诉源治理的研究现状

进入"中国知网"数据库，以"诉源治理"为关键词进行搜索，有 221

南明区人民法院诉源治理研究

篇论文，其中涉及人民法院及人民法庭参与诉源治理的研讨主要从以下几个层面展开。第一，明确人民法院在诉源治理中的职能定位和要求。如：《"诉源治理"的三维解读》一文将人民法院在诉源治理中的定位总结为源头预防为先、非诉机制挺前、法院裁判终局。《诉源治理视域下人民法院参与社会治理现代化的功能要素和路径构建》一文探讨了人民法院如何通过繁简分流、诉调对接以及司法权提前介入等方法实现纠纷的诉前解决与调解规范化等诉源治理。第二，梳理、分析和汇总人民法庭司法实践中发挥审判职能、服务诉源治理的工作机制和工作成效。如：《深化枫桥式人民法庭建设推动基层社会治理现代化》一文探讨了在人民法庭建设中，充分发挥"枫桥经验"发源地的优势，以深化枫桥式人民法庭建设为抓手，切实发挥人民法庭在诉源治理、方便群众诉讼、就地化解矛盾方面的重要作用，让"枫桥经验"这张金名片擦得更亮，推动基层社会治理现代化。《充分发挥审判职能　为地区经济社会发展提供强有力的司法保障——记全国优秀法院西安市未央区人民法院》中载明工作机制包括：积极服务中心工作，制定实施《关于服务和保障金融工作改革发展的意见》、发布《民商事审判白皮书》、印发《关于建立"互联网+诉非衔接"工作机制深入推进矛盾纠纷大调解工作的实施方案》，依托全市"一乡一庭"平台和"法官进社区"活动，积极构建"互联网+诉非衔接"多元纠纷化解新模式，全面推行旅游纠纷巡回审判，设立旅游巡回法庭工作站，采取1名法官、1名书记员、1名司机的"1+1+1"模式，大部分案件适用简易程序，做到当天立案、当天调处、当天执行、当天兑现等。第三，对发挥审判职能、服务诉源治理中存在的具体法律问题进行分析。例如，《论数字生态下诉源治理的善治程式》一文将诉源治理分成三阶段，从客观私权角色、相对主观公权角色、绝对主观公权角色的角度进行观察，分别匹配综合治理、一站式过渡和速裁、速断。该文章提出，首端治理本身就不是一个法律问题而是系统性的社会问题，一站式过渡主要问题点在于效益困境，人民调解、行政调解、仲裁等类司法手段无法应对纠纷主体的不断试探，调而不决、裁而不定的循环往复过程将耗费大量的社会资源，末端优化依赖于一站式过渡。由此观之，人民法庭在参与诉源治理中职能如何、在多元解纷机制构建中如何明确法院定位，使多调共调机制高效运转，如何做好诉调对接，提供一站式便民服务等，有待进一步研究。第四，基于司法实践对诉源治理中存在的相关问题进行研究分析并提出相应的解决措施。如《论人民法庭参与诉源治理的困境与出路——基于对 T 县 J 镇人民法庭的考察》一文从实证研究的角度，梳理了解纷资源分散低效，未调动村民自治力量、未发挥行业调解作用，调解工作难获全面保障、诉前调解缺乏统一规范，诉前化解成功率有待提升、可调撤潜力有待挖掘，息诉服判成果有待巩固等人民法庭参与诉源治理的现实困境，并提出了融入基层社会治理格局，发动村民自治力量参与、充分发挥行业调解作用，全面增强调解工作各项保障、建立统一诉前调解规范，强化诉前非诉机制引流作用、引导促进诉中调解撤诉，多措并举促进息诉服判几方面的完善路径。《新时代乡村振兴背景下人民法庭的诉源治理之道》一文通过梳理人民法庭推进诉源治理的政治逻辑、历史逻辑和现实逻辑，结合实践经验总结，厘清人民法庭推进诉源治理的实效与司法参与的功效不足、司法角色潜在冲突的局限，提出明确人民法庭在诉源治理中的协同定位、推进司法审判与诉源治理的良性互动、构建基层社会治理的多元机制的建议。《美丽乡村建设背景下人民法庭参与诉源治理的进路》一文通过实证研究指出了乡村人民法庭工作员额法官配置不足，审判力量相对薄弱、案件逐渐增多，乡村人民法庭不断与审判法庭同化、在处理乡村非诉讼事务上，人民法庭作用有弱化趋势的现状，提出借鉴"枫桥经验"发挥人民法庭的应有作用，重塑司法改革后乡村人民法庭的职责定位的建议。《诉源治理视域下诉调衔接机制的完善》一文提出"既要加大调解的力度、积极发挥调解的功能，又要通过司法确认发挥司法对调解的引领、支持作用，还要构建与完善诉讼与调解的衔接机制，使调解、诉讼有机联系，发挥各自的价值与功能"。《九项举措全面推进基层法院诉源治理工作》一文提出"加强资源整合，构建递进式、分层级、集约化纠纷解决模式，不断在摸索中完善诉源治理机制建设，实现信息资源共享，形成矛盾纠纷化解合力"。其中探讨人民法庭参与乡村治理职能定位的，如《新时代乡村振兴背景下人民法庭的诉源治理之道》一文提出"人民法庭应立足'协同'治理定位，实现司法与行政、审判与治理的良性互动，构建法治、德治、自治相结合的多元治理体系，以达到诉源治理的理想目标，从而为建设共建、共治、共享的基层社会治理格局，推动乡村振兴贡献司法智慧"。上述文章通过实证研究，发现人民法庭在服务诉源治理中的问题，并提出建议。

（二）永乐人民法庭参与诉源治理情况及问题

1. 就人民法庭参与诉源治理开展访谈调研情况

（1）向党政机关工作人员调研情况

为了更好地参与诉源治理，永乐人民法庭以创建永乐"无讼"乡为依托，于 2022 年 6~7 月，向南明区委政法委、永乐乡党委政府（司法所、派出所）、村支两委等工作人员进行了专题调研，了解相关部门对乡村法庭在诉源治理中的司法需求。经梳理整合，发现乡党政机关、基层群众性自治组织对人民法庭的期待越来越高，主要体现在：希望司法审判工作前移，通过诉前向群众释法析理，使群众对法律适用具有预判；法庭加强法治宣传，提升政府依法行政能力、农村经济合作社抵御市场风险能力和群众的法治意识；加强对调解人员的法律专业知识培训，提升其调解能力；加强调确衔接，促进调解协议的履行，实质性化解矛盾等。从访谈情况来看，党政机关在促进诉源治理方面，对法院的期待已从被动司法转向主动作为，对于人民法庭参与诉源治理的阶段、深度和作为有了更多的期待。调研中党政机关对于人民法庭在纠纷发生前端就释法析理说明后果、参与行政机关前期政策制定和企业的合同拟订等相关期待与司法谦抑、司法终局、司法公平等传统理念存在冲突，如何在其中找到平衡点，明确人民法庭的审判管理职责定位，有待于从我国的顶层设计政策理论、宪法法律、学理论述中寻求理论支持，也有待于通过实证研究，探寻人民法庭适合的职能定位，使人民法庭的工作人员敢为、能为、有为。

（2）向专家学者调研情况

通过 2022 年 7 月在南明区人民法院召开的专题座谈会，了解社科研究机构等科研人员、高校教师对人民法院在诉源治理中的观点和看法。座谈中相关专家学者提出了如下问题：传统对人民法院的定位是速裁、优裁，在案多人少的背景下法官如何均衡案件审理和参与诉源治理；多元解纷机制的架构下，可能导致案件在多种调解程序中多次转移、可能产生效率问题，是否会与立案登记制、与当事人通过诉讼解决问题的出发点相悖；如何用好数字化科技手段进行审判管理统计分析，提供一站式便民服务等。另有以下问题有待进一步思考：人民法庭应在何种程度上参与到乡村治理的过程中，即乡村法庭的审判管理职能定位、发展路径如何？乡村法庭在诉源治理的过程中，如何建言献策使各类非诉机制更好地衔接，提升矛盾化解的效率？乡村多发的矛盾纠纷聚集于哪些领域，通过何种路径能够更有效地在诉前预防、化解该类矛盾？如确有必要进入诉讼程序的，如何结合前期的活动切实提升审判质效？这些问题有待于通过统计分析、文献研究、制度设计、制度实施、理论总结等方式在调查研究中进一步解决。

2. 永乐人民法庭参与诉源治理情况

（1）永乐人民法庭的基本情况

南明区人民法院位于贵州省贵阳市的中心城区，收结案连续五年位居全省基层法院前列，2017～2021年共受理各类案件166553件，审结157526件，在此背景下，南明区人民法院创新诉源治理工作机制，将院机关本部加强诉讼服务（于2019年与南明区司法局共同建设南明区民商事案件调解中心，2021年成立"老法官之家"，积极推进律师事务所律师参与矛盾纠纷化解试点工作），以及发挥派出人民法庭职能、深入参与基层社会治理作为两个重点来抓，现院机关本部加强诉讼服务成效初显，而派出人民法庭在诉源治理中的职能、作用有待进一步探索。永乐人民法庭作为南明区人民法院五个派出人民法庭之一，位于贵阳市南明区永乐乡永乐村，现有员额法官1名，法官助理2名，书记员3名，安保人员1名，配齐配全了审判辅助人员。永乐人民法庭常驻永乐乡开展工作是探讨乡村法庭诉源治理之路的实践基础；2022年永乐乡开始打造"无讼"乡，在当地党委的领导和政府的大力支持之下，目前南明区人民法院、永乐人民法庭推动的各类诉源治理的尝试在当地有效开展，从实践中提取经验。

（2）永乐人民法庭诉调案件基本情况及特点

永乐人民法庭自2021年9月恢复单独收案，2021年审理案件数为119件，2022年为84件（含旧存61件），2023年截至第一季度为4件（含旧存3件）。从案件类别来看，民事案件为204件，执行案件为3件。依据《最高人民法院民事案件案由规定》关于第一级案由的规定对上述案件进行分类，合同、准合同纠纷155件，物权纠纷42件，侵权责任纠纷4件，与公司、证券、保险、票据等有关的民事纠纷2件，执行案由3件。从结案方式来看，审结案件206件，审理中5件，审结案件中，作实体处理的有96件，调解的有46件，作程序处理的如准予撤诉、驳回起诉、移送其他法院管辖、按撤诉处理的有59件。

南明区人民法院诉源治理研究

2022 年 1~7 月，永乐乡依托 5 个村的治保主任（兼任人民调解员）加强诉前调解，共调解 45 件案件，其中 44 件调解成功，1 件经多次调解未成功引入诉讼程序。上述案件中，从案件类型来看，物权纠纷 17 件，侵权责任纠纷 13 件，婚姻家庭、继承纠纷 11 件，合同、准合同纠纷 4 件。

分析上述案件，笔者认为，永乐人民法庭诉调对接具有以下特点。第一，从案件类型来看，诉前调解案件与诉讼案件类型形成衔接，大部分具有农村特色的物权、侵权责任纠纷和婚姻家庭、继承纠纷化解在诉前阶段，人民法庭以外的矛盾调处组织和诉讼之外的矛盾调处制度起到了重要作用。第二，从案件调解结果来看，大部分具有乡村特色的案件通过调解程序解决效果良好，但是部分案件由于调解员的法律知识不足，调解方式和结果尚有可改进之处。如一个案件经村委会、乡政府、司法所等多基层群众性自治组织或行政机关多次调解未成功引入诉讼程序，但是经审查，诉讼程序并不能解决矛盾，又重新引入行政处理程序。案情简述如下：2022 年，一起侵权责任纠纷诉至永乐人民法庭，原告陈某认为被告刘某侵占其土地上的房屋，诉请被告停止侵害并赔偿损失。该案中，原告陈某认为案涉房屋系其修建，其有案涉土地的荒山承包合同，被告认为案涉土地系其承包，其有案涉土地的土地承包证。经询问双方当事人和当地村委会工作人员，均认为该案的争议焦点在于双方当事人各自持有的土地相应证明的四至不清晰，故而产生本案纠纷。经审查，该案应先处理案涉土地权属问题，再解决地上房屋的侵权问题，故对该案作驳回起诉处理。经与乡政府沟通，乡政府同意先处理权属问题，同时对当事人释法析理，当事人认可该处理思路。

（3）永乐人民法庭参与"无讼"乡创建的具体实践

由于近年来永乐乡进入诉讼案件数量较少，具备创建"无讼"乡的基础，永乐人民法庭积极开展调研，提议探索构建"无讼"乡的相关机制，助推乡村诉源治理。永乐乡具有以下特点：一是面积和人口较少，全乡总面积 42.44 平方公里，下辖 5 个行政村 39 个村民组，常住人口 13070 人（七普数据），户籍人口 3843 户 12136 人。二是乡风淳朴，人情观念较重，永乐乡是南明区人民法院派出法庭涉及的社区、乡镇中唯一以农业发展为主的乡镇，永乐乡受理诉讼案件的数量较少，经与乡人民调解员进行沟通，调解案件经过当事人亲友多方游说往往能够化解矛盾。三是当地党委、政府重视矛盾发现、调处和化解，形成工作方案。2020 年 9 月 21 日，永乐乡人民政府印发《永乐乡全面深入开展矛盾纠纷排查化解工作实施方案》，联合乡党委、乡政府各部门以及村委会，建立从源头预防和化解突出矛盾纠纷的工作机制，完善乡村两级人民调解组织建设，建立多部门联合化解纠纷案件回访的长效工作机制，通过多调联调将矛盾化解在村、乡两级。

2022 年，永乐人民法庭充分参与到永乐"无讼"乡创建工作中去，通过司法实践联合各部门强化全过程的多元解纷机制。首先，拟写了工作方案，建议着力通过辖区内党委、政法委、司法所、公安派出所等政府相关职能部门、人民法庭以及各村委会多级联动，推动完善"党委领导、政府主导，多方参与、司法推动、法治保障"诉源治理格局。建立健全"1+2+3"工作模式（1个平台、2 级矛盾化解机制、3 大协商调解机制），实现以人民法院调解平台科技支撑为依托，发挥村委会扎根基层、贴近群众的优势，做实二级矛盾化解机制，建立矛盾纠纷递进式多面分层过滤体系，达到小事不出村、大事不出乡的良好效果，推动建立和完善矛调分流机制、完善诉非实质化对接机制和多调联调沟通机制三大机制，畅通法院对外委派、委托调解渠道，多元实质化解纠纷。其次，在永乐乡政府的主导和南明区委政法委的领导下，"无讼"乡创建开展具体实践，各部门已构成联调机制。2022 年 7 月 18 日，南明区委政法委原则同意在永乐乡开展"无讼"乡创建试点。经过近一年的实践，永乐人民法庭发现制度运行中的问题并尝试解决。第一，在人民法院调解平台使用方面，人民调解员使用该平台的主动性不足，该平台考核要求 30% 以上的案件要有录音录像，人民调解员认为永乐乡作为农业乡镇，人情社会特点明显，基本上所有案件都需要找双方当事人亲友进行调解，如果录音录像有可能激化矛盾，对于录音录像存在顾虑。对此，2022 年 8 月，南明区人民法院聘请 5 名治保主任为特邀调解员，在过程留痕方面，制定模板，加强培训，请调解员将调解案件的过程及结果录入人民法院调解平台，如录入存在困难的，由调解员提供调解的基础资料，由永乐人民法庭工作人员录入该平台上传。第二，调解员法律素养不足，一些案件调解效果不佳。对此，在 2022 年 8~12 月，永乐人民法庭编写《农村常见土地问题法律知识宣传手册》《农村土地征收法律知识宣传手册》《农村婚姻家庭法律知识宣传手册》三本小册子，梳理农村多发易发纠纷的常见法律知识，开展了 3 次涉农村常见纠纷法律主题讲座，对调解员进行培训，提升调解员的法律素养。2023 年 1 月，南明区人民法院派驻一名退休老法官作为特邀调解员常驻永乐人民法庭，通过排查、化解矛盾纠纷，将矛盾治理在诉前阶段。第三，在矛调分流机制、完善诉非实质化对接机制和多调联调沟通机制三大机制运行过程中，存在部分乡村部门对于人民法庭参与诉前调解的过高期望与人民法庭审判职责的冲突、当事人对于诉讼的自主选择权与调解推送之间的矛盾、多层级多部门重复调解中效率的不平衡问题。对此，在具体实践中，对于部分乡村部门要求人民法庭直接参与庭外调解的情况，主要是通过推送给人民法院特邀调解员进行调解的方式进行解决，人民法庭对应 5 个村分配了专门联络员，如果乡村各部门在调解中对法律问题有疑问，可向联络员反馈，人民法庭对于法律适用问题作出解释，对于具体案件不作评判；对于当事人直接起诉的案件，人民法庭优先联系村治保主任，了解是否经过调解等情况，如未经调解，询问基层群众性自治组织是否有调解意愿和调解的可能，如有，由村、乡各部门组织调解，如无，由人民法庭推送给特邀调解员进行调解，在调解过程中，如当事人不同意调解，则转入诉讼程序；对于多调联调中的效率平衡问题，人民法庭在实践中进一步明确乡村各部门在调解中的程序和定位，加强对当事人的说明，获取当事人的理解和同意，如一例永乐人民法庭受理的侵权纠纷案件，经村级调解不成，人民法庭委派特邀调解员对当事人开展调解，当事人对特邀调解员的身份不理解，甚至报警请派出所工作人员出警，以此为戒，对于诉前委派调解案件，永乐人民法庭要求乡政府出具《委托调解函》，完善调解程序依据，对于诉中委派调解案件，永乐人民法庭要求特邀调解员上门调解时与村干部沟通好并一起上门，向当事人出具身份证件和说明相关调解依据，取得当事人同意后再开展调解活动。

三　乡村法庭参与诉源治理的路径研究

（一）乡村法庭参与诉源治理立足审判本职

面对社会对法院日益增长的司法需求，需明确人民法院的基本职责是审判职责，在开展各项工作时应立足本职，再延伸其他职能。对此，《中华人民共和国宪法》第 128 条明确："中华人民共和国人民法院是国家的审判机关。"《中华人民共和国人民法院组织法》第 2 条规定："人民法院是国家的审判机关。人民法院通过审判刑事案件、民事案件、行政案件以及法律规定的其他案件，惩罚犯罪，保障无罪的人不受刑事追究，解决民事、行政纠纷，保护个人和组织的合法权益，监督行政机关依法行使职权，维护国家安全和社会秩序，维护社会公平正义，维护国家法治统一、尊严和权威，保障中国特色社会主义建设的顺利进行。"基于上述规定，人民法庭不应参与到行政机关政策制定、企业前期合同拟订的活动中，因为上述制定政策、拟订合同的活动后续可能产生相应的矛盾纠纷并进入诉讼程序，如人民法庭过多参与到前期活动中，将会形成既当"运动员"又当"裁判员"的情况，上述活动可由各主体聘请专业的法律顾问来进行处理，同时，人民法庭可通过法律宣传活动等，提升政府、企业对相关法律知识的认识和运用能力。

（二）乡村法庭参与诉源治理应立足当地人情、社情、案情

通过调研永乐人民法庭参与永乐"无讼"乡构建过程，可以发现当地居民人情关系较浓，小的矛盾纠纷往往通过亲朋好友做工作便可化解，但是当地居民往往具有权利意识，对于自己的主张较为坚持，一旦初次调解不成功，后续调解成功的可能性就较小。这样的人情特点是基于永乐乡离贵阳市的中心城区较近，当地村民有的虽然文化程度不高但是生活较为富裕的社会情况。与此同时，当地构建并实质运行联户长—村治保主任—乡政府矛盾调处中心、乡司法所、乡派出所等多级矛盾发现、调处架构，及时将矛盾纠纷化解在诉前，当地乡村工作人员对于矛盾的调解和处理形成了一套行之有效的方式方法。由于永乐乡以农业发展为主，很多纠纷围绕着物权（主要是涉及土地的用益物权方面）纠纷、侵权纠纷、婚姻家庭纠纷，一些涉及土地所有权、承包权、承包经营权的案件，颇具中国特色，且由于历史原因，往往处理起来较为困难。在该类案件的处理中，还存在如下问题：如当事人在庭外调解中作出的调解协议因与各自所持的土地权证相悖而调解协议无效，土地争议问题或土地权属问题在行政处理程序、民事诉讼程序、行政诉讼程序中循环往复导致长期程序空转。对于农村多发的侵权纠纷、婚姻家庭纠纷，由于双方当事人往往还要长期相处，通常能够即调即解，庭外调解效果较

好。对于合同、准合同纠纷，由于涉及合同及法律条文的理解和适用，一般诉中调解或判决的效果较好。

（三）乡村法庭应分阶段参与诉源治理

1.诉前阶段

第一，强化法庭职能，发挥多元解纷中的穿针引线作用。乡村构建多元解纷机制主要依托辖区内党委、政法委、司法所、公安派出所等政府相关职能部门，人民法庭以及村委会、网格员各级联动。根据人民法院职能定位，以及基层法院面临较大办案压力的情况，人民法庭在多元解纷机制的运作中主要是担当穿针引线的作用，该作用主要是依托人民法院调解平台实现，在永乐"无讼"乡创建活动中，发现调解员、网格员、乡干部、村干部等基层解纷人员使用平台的意愿不高，对此，一是要及时将调解人员及组织信息录入人民调解平台，完善调解网络；二是要加强对使用平台的培训；三是通过争取经费保障，提升基层解纷人员使用平台的意愿。

第二，加强矛调分流，完善多调联调中的效率问题。在人民调解、行政调解、司法调解"三调联动"工作机制实质运转过程中，存在以下问题，一是在人民调解中，未对案件类型进行繁简分流，对于简单案件也邀请人民法庭参与调解，实质弱化了村级调解、乡基层治理单位二次调解、其他社会力量再次调解的三级调解的网络架构；二是部分行政部门开展行政调解的动力不足，希望通过诉讼程序解决，减少责任风险；三是对于司法调解的认识不清，希望人民法庭过多参与到诉前的案情具体评判中。对此，一是要对基层调解组织加强制度和组织保证，提高调解成功率，及时将争议解决在基层；二是对于特定类型案件，指定由专门行政机关开展先行调解，如土地纠纷类案件，由土管所、农经站及时介入，加强矛盾调处，如劳动争议类案件，由乡社保所进一步完善调解机制；三是加强对司法调解的宣传，对于人民法院的审判职能定位进行宣传，取得基层调解组织对于人民法庭不过多参与庭外调解案情具体评析的理解。

第三，加强业务指导，提升庭外调解的法律效果。根据《中华人民共和国人民调解法》第5条第2款"基层人民法院对人民调解委员会调解民间纠纷进行业务指导"的规定，永乐人民法庭拟写了三册专门法律知识宣传手册，组织了三场对人民调解员进行信访化解、矛盾调处的专业培训，通过案例分析、经验分享、法律知识培训等方式全面提升基层调解人员的矛盾化解能力。永乐人民法庭在调解中开展业务指导的方式，主要是提供一定的法律咨询，对法律适用提供思路，不对具体事实问题作出解答。但是在应对纷繁复杂的社会实践中，调解员对于法律的具体适用还存在困惑。人民法庭应进一步加强对调解队伍的培训工作。通过加强对辖区基层解纷力量的法律指导和业务培训，制作常见案件类型调解指引，进一步提升调解员的调解能力。另外，还需总结、推送经典案例，使调解员能够深入浅出地实际运用和解释相关法律法规。同时，继续探索建立双向交流机制，支持和规范基层解纷力量在法治轨道上开展纠纷预防化解工作，提升基层社会治理法治化水平。

2. 诉中阶段

第一，加强立案审查，避免程序空转。在涉及农村土地纠纷的处理中，往往存在行政裁决或司法判决的交叉、困惑，人民法庭应加强与行政机关的沟通交流，对于不同案件类型先由什么机关、什么程序来处理达成一致，如属于行政裁决在先的案件诉至人民法庭，人民法庭应向当事人及时释明，并由当事人撤回起诉，如当事人确定要起诉的，裁定不予受理，如在审理阶段发现不属于人民法院受案范围的直接裁定驳回起诉，节约当事人的时间成本。

第二，便捷立案程序，减少当事人诉累。人民法庭受理案件前认为适宜调解的案件，推送村、乡、其他基层解纷组织调解时，应要求相关解纷组织和调解人员取得双方当事人同意，如不同意特定调解组织或调解人员组织调解，推送至下一层级调解组织及其调解人员，如不同意调解，直接进入立案审查程序。在调解中以当事人意见为准，禁止强制调解，当事人对于调解有选择的权利，避免多调联调中出现效率低下的问题。

第三，开展巡回审判，促进以案释法。人民法院的本职是审判，永乐人民法庭作为乡村法庭，有开展巡回审判的优势，由于永乐乡部分村落地广人稀，通过送法上门的方式，可以便利当事人诉讼，使当地群众更好地了解诉讼程序，从程序和实体上感受法治魅力。在一起永乐人民法庭推送给特邀调解员调解的发生在一家人之间的承包地征收款分配纠纷中，当地村委会工作人员、当事人邻居参与旁听，经调解员长达 8 小时的了解案情、释法析理后，双方当事人达成一致意见并签署调解协议，村委会工作人员和当地村民通过该案都认为受到了法律的洗礼，村委会负责矛盾纠纷调解的一位治保主任表明，以后对同类纠纷的调解有类案可循了。

3. 诉后阶段

第一，加强释法析理，力争息诉服判。人民法庭制作文书应加强法律适用和文书说理。考虑到乡村部分人员的文化程度不高，除了送达纸质文书外，还应采取当地群众能够接受的方式，解释判决理由和判决结果，使矛盾双方息诉服判。

第二，提升审判质量，减少衍生案件。诉源治理，既要避免案件源头的增量，又要避免因本次诉讼带来的衍生诉讼。这需要人民法庭工作人员进一步提升个人专业素养，提升审判质量。

第三，加强类案总结，维护法律尊严。乡村法庭受理的案件呈现一定的类型化趋势，通过总结类案经验可以达到判决一案指导数案的法律效果，且人民法庭通过类案类判，有利于提升司法公信力，维护司法权威。

四　结语

本文梳理了诉源治理的内涵和要求，通过文献研究、实证研究（调研访谈、统计分析、制度设计、制度实践、分析总结）探讨乡村法庭参与诉源治理中的困难和问题，结合永乐人民法庭参与永乐"无讼"乡的具体实践，提出乡村法庭参与诉源治理应立足审判职责，结合当地的人情、社情、案情，分成诉前、诉中、诉后三阶段参与诉源治理。

参考文献

薛永毅：《"诉源治理"的三维解读》，《人民法院报》2019 年 8 月 11 日。

杜前、赵龙：《诉源治理视域下人民法院参与社会治理现代化的功能要素和路径构建》，《中国应用法学》2021 年第 5 期。

唐学兵：《深化枫桥式人民法庭建设推动基层社会治理现代化》，《中国审判》2020年第 7 期。

童旭、刘峰丽：《充分发挥审判职能·为地区经济社会发展提供强有力的司法保障——记全国优秀法院西安市未央区人民法院》，《法治与社会》2013 年第 2 期。

李元华：《论数字生态下诉源治理的善治程式》，《理论导刊》2022 年第 5 期。

吴静：《论人民法庭参与诉源治理的困境与出路——基于对 T 县 J 镇人民法庭的考察》，《湖南警察学院学报》2021 年第 6 期。

王浩：《新时代乡村振兴背景下人民法庭的诉源治理之道》，《行政科学论坛》2022 年第 1 期。

张素敏：《美丽乡村建设背景下人民法庭参与诉源治理的进路》，《沈阳工业大学学报》（社会科学版）2021 年第 4 期。

党振兴：《九项举措全面推进基层法院诉源治理工作》，《学习月刊》2022 年第 3 期。

《最高人民法院关于加快推进人民法院调解平台进乡村、进社区、进网格工作的指导意见》（法〔2021〕247 号），2021 年 9 月 30 日。

丁亚琦：《诉源治理视域下诉调衔接机制的完善》，《人民论坛》2022 年第 3 期。

IV 理论探究

▼

中国古代民事诉讼的和谐因素

舒子贵　张　可[*]

摘　要： 诉讼破坏了社会秩序的和谐，制造了人与人之间的紧张关系，打破了正常生产生活关系的稳定性。和谐是我国传统文化的重要特征，在我国古代民事诉讼中予以充分体现。从我国历史上民事诉讼的起诉、审理、裁判、执行各个环节来看，和谐理念是贯彻始终的，是我国古代民事诉讼的精髓。在当前我国构建社会主义和谐社会进程中，充分借鉴古代民事诉讼和谐因素，具有极其重要的意义和价值。

关键词： 民事诉讼　和谐　息讼　调解

一　问题的提出

我国当前正处于社会转型时期，各种冲突、矛盾和纠纷较以往任何一个历史时期都要更为繁多、复杂，作为解决这些纠纷的国家专职机构，法院已经不堪重负。就目前我国法院受理的刑事、民事、行政、执行四种主要案件类型来看，民事案件占到了绝对多数（通常为案件总数的 70%~80%），而执行案件也绝大多数是民事案件的延续。民事案件的本质，是平等主体的当事人之间基于人身和财产利益冲突而导致的矛盾纠纷。那么，如何能够运用有限的司法资源，更为有效地处理这些民事矛盾纠纷呢？经过多年来理论和实践的探索，以

---

* 舒子贵，贵阳市南明区人民法院党组书记、院长；张可，贵州省社会科学院法律研究所副研究员，法学博士。

下结论已经被达成共识，即一个时期的法律和相应的法律思想、法律制度，具有对其前一时期的延续性和继承性。透过现行法律，我们可以看到传统法律的身影，而传统法律也在潜移默化中影响着现实法律的发展。就我国古代民事诉讼而言，和谐因素是一个需要予以长期考察和详尽审视的重要问题。

二 和谐理念对我国古代民事诉讼整体制度的影响

中国传统文化的基本特征之一是和谐，和谐作为一种理念源远流长，其源头来自对"天人合一"的信仰。生活在农业社会的我国古代先民，认为天体的自然运行与人类的生命盛衰之间存在一种内在的神秘联系，人类的行为要顺应自然规律，《周易》谈到："天行健，君子以自强不息；地势坤，君子以厚德载物"，《老子》指出："人法地，地法天，天法道，道法自然。"经过先秦直至汉宋多位思想家的论述，"天人合一"发展成为一种较为成熟和体系化的理论，他们认为只有符合"天道"——人与自然、人与社会、人与人之间相互统一的规律——才能称之为和谐。我国最早的文化典籍《尚书》在《尧典》篇中就提出了"和谐万邦"的主张。

作为我国传统文化重要组成部分的法律文化，也是充满着和谐因素的。我国传统法律文化的思想源头儒、法、道、墨四家尽管对法律的见解各不相同，但对和谐的追求却是一致的。儒家认为："天时不如地利，地利不如人和"，人和就是人在事业发展过程中各种关系的和谐，只有在发展中消除了各种冲突，人的机遇、地利才可以得到充分发挥，"君子和而不同，小人同而不和"，和而不同就是既保持自己鲜明的个性又能够与他人和谐相处，宽容、理解他人又能够被他人所容忍、所理解，这样的人是君子，反之则是小人；儒家主要是主张思想之"和"，而法家则特别主张制度之"和"，法家提倡因功授爵，根据个人能力和贡献来决定官位高低，这与古希腊哲学的比例之"和"的含义是一致的，但法家的最大贡献在于建立制度的诚信，如商鞅"徙木立信"的典故；墨家以"交相利，兼相爱"为思想灵魂，我国古代市场经济思想可以从墨子那里去寻找，他谈到的"爱无等差"更是一种广博的爱，交相利而兼相爱，就是墨子的和谐社会观；道家的思想里包含着四大和谐关系，一是人自身的和谐关系，即人的能力与欲望之间要和谐，二是人与社会之间的和谐关系，三是阴阳之间的和谐关系，可以理解为人与人关系中两性之间的和谐，四是人与自然的和谐，天人合一，在这一点上儒家、道家是一致的。① 由于古代中国社会生产简单和社会结构狭小等特殊历史条件，古人在审美意识中十分推崇和谐，强调对立面的均衡统一，而把均衡的打破以及对立面的相互矛盾和冲突视为应予竭力避免的缺陷乃至灾难，和谐的观念不仅涉及美的外在感性形式，更强调它的社会伦理道德的意义。② 古代中国被认为是一个礼治国家，早在两千多年前儒家学派就在《论语·学而》中宣示："礼之用，和为贵，先王之道，斯为美"，"以和为贵"是我国传统法律文化的重要价值目标。虽然有人认为中国古代没有严格意义上的刑事、民事诉讼，但事实上，早在西周就已经开始有了刑事诉讼和民事诉讼的分别，当时一般把民事纠纷案件称为"讼"，《周礼·秋官·司寇》注明："讼，谓以财货相告者"，《吕氏春秋·决狱讼》也说："争财曰讼。"由于民事法律是调整平等主体之间人身、财产关系的法律规范总和，而平等与和谐具有天然的密不可分性，故和谐在中国古代民事诉讼中具有特别重要的价值和意义。

我国现有史料记载最早的民事诉讼案件之一，是西周时期著名的出土金文判例《曶鼎》中记载的案例：在一起奴隶买卖合同中，被告限两次违反约定，拒不向原告曶交付奴隶，法官井叔听取了原告曶的讼辞后，对双方当事人进行调解，被告代理人立刻答应遵守前约，交出五名奴隶，于是争讼停息了，息讼后原告还为此请客送礼，大大地庆贺了一番，并与被告言归于好，法官没有对该案作出任何判决，也没有对违约者按照当时刑律的规定处以墨刑。③ 由此可见，早在上古时期，我国法官就已经会运用调解的方式对民事诉讼案件进行处理，这种处理方式使得结案后的双方当事人皆大欢喜，客观上取得了和谐美满的社会效果。

作为我国传统文化典籍的《周易》，在《讼卦》篇中对于诉讼的性质作出了如下评价："讼，终凶"，"讼不可妄兴"，"讼不可长"，即认为诉讼是一种

---

① 徐显明主编《和谐社会构建与法治国家建设——2005 年全国法理学研究会年会论文选》，中国政法大学出版社，2006，第 2 页。

② 顾元：《衡平司法与中国传统法律秩序——兼与英国衡平法相比较》，中国政法大学出版社，2006，第 137 页。

③ 胡留元、冯卓慧：《夏商西周法制史》，商务印书馆，2006，第 575~576 页。

不祥、有害的行为，应当适可而止，健讼者必有凶象。孔子在《论语·颜渊》中曾经大发感慨："听讼，吾犹人也，必也使无讼乎！"为什么古圣先贤都认定诉讼是有危害的，并且最终要达到"无讼"的目的呢？笔者认为：这主要是因为诉讼破坏了社会秩序的和谐，制造了人与人之间的紧张关系，打破了正常生产生活关系的稳定性。诉讼尤其是民事诉讼的存在，使得人们对自身的财产利益特别关注并且斤斤计较，进而争强好胜引发矛盾冲突，这就在思想上破坏了儒家（同时也包括法家、道家、墨家）所倡导的和谐理念，经济上阻碍了农业社会生产力的发展和进步，政治上会对统治阶级的政权构成威胁，只有一个没有纷争和诉讼的社会，才有可能达到安定、和谐和有序。总而言之，"讼"与"和"是相互对立的，诉讼的存在必然会破坏社会和谐，而和谐的状态中也不容许诉讼的滋生和蔓延。正如当代学者梁治平所言："天道本和谐，因此人道亦平和。倘有人涉于冲突，那必是偏离了人道，偏离了人道之本的天道。政府，乃至整个社会的责任，就是要通过教化，通过劝说，也通过儆戒，使他们'反人道之正'，以便维持好整个社会的和谐。这样的态度与做法，不但构成了我们这个民族的文化性格，而且也构成了中国古代法的出发点。"①法国著名比较法学者勒内·达维德也谈道："中国人一般是在不用法的情况下生活的。他们对于法律制定些什么规定不感兴趣，也不愿站到法官的面前去，他们处理与别人的关系以是否合乎情理为准则，他们不要求什么权利，要的只是和睦相处和和谐。"②

然而复杂的社会经济现实是不以人们单纯的良善愿望为转移的，虽然我国古代社会的主要经济形态是以自然经济为基础的小农社会，但仍有商品经济的萌芽和发展。有商品经济就会有民事法律关系，有民事法律关系就会有民事诉讼，这是不以任何人的思想意志为转移的客观现实。抱着"知其不可而为之"的理想主义态度来改造社会的儒家，始终在孜孜以求地营造一个"无讼"的王国。"无讼"在现实社会中只是一种镜花水月般的梦幻，而"健讼"在商品经济日益发展的宋、元、明、清时期却在不断涌现。从人性论的角度，《荀子·礼论》认为："人生而有欲，欲而不得，则不能无求，求而无度量分界，

---

① 梁治平：《寻求自然秩序中的和谐——中国传统法律文化研究》，中国政法大学出版社，1997，第 214 页。

② 〔法〕勒内·达维德：《当代主要法律体系》，漆竹生译，上海译文出版社，1984，第 487 页。

则不能不争。"既然民事诉讼是客观存在的，那么就要认真予以处理和对待。用和谐来指导诉讼，在诉讼中体现和谐，和谐在我国古代民事诉讼中占有至高无上的地位。如果说，诚实信用是西方民事法律的"帝王条款"，那么我们也可以认为，和谐是我国传统民事法律的"帝王条款"。

三 和谐因素在我国古代民事诉讼各个环节中的体现

以现代民事诉讼相关程序为视角，笔者从起诉、审理、裁判、执行四个方面来看待我国古代民事诉讼中的和谐因素。

（一）起诉时的和谐

我国古代社会礼制和法律的一个重要特色，就是着力强调维护家族的和谐和宗法的统治，表现在司法方面，就是禁止亲属之间的互相诉讼，但是也必须注意到，这一规定只适用于刑事诉讼而不适用于民事诉讼。① 我国古代民事诉讼的启动，是由原告向带有司法裁判性质的国家机关提起诉讼，所谓"民不告，官不举"。由于受到宗法制度的影响，起诉的主体存在等级名分上的限制，一般来说，历代法律均规定禁止卑幼向尊长提起诉讼，特别是君臣、父子、夫妇、主奴之间等。

关于起诉的时间，唐代在开元二十五年令中规定："诸诉田宅、婚姻、债负，起十月一日，至三月三十日检校，以外不合。若先有文案交相侵夺者，不在此例。"宋代在《宋刑统·户婚律·婚田入务》中规定："所有论竞田宅、婚姻、债负之类，起十月一日以后，许官司受理，至正月三十日住接词状，三月三十日以前断遣须毕，如未毕，具停滞刑狱事由闻奏。如是交相侵夺及诸般词讼，但不干田农人户者，所在官司随时受理断遣，不拘上件月日之限。"十月一日至次年三月三十日的受理、审理期间称为"务开"或"务停"，其余时间不得提起诉讼称为"入务"，这就是历史上著名的"务限法"。元代继续沿用，在《元典章·刑部·诉讼·务停》中规定，"年例除公私债负外，婚姻、良贱、家财、田宅三月初一日住接词状，十月初一日举行。若有文案者，不须

---

① 屈超立：《宋代地方政府民事审判职能研究》，巴蜀书社，2003，第63~64页。

审问追究，及不关农田户计者，不妨随即受理归问……本年农隙，必要解决，不许更入务停"，明确规定一般的民事案件应当在特定时间内提起诉讼，而与农业生产无关的民事案件可以不受特定时间限制随时起诉。明代虽然取消了"婚田入务"，原则上当事人可以随时提起诉讼，但除重大案件外，各地方官府都自行规定只能在特定的"放告日"才能提起民事诉讼，"放告日"也称"词讼日"，完全是地方官府的"土政策"，一般都是规定每隔三或五日放告一次。清代则又恢复了"婚田入务"，在《大清律例·刑律·诉讼》"告状不受理"律条所附条例中规定："每年自四月初一日至七月三十日，时正农忙，一切民词，除谋反、叛逆、盗贼、人命及贪赃枉法等重情，并奸牙铺户骗劫客货，查有确据者，俱照常受理外，其一应户婚、田土等细事，一概不准受理；自八月初一日以后方许听断。若农忙期内，受理细事者，该督抚指名题参"，其余时间要在"放告日"才允许提起民事诉讼，前期（17、18 世纪）指定时间多为"三六九日"，即每月三、六、九、十三、十六、十九、廿三、廿六、廿九等日，后期（19 世纪）指定时间多为"三八日"，即每月三、八、十三、十八、廿三、廿八等日。① 之所以作出这样的立法规定，其目的主要是不影响正常的农业生产。从地理位置上来看，我国处于北半球温带大陆性季风区域，以农立国，农业生产具有十分鲜明的季节性。如果在正常的农忙期间进行民事诉讼，将会导致当事人疏于农业生产、土地闲置荒芜的后果，在客观上也破坏了人与自然的和谐。通过"务限法"的实施，当事人可以在很大限度上避免因民事诉讼而影响农业生产，这对于维护我国古代农业社会生产的稳定起到了积极的促进作用。

（二）审理中的和谐

如果说"无讼"是我国古代民事诉讼的价值取向，那么调解则是实现"无讼"的重要手段。我国古代司法官员在受理当事人提起的民事诉讼案件之后，一般不会急于调查取证、升堂问案，而是在公堂之外对原、被告双方当事人进行调解和劝谕。这时候，他们通常使用的话语都是儒家学说的经典章句，甚至可以援引一些具有代表意义的儒学大师的言论，来力求促成双方当事人对

---

① 瞿同祖：《瞿同祖法学论著集·清代地方司法》，中国政法大学出版社，2004，第 455 页。

诉讼纠纷达成相互之间的谅解和体让。多数情况下，受理民事诉讼的司法机关会将案件发回当事人本人及其当地基层组织机构，要求先做调解，如果双方当事人能够就案件达成和解，他们就可以向原受案机关提交"息词"，表示撤回该民事诉讼。我国古代社会是一个建立在自然经济基础之上的宗法制社会，一定地域聚居的民众大多为具有血亲或姻亲关系的亲属，而农业社会重土安迁的特点，又使得民众的地域流动性非常差，邻里关系成为一种长期的、稳定的人与人之间的社会关系。在此情况下，调解成为司法官员在民事诉讼中最常使用的一种审理方式，他们通过对每一件民事纠纷案件的调解，既向当事人宣讲了传统礼教和礼法，又使其能够真诚地互谅互让，最大限度地化解纠纷和矛盾。

除了前文提到的西周《智鼎》中记载的法官井叔对民事诉讼案件进行调解，《荀子·宥坐》记载：孔子在担任鲁国司寇时，对一起父子争讼案件进行了调解，孔子采取的调解方式比较特别，受理案件后，把父子双方囚禁起来，过了整整三个月还不予审理，最终取得了父亲主动要求撤诉的效果。这种调解结案的方式，在"以孝治天下"的汉代，成为当时民事审判实践中蔚然成风的一种现象，史籍中对此多有记载，并津津乐道，如冯翊太守韩延寿，出巡时遇到两兄弟因田争讼，其非常伤感地表示自己不能宣明教化而闭门思过，此举令众县级官员莫名惶恐，均自系待罪，于是争讼双方的宗族传相责让，该两兄弟也深感悔过，表示愿意把自己的田产送予对方，终生不再争讼；又如中牟令鲁恭非常重视德化教育，有一亭长向他人借牛不还，牛主为此提起诉讼，鲁恭召见亭长勒令其还牛，经再三劝令亭长仍是不还，鲁恭感叹自己教化不行，欲解印而去，其属下众吏泣涕挽留，亭长渐感悔悟，将牛归还牛主；再如胶东相吴佑，对于民事诉讼案件，总是先闭门自责后再进行审理，在审理中以道义教化当事人，有时候还亲自下到基层进行劝和调解，于是其治下的百姓争讼省息，官吏也从不欺瞒民众。《北史·外戚传》记载：北魏雍州刺史李惠，在审理一起财产纠纷案件时，并不作出判决，只是将证据摆在当事人面前，促使"负薪者伏而就罪"，这种断案的方法，本身就带有调解的性质。《旧唐书·良吏列传》记载：贵乡令韦景骏，在审理一起母子相讼的民事纠纷案件时，对当事人说自己幼年丧亲，每当见到他人有双亲供养，便自恨没有这样的机会，谈到这里时垂泪呜咽，并取出《孝经》让当事人诵读，于是该两母子感悟，请求改悔。宋代法官在审理民事案件时，非常重视调解，这在当时的司法术语中被称为"和对"，司法机关对于当事人为亲属之间的民事纠纷，尤为强调劝之以睦族之义，更多的情况下并不直接进行调解，而是责令双方当事人的亲戚、邻里、宗族等从中劝和，调解结案后，双方当事人要写立"和对状"或"无词状"即民事调解书，并要将"和对状"交至官府衙门存档备案。元代在《至元新格·治民》中规定："诸论诉婚姻、家财、田宅、债负，若不系违法重事，并听社长以理谕解，免使妨废农务，烦紊官司"，把民事诉讼的调解权限赋予了农村基层组织村社。明代在洪武三十年《教民榜文》中规定："民间户婚、田土、斗殴相争，一切小事，不许辄便告官，务要经本管里甲、老人理断。若不经由者，不问虚实，先将告人杖断六十，仍发里甲、老人理断"，把调解作为民事诉讼的前置程序，民事纠纷案件必须先经过调解，调解不成的，才能由官府衙门受理裁判。清代在《牧令须知·听讼》中规定："州县放告收呈，须坐大堂，详察真伪，细讯明确，如审系不实不尽者，则以圣谕中息诬告以全良善教之；审系一时之忿，及斗殴并未成伤者，则以戒仇忿以重身命教之；审系同村相控者，则以和乡党以息争讼教之；审系同姓相控者，则以笃宗族以昭雍睦教之。"清代法官陆陇其在《陆稼书判牍·兄弟争产之妙判》中，记载了他对一件兄弟二人财产争讼案件的审理，更是令人惊叹，陆氏并不向双方当事人说明财产应当如何分配以及谁的理直理曲，只是在公堂之上令两兄弟互相称唤，一个叫"哥哥"，一个叫"弟弟"，结果是还没有叫到五十声，双方当事人就已经涕泪满襟，自愿息讼。著名幕友汪祖辉在《续佐治药言·批驳勿率易》谈道：大量的民事诉讼"类皆户婚细故，两造非亲则故，非族则邻，情深累世，衅起一时，本无不解之仇。第摘其词中要害，着理准情，剀切谕导，使弱者心平，强者气沮，自有亲邻调处。与其息于准理之后，费入差房，何如晓于具状之初，谊全姻睦。"

（三）裁判时的和谐

司法活动本身就是一种法官对于纠纷案件进行居中裁判的活动，裁判、中立与和谐之间具有一种天然的、内在的联系。查阅我国历朝历代的民事诉讼裁判文书，可以看到绝大多数的裁判结果都是"各打五十大板"，看似中庸，实为和谐。这些古代判词与现代裁判文书"案件事实→适用法律→作出判决"三段论的写作模式大不相同，法官是通过充分运用他们的儒家思想知识，以情动人、以理服人，灵活地对每一个具体案件作出裁判，这在某种程度上可以看作中国式的"法官造法"。法官在其制作的每一份民事判词中，无不洋溢着对其治下子民（即案件当事人）的谆谆教诲和耐心劝谕，看似有意无意地规避成文法律，其目的却是要使社会矛盾和各方利益达到最大化的和解与协调，这也是我国传统法律体现道德性、伦理性的一个重要方面。当然，古代法官在对民事诉讼案件进行裁判时，也非常注意适用成文法律，一旦"情"和"理"对诉讼当事人说服无效时，他们就会运用国家法律来对当事人进行说服教育，甚至施加一定的压力来促成调解。

早在周代，国家就十分注意发挥调解官员的作用，《周礼·地官·司徒》中专门设有"调人"，其职责是"掌司万民之难而谐和之"。日本著名法律史学者滋贺秀三对我国宋代《名公书判清明集》进行研究统计，发现全书中直接引述法条的书判是一百一十五件，占全部收入书中的四百七十余件书判的不到四分之一，① 显然绝大多数民事纠纷案件是以调解方式解决的。同样是在这部民事案例集中，我们能够处处看到司法官员在注重依法判案的同时，还十分重视维护儒家的道德规范，并以此对当事人进行儒家式的教化，以加强审判的说服力，来达到社会和谐的目的。而"断由"制度，也是宋代司法机关为了防止当事人轻易越诉和任意缠诉而设立的，司法机关作出民事判决后要给当事人发放裁判书，说明案情的缘由、诉讼请求、争议的事实和理由、判决认定的事实和适用的法律等内容，断由制度有效地防止了司法官员的司法擅断行为，对于维护民事诉讼案件当事人的诉讼权利具有积极作用。元代名臣张养浩在《为政忠告·牧民忠告·听讼》中指出："起诉有原书，讼牒者是也。盖蚩蚩之氓暗于刑宪，书讼者诚能开之以枉直，而晓之以利害，鲜有不愧服两释而退者"，认为在处理民事纠纷案件时最好在起诉时就予以调解，以免于直接作出裁判。明末广州府推官颜俊彦在《盟水斋存牍·谳略卷四》中，记载了他对一件相邻通行权纠纷案件的处理，由于原、被告系堂兄弟，故颜氏运用了伦理道德来进行调解，以孝友之谊来劝谕双方当事人，使他们之间互为请罪，不但圆满地解决了该案纠纷，而且收到了教化风俗的良好社会效

---

① 〔日〕滋贺秀三：《清代诉讼制度之民事法源的概括性考察》，载王亚新、梁治平编《明清时期的民事审判与民间契约》，法律出版社，1998，第29页。

果。清末名士樊增祥曾任陕西渭南知县，在其《新编樊山批公判牍精华·公牍卷三》所作的一件土地侵权纠纷案件判词中，尽管原告屡次兴讼诬告被告，应当予以严惩，但考虑到原告已经"俯首认诬不讳"并且"已受责遵断"，原、被告双方以及邻里之间的和谐关系已经得到恢复，故没有对原告追究刑事责任，否则可能会再一次激化双方当事人矛盾，破坏社会秩序稳定。汪祖辉也在《学治臆说·断案不如息案》中认为断案不如息案，他说："勤于听断，善也。然有不必过分皂白，可归和睦者，则莫如亲友之调处。盖听断以法，而调处以情。法则泾渭不可不分，情则是非不妨稍借。理直者既通亲友之情，义曲者可免公庭之法。调人之所以设于周官也。"作为清代著名幕友，汪氏是身体力行了这一原则的。只有这样，当事人之间才能和谐相处，民事诉讼才能尽量减少。从美籍华裔学者黄宗智对清代中后期巴县、宝坻、淡（水）新（竹）民事诉讼档案的研究统计中可以看到，在已经受理的六百二十八件案件中，法庭作出裁决的有二百二十一件，占35%；通过调解的有一百二十六件，占20%；法庭拒绝受理的有十件，占1.6%；[①] 余下的近一半案件在档案中没有任何记载，似乎不了了之，相信这一部分在庭外就已经和解息讼了。

（四）执行中的和谐

民事诉讼的最终目的是维护和实现民事权利。无论是中国还是西方的奴隶制时代，私人民事权利的维护和实现主要是依靠自己的力量，被称为自力救济。然而，这种自力救济通常是暴力、无序、难以实现和后患无穷的。其后，统治阶级为了维护自身的利益，同时也是为了维护社会秩序的和谐和稳定，才以法律的形式和国家的权力来保护私人的民事权利。这种国家权力的保护就是执行。民事诉讼到了最后阶段，通常会进入执行程序。我国古代民事诉讼虽然没有规定单独的执行程序和执行机构，执行规范却是客观存在的，而且似乎也不像当今"执行难"这样普遍和盛行。民事裁判作出后，当事人一般都会自动履行。在前文提到的西周《曶鼎》判例中，由于双方当事人同意进行调解，

---

① 〔美〕黄宗智：《清代的法律、社会与文化：民法的表达和实践》，上海书店出版社，2007，第193页。

于是在法官训诫了被告之后，双方自动履行了五名奴隶和一百斤铜的交换。我国古代对于民事案件的执行，一般的做法是：司法机关作出裁判后，如果该案比较简单，涉及财产标的不大，能够当庭予以解决即当堂结绝；对于较为复杂的案件，如土地、房屋纠纷案件，司法机关往往是派出专门人员会同当事人及其宗族、邻里、乡保等共同协助执行。据《宋会要辑稿·食货》记载，宋代在民事案件执行中，出现了执行中止和执行终结的情况，有的是因为债务人确实非常贫穷没有偿还债务能力，有的则是因为发生自然灾害和战争，朝廷下诏中止履行债务。执行中止和执行终结的目的，都是避免当事人因为客观原因不能履行债务而导致矛盾激化，在一定程度上缓和了当事人之间的对立和冲突，促进了社会的和谐。元代则在《通制条格·杂令·违例取息》中规定了针对人身损害案件的民事赔偿制度，根据伤害的性质和程度不同，由侵害人向受害人支付"养计之资""养赡之资""医药之资""烧埋银"等，这项制度为后来的明、清两代所继承沿用；并且禁止债权人强行夺取债务人的人口、牲畜和变卖债务人的必要生产生活资料，这对于保护债务人的人身和财产权利具有进步意义，客观上为维护社会稳定、促进经济发展起到了积极作用。清代司法官员在作出民事裁判后，通常会要求当事人出具书面"甘结"，"甘结"的主要格式是：当事人（尤其是败诉一方）通过民事诉讼，心甘情愿地接受司法审判机构作出的裁判结果，并保证不再争讼滋事，愿意切实履行。一般来说，"甘结"要求当事人在裁判结果作出的同时履行给付内容，执行作为民事诉讼的最后一环，直接关系着当事人的合法权益能否真正得以实现，"甘结"的出具，对于执行的顺利进行予以了充分保障，为当事人之间的和谐奠定了良好的基础。

通过对以上各个诉讼环节的考察可以看出，在我国古代民事诉讼中，和谐是贯穿始终的。饱读儒家经典的司法官员，在对每一件具体民事纠纷案件进行审理和裁判的时候，无不自觉或不自觉地贯彻着和谐理念，对公平正义的追求更多地表现为实质公正。当然不可否认，这种和谐也对我国古代民事诉讼的进步和发展造成了一定的负面影响，直接体现就是当事人的诉讼权利意识淡薄，司法机关的程序制度建设缺失或缓慢，进而阻碍了整个民事法律制度的发展。

结　语

历史和现实是不能断然割裂开来的，尤其是对于我国这样一个有着数千年悠久文化传统的国家。借助于对中国传统法律文化的审视，我们可以发现：和谐是解决民事矛盾纠纷的最佳方案和最有效途径。尽管现今我国的民事诉讼是一整套建立在西方话语基础之上的制度安排，但和谐这一贯穿古代民事诉讼始终的重要原则和理念，仍然深深烙印在当代中国民众的心中，并且不断焕发出旺盛生命力和积极价值。当前我国正面临的"（民事）诉讼爆炸"和"执行难"等问题，已经日益影响到社会秩序的稳定，对此我们不妨借鉴一下古代民事诉讼中的和谐因素，大力推行诉讼调解，灵活掌握执行方式，这也是和谐精神在民事司法裁判中的延续和继承。

诉源治理视域下探析诉讼在纠纷解决体系中的定位

傅智文　李小凤*

摘　要：2020 年起我国法院每年受理案件突破 3000 万件，而员额法官数量不可能在短时间内增加，从全国情况看"案多人少"的矛盾突出。在部分法院该矛盾更加尖锐，南明区人民法院 2021 年平均每名员额法官收案量突破 1000 件，审结、执结 896 件。这种矛盾常年累积，影响法官投入个案的时间精力，最终可能会对司法质效产生不利影响。诉讼作为一种纠纷解决机制，有其自身特点和独特价值。放在诉源治理的视域下，明确强化诉讼专业、高阶、最终纠纷解决和监督价值定位，弱化并转介其在小额、特定领域和类型的纠纷调处中的作用，大量分流案件，有效提高司法质效。

关键词：诉源治理　诉讼　调解　衔接

多元化纠纷解决机制，是指在一个社会中，由各种不同性质、功能和形式的纠纷解决方式（包括诉讼和非诉讼两大类型），相互协调互补，共同构成的纠纷解决和社会治理系统。在我国，多元化纠纷解决机制是以诉讼为主导或核心，与其他纠纷解决方式功能互补，其合理性归因于社会主体对纠纷解决方式的多样性需求，这些需求决定了多元化纠纷解决机制存在和发展的必要性和价值。

---

* 傅智文，贵州民族大学法学院副教授，法学博士，西南政法大学·贵州省社会科学院博士后工作站在站博士后，硕士生导师；李小凤，贵州民族大学法学院硕士研究生。

一 当前诉讼在纠纷解决体系中的定位

（一）纠纷解决机制的适用概况

随着我国法治进程的加速推进、普法宣传工作的深入开展，民众法治意识快速觉醒，民众遭遇纠纷时，逐渐接受并掌握了采取法律手段解决纠纷的路径和方法。公权力具有天然的权威性，诉讼作为公权力裁判的纠纷解决机制，在纠纷解决体系中居于中心地位。我国诉讼制度定位于人民司法，定位于权威、低要求、低成本的法律纠纷解决路径，法律纠纷都可以诉诸诉讼。仲裁、调解等纠纷解决机制往往被认为是替代性纠纷解决机制，虽然有其自身的适用范围，但是并不具有排斥诉讼管辖的纠纷类型、领域，因此，在各种因素的共同作用下，我国诉讼案件量呈现快速增长的趋势。

2021 年，全国法院受案 3350 多万件，结案标的金额 8.3 万亿元，审结、执结 3010 多万件；其中审结民商事一审案件 1500 多万件，同比上升 18%。[①] 2020 年全国法院受案 3080 多万件，结案标的金额 7.1 万亿元，审结、执结 2870 多万件；其中审结民商事一审案件 1330 多万件。[②] 近年来，全国员额法官基本稳定在 12.7 万人左右，员额法官人均受案量在 230 件以上。同时，由于各地经济社会发展差异巨大，不同法院人均受案量差距巨大。2021 年贵州省贵阳市南明区人民法院有员额法官 56 名，该年收案 59214 件，人均收案超千件；审结、执结 50187 件，人均审结、执结 896 件。从员额法官人均工作量来看，几乎是全国平均水平的 4 倍。另外，2021 年，全国法院诉前调解成功案件 610.68 万件。

相对应地，根据 2021 年 9 月 24 日国务院新闻办公室举行的司法行政服务

[①] 周强：《最高人民法院工作报告》，中华人民共和国最高人民法院公报网，2022 年 3 月 11 日，http://gongbao. court. gov. cn/Details/2c16327a4bc6cc0a2　6a9caa5450d2a. html，最后访问时间：2022 年 7 月 20 日。

[②] 周强：《最高人民法院工作报告》，中华人民共和国最高人民法院公报网，2022 年 3 月 11 日，http://gongbao. court. gov. cn/Details/342529c11d2af7229　64a6b1c961105. html，最后访问时间：2022 年 7 月 20 日。

保障全面建成小康社会新闻发布会上，司法部公布的数据：全国 70 多万个人民调解组织每年调解矛盾纠纷 900 多万件。全国公证机构年均办理公证案件 1200 万件左右，司法鉴定年均业务量 200 万件以上。全国共设立律师调解工作室 8800 多个，发展律师调解员 5.5 万多人，累计调解案件已超过 30 万件。①全国 270 家仲裁机构在 2021 年受理案件共计 41.59 万件，标的金额 8593 亿元。

从数据上看，其他纠纷解决机制解决的数量加起来都不如诉讼，足见诉讼在我国纠纷解决机制中的中心地位，同时导致法院"案多人少"矛盾十分突出。一年审结从两百多件到上千件案件，对于一年只有 365 天、250 个工作日的时间长度来说，在大量案件的堆积以及审限和考核制度的压力下，一些意料之外的问题必然发生。这种矛盾产生的不利后果主要有：员额法官不堪重负，身体健康容易受损；法官提前阅卷、开展案件调查、剖析研究法律争议等时间被大大压缩，员额法官将大量工作交给法官助理，案件审理质量无法保证。

（二）诉讼中心地位形成的原因分析

如前所述，诉讼成为纠纷解决中心地位的原因是多方面的，总结来看，主要有以下几个方面。

1. 具有权威性

诉讼是由国家公权力机关——法院受理审理裁判的，具有权威性，其裁判结果由强制力保证实施，可以直接申请执行，拒不执行法院裁判文书，可能构成犯罪。

2. 具有时限性

诉讼一旦受理，就受诉讼法有关期限规定的约束，必须在限定时间内审结，一般审限为 6 个月，简易案件为 3 个月。对于当事人来说，审限制度，为其提供了很好的维权预期。

3. 成诉要求低

诉讼站在保障维护权益角度，设计了低门槛甚至零门槛诉讼机制：对当事

---

① 《国新办举行司法行政服务保障全面建成小康社会新闻发布会》，http：//www.scio.gov.cn/xwfbh/xwbfbh/wqfbh/44687/46970/index.htm，最后访问时间：2022 年 7 月 20 日。

人参与法律事务的能力没有要求，"书写起诉状确有困难的，可以口头起诉，由人民法院记入笔录，并告知对方当事人。"

诉讼应当是作为最后的、最有权威的救济手段来维护当事人的合法利益。诉讼成本过低，就会导致有源源不断的纠纷涌入诉讼这一机制当中，导致法院案件增多，在法官数量不能随意增加的情况下，办案压力增大，案多人少的矛盾加剧，个案审理判决投入时间不足，可能会进一步损害司法公信力。因此，亟须为诉讼找准定位，实现其终局、权威的价值。

（三）构建多元纠纷体系的必要性

1.利益和需求的多样化

随着社会的发展，新的纠纷类型和利益冲突不断涌现，现存的解决纠纷的方式无法适应新型纠纷，因此，需要多元化纠纷解决手段去化解各种新型矛盾纠纷。

2.社会主体关系复杂化

随着现代社会的发展，人际关系出现了"从身份到契约"的本质变化，在陌生人社会，诉讼成为最佳的纠纷解决方式。但诉讼会造成一些长久合作关系的破裂，为改变这种状况和维护人与人之间的和谐，人们开始重视纠纷解决的自主性和机会合理性。我国正处于社会转型时期，这是一个多元化的时代，在建设法治社会的过程中，可以将传统的纠纷解决方式有机地与司法诉讼制度结合为一个多元化的系统，以适应各种主体的多层次需求。

3.纠纷解决手段的多元化

引发社会矛盾和社会纠纷的因素是多方面的，解决这些矛盾和纠纷的方式和途径也应当是多方面和多渠道的。通过诉讼能够满足当事人和社会主体对于正义的需求，恢复被侵害的权利，但这是以巨大的诉讼成本为代价的。而非诉讼程序以降低纠纷解决的成本、追求效益最大化为基本目标。

二 诉源治理的理念与实践

（一）诉源治理的理念

法治在维护社会稳定中扮演着重要角色，但是并不意味着所有的矛盾纠纷都必须通过诉讼的方式来解决。社会矛盾的多样化预示着解决社会矛盾的途径和方式也是多元的，这需要从根本上凝聚各方法治力量，引导当事人选择合乎自身实际的、对自己帮助最大的纠纷解决方法，尤其要引导和疏导当事人选择以非诉讼方式解决，以达到从根源上减少或避免诉讼案件发生的目的。

党的十八大以来，以习近平同志为核心的党中央高度重视完善正确处理新形势下人民内部矛盾有效机制，党的十九届四中全会提出要坚持和发展新时代"枫桥经验"，完善人民调解、行政调解、司法调解联动工作体系，完善社会矛盾纠纷多元预防调处化解综合机制，努力将矛盾化解在基层。

从源头上化解矛盾纠纷，减少审判工作负担，有效分流缓解法院的办案压力是诉源治理工作的主要目标，想要从源头上化解矛盾纠纷，减少法院的诉讼增量，必须坚持把非诉纠纷解决机制挺在前面，党的十八届四中全会明确提出，要"健全社会矛盾纠纷预防化解机制，完善调解、仲裁、行政裁决、行政复议、诉讼等有机衔接、相互协调的多元化纠纷解决机制"。

（二）南明区人民法院的诉源治理实践

南明区人民法院深入贯彻落实习近平总书记重要指示精神，全力推进诉源治理工作，紧紧围绕社会治理和经济社会发展大局，紧紧依靠党委政府，协调各方优势，凝聚更大预防化解矛盾纠纷合力，形成"一盘棋"联调联动，促进矛盾纠纷源头化解。同时，驻院特邀调解员队伍不断壮大，"老法官之家"调解工作初有成效。2022年9月，共有贵阳仲裁委员会驻南明区人民法院仲裁调解室、贵阳市衡律公证处驻南明区人民法院公证调解室等6个调解组织，115名调解员进驻调解平台，实现调解、速裁无缝对接。2022年1~7月，推送调解案件3031件，调解成功1002件，较上年同期上升20%；速裁案件1619件，速裁案件审理期限较之前缩短1/3。南明区人民法院诉源治理取得了良好的效果，呈现出以下特征。

1. 参与诉源治理形式多样

设立花果园人民法庭、南明区社会治理综合服务中心、南明区人民法院驻花果园片区法官工作站、五里冲街道综治中心、五里冲街道中园社区居委会，推动矛盾纠纷就地发现、就地调处、就地化解，从源头上减少诉讼增量，为全区经济社会发展提供有力的司法服务保障。

2.法院积极主动参与指导调解工作

南明区人民法院坚持把非诉讼纠纷解决机制挺在前面，全面深入开展分调裁审工作，引进仲裁调解、公证调解、人民调解、行业调解、律师调解等模式，非诉解纷呈现多元化、专业化、规范化，推动矛盾纠纷源头化解、实质化解。

3.创新诉源治理新方式

为更好地贯彻落实"坚持把非诉讼纠纷解决机制挺在前面"重要指示精神，南明区人民法院探索出以"三结合"为导向、以"三联动"为核心、依托"三化三式"诉讼服务体系建设为保障的诉源治理解纷网络，力求解纷在基层，消弭于萌芽，努力推动基层治理向少诉无讼的前端防范转型，积极助力市域社会治理现代化建设。

三 诉讼在多元纠纷解决体系中的定位设想及制度设计

国家是诉讼的后盾，这使得诉讼比其他纠纷解决机制更加具有权威性和刚性，也更加地客观、中立，更能体现出公平正义，诉讼作为化解纠纷的最后一道防线，作为确保公平正义的最终保障，并不意味着应将诉讼作为首要的、冲在第一线的权利保障机制。

（一）诉讼机制定位与制度设计

为了保障诉讼案件的公平正义解决，必须保障法官的亲历性、查证和辨析事实及法律争议的充分性，因此，必须给予法官足够的个案审理时间。基于此，开展诉源治理的理念，即是分流案件到其他纠纷解决机制中，并通过司法监督等机制保障其他纠纷解决机制的公正性。基于诉源治理的理念，将诉讼定位于专业、高阶和最终的纠纷解决机制，在制度上必然需要作出调整适应。

1.提高专业性要求，进入诉讼环节的案件当事人必须聘请律师

一方面，以这种方式提高诉讼成本，可以有效地将一些标的额较小的案件排除在法院之外，当事人会为节约成本而选择其他的纠纷解决方式；另一方面，律师的参与，专业性的增强，可以提高案件审理实效，可以为法官节约大量的精力，可以更清晰地专注于争议焦点，而避免当事人不着重点的分析。

2.专司裁判，不组织调解，减少甚至取消诉讼程序中的调解，允许自行和解

进入诉讼程序的案件的双方当事人，在律师的辅助下，在法官的主持下就案件事实和法律问题开展诉讼程序。减少诉讼程序开始后的调解，意味着程序的推进，以事实和法律为依据，当事人对诉讼中能否获取利益，会有权衡。当法院坚持以事实和法律依据断案时，大量的纠纷就可以在双方律师的法律谈判中解决，也可以通过调解、仲裁等形式处理。在法院，尤其不可以牺牲一方部分利益为诱饵进行调解，比如，牺牲利息或者违约金等在法律上有充分依据，但是另一方当事人想通过减少金额换取调解成功，这种调解方式，只会让社会看到法院在执法中的软弱，增加了当事人进法院减少违法违约成本的侥幸心理。尤其是进入二审的案件更应该取消调解，案件经过调解、审判进入二审，二审如果再次调解只是对之前的审理程序的重复。对进入法院的案件，尤其是二审案件取消调解，直接进行审理，减轻法院审理案件的时间成本，提高法院审判案件的效率。提高司法调解费用，诉讼中的案件在法官主持下进行调解，调解成功之后法院以调解的方式结案的，减半收取案件受理费，司法调解的这一特点也吸引当事人进行调解，但是增加了审理案件的时间，降低了法院案件的审理效率。提高司法调解的费用，当事人选择调解将承担较高的调解费，从诉讼的成本上打消当事人调解的想法，直接对案件进行审理，作出判决，避免当事人利用调解拖延时间，提高法院的办案效率。

3.延长审限，提高时间成本

一般情况下民事案件适用普通程序审理案件的期限为 6 个月，适用简易程序审理的案件期限为 3 个月。延长案件的审理期限使得当事人考虑到诉讼的时间成本而放弃诉讼，转而通过其他纠纷解决机制化解矛盾。

4.通过司法等监督机制，保障其他纠纷解决机制的公正性，强化其法律效力

诉讼作为公平正义的最终保障手段，对其他纠纷解决机制必须保持一定的监督能力。大量的案件分流之后，这些案件中大部分，甚至绝大部分案件可以得到公正处理，只有小部分案件需要进入司法监督程序，可以借鉴对仲裁的监督程序设计对人民调解、行政调解、行政裁决等纠纷解决机制的监督制度，保

障纠纷解决机制能够有效解决纠纷，对其公正的一部分能够有效执行，对其中可能影响公正的部分予以审查、纠正。

（二）非诉纠纷解决机制制度完善建议

1. 行政裁决和行政调解

行政机关依法调解公民、法人或者其他组织间发生的与行政管理相关的民商事纠纷。行政机关是政权体制中数量最多、分布最广、管理领域最宽、处理事务最繁杂的机关，行政机关承担着经济调节、市场监管、社会管理和公共服务职能，拥有最先发现矛盾、及时解决问题的便利条件。行政机关有多个职能部门，具有多样化的决策方式，能够运用多元综合手段推进矛盾纠纷的化解。因而，行政机关能够利用其更加接近和了解社会纠纷的便利，及早发现问题，并借助自身纠纷解决资源更加高效地化解社会纠纷，提高矛盾纠纷解决的效率。在一些特定的专业领域，建立行政裁判所，发挥行政机关的专业优势，强化行政机关介入社会事务、调处矛盾纠纷的主动性，尤其是涉及消费类案件，往往具有群体性、法律事实和法律关系相似等特征，可以主动处置、裁决，可以大量节约社会成本，也可以消弭社会不稳定因素。另外，对行政调解的适用范围可以放宽，对行政调解的范围进行类型化处理，通过"概括+列举+排除"的方式确立行政调解范围；各级政府的行政职能部门在相关重点领域建立专门的行政调解委员会或行政调解工作室并配备调解人员，提高行政调解专门化。同时，行政机关作为公权力机关，其处理理应产生公法上的效力，有关法律应当明确行政裁决和行政调解具有行政处理的法律效果，在其行为生效后，即可强制执行。

2. 人民调解

我国人民调解组织遍布城乡社区和行业、专业领域，调解员熟悉社情民意，调解工作具有灵活便捷、不伤感情、成本低、效率高等优势特点，能够最大限度地把矛盾纠纷化解在基层、吸附在当地、消除在萌芽状态。①

当前我国案件数量繁多，调解作为多元化纠纷解决机制，在诉源治理的工作中占据重要地位。调解是一种低成本或是无成本的纠纷解决方式，这一特点

---

① 本刊：《司法部组织开展矛盾纠纷排查化解专项活动》，《人民调解》2022 年第 2 期。

吸引了较多当事人选择调解解决纠纷。调解对专业性不设要求，更适合基层，适应熟人社会和各层次文化水平的群众。

人民调解可以承接大量诉讼案件，制度上建议做以下调整。

（1）调解的案件以小额诉讼、邻里纠纷、家事纠纷等为主要范围，法律可以明确所有的小额诉讼和离婚案件都必须经过人民调解，调解后起诉，一审终审，离婚后对财产分配不服的可以继续上诉。对于专业性较强、标的较大以及法律关系复杂的案件，可以引导其走专业调解、仲裁、诉讼等机制。

（2）强化调解书的效力，当事人调解达成协议之后15天内不起诉的，则调解协议直接发生法律效力，不需要申请司法确认即具有强制执行的效力，除非出现调解协议违背当事人意愿、违反法律的强制性规定、存在虚假调解等情况的，当事人可以进行申诉、起诉或者请求确认调解协议无效。

（3）赋予人民调解委员会调查取证的权利，人民调解委员会为解决当事人之间的矛盾纠纷进行调查取证，对矛盾双方陈述的事实进行查证，在此基础上达成的调解协议更加公平，对当事人更加有说服力，降低当事人不履行协议或不愿调解而向法院起诉的可能性。

（4）可以收取一定的费用。现行法律规定人民调解不收取费用，对于基层财政造成了较大的压力，建议按件低费用收取。

3. 商务调解

商务调解是一种随着经济发展而出现的新的调解方式，这种方式可以行会、商会、律所为调解主体，使得商务纠纷的解决更具有专业性，商务调解定位市场经济主体，涉及面宽、辐射度深——涵盖政务领域的招商引资、征收拆迁；商务领域的重大投资、重点项目、工程建筑、对外贸易等；以及一切与合同、协议、诉求、利益、行为关联的商务活动——防微杜渐、证据布控、谋略策划，为社会各界提供多元、便捷、降低财务成本与减少时间精力、一劳永逸的纠纷解决平台。预防矛盾冲突是商务调解不变的初衷，化解矛盾纠纷是商务调解的终极目标。

目前我国的商务调解处于初始阶段，社会大众对这种纠纷解决方式了解得较少，为加强社会大众对商务调解的了解，提高选择商务调解解决纠纷的可能性，要加大对商务调解的宣传推广，发挥行会、商会、律师事务所的作用进行商务调解。

4.公证调解

贵阳市南明区人民法院引入仲裁调解室和公证调解室，充分利用仲裁和公证资源，搭建多元纠纷平台，为民商事主体提供诉讼、仲裁、公证、调解一站式多元解纷服务，推动矛盾纠纷源头化解、多元化解。经过公证调解双方当事人达成调解协议，对于具有给付内容的调解协议可以通过对协议赋予强制执行效力来保证协议的执行效果，从而防止出现当事人食言的情形，避免纠纷进入司法裁判程序，可以免除当事人对对方当事人不执行调解协议的后顾之忧。为了更好地将矛盾纠纷化解在源头上，一要建立沟通联络机制，加强仲裁委和公证处的工作衔接与业务沟通，在实践中健全完善诉调工作衔接机制，推进诉讼和仲裁、公证无缝衔接、高效运行；二要加大宣传工作力度，通过对典型案例宣传、发放宣传册等灵活多样的宣传形式，提升人民群众对仲裁调解、公证调解的认知度和接受度，积极为诉裁、诉证对接工作营造良好环境，保障仲裁调解和公证调解工作顺畅开展。

5.仲裁

仲裁作为多元化纠纷解决机制的重要组成部分，是分流法院诉讼案件、连接诉讼与非诉讼的重要渠道。仲裁一裁终局，仲裁结果对双方均产生法律效力，具有约束力，任何一方都不得向法院提起上诉或者向其他机关提出变更裁决的请求。仲裁不仅可以减轻法院的案件负担，还能为当事人提供多元化的纠纷解决途径、缩短纠纷化解时间、降低纠纷解决成本。由此可知，仲裁在化解法院案多人少的矛盾和诉源治理的工作中发挥着一定的重要作用。但是我国现阶段，仲裁分流诉讼案件的效果并不明显，为更好地发挥仲裁在诉源治理工作中的作用，我们需要大力推广、宣传仲裁，如让当事人在合同中设置仲裁条款、鼓励当事人主体在合同中明确仲裁委作为争议解决机构，提高当事人对仲裁的选择率，使得各类纠纷在矛盾源头得以有效分流；举办仲裁基本知识讲座，让更多的社会主体了解仲裁的功能和作用；在法院设置仲裁窗口，向当事人介绍仲裁的特点优势，引导当事人至仲裁窗口申请仲裁；引入临时仲裁制度，仲裁分为机构仲裁和临时仲裁，临时仲裁不是由已经成立的仲裁机构进行管理，而是当事人依协议约定临时程序或参考某一特定的仲裁规则或授权仲裁庭自选程序。临时仲裁是在国际上比较流行的一种纠纷解决手段，在我国这种临时仲裁模式的引入还存在一定的障碍，但是这种自由的纠纷解决方式将对我国诉源治理工作大有裨益。

四　诉讼与其他纠纷解决机制之间的衔接

诉讼与非诉讼纠纷解决机制相衔接，两者在功能上相互补充、程序上相互衔接，彼此支持、配合，进行良性互动，从而满足诸多矛盾解决的不同需求。近年来，我国社会矛盾纠纷频繁发生，单独依靠某一种纠纷解决机制很难有效地化解各种类型的矛盾，实现诉讼与非诉讼两类纠纷解决机制的合理衔接已成为社会发展的必然要求。诉讼是化解矛盾纠纷的最后一道防线，但不是唯一的防线。诉讼是一种高成本的救济机制，如诉讼需要缴纳诉讼费和其他费用，投入时间、精力，承担败诉的风险等，而在非诉讼解纷机制中，纠纷双方并不刻意追求事实的彻底查明，而着重于双方的实质利益衡量。在诉讼与非诉讼两类纠纷解决机制合理衔接下，当事人可以根据纠纷具体情况选择解纷的方式，衡量其中的利益，选择有利于自己的纠纷解决机制。

随着我国经济的不断发展，我国民事案件的数量不断增多，法院的案件数量与法院的工作人员数量之间出现了不平衡，导致案多人少的矛盾。在这种情况下，需要把工作重点推向前端，在前端对矛盾纠纷进行疏导和分流，学习和借鉴新时代"枫桥经验"，即"坚持和贯彻党的群众路线，在党的领导下，充分发动群众、组织群众、依靠群众解决群众自己的事情，做到'小事不出村、大事不出镇、矛盾不上交'"。2014年党的十八届四中全会将"源头治理"作为提升社会治理水平的重要举措；2019年在全国政法工作会议上，习近平总书记提出"把非诉讼纠纷解决机制挺在前面"；同年，最高人民法院在"五五改革纲要"中将"诉源治理"列为法院的重要工作任务；2021年中央全面深化改革委员会第十八次会议再次强调把非诉讼纠纷解决机制挺在前面，加强矛盾纠纷源头预防、前端化解、关口把控。这一系列的部署决策均体现了中央对于纠纷解决架构作出的战略调整，符合"上医治未病"的科学理念，是新时代下对于"枫桥经验"的坚持和传承。在这种发展方向的指导下，我国在解纷资源的配置上，加大向纠纷前端的投入，构建基层治理新体系，激发基层治理新动能；在解纷程序的安排上，建立调解等非诉机制先行或前置的原则，将诉讼作为纠纷化解的最后一道防线。

诉源治理是指法院诉讼源头的治理，法院为缓解案多人少的矛盾，运用各种治理手段，预防潜在纠纷、化解已有矛盾、减少进入诉讼环节的案件数量或者有效分流法院案件数量。最终目的是要推动形成以"源头预防为先，非诉机制挺前，法院裁判终局"为核心的纠纷解决路径。

结　语

面对纷繁复杂的矛盾纠纷，国家不仅要提供多元、有效、切合实际的纠纷解决机制，还应切实关注纠纷更深层次的源头治理问题。诉源治理是破解"人案矛盾"的治本之举，是推进国家治理体系和治理能力现代化的长效抓手，其释放了社会组织和相关部门在纠纷解决中的功能优势，实现了一加一大于二的社会法治治理体系，充分调动社会基层组织人员参与非诉调解的积极性，发挥其行业经历和群众工作经验等优势，贴近民意，更好地处理矛盾纠纷。诉源治理重在源头预防、矛盾化解，能够有效缓解司法审判压力，优化司法资源配置。诉源治理工作中引入非诉，将纠纷解决机制前置，着力从源头上化解矛盾纠纷，这一方式不仅减轻了审判工作负担，有效分流缓解了法院的办案压力，而且为当事人解决矛盾提供了便利。同样的矛盾如果当事人起诉到法院，案件流转的程序性要求，使得当事人需要等待较长的时间，而非诉的调解方式减少了当事人诉讼成本，也避免矛盾因久拖未决而导致愈演愈烈的可能。通过多元化的纠纷解决机制，及时妥善处置源头矛盾，通过引导、分流的方式进一步畅通矛盾解决的出口，一方面避免了大量社会矛盾涌入法院，造成审判资源的重复浪费，另一方面及时解决了人民群众的切身问题，有效地维护了社会的和谐稳定。

参考文献

李占国：《诉源治理的理论、实践及发展方向》，《法律适用》2022 年第 10 期。

张帆：《困境与出路：多元纠纷解决机制中的行政裁决制度》，《西北民族大学学报》

（哲学社会科学版）2022 年第 5 期。

李慧俊：《论非诉讼纠纷解决机制的消费类金融纠纷的多元化解》，《上海金融》2012 年第 10 期。

杜承秀：《论多元纠纷解决机制中法院的作用》，《河南财经政法大学学报》2015 年第 3 期。

罗冰：《新时代农村纠纷多元解决对策探究》，《农村经济与科技》2022 年第 9 期。

陈文曲、张舒婷：《社会治理现代化视野下的理性诉讼观：慎讼》，《南华大学学报》（社会科学版）2022 年第 1 期。

陈津波：《打造多元纠纷解决和诉讼服务新模式的实践》，《江南论坛》2019 年第 12 期。

陈奇奇：《基层人民法院多元化纠纷解决机制研究——以温州市鹿城区人民法院为例》，西北农林科技大学硕士学位论文，2022。

蒋春艳：《"一站式多元解纷"社会治理功能研究》，广西大学硕士学位论文，2022。

司法工作融入、推动社会治理现代化问题研究

——以执行工作推进为视角

廖芳　沈帅　黄晶*

摘　要：2016 年 3 月，最高人民法院在十二届全国人大四次会议上提出"用两到三年时间基本解决执行难问题"。三年多来，在以习近平同志为核心的党中央坚强领导下，在中央政法委领导下，人民法院全力以赴攻坚"基本解决执行难"，执行工作取得重大成效，实现了跨越式发展，"基本解决执行难"目标如期实现，努力兑现人民法院作出的庄严承诺。但执行工作与人民群众的新期待、新要求之间还有较大差距。执行难问题在有些方面、有些地区仍然存在，甚至较为突出。下一阶段人民法院执行工作的总体思路是切实巩固"基本解决执行难"成果，健全完善执行工作长效机制，着力破解难题，加强源头治理。共建共治共享作为我国社会治理格局的理想目标，正是我们破解执行难题、加强综合治理的理念指引，我们试图对执行工作融入和推动社会治理现代化问题在共建共治共享的框架下进行探讨，以期实现更为科学、有效的强制执行工作长效机制。

关键词：司法工作　社会治理　共建共治理念

---

* 廖芳，贵阳市南明区人民法院立案庭副庭长；沈帅，贵阳市南明区人民法院刑事审判庭庭长；黄晶，贵阳市南明区人民法院民事审判二庭副庭长。

一　新时代呼唤司法工作更高水平融入推进社会治理现代化

（一）新时代社会治理的新特征

党的十九大报告指出，中国特色社会主义进入新时代，我国社会的主要矛盾已经转化为人们日益增长的美好生活需要和不平衡不充分的发展之间的矛盾。社会主要矛盾的变化要求以与时俱进的新理念、新方式来解决所处历史阶段的社会主要问题，以构建和谐有序的社会秩序。早在党的十八届三中全会发布的《中共中央关于全面深化改革若干重大问题的决定》中已提出"社会治理"概念，明确要求将推进国家治理体系和治理能力现代化作为全面深化改革的总目标之一，与传统的社会管理方式所运用的官治思维不同，社会治理强调的是树立法治思维和运用法治方式。党的十九大报告在总结以往社会治理经验的基础上，进一步提出要"打造共建共治共享的社会治理格局"，强调"加强社会治理制度建设，进一步完善党委领导、政府负责、社会协同、公众参与、法治保障五位一体的社会治理体制，切实提高社会治理的法治化、社会化、专业化、智能化水平"，由此可见，新时代社会治理创新之处在于治理主体的多元化以及治理方式的多样化，这也是顺应当今社会矛盾所呈现出的复杂性特征，通过政府、社会、群众多方合作治理的方式来化解矛盾纠纷，使得各方利益最大化，最终形成共建共治共享的格局。

（二）司法工作融入推进社会治理现代化的新挑战

法治主导型的社会管理模式成为现代化背景下的社会治理的必然选择，通过司法方式解决利益冲突已经成为解决社会矛盾的重要途径，司法机关推进社会治理创新是时代和社会发展的必然要求，同时也面临着新挑战。司法机关作为化解社会矛盾和调整社会关系的最后法定程序，根据现行有效的法律法规对当事人之间的纠纷作出裁判，生效裁判文书则是法院定分止争的最终表现形式，对诉讼当事人的权利义务予以合法划分。然而当事人拿到生效裁判文书，并不意味着实现了诉讼目的，只有当裁判文书所载明的权利义务得以履行，当事人的合法权益才落到实处。当下以诉讼方式解决社会矛盾的最大困扰不在于审判不公，而在于判决以后，败诉方对生效裁判文书所确认的义务的履行，在不主动履行的情况下，执行能否为胜诉方实现其权益。如果生效裁判文书确定的权利义务不能得到及时有效完全地履行，当事人难免会认为法院作出的裁判文书不过是一纸白条，这将直接影响司法公信力，损害司法权威。"执行难"的原因多种多样，归根到底，就是当下社会问题在执行领域中的具体表现，反映社会中多样化利益关系的冲突和对立，"执行难"给整个司法界带来了困扰，为此，党的十八届四中全会明确提出"切实解决执行难""依法保障胜诉当事人及时实现权益"的目标。2016 年 3 月，最高人民法院在十二届全国人大四次会议上提出"用两到三年时间基本解决执行难问题"。三年来，执行工作取得重大成效，"基本解决执行难"目标如期实现，但与"切实解决执行难"总体目标还有较大差距。

司法是维护社会公平正义的最后一道防线。"执行难"不仅是法律问题，更是一个复杂的社会问题。病症在法院，病因在社会环境，病根在国家治理体系和治理能力现代化不足。破解"执行难"，关键要祛除"病根"。2019 年 6月 11 日上午，最高人民法院举行新闻发布会，发布《人民法院执行工作纲要（2019—2023）》，纲要中把执行工作纳入国家治理体系和治理能力现代化总体框架，从源头综合治理执行难。这是实现社会治理现代化的一个重要方面。

当前我国经济社会发展正处于全面深化改革和全面建成小康社会的关键时期，价值取向日趋多元、利益诉求更加多样，各类矛盾风险交织叠加，给维护社会稳定带来了新的压力，解决执行难是加强和创新社会治理绕不过去的问题。最高人民法院在给中央的《关于解决"民事执行难"问题的报告》中将民事执行难现象归纳为四点：被执行人难找、被执行财产难寻、协助执行人难求、应执行财产难动。解决执行难必须坚持党的领导，在社会各界的大力支持下，法院仍须继续强化部门联动，健全综合治理格局，从源头解决执行难；健全解决执行难长效机制，深化执行改革，强化规范化、信息化建设，加强执行队伍建设等。

一方面，在当前全面推进司法体制改革的攻坚时期，司法机关要着眼于推进社会治理体系和治理能力现代化，以社会主义法治理念为引领，树立法治思维和运用法治方式，推动增强公民的法治观念和法律素养，协助开展面向社会的普法工作，发现和解决影响司法公正、破坏司法公信力、制约司法能力的因素，完善社会主义司法体系，提高法律服务社会的能力，建构支撑社会治理运转的法律体系和法治秩序。另一方面，化解社会矛盾，保持和谐稳定的社会环境，是司法机关的一项重要职责，以司法推进社会治理能力的提升，要理清司法机关与不同治理主体之间的关系，明确司法机关在社会治理格局中的角色和职责。党的领导是社会治理体制机制得以运转的核心，司法机关坚持党的领导首先要坚持正确的政治立场。党对司法机关的领导要严格以宪法和法律为活动准绳，要以保证司法机关业务活动的独立性为前提，通过党的领导保证司法机关工作的为民价值。在司法工作和司法活动中引入社会力量，实现社会治理过程中法律效果、社会效果、政治效果的统一。在机制层面上，在对纠纷解决机制进行多元化创新的同时，实现诉讼机制与非诉讼机制的合理有效联结，建立多元社会治理主体间的沟通合作机制，切实提升司法便民、诉讼服务的功能，探索通过司法建议等形式促进司法与行政、社会组织等之间良性互动的工作机制。在制度层面上，应紧密围绕以审判为中心的诉讼制度改革，健全审判权力运行机制，凸显司法化解社会纠纷、促进社会和谐公正的功能，使人民群众在开放、动态、透明、便民的司法运行过程中感受到法治的力量，从而以司法促进社会治理能力提升，建构起共建共治共享的社会治理格局，最终实现良好的社会治理。

二 共建共治理念对强制执行工作的影响

（一）共建共治理念的价值和内涵

1. 共建共治理念是社会治理现代化的必经之路

新时代推进社会治理现代化，是完善和发展中国特色社会主义制度、推进国家治理体系和治理能力现代化的内容。① 党的十九大提出"打造共建共治共享的社会治理格局"，共建共治共享作为我国社会治理格局的理想目标，是党对社会主要矛盾变化的治理之道的正确回答。改革开放以来，我国取得的成绩

---

① 刘潇：《牢记使命——深入学习和贯彻十九大新党章》，《领导科学论坛》2019 年第 2 期。

举世瞩目，但经济高速增长和社会转型过程中，一些社会管理模式的滞后无法适应社会的快速进步，社会矛盾凸显，人民群众在享有更高物质文化生活质量的同时，在民主、法治、公平、正义、文明、秩序等方面的要求较从前也快速增长。很多问题需要"治"，迫切需要我们进一步加强和创新社会治理，努力打造共建共治共享的社会治理格局正是破解新时代下我国社会矛盾的途径。

2.共建共治理念要实现的目标

习近平同志强调，加快推进社会治理现代化，我们要从战略的高度深刻认识加快推进社会治理现代化的重大意义，不断创新社会治理理念和思路，使一系列社会治理难题得到有效破解，使现代化的社会治理体系基本健全、社会治理能力得到明显提升、社会风险得到有效化解，实现"党委领导、政府负责、社会协同、公众参与、法制保障"的国家和社会治理状态。

3.共建共治理念对执行工作的意义

司法工作是社会治理工作的重要组成部分，司法工作中的执行难题正需要共建共治共享理念的支持，目前，法院执行案件在被申请人不自动履行生效裁判文书确定的义务后，将进入强制执行程序，根据我国《民事诉讼法》的规定，我国人民法院强制执行的通常方法和手段一般有：查询、冻结、划拨被申请执行人的财产；扣留、提取被申请执行人的收入；查封、扣押、拍卖、变卖被申请执行人的财产；搜查被申请执行人隐匿的财产；强制被申请执行人交付法律文书指定交付财物；强制被申请执行人迁出房屋或者退出土地；强制执行法律文书指定的行为；强制加倍支付迟延履行期间的迟延履行金；强制办理有关财产权证照转移手续。这类案件在实际执行过程中往往需要各个职能部门的配合，近年来，绝大多数地方党委、人大、政府出台基本解决执行难的文件，各地执行工作大格局已初步形成，但更深层次的解决执行难问题还需要建立更科学、细致、人性化的治理格局和长效机制，通过共建共治理念的建立，真正将执行工作纳入社会综合治理大格局，这才是确立解决执行问题的长远之道。

（二）通过共建共治共享理念实现强制执行的提升

执行难问题的解决，对于实现全面依法治国目标、全面建成小康社会具有标志性意义。破解"执行难"，关键要祛除"病根"。要推动形成"党委领导、政法委协调、人大监督、政府支持、法院主办、部门配合、社会参与"的执行工作大格局；建立解决执行难的部门协作、信息共享、联动处置、政府兜底等基本工作机制，明确各部门、各单位的工作主体责任，将"解决执行难"作为综合治理考核指标。

第一，进一步推进综合治理执行难工作格局制度化机制化，把执行工作格局制度化机制化，加强综合治理、源头治理。

第二，进一步深化推进执行体制机制改革，努力完善执行法律体系及配套制度，逐步形成完备、科学、有效、稳定的现代化执行制度、机制和模式。同时，从制度层面、立法层面不断完善相关法律法规，将解决执行难真正纳入法治化轨道，为法院解决执行难提供强大、长久、有效的法律保障。

第三，进一步推进信息技术和大数据在执行工作领域的广泛、深度应用和联系，全面和深入地提升执行工作的智能化、信息化水平，实现执行查控模式、执行保障模式、执行管理监督模式、执行财产变现模式等各项执行体系的深度信息化。

第四，进一步优化各种强制执行措施的综合应用，努力实现高效、精准、精细打击规避执行、抗拒执行、干预执行及惩戒失信行为，推进社会诚信体系建设，大幅提高当事人主动履行生效法律文书的比例。[①] 健全社会信用体系建设，提高被执行人失信成本。诚信是社会和谐的基石和灵魂，也是基本解决执行难的关键一环。失信联合惩戒是当前解决执行难的一项重要措施，更是社会信用体系建设的重要内容。

（三）强制执行工作在共建共治格局内对国家治理起到反推的作用

党的十九大报告指出，共建共治离不开法治的保驾护航。强制执行工作的到位及时兑现了人民群众的合法权益，通过健全失信联合惩戒对象认定机制，依据在事前、事中监管环节获取并认定的失信记录，依法依规建立健全失信联合惩戒对象名单制度。[②] 以相关司法裁判、行政处罚、行政强制等处理结果为

[①] 《最高人民法院关于深化执行改革健全解决执行难长效机制的意见》，《人民法院报》2019年6月12日。

[②] 《国务院办公厅关于加快推进社会信用体系建设构建以信用为基础的新型监管机制的指导意见》，《中华人民共和国国务院公报》2019年第21期。

依据，按程序将涉及性质恶劣、情节严重、社会危害较大的违法失信行为的市场主体纳入失信联合惩戒对象名单。真正做到"一处失信、处处受限"，让每一个公民都学会诚信；通过坚持法治思维和方式，依法处理社会事务；强制执行的效率提高将大大促进法院的公信力，才能促使法院坚持公平正义，不断提高办案质量和效率，更快更好地解决矛盾纠纷，更好地满足涉诉群众的司法需求，实现共建共治的社会治理效果。

三 强制执行工作的完善与对社会治理 现代化的推动作用

（一）社会信用体系建设

在政府的大力推进下，经过各方力量长时间的不懈努力，我国社会信用体系已经初步建立，但经济建设和法治社会的进一步发展都呼唤更深入更高水平的社会信用体系完善。我国以往在社会信用体系制度建设方面，更多着力于对失信行为的限制，实施主体为行政机关各部门及其联合体。近年来，随着最高人民法院的"执行攻坚"、失信被执行人及限制高消费制度在技术层面的完善，司法机关与行政力量进一步协同整合，惩戒失信之网越织越密，对失信行为的惩戒力度更大，"一处失信、处处限制"的社会环境初步形成。与此同时，对被执行人履行法律义务后的信用惩戒恢复也逐渐成为社会信用体系建设需解决的迫切问题。

社会信用体系的建立完善，行政机关是主导者，人民法院是推动者，人民群众是受益者。接下来，一方面，仍然应该继续发挥行业、地方、市场的力量和作用，加快完善信用信息体系建设，密织信用惩戒之网；另一方面，则必须进一步弘扬和倡导社会诚信，补齐信用恢复制度短板，规范个人信用信息披露及信用报告使用，强化社会信用体制配套制度建设。就民事强制执行而言，应进一步加大失信惩戒力度，更大范围公开失信被执行人及限制高消费名单，对违反失信惩戒的违法行为严格适用强制措施。同时，更加规范失信惩戒与限制高消费纳入、撤销、屏蔽等措施，进一步发挥社会信用体系的引导作用。

（二）个人破产制度

我国《企业破产法》以企业法人为适用主体，并不适用于合伙企业的合伙人、个人独资企业的投资人、消费者等自然人主体。这一状况已难以适应当前经济建设和法治发展的需要，也成为限制市场主体退出的制度障碍。

为弥补上述不足，最高人民法院通过司法解释确立了适用于被执行人为公民或者其他组织的参与分配制度，这一创新在一定程度上弥补了立法缺陷。就长远而言，迫切需要以个人破产制度来取代参与分配制度。

无论从全球法律制度发展的趋势来看，还是从中国经济发展的现实需求进行分析，个人破产法都是我国亟须推动制定的重要法律制度，只有将个人破产与企业破产有机结合起来，才能充分发挥破产制度对于经济社会发展和文化理念更新的推动作用。当然，个人破产立法还需要良好的配套制度做支撑，例如财产登记制度、现金交易管控制度等，这些制度虽然已经取得了很大的进展，但依然不尽完美，这也是不少人士认为我国的个人破产立法时机尚不成熟的重要理由。但笔者认为，启动个人破产立法，可以倒逼配套制度的改革与完善，1986 年《企业破产法（试行）》的制定倒逼企业组织法的出台，就是很好的证明。

面对全国法院执行系统中成千上万的个人作为被执行人的执行积案，面对暴力追债带来的血的教训，面对创新创业者渴望东山再起的制度需求，我们没有理由桎梏不前，只有行动起来，制度才能推进。正如世界银行报告中指出的，个人破产制度既要对欺诈的债务人进行惩戒，更要帮助"不幸但诚实"的债务人进行"康复"，但更棘手的挑战"不是把不守信的债务人从破产制度中排除的问题，而是如何诱使诚实但不幸的债务人进入破产系统"。

（三）协助执行义务人制度

民事执行案件的强制执行，不是人民法院单方的独立工作即可完成的。在强制执行过程中，时常需要作为被执行人的债务人或其他有关主体协助工作，以为或不为的形式履行协助义务，即"协助执行"。所谓"协助执行"是指法院在执行案件过程中，依照我国《中华人民共和国民事诉讼法》（以下简称《民诉法》）的规定向有关机关、单位、团体、个人发出裁定书、协助执行通知书，要求有关主体协助法院查询、冻结、扣划、查封、扣押、扣留、提取、保管有关款物，以求充分利用执行条件执结案件，维护实现申请人的合法权益。

在现阶段的协助执行工作中，由于法制观念淡薄、利益冲突等，时常发生协助执行义务人拒不协助执行或配合被执行人规避、逃避执行的情形。协助执行义务人的上述行为不仅损害司法权威，助长恶意转移财产、规避执行，也客观上减少可供执行财产，降低执行到位可能，进而损害了申请人的合法权益，甚至给案件执行造成不可挽回的损失。

面对上述情况，现行法律给出的制裁具有一定的局限和不足。《民诉法》第一百一十四条规定，有义务协助执行的单位拒绝协助执行的，人民法院可予以罚款或拘留。《民诉法》第一百一十五条规定了对个人和单位的罚款金额上限与拘留期限。这两条规定即是现行法律对协助执行义务人承担法律责任的全部规定，亦使得协助执行义务人在考虑是否配合人民法院执行工作时，有了直观而具体的违法成本计算及预期。诚然，现行申请执行人或人民法院也可依据现行法律规定中的其他条款，启动对拒不协助执行的主体追究法律责任，但程序的复杂性及证据要求的严格性，使得现实可能极低。例如，依据司法解释规定，当协助义务人提出人民法院要求其协助履行的义务不存在或未达履行条件时，人民法院不能直接采取强制措施，而应保障其异议的程序权利，这也在一定程度上减少了对协助执行义务人的压力。

为弥补法律规定上的前述不足，需在强化对拒不协助执行主体进行制裁处罚的同时，健全制度，制定协助执行义务人对申请执行人补偿性规则。具体而言，就是因协助执行义务人不履行人民法院指令的协助义务，给申请执行人造成损失的，应当在造成损失范围内对申请执行人承担相应的民事赔偿责任。[①] 我们建议，在申请执行人因被执行人怠于主张权利情形时，除有权对作为被执行人的债务人提出代位诉讼主张权利的现行法律规定之外，增加因协助执行义务人拒不履行协助执行义务而对申请执行人造成直接损失的，申请执行人有权通过诉讼程序，向协助执行义务人及其直接责任人主张赔偿的规定。这不仅能

---

① 王建：《协助执行义务人民事责任的构成要件和追究机制》，《人民司法（应用）》2018年第22期。

在法律制度逻辑及结构上更加完善协助执行义务人履行义务的规定，也更加保障了包括协助执行义务人在内的各方主体的合法权益。

由于我国社会信用体系尚未完全建立，人们守法观念不强，"执行难"的问题并不能完全归咎于法院，同样地，要切实化解"执行难"问题，也不能单靠法院一家单打独斗，必须建立全社会各类主体共同参与的执行联动机制并完善相应的社会治理机制。本文系统阐述了在"共建共治"理念下完善强制执行工作融入、推进社会治理的积极意义及具体设想，以期对正在进行的强制执行立法过程中相关制度的完善提供参考和借鉴。

人民法院优化执行权力运行机制研究

——基于南明区人民法院"1245"模式新探索及存在的问题分析

马贤荣[*]

摘　要： 南明区人民法院案件量基本稳居贵州省基层法院之首，且呈逐年上升趋势，在无法增加编制的情况下，面临破解案多人少等迫切问题。2020年以来，该法院探索推行"1245"新机制新模式，即明确1个目标、2个机制、4个抓手、5个配套制度，通过组团，优化资源配置，探索处理法官与其他人员的权责及工作衔接，案件流程监管及与立案、审判等部门的工作衔接问题，让员额法官专司案件执行决策和核心事务，提升质效，防止一人包案到底，有效防范廉洁风险。

关键词： 执行权　繁简分流　事务集约

按照最高人民法院的改革意见和省法院对破解省会城市中心区基层法院案多人少现状提出的高效执行、有效执行具体要求，南明区人民法院积极探索执行工作机制改革，于2020年7月1日起试行执行案件繁简分流、执行事务集约办理机制改革，目前，已初步形成了"1245"执行工作机制新模式。

"1245"模式即"预期实现1个目标"，通过"分类专办、分段集约"，优化司法资源配置，让法官专司案件执行决策和核心事务，有效提升执行质效，推进切实解决执行难工作。"运行执行权2个机制"，一是施行执行案件繁简

---

　　* 马贤荣，贵阳市南明区人民法院执行局员额法官。本文获2022年贵州省法院系统执行工作研讨会调研文章评选二等奖。

分流机制，简案与繁案分流分道执行，实现"简案快执，难案精执"。二是施行执行事务分段集约办理机制，执行工作流程分段集约，专门集约团队办理，并逐步将卷宗扫描、归档等辅助性事务外包，实现集约高效和无缝对接，提高执行工作效率，缩短办案周期。"提升质效4个抓手"，以狠抓执行信息化应用为依托，狠抓强制执行工作为重点，狠抓内外综合联动执行为保障，狠抓案件流程节点制约监督为手段，实现执行效率和有效执行双提升。"施行5个配套制度"，一是建立健全内外联动机制，保障内外配合执行，形成合力；二是试行1/2执行时限制度，试行"3、7、2、3、6"的内部办案时限（即涉罚金类3日，保全类7日，简易案件2个月，不网拍+有财产案件3个月，网拍+有财产案件6个月的"二分之一"执行时限），缩短周期，提高效率；三是执行法官专业会议制度，每周研究复杂疑难案件，推进难案攻坚，为法官减压，总结经验，提升质效；四是建立资产处置专题会议研究制度，推动解决房产车产处置难、时间长等问题，有效监督，提升有效执行率；五是执行效率问题案件认定及处罚制度，对长期未结案、超期案件等问题案件进行认定并追究责任，强力规范处理方式。

一 执行法官与其他人员以及各事务环节权责划分及工作衔接问题

为有效明晰权责，制定《南明区人民法院关于规范执行工作人员职责有效防范执行廉洁风险的规定》，对执行局局长、副局长、员额法官、法官助理、书记员等各类人员权责进行了规范。

（一）权责划分情况

1.各类人员主要工作职责

执行局局长职责：负责全面工作，履行"一岗双责"，领导、组织、指挥、监督执行局工作职责全面落实；落实重大事项决策、部署，组织讨论重大疑难复杂案件，审核、签发法律文书和其他文书，完成规定办案数量。

执行局副局长职责：协助局长工作，抓好所负责团队人员管理、指导、监督、落实工作，负责案件质量，未结案办理，法律文书、文字材料审查、把关，审核、签发等工作。完成规定办案数量。

员额法官职责：承办执行案件，安排助理、书记员工作，负责执行行为、执行标的异议及执行主体变更、追加的审查工作；负责执行异议裁定、拘留等决定、执行复议案件材料上报；承办执行实施案件，采取调查、查封、扣押、冻结、拍卖等执行措施，参与案件的合议及讨论；签署相关文书；参与集中执行、统一执行等。

法官助理职责：对新收案件审查立案手续是否完备，信息、材料是否齐全，有无遗漏；流程信息公开是否合法；负责执行文书送达（已集约送达除外），把握案件时限，提醒法官落实 1/2 办案时限制度，负责在系统中办理审批操作，有效杜绝案件超时限；及时填写结案信息，定期清理已执结案件情况；校验文书并上网，接待当事人；办理通知、委托、移送、评估、拍卖等程序性事务；协助法官完成执行调研等辅助性工作。

书记员职责：做好辅助工作，完成执行案件各节点的点击工作；收案登记，数据统计，通知当事人，送达文书，管理案件卷宗、笔录等材料，协助法官助理报结案，完成案件节点点击等其他工作事项。

2. 繁简分流团队职责

简案快执团队职责：3 个简案快执团队，负责办理简易执行案件。

强制执行团队职责：2 个强制执行团队，负责办理涉房产类执行案件。

普执团队职责：5 个普执团队，负责办理普通执行案件。

3. 执行指挥中心职责

一是办理当事人请求变更执行法院申请；上级法院交办案件的督办和中院监督案件的督促；事项委托办理及督办。二是协调外省法院、省内不同辖南明区人民法院、本市行政执法机关协助执行事宜。三是网络舆情办理及督办；信访案件督办。四是执行指挥平台案件的转办、督办；案件系统监管；终本动态监管。五是有财产可供执行案件动态监管；"一案一账号"系统及执行款物监管；特殊主体案件督办。六是协同案件报送、审批及协调处置；政府机构纳入失信被执行人名单的报备；关联案件信息查看、监管。七是执行突发事件紧急处置；远程执行指挥、会商；收集、上报执行信息；指挥平台及信息化应用工作。八是执行作风监督；绩效考核；分案及网络查控管理；收退费管理及司法救助管理等职责。

4.事务集约办理团队工作职责

指挥中心设立"网络查控+文书送达+资产处置+保全委托+流程监督+信访接待+警务保障+执行调解+内务保障"等9个辅助性事务集约团队。其中，网络查控团队职责："总对总"查控等系统操作，案件接收、身份核实、节点录入、财产查控，"财产反馈表"填写等工作。文书送达团队职责："执行通知书""财产报告令""执行信息告知书"等文书材料填写及送达工作。资产处置团队职责：案件委托、查封、续封、解封、查询、过户等工作。保全委托团队职责：办理保全案件和委托案件，对涉保全案件采取保全措施。流程监督团队职责：对各团队整个办案流程节点和环节进行监督，以日通报、周通报、月通报等，对执行团队案件提醒督办、催办、通报，"局长督办令"拟写并督办实施，配合完成效率问题案件的认定与处罚、业绩管理与考核等工作，配合各团队案款发放等工作。信访接待团队职责：信访登记，接待当事人，按规定预约、联络员额法官接待当事人，政策宣传，完成引导正确信访、分流处理信访案件、突发性事件处理等工作。警务保障团队职责：对警务保障事务做好准备、实施，加强对强制措施处理的相关辅助工作。执行调解团队职责：对有调解可能的执行案件，及时通知双方当事人，促成及时履行或达成和解协议。内务保障团队职责：负责系统流程管理、案件结案审批，数据统计，材料报送，平台对接，公文收发，后勤保障等工作。

（二）工作流程及衔接情况

2022年初细化执行权运行模式，完善机制及流程，努力实现简案快执、难案攻坚。

1.强化工作流程

案件立案后，由集约团队对案件进行"总对总""点对点"系统查询发起，制作"执行通知书"等法律文书，送达被执行人和申请执行人；对案件甄别区分简易、普通案件，简易案件由简易团队处理，普通案件由普通执行团队执行，对于要处置的财产交由财产处置团队及时处置，实现"分类专办、分段集约、共同推进"。

2.明确移送时限

规定简案快执团队1个月内向普通执行团队移交案件，普通执行团队经审查案件涉及有处置条件的房产，5 日内将案件移交强制执行团队，各执行团队必须严格落实"二分之一"执行时限制度，缩短结案平均用时；普通执行团队在立案 3 个月内完成涉强执案件甄别，移送强制执行团队，逾期未移交的，后续团队有权拒绝签收，由原团队自行办理。

3. 加大财产处置

对于疑难复杂案件，涉房产等案件由专业法官会议研究、会商、讨论腾房等疑难复杂问题，需要腾房的，制定方案集中处理。案件执结后，执行团队将案件材料移送服务外包公司整理扫描归档。整个办案流程节点、环节由流程监督团队实行日通报、周通报、月通报监督。

4. 严格案款发放

各执行办案团队生成案款发放审批表后，由员额法官签署发放意见，移送执行监督团队报批及后续工作。

（三）工作流程及衔接过程中存在的问题

1. 缺乏科学统一的繁简标准

繁简标准难把握，若以小标的额为简易案件判断标准，实际执行中有的被执行人财产状况复杂；部分小标的额案件申请人多、信访压力大，穷尽执行措施，执行不到位，有信访隐患。

2. 执行环节对接协调需磨合

各类人员履职尽责不理想，管理不科学，推诿扯皮；执行团队间协调配合还不默契，各个节点办案速度慢，未落实二分之一办案时限制度。

3. 文书送达耗时长

执行案件数量大，制作执行通知书、信息告知书等量多、耗时长，文书送达受到多方面制约，阻碍办案进度。

二　执行案件监督管理方面存在的问题

（一）案件数量大，员额法官在接待当事人态度方面的监督管理欠缺

以 2021 年为例，2021 年，南明区人民法院共受理各类执行案件 25448 件，

执行结案 23097 件，受理数、结案数同比分别上升 111.41% 和 96.54%，执行员额法官人均办案 2500 余件，付出艰辛努力。案件量大，接待当事人的时间有限、场所不宽，人员多而杂，接待任务极重，个别员额法官曾 1 天接待了 70 多人次，无法监督员额法官保持平静心情，法官接待当事人态度监管不力，易造成当事人认为法官态度不好。

（二）工作量大，在案件精细执行、穷尽所有强制措施方面的监管存在问题

案件多，存在不精细执行现象，没认真细化每个环节，该细的未细，该采取强制措施的未采取。案多人少，个案监督难，监管不力且有疏漏，个别法官状态不佳；案多易造成顾此失彼、大量积压，超期未结案增多；资产处置难，财产处理不及时，未及时执行结案。

（三）监管考评机制存在的问题

按照最高人民法院执行工作单独考核的工作要求，南明区人民法院出台《执行局员额法官执行工作单独考核办法（试行）》《执行团队（含执行指挥中心）法官助理、书记员业绩考核办法》《执行类效率问题案件的认定和责任追究办法实施细则》进行评价考核。但省会城市中心区基层法院案件量及工作量极大，有的考核内容无法达到，有的指标不理想，且无法完成，执行效率不高，对效率问题案件认定不力，责任追究未及时实行。

（四）制度机制落实方面存在的问题

对上级法院制度机制还需落实落细，本院制定的《关于规范执行工作人员职责有效防范执行廉洁风险的规定》《关于开展刑事诉讼涉案财物集中清理处置工作的通知》《关于刑事裁判涉财产性判项执行工作规定》《执行案件抽查倒查工作实施方案》《执行案件抽查倒查工作办法》《恢复执行和执行异议审查案件移送管理办法》《执行案款风险防控办法》《关于有财产可执行案件资产处置风险防控办法》等，也需认真落实。

三 立案、审判、执行等部门工作衔接问题

在立案庭诉讼服务中心专门设置执行立案窗口，由熟悉执行业务人员负责，及时审查申请人执行材料，立案手续完成后，及时扫描案件材料上传系统，并移送执行局，进入程序；当民商事案件生效后，民商事审判部门及人民法庭及时为当事人出具生效证明材料；在裁判文书生效后，刑事审判部门及时移送刑事涉财案件，方便执行部门及时推动案件进入执行程序。

存在的相关问题：部门工作衔接不及时或不畅，材料不齐全，法律文书表述不准确，数据计算错误，判决主文表述模糊，不易理解，执行部门无法操作，不好执行，影响执行工作开展。

（一）应强化发挥院审管办的职能和协调管理指挥作用

审管部门承担着全院审判绩效管理和监督作用，对于工作中各部门的协作与工作衔接，应当发挥应有的作用，加强工作的对接协调；加强对裁判文书质量的监管，发现不当问题，及时采取有效措施，进行纠正或完善，进入执行程序后，才不会发生执行歧义、理解不了、影响执行的现象。

（二）加强与立案、审判部门的工作沟通

立案庭有时会大批量移送执行案件到执行局，出现立案手续完善、材料不齐等现象，造成同期案件同时到期，无法完成；对于审判部门需要保全的案件，存在沟通不及时、移送不及时等问题，可能造成损害当事人合法权益问题的产生；特别是刑事涉财产执行案件，需要刑事审判部门的配合、沟通，否则无法及时完成相关执行工作，影响工作质效。

四 结语

对执行权运行机制的探索，永无止境，执行案件繁简分流、执行事务集约办理路径，需继续完善；有效解决省会城市中心城区基层法院的案多人少问题，是最渴望、最期盼的梦想，人的精力有限，解决实际问题更加迫切，靠以

探索繁简分流、事务集约为突破口，找寻新办法，只是路径之一。

随着诉源治理、执源治理的深入推进，内部运行机制的有效探索，加之人与钱等要素的有效解决，上级的高度重视，各项措施和办法的多管齐下，案多人少问题终会迎刃而解，至少应当会有所缓解。目前，南明区人民法院根据最高人民法院、司法部及贵州省高级人民法院、省司法厅《关于开展公证参与人民法院司法辅助事务试点工作的通知》正在探索服务外包，拟将执行工作中文书制作、文书送达、文书上网、报结案件、外出调查等事务外包，向外购买服务，与繁简分流一道，以期对切实缓解"案多人少"现状有所改观。

司法确认程序研究

许靖聆[*]

摘　要： 随着诉源治理及多元化解纷机制构建工作的逐步推进，司法确认案件数量也在逐步提升，而现行法律有关司法确认的规定不够详细，当事人与法官对司法认定程序的认识存在一定分歧，致使司法认定程序在实际应用中的标准存在一定的偏差，法院对虚假调解的防范措施尚不完备。通过对司法确认程序的完善，法院可以有效地化解司法实践中普遍存在的问题，防范司法确认程序可能引发的风险，提升司法确认案件的审理效率，为诉源治理及构建多元化纠纷解决机制提供更为有力的司法保障。

关键词： 司法确认　诉源治理　多元解纷

一　研究背景及意义

（一）研究背景

随着社会的发展，经济交往日趋频繁、复杂，人民群众文化水平及法律意识大幅提升，民事纠纷数量近年均保持高速增长的趋势，法院系统，特别是基层法院普遍存在"案多人少"的现象。诉讼增量问题也引起了中央层面高度重视。习近平总书记指出："坚持把非诉讼纠纷解决机制挺在前面。" 2021年2月19日，中央全面深化改革委员会第十八次会议审议通过的《关于加强诉源治理推动矛盾纠纷源头化解的意见》强调，要加强矛盾纠纷源头预防、前

---

[*] 许靖聆，贵阳市南明区人民法院花果园人民法庭副庭长。

端化解、关口把控，完善预防性法律制度，从源头上减少诉讼增量。2021 年 4 月 28 日印发的《中共中央　国务院关于加强基层治理体系和治理能力现代化建设的意见》也强调，应当坚持和发展新时代枫桥经验，健全乡镇（街道）矛盾纠纷一站式、多元化解决机制以增强乡镇（街道）平安建设能力。

为推动矛盾纠纷的源头化解，必须充分发挥调解这一具有中国特色的解纷机制的积极作用，通过健全调解网络机制扎实推进矛盾纠纷的靠前引导、靠前化解，从源头上减少诉讼增量。最高人民法院在 2021 年 10 月 19 日印发的《最高人民法院关于加快推进人民法院调解平台进乡村、进社区、进网格工作的指导意见》中提出要完善诉非实质化对接制度。村（社区）、乡镇（街道）等对接单位或者基层解纷人员在化解、调解过程中需要法官参与指导的，可以向人民法院在线提出申请，基层人民法院或者人民法庭通过推送典型案例、进行法条解释、提供法律咨询、"调解员现场调解＋法官远程视频参与调解"联合调解、实地参与化解和调解等方式提供法律指导。[①] 2021 年 8 月 11 日，中共中央、国务院印发的《法治政府建设实施纲要（2021—2025 年）》强调，坚持将矛盾纠纷化解在萌芽状态、化解在基层，推动完善信访、调解、仲裁、行政裁决、行政复议、诉讼等社会矛盾纠纷多元预防调处化解综合机制。由此可见，以习近平同志为核心的党中央高度重视诉源治理和多元化纠纷解决机制的构建与完善，最高人民法院也致力于依托人民法院调解平台，在线全面对接基层治理单位及解纷力量，构建"纵向到底、横向到边"多元化解、分层递进式的基层预防化解矛盾纠纷网络。全国各地积极探索、实践诉源治理、多元化纠纷解决工作，构建多元化纠纷解决机制也已经被纳入基层社会治理体系，成为诉源治理的重要举措。在基层调解网络和解纷体系的搭建过程中，司法确认制度的建立和实施，为构建多元化纠纷解决机制提供了有力的司法保障，为此，在诉源治理及多元化解纷机制构建工作中既要加大调解的力度、积极发挥调解的功能，又要确认发挥司法对调解的引领、支持作用，还要构建与完善"诉讼与调解"的衔接机制，使"调解""诉讼"有机联动、互为补充，充分发挥"诉讼""调解"各自的价值与功能。

---

① 《最高人民法院关于加快推进人民法院调解平台进乡村、进社区、进网格工作的指导意见》，《人民法院报》2021 年 10 月 19 日，第 3 版。

司法确认制度于 2007 年 3 月发端于甘肃省定西市法院系统的人民调解协议诉前司法确认试点,甘肃省定西市法院也在司法确认程序方面具有较好的实践经验,2010 年颁布实施的《人民调解法》则是在立法层面上确认了司法认定程序的合法性,使得司法确认制度具有了法律依据,最高人民法院 2011 年颁布的《关于人民调解协议司法确认程序的若干规定》对司法认定程序的具体应用做了进一步的界定。因此,如何完善司法确认程序,充分发挥其在"诉与非诉"衔接、诉源治理及多元化解纷机制构建工作中的应有功能,是本文的重点研究目标。

(二)研究意义

随着诉源治理及多元化解纷机制构建工作的逐步推进,司法确认案件数量也在逐步提升,而现行法律有关司法确认的规定不够详细,当事人与法官对司法认定程序的认识存在一定分歧,致使司法认定程序在实际应用中的标准存在一定的偏差,法院对虚假调解的防范措施尚不完备。司法确认程序的完善,可以有效化解司法实践中普遍存在的问题,防范司法确认程序可能引发的风险,提升司法确认案件的审理效率,为诉源治理及构建多元化纠纷解决机制提供更为有力的司法保障。

二 司法确认程序概述

(一)司法确认程序的概念

司法确认是指,对于涉及当事人之间民事权利义务的纠纷,经人民调解组织、商事调解组织或者行业调解组织等具有调解职能的调解组织调解后,达成的具有民事合同性质的协议,由双方当事人共同到人民法院申请确认该调解协议的法律效力的一种案件类型。司法确认程序是一种适用于司法审查的程序,它是司法部门在经过司法审查后,根据当事人对于符合法规且具有清晰执行内容的诉前调解协议的请求,给予其强制执行权限的一套程序。①

---

① 刘敏:《论优化司法确认程序》,《当代法学》2021 年第 4 期。

（二）司法确认程序的制度价值

（1）作为多元化解决矛盾纠纷的一种司法形式，司法确认程序是一种以非诉方式使当事人解决争议的便捷方式。该程序既判定了诉前调解协议的法律效力，以司法的方式确认了当事人的权利状态，而且不产生任何费用，与诉讼相比，当事人承担的维权成本更低、时限更短，具有很高的便捷性，同时，经过司法确认程序出具的裁定书，具有与判决书与调解书同等的强制执行力，可以有效减轻当事人的诉累，满足人民群众对多元化解纷需求和对司法工作的获得感及满意度。

（2）司法确认程序可以有效地建立调解和诉讼之间的对接机制，将当事人的意思自治权与司法机关的强制执行力有机结合，使非诉讼解纷机制与民事诉讼程序的衔接更加顺畅，有效提升人民群众选择诉前调解的主观意愿。充分发挥人民法院在多元化解纷体系中专业、权威的作用，也有助于推动基层调解工作规范化运行，打通基层社会治理的"最后一公里"，为基层社会治理工作提供强有力的司法保障。

（3）作为民事诉讼程序繁简分流的司法制度之一，对于人民法院来说，司法确认程序的有效运用有助于实现调解对民事诉讼案件的"过滤"功能，有助于民事诉讼案件有效分流，优化司法资源配置，提升司法效率，有效地缓解法院"案多人少"工作现状，有助于人民法院将有限的司法资源投入处理法律关系复杂的民事案件中，进一步提升审判质效。

（4）司法确认制度突破了人民调解组织调解协议效力的局限性，确保了人民调解协议的法律效力，最大限度地提升了人民调解的解纷能力。在司法确认制度设立之前，人民调解协议对双方当事人约束力与普通民事合同无异，一方当事人不愿履行调解协议或者达成调解协议后又反悔的，另一方当事人的救济途径仅为可依据该协议向法院起诉，诉请判令对方当事人履行调解协议的约定事项或承担违约责任，虚耗履行的等待时间后还是必须通过诉讼途径最终解决纠纷。这直接导致当事人自主选择进行人民调解的意愿不高，对调解效果也不甚满意。司法确认制度赋予调解协议以强制执行力，强化了调解协议的法律效力，可以充分提高人民调解员的工作热情及保障人民调解效率，促进矛盾纠纷的源头化解。

三 司法确认程序存在的问题

（一）审查方式和范围不明确

司法确认程序作为特别程序的一种，司法确认案件在审查调解协议内容时应进行形式审查还是实体审查，实践中一直存在争议。从最新的民诉法解释相关规定来看，人民法院对调解协议的审查采取的是形式审查和有限的实体审查相结合的方式，也即，在受理司法确认案件后，法官首先对调解协议及证据材料进行书面审查，如认为该调解协议符合确认条件，则以裁定确认调解协议效力；若认为证据存疑或法律关系复杂，书面审查不足以得出结论，则应当通知双方当事人共同到场对案件进行核实。但现行民诉法解释第356条对"应当通知"当事人到场核实的情形的表述为"审查相关情况时"，却没有对什么是"相关情况"做出明确界定，而且对于"应当通知到场核实"是实体内容核实还是程序性问题也未明确。《司法确认程序规定》第4条中对"不予受理"的司法确认程序规定了四种情形，而《司法确认程序规定》第7条对调解协议效力的"不予确认"作出了规定，这也与法院在对司法确认请求进行审查时的审查方法和范围有关。[①] 相关规定不甚明晰，必然导致司法实践中不同法院，甚至是不同法官在对调解协议进行审查时，审查方式及审查尺度存在较大差异。有部分法官提出，应尽量减少对人民调解协议的实质性审查，这一类主张立足于司法确认程序的非诉属性，强调司法确认程序的效率价值，认为即使出现错误认定，也可以相应的救济途径来解决；有部分法官则提出，法院在受理司法确认案件后，必须对调解协议的实体内容进行复审，对当事人提交的证据材料应充分审查合法性、真实性和关联性，若人民调解员未组织双方当事人对证据进行过质证则应要求当事人到庭对证据材料进行补充质证，根据质证情况对调解协议的效力进行判定。但这样的严格全面审查，无疑会延长审查时间，增加当事人诉累，有悖于司法确认制度便捷、高效的价值定位。不同的审查方式及审查范围，可能导致根据同一基础事实签订的内容基本一致的调解协

---

① 马丁：《论司法确认程序的结构性优化》，《苏州大学学报》（法学版）2021年第4期。

议得出不同的审查结论。以笔者所在的人民法庭来说，针对约定条款基本一致的两份房屋置换协议向同一被告主张协助过户的两件司法确认案件，不同的审查人因审查方式及审查尺度不同，得出不同的审查结论。

（二）司法实践中存在虚假司法确认现象

虚假司法确认并非指司法确认本身是虚假的，而是因为现行法律制度的不完善及社会诚信意识和信用水平尚有待提高等，司法确认程序当事人提供虚假证据材料、进行虚假陈述，接受虚假调解，而后利用司法确认的有限实体审查、强制执行等特征，共同申请进行司法确认，以达到谋取非法利益或者逃避法律责任的不正当目的。

1.虚假司法确认问题现状

当前，学者及实务界对虚假诉讼的特征、危害及防范措施已有大量论述，而对虚假司法确认的相关探讨却鲜有涉及。然而，随着诉源治理工作及多元化纠纷解决机制工作的逐步推进，司法确认案件数量必然逐步增加，而虚假的调解协议一旦被司法确认程序确认，会产生与法院调解书、判决书相同的强制执行效力，其危害程度与传统意义上的虚假诉讼无异。以笔者所在的人民法庭为例，在一起买卖合同纠纷案件的诉前调解中，原、被告双方在明知案涉房屋已被法院查封的情况下，未告知负责调解的人民调解员，达成了在指定期限内配合过户的调解协议，司法确认程序中，在审判人员多次要求下，被告才提交了案涉房屋在产权登记部门的查询信息表，该查询信息表清楚载明案涉房屋被查封的现状，随后该案因案涉房屋不具备过户条件被驳回。在一起标的金额为150万元的买卖合同纠纷的诉前调解中，原、被告达成了在指定期限返还货款并支付违约金的调解协议，司法确认程序中，原告提交的货款转账凭证备注的转款用途为"借款"引起审判人员注意，在进一步审核过程中，审判人员无意间从新闻报道得知被告因与多人签订买卖合同未履行涉嫌合同诈骗已被公安机关立案，经询问原告承认知晓前述事实未告知调解员及人民法院，该案随后被裁定不予受理。从前述案例不难看出，在司法审判实践中，已经出现各种类型的虚假司法确认案件。而虚假诉讼罪中尚未明确包含虚假司法确认更是让心怀不轨之徒看到了可乘之机。

2.虚假司法确认问题的原因分析

虚假司法确认案件虽然不具有普遍性，但因其对司法制度的危害性较大，有必要对其发生原因进行梳理及分析，完善司法确认的相关制度以期尽量降低虚假司法确认案件数量，笔者认为，虚假司法确认大概有以下几点原因。

（1）人民调解员对虚假调解案件的甄别能力不强，敏感度不高

随着诉源治理和多元化纠纷解决机制工作的逐步开展，以及矛盾纠纷的就地化解的工作要求，人民调解制度被更广泛地运用。人民调解员一般具有较丰富的基层工作经验，但大部分不具备法律专业背景，部分人民调解员甚至仅具有高中学历，这将直接导致大量的人民调解员对虚假调解案件的甄别能力不强、敏感度不高，再加上目前法院形式审查和有限的实体审查相结合的方式，如果大量调解质量欠缺的案件经法院审查确认被赋予强制执行力，将直接影响到司法的权威性及公信力。

（2）当事人违法成本低

司法确认案件审查过程中采取形式审查和有限的实体审查相结合的方式，难免会有一部分虚假司法确认案件侥幸通过审查，而一旦完成确认，申请人违法目的即得以实现，而法院在审查过程中发现协议存在问题，一般裁定不予受理或驳回确认申请，被处罚的仅是极少数，当事人的违法成本低，可能会出现虚假司法确认案件屡禁不止，势必导致人民法院投入大量的人力物力到虚假司法确认案件甄别工作中，增加司法资源的紧缺程度，导致法院司法成本提升，有悖司法确认程序的立法初衷。尽管违法者进行虚假司法确认存在一定法律风险，但相较于一旦确认成功所能获取的非法利益而言，报风比极高。

（3）虚假司法确认的处罚机制不明晰

在我国的立法方面，对虚假诉讼的惩处规范明晰，如《民事诉讼法》第115条、116条以及《中华人民共和国刑法》对虚假诉讼罪的规定等，但我国现行法律对虚假司法确认是否包含在虚假诉讼范畴内尚无明确规定，虚假司法确认的惩处能否参照虚假诉讼进行也存在一定的争议。

（4）法院审判信息相对闭塞，信息化数据筛查辅助手段较弱

目前，人民法院只能通过审判管理系统查询到本院的审判信息，对申请人

在本省其他法院相关案件的审判信息也只能进行有限的查询，对申请人跨省案件无查询权限。对虚假司法确认的甄别仅能依托审查法官的法律专业水平、职业敏感以及有限的审判信息资源进行。

（三）监督救济程序缺失

经司法确认程序予以确认的调解协议，可能出现虚假司法确认致使第三人受到损害或其他错误确认的情况，对错误的司法确认案件予以纠正，设置相应的救济途径就显得格外的重要。根据民诉法解释第372条"适用特别程序作出的判决、裁定，当事人、利害关系人认为有错误的，可以向作出该判决、裁定的人民法院提出异议。人民法院经审查，异议成立或者部分成立的，作出新的判决、裁定撤销或者改变原判决、裁定；异议不成立的，裁定驳回"之规定，司法确认案件利害关系人如认为司法确认案件存在错误，可以在相应期限内向人民法院提出异议，异议审查未明确审查方式，也未说明该异议被法院驳回后，该异议人是否还能通过其他途径寻求救济。例如，提出执行异议的当事人在异议被驳回后，尚有向上一级人民法院申请复议、提起执行异议之诉等救济途径，司法确认案件如果案外人异议被驳回后再无其他救济途径，似乎有失公平，也不能最大限度地保护利害关系人的合法权益。

四　完善司法确认程序的建议

（一）改革审查方式和审查范围

1. 形式审查与实质审查相平衡

司法确认案件中对调解协议的形式审查主要是审查协议约定条款是否清晰无歧义，是否存在违反相关法律规定的情形，是否具有可被执行性等，如调解协议约定条款表述不能满足司法确认的要求，人民法院可以向人民调解员及申请人释明，要求将调解协议内容修改至清晰明确具有可执行性，再对该调解内容予以确认；人民法院在司法确认程序中对调解协议进行实质审查，其主要原因是对调解过程以及协议的内容不了解，担心出现错案的危险。[①] 所以，在实践中，人民法院必须对调解内容等进行一定的实质审查，避免当事人在司法确认程序完结后提出异议，从而导致司法资源的浪费。而过分谨慎及全面的实质审查，则会导致司法确认程序提升司法效率的制度价值无法实现。所以，在"交叉适用说"法理的基础上，应根据案件的具体情形而定，如涉及法律关系较为复杂的民事纠纷、金额较大的民间借贷纠纷、涉及不动产处分及变动的民事纠纷等，应当加大对调解协议及所涉纠纷的实质审查力度；对事实清楚、法律关系脉络清晰、标的金额较小的民事纠纷，则可偏重于形式审查。当事人在调解协议履行过程中发生争议时，只受理调解协议；当事人申请撤除、改变调解协议，废除调解协议的，其审判范围应扩大至原协议。[②] 先对案件类型进行分类，再根据案件类型不同分类灵活运用形式审查及实质审查相结合的方法，可以使司法确认程序既能保持程序便捷性，又能最大限度地防止虚假司法确认，保护当事人的合法权益。

2. 运用人工智能提升司法确认程序效率

在 2019 年出台的《人民法院第五个五年改革纲要（2019—2023）》中提及"全面建设智慧法院""推广线上与线下融合的司法认定方式"，《最高人民法院关于建设一站式多元解纷机制 一站式诉讼服务中心的意见》提出了要"将司法确认流程与人民调解等线上平台融合"。[③] 目前，贵州省大多数人民法院已具备网上立案、网上开庭的诉讼条件，但在线进行司法确认的司法功能尚未能实现。笔者认为，在智慧法院的建设过程中，运用人工智能辅助提升司法确认程序的效率应充分引起重视。如在申请人在线提交司法确认申请后，系统先对司法确认程序的申请人的身份信息等进行智能核对认证，对争议金额不大、事实简单明了的案件自动生成相应的法律文书，法官对系统的初步审核结果及生成的文书进行复核即可；对争议金额较大、案情较为复杂的案件则将大数据及类案的对比推送审核建议，作为法官对该类案件进行实质审查的参考。此举可大幅提升司法确认案件的审查效率。

① 李凌垚：《我国司法确认程序问题与对策研究》，河北经贸大学硕士学位论文，2021。
② 高微娜：《调解协议司法确认程序研究》，浙江大学硕士学位论文，2014。
③ 陈立力：《司法确认程序案外人权利救济的问题及对策》，湘潭大学硕士学位论文，2020。

（二）完善虚假司法确认的防范措施

1. 确保法院系统各项审判信息资源畅通

前文已述，因法院审判信息相对闭塞，信息化数据筛查辅助手段较弱，对虚假司法确认的甄别仅能依托审查法官的法律专业水平、职业敏感以及有限的审判信息资源进行。因为审判信息资源开放程度受限，难免虚假司法确认案件侥幸逸出法眼，如能逐步畅通全国法院系统的审判信息网络乃至公安系统部分案件信息系统，则可大幅提升虚假司法确认案件的防范力度。如公安系统部分案件信息系统与法院审判信息系统连通存在障碍，可考虑后台连通少量信息系统，如司法确认案件当事人涉嫌刑事犯罪，则系统自动向审核法官推送侦办刑事案件公安机关的相关信息，由法官线下与该公安机关进行沟通核实。

2. 明确虚假司法确认案件申请人的民事及刑事责任

实践中，如果申请保全对方财产错误已被认定为侵权行为，被保全人可通过"因申请财产保全损害责任纠纷"之诉向申请人主张损害赔偿，而现行法律却未明确将虚假司法确认认定为侵权行为，如利害关系人认为司法确认案件损害了己方的合法权益而向人民法院提出异议，人民法院经审查认为异议成立裁定撤销或改变原裁定，对利害关系人而言，也仅能产生类似"恢复原状"的法律效果。若虚假司法确认风险小而可能获得的利益大，那么，在法律不能约束的情况下，虚假调解案件高发将不可避免。[①] 笔者认为，虚假司法确认案件如产生侵害利害关系人的合法权益的法律后果，案件申请人理应向利害关系人承担相应的损害赔偿责任。故应增设"司法确认损害责任纠纷"类案由，确保案外人如因他人进行虚假司法确认而遭受损失时可通过民事诉讼向其主张赔偿责任。

应明确将虚假司法确认规定于虚假诉讼罪的认定范畴内，虚假司法确认案件申请人是否构成犯罪应参照虚假诉讼罪的构成要件进行判定。

3. 完善现有人民调解制度

司法确认案件审查的调解协议来源于各人民调解组织，人民调解员的能力及人民调解协议的质量直接关系虚假司法确认案件的数量。为此，应在以下四

---

① 李浩：《虚假诉讼中恶意调解问题研究》，《江海学刊》2012 年第 1 期。

个方面完善现有人民调解制度：一是提高准入标准，如所选任的人民调解员必须具有法律专业学习背景，或有法律相关领域工作经验，如没有法律专业学习背景或法律领域工作经历，则需在选任为人民调解员前接受短期的法律基础教育培训，建立基础的法律思维能力；二是人民调解员任职期间，应定期接受法律知识培训，对民事法律修改的条款有基础性了解，并向人民调解员通报全国各地近期虚假司法确认案件情况并进行讨论学习，以提升人民调解员识别、防范申请虚假调解的能力；三是将对调解案件质量、案件难易程度评估纳入人民调解员绩效考核体系中，提升人民调解员对调解案件调解质量的关注度及对复杂纠纷了解度和做工作的耐心度；四是畅通人民法院与人民调解组织沟通渠道，以便人民调解员在调解过程中可以得到专业指导，人民法院在审查司法确认案件有需要时也可以及时向人民调解员了解案件调解过程及相关情况。

（三）确立第三人撤销之诉为案外人补充救济途径

根据现有法律规定，利害关系人认为司法确认案件损害己方权益，救济途径为向相关人民法院提出异议，但现行法律并未规定人民法院如何审查利害关系人所提出的异议，是否由审核司法确认案件的法官继续审查利害关系人提出的异议，是否继续使用形式审查和有限的实体审查相结合的方式，是否需要传唤利害关系人及司法确认案件申请人共同到庭核实等。笔者认为，首先，在法律无明确规定的情形下，利害关系人提出的异议大概率依然由审查司法确认案件的法官继续进行审查，而该法官如在司法确认案件审查过程中已形成某种固有思维则有可能影响利害关系人提出的异议审查的客观性，而该异议一旦被驳回，利害关系人再无其他救济途径，不利于利害关系人的权利保护；其次，司法确认程序的程序价值中包含便捷性及高效性，而利害关系人之所以会向法院提出异议，一般是认为司法确认案件申请人达成的调解协议事实上损害了己方的合法权益，利害关系人提出的异议与司法确认案件申请人通过司法确认程序获取的权利必然形成对抗，案情复杂时，通过形式审查显然不足以查明案件事实，而在异议程序中为查清事实采用庭审等审查方式而过度拉长审查期限，会极大地影响司法确认程序价值的实现，且利害关系人并非司法确认案件当事人，能否在司法确认案件中组织利害关系人与申请人通过庭审程序以核实案情也有待商榷；最后，按照现行法律规定，若利害关系人的异议被驳回，则再无其他救济途径，而人民法院经审查后作出确认调解协议有效的民事裁定书具有既判力，裁判效力自发地向不特定第三人发生扩张。① 裁判效力扩张的结果是，参与司法确认程序的主体为达成人民调解协议的双方当事人，而裁判结果却可以约束司法确认申请人及其他案外人。案外人在未实际参与司法确认程序的前提下，如不能向其提供足够的救济途径，对案外人来说明显是不公平的，如特定案外人的权利受到司法确认裁定书既判力的影响，理应赋予其提出第三人撤销之诉，请求撤销或变更司法确认裁定的全部或部分内容的权利，以实现特定案外人在司法确认事后程序中的最大化保障。此外，现行民诉法及民诉法解释明确规定，第三人可以对已发生法律效力的调解书提起撤销之诉，司法确认裁定同样体现了当事人对民事纠纷调解的意思表示，不允许司法确认案件特定案外人提起第三人撤销之诉也似乎有失公平。

（四）完善司法确认考核机制

实践中，贵州法院系统并未将司法确认案件纳入考核范畴，也未将司法确认案件计入法官的办案数量。笔者认为，司法确认案件工作推动情况可以部分反映法院繁简分流工作完成情况，也同时反映了诉源治理工作推动情况和成效，某些较复杂的司法确认案件的审查难度不亚于办理一个普通的民事案件，理应计入法官的办案数量，并完善考核权重，以提升人民法院对司法确认案件的重视程度并充分调动法官办理司法确认案件的积极性。

结　语

作为多元化解纷机制及诉源治理工作的一个重要组成部分，司法确认程序在快速化解矛盾纠纷、缓解审判压力、减轻当事人诉累等方面具有较高的制度价值。但是，我国司法确认制度在立法规范及实践操作中都还存在一些值得引起关注和亟待解决的问题，如我国的现行法律规定存在审查方式和范围不明确、虚假司法确认防范力度不够、监督救济程序缺失等问题，研究如何完善现行司法确认制度，有助于建立"全方位"的"诉非衔接"制度体系，塑造共

---

① 肖建国、黄忠顺：《论第三人撤销之诉的法理基础》，《民事程序法研究》2014年第1期。

建共治共享社会治理新格局。本文基于司法确认工作中遇到的问题及困惑，分析问题成因，进而尝试提出几点完善建议，如改革审查方式和审查范围，通过畅通法院各项审判信息、明确司法确认案件申请人的民事及刑事责任、完善现有人民调解制度等方式提升虚假司法确认防范能力，及确认第三人撤销之诉为案外人补充救济途径等，以期为司法确认程序的完善和诉源治理工作贡献一份微薄的力量。

V 实务调研

▼

南明区人民法院开展个人债务集中
清偿试点工作助推执源治理

舒子贵*

摘　要： 自南明人民法院获贵阳市中级人民法院批准开展个人债务集中清偿试点工作以来，南明区人民法院一直坚持守正创新，积极探索符合贵州省情及地区特色的个人债务集中清偿机制。本文围绕两起个人债务集中清偿案的前期调研、总体思路、工作举措、试点成效等方面进行总结，为全省建立统一的个人债务集中清偿制度贡献南明经验和南明力量。在个人债务集中清偿两案办理中，南明区人民法院创新工作机制，完善执行程序转个人债务集中清偿的程序衔接机制，加强人才队伍建设，助推执源治理。

关键词： 个人债务集中清偿　执源治理　执破衔接　个人破产

2023 年 2 月 20 日，贵州省高级人民法院党组书记、院长茆荣华在全省法院院长会议上提出"试点开展个人债务集中清偿工作"。2023 年 4 月 11 日，贵阳市中级人民法院获贵州省高级人民法院批准在辖区内开展个人债务集中清偿试点工作。2023 年 4 月 13 日，南明区人民法院获贵阳市中级人民法院批准开展个人债务集中清偿试点工作。南明区人民法院作为贵阳市辖区受理破产案件最多的基层法院，一直坚持守正创新。为充分落实上级法院工作要求，探索符合贵州省情及地区特色的个人债务集中清偿机制，南明区人民法院于 2023 年 4 月 13 日裁定受理张某某、陈某某个人债务集中清偿两案，

---

* 舒子贵，贵阳市南明区人民法院党组书记、院长。

2023 年 4 月 28 日，用时 16 天顺利审结该两起个人债务集中清偿试点案件，这标志着贵州省对个人债务集中清偿进行了首次司法实践探索。在南明区人民法院开展试点工作的过程中，不断加强调查研究，发现问题、解决问题，助推执源治理。

一　试点背景

（一）履行审判职责的困惑

南明区人民法院于 2023 年 2 月 7 日向贵阳市中级人民法院申请试点个人债务集中清偿，主要有三个原因。

第一，妥善集中处理个人债权债务关系的现实需要。南明区人民法院 2022 年受理各类执行案件 23222 件，执行终本案件占比为 53% 左右，部分案件在不能全面清偿的情况下，只能长期滞留在执行程序中，处于执行僵局的境况，相关债权债务关系无法得到有效处理。通过个人债务集中清偿的制度设计和探索，能够给符合条件的债权债务关系提供依法清偿、彻底终结的可能性，使部分沉积在执行局的案件得到化解。

第二，债权人获得公平清偿的制度需求。根据我国现行的强制执行程序，基于对效率的考量，由先采取法律措施的债权人取得优先的受偿顺序，对于资可抵债的案件，所有债权人均能获得公平清偿，但是若债务人资不抵债，同等性质不同债权难以得到公平清偿，此时，若通过个人债务集中清偿程序，将有利于使各债权人获得公平清偿。

第三，诚实信用债务人重获新生的制度期待。债务人负担债务的原因多样，对于因企业法人已进入破产程序或者已经破产、对该企业法人负保证责任、对非法人组织的债务负清偿责任、因生活困难无力偿还债务等原因导致自然人或个体工商户不能清偿到期债务，并且在社会生活中资产不足以清偿全部债务或者明显缺乏清偿能力的情况普遍存在，对于诚实守信的债务人来说，个人债务集中清偿程序给其提供了一项新的制度选择、一项新的债务清偿方案、一种重获新生的现实期待。

（二）探索个人债务集中清偿的调查研究

基于上述原因，南明区人民法院开展了广泛的调查研究：一是加强与本院执行局的沟通交流，探讨个人债务集中清偿的可能性、可操作性、可能存在的问题和解决方案；二是邀请 15 名长期从事破产管理人工作的律师参加个人债务集中清偿制度设计的研讨会，听取法院外部法律专业相关人士对于该制度的思考和建议；三是加强对其他省区市个人债务集中清偿类似具体制度的调查研究，如对各地法院相关制度、裁判文书、新闻稿进行梳理分析，搜集整理相关论文，结合本地具体情况，初步构思个人债务集中清偿制度的设计方案，并向已开展相关工作法院的工作人员咨询制度设计和实施中的疑难问题；四是积极寻求上级法院的指导和政策支持，南明区人民法院在充分调研的基础上，积极与上级法院保持沟通交流，研判个人债务集中清偿试点的可能性以及具体实施中的重难点问题。

二　总体思路

个人债务集中清偿，是以意思自治为前提，以债务人诚实信用、债权人公平受偿为基础，在现有法律框架内，按照执行和解、参与分配、信用惩戒等制度，在对债务人清产核资的基础上，对债务人的多个债权债务关系进行集中性、概括性的清偿、执行，形成个人债务集中清偿方案，以达到个人债务集中清偿、诚信债务人信用修复和债权人公平受偿的目的。

探索个人债务集中清偿，既有助于完善社会治理体系和提升治理能力，又有利于营造法治化、市场化的营商环境，对健全完善法院执行案件有序退出机制、推动诚信债务人经济再生具有重要意义。在试点过程中，南明区人民法院的总体思路如下。一是在现有的法律框架内进行。即以与执行和解、执行分配、信用惩戒制度等相关的法律规定作为个人债务集中清偿试点案件推进的法律依据，坚持在现有的法律框架内审慎推进试点工作。二是坚持当事人意思自治原则。坚持当事人意思自治，在执转"个债"程序中，积极向当事人释明，充分尊重债务人及所有债权人的意见。三是集中清偿的债权范围为生效可执行文书。被纳入集中清偿范围的债权为生效可执行文书，对未经法院判决或司法确认的债权债务进行调查、甄别、披露。四是债务人诚实守信。个人债务集中清偿的意义之一是促进诚信债务人重生，个人债务集中清偿是以债务人诚实守信、债权人公平受偿为基础。五是防范及打击逃废债。严格审核程序，防范债务人借此程序逃废债务，有效防止制度异化。

三　工作举措

（一）加强组织领导，夯实队伍建设

一是健全领导机制。全面整合院内优质资源，搭建个人债务集中清偿工作领导组织架构，成立个债集中清偿工作领导小组，全面负责统筹个人债务集中清偿工作。二是夯实人才队伍。由院领导担任审判长，从执行局、破产审判团队抽调年轻法官组成合议庭，配齐配强专业审判力量，为推动个人债务集中清偿提供人才保障。三是积极争取支持。经积极争取，贵阳中院多次指派清算与破产庭法官下沉南明区人民法院，对南明区人民法院个人债务集中清偿试点工作给予精心指导和大力支持。

（二）规范审查标准，提升审判质效

一是建立"预审查"程序。对执转案件进行预审查，特别是对适格债务人进行严格筛选，确保适用个人债务清偿程序的债务人不存在转移财产、规避执行等损害债权人利益的行为，符合"诚实而不幸"的案件受理标准。通过严格适用范围，扎牢审查受理关口，坚决杜绝债务人意图借此程序逃废债务，有效防止制度异化。二是规范制度先行。在充分学习借鉴台州、温州、深圳等地法院先进经验，比较研究其他国家及地区法律法规的基础上，结合南明审判执行实际，开创性制定了执行程序转个人债务集中清偿审查的实施意见。三是优化办案程序。针对个人债务清偿实际，压缩债权申报期限，以召开一次债权人会议为原则，对个债清偿程序进行优化简化，降低案件办理成本，为个人债务清偿提供更为简洁、快速的救济程序。

（三）创新工作方式，"执个"有效衔接

一是优化执个衔接机制。完善执行程序转个人债务集中清偿的程序衔接机制，加强执行局与"个债"合议庭的协同联动，推动建立"个债+执行"跨部门合议庭，实现资源有效整合。二是强化信息共享。在案件预审、受理和办理过程中，充分发挥执行部门在财产线索排查、消除程序推进障碍方面的"信息化"与"强制性"优势，探索建立"执个"数据融合、信息共享、业务协同的工作模式，提高案件办理效率。三是凝聚思想认识。对"执个"工作队伍组织开展业务培训，提高思想认识，凝聚队伍力量，培养复合型人才，公正高效推动个人债务集中清偿。

四 试点成效

目前，南明区人民法院已经审结两起个人债务集中清偿案件（见表1）。该两起案件的共同特点：一是债务人申请个人债务集中清偿，债权人均表示同意；二是仅在南明区人民法院有生效案件，且无诉中案件；三是债务人积极配合，愿意偿还债务，债权人对债务人评价正面；四是以全票方式通过重整计划与签署和解协议；五是提倡积极清偿债务，仅涉及利息减免；六是化解多起执行积案，合并清偿生效未执行案件。

表 1 试点案件数据

债务人	张某某	陈某某
集中清偿方式	重整	和解
债权总额（元）	715584.27	613656.45
清偿金额（元）	437972.80	538342.62
清偿率（%）	61.20	87.70
涉及执行案件数（件）	1	6
涉及生效未执行案件数（件）	1	1
债权人数（人）	2	7

通过个人债务集中清偿制度，法院主动作为，将债务人的多个债权债务关系进行集中性、概括性的清偿。一是将生效未执行案件纳入清偿范围，节约了当事人的执行成本，节省了司法资源，推动了执源治理。二是将执行案件中的终本案件纳入清偿范围，搭建债权人公平受偿的平台。三是实现了从单一案件处理到多个案件公开、集中、公平清偿，打破了执行案件信息不对称的壁垒，有利于化解社会矛盾。四是调动了债务人还款的积极性，提高了清偿率。

通过个人债务集中清偿制度，进一步推动执行程序和破产程序深度融合，助推执源治理。法院创新"执破衔接"工作机制，加强执破一体化信息建设，实现执行案件与破产案件信息的互通共享。在个人债务集中清偿工作中充分释放执行与破产两种程序的功能价值，坚持"以破促执""以执助破"，打破程序壁垒，充分兼顾效率与公平价值，推动两者关系由"单向转化、前后衔接"变为"双向互促、一体推进"。

下一步，南明区人民法院将在个人债务集中清偿试点工作中做到大胆探索与审慎推进并行，不断完善案件办理操作指引和具体工作规程，真正发挥个人债务集中清偿的制度功效，大力深化"执破融合"机制改革，不断强化执行难源头治理，充分发挥破产程序对于执行案件"抓前端、治未病"的重要作用，为大量"执行不能"案件提供制度性退出方案，为"诚实而不幸"的债务人提供恢复正常生活的可能性，为长期未获清偿的债权人提供公平受偿的机会，为贵州省个人债务集中清偿提供素材和样本，为全省建立统一的个人债务集中清偿制度贡献南明经验和南明力量。

运用司法大数据服务超大型社区社会治理

——以"亚洲超级大盘"贵阳市花果园片区为例[*]

张 可 吴月冠 贾梦嫣[**]

摘 要： 花果园片区作为城市超大型社区，具有人口众多、管理困难、社会治理情况复杂等现实情况。贵阳市南明区人民法院花果园人民法庭作为最基层的司法机构，顶住巨大的压力办案，对花果园片区产生的司法大数据进行深度挖掘分析，通过类案推送、偏离预警、判决结果预测等科技手段的运用，有力地提高了办案质量，促进社会公平正义，使得花果园片区的社会治理工作朝着智能化的方向进一步发展。

关键词： 司法大数据 城市超大型社区 花果园片区

花果园片区位于贵州省省会贵阳市老城区，总占地面积 10 平方公里，常住人口 45 万，企业 1.2 万余家，横跨南明区、云岩区 2 个行政区（主体部分在南明区），由 5 个街道办事处共同管辖。花果园项目于 2010 年启动，是全国规模最大的棚户区改造项目，总投资 1000 亿元，总建筑面积 1830 万平方米，历时五年建成，是国内、亚洲乃至世界单个楼盘多项指标第一的超大型社区。这里人口众多、结构复杂，人流密集、商业汇聚，问题多元、管理困难，社会

* 本文是最高人民法院 2022 年度司法研究重大课题"司法大数据服务社会治理应用研究"（项目编号：ZGFYZDKT202204-01）的阶段性研究成果，得到贵州省高级人民法院马伟、贵阳市中级人民法院研究室副主任程奕、贵阳市南明区人民法院花果园人民法庭庭长胡杨的大力协助，在此一并表示感谢。

** 张可，贵州省社会科学院法律研究所副研究员，法学博士；吴月冠，贵州省社会科学院法律研究所副所长，研究员；贾梦嫣，贵州省社会科学院法律研究所副研究员。

治理情况复杂，形势严峻，任务艰巨。

在以习近平同志为核心的党中央坚强领导下，由最高人民法院统筹的智慧法院信息化建设得到了快速发展。特别是近年来人民法院信息化建设 3.0 版本的运用，花果园人民法庭作为最基层的司法机构，顶住巨大的办案压力，对司法数据进行深度挖掘分析，通过类案推送、偏离预警、判决结果预测等科技手段的运用，有力提高办案质量，促进社会公平正义。2022 年，花果园人民法庭新收案件大幅度下降，显示出司法大数据服务社会治理的良好前景。

一 司法大数据服务花果园片区社会治理的应用探索

（一）审判工作智能高效

花果园人民法庭在司法工作中产生的大数据，在法院数据管理和服务平台上进行汇聚，在与院本部实时传送共享的同时，还与贵阳市政法系统开发建设的"贵阳政法大数据平台"对接，通过贵州省基层治理网格化的"一中心一张网十联户"① 治理机制，将有关审判信息与综治中心及时互动，共同推动矛盾纠纷多元化解，使得花果园片区的案件得以高效处理，社会治理工作朝着智能化的方向进一步发展。

（二）类案治理效果显著

花果园片区高楼林立，人口众多，大量的物业纠纷是辖区社会治理的主要案件，此外还有道路交通事故、房屋租赁等纠纷。通过司法大数据比对，花果园人民法庭迅速了解和掌握物业纠纷的主要争议、交通事故的多发地段、房屋租赁的安全隐患等，将对此类案件的判决、调解等处理信息及时传输到综治中心和相关部门，防范排查于未然，妥善处理于已然，使得这些对社会治理具有

---

① 贵州结合省情，不断加强基层组织、基础工作、基本能力建设，创新推进"一中心一张网十联户"机制建设。"一中心"指县乡村综合治理中心，"一张网"指城乡社区网格，"十联户"是按照"住户相邻、邻里守望"的原则，将相对集中居住的村（居）民按照十户左右标准划分联防联治服务单元。

较大影响的案件得到化解。特别是物业纠纷案件，通过典型案例的宣传示范和强制执行的威慑助力，花果园片区 2022 年累计清收物业费 4836 万元。

（三）诉前调解成绩突出

花果园片区矛盾纠纷每年近万起，而法庭员额法官仅 3 人，如果这些案件都进入诉讼程序，是无论如何都难以全部处理的。为此，法庭充分利用现有的信息技术，利用司法大数据分析出纠纷类型、当事人特点、调解成功率等，将民商事纠纷案件分流到多家调解组织进行"过滤"，2022 年通过"老法官之家"调解 998 件，花果园矛调中心化解 2065 件，驻社区法官工作点化解 152 件，这些矛盾在诉前均得到妥善化解，取得了良好的政治、社会与法律效果。

（四）府院联动化解难题

由于开发建设商的诸多问题，花果园片区逾期交房和逾期办证成为广大居民迫切盼望解决的问题。仅 2020 年和 2021 年，法院就受理花果园片区此类纠纷 1435 件。花果园人民法庭及时将这类纠纷信息反馈给南明区综治中心。在南明区综治中心的牵总下，通过信访、提问、回复等网络信息推送方式，法院与政府相关部门联动办理房屋产权，既便民利民，又将大量矛盾消除于萌芽。

（五）关口前移优化营商

通过网格化管理中排查出的司法大数据，特别是在诉讼服务中心的登记立案过程中，花果园人民法庭将关口前移，由调解人员多次走访辖区企业，围绕矛盾纠纷焦点和大数据分析出的类案结果，有针对性地开展走访和调解工作，为辖区企业保驾护航，营造更加良好的营商环境。

二　司法大数据服务花果园片区社会治理蕴含可观潜力

（一）通过司法案件预警数据服务社区矛盾纠纷隐患排查

通过在法庭工作各环节产生的案件数据，可以研判出社区矛盾的主要类型以及重点人群、争议焦点等类案元素，再利用法庭扎根基层、贴近群众的优势，通过司法数据做到底数清、情况明，早发现、早分析、早预防，有预警、有方案，更好地为解决社区矛盾纠纷服务。

（二）通过司法审判示范数据服务社区矛盾纠纷化解

根据司法大数据对类案判决结果的归纳总结，法庭对具有示范效应的裁判文书进行公示，不仅在网络载体上发布，更将裁判文书张贴在社区、楼宇等公共活动场所，加强法治宣传，使更多的社区居民懂法信法，有利于搭建矛盾纠纷的沟通平台，构建合理预期，最终有效解决纠纷案件。

（三）通过社区治理与司法审判数据联动促进社会和谐

司法审判是社会治理的重要组成部分，在社区治理数据平台上，通过对法院司法审判数据的分析研判，在综治中心的牵总下，及时与公安、司法、住建、城管、教育、卫健等各政府职能部门产生的数据进行汇聚，合力联动，多方共管，有效解决问题，有利于社区稳定，促进社会和谐。

三 司法大数据服务超大型社区社会治理的启示措施

（一）可考虑在花果园片区探索司法大数据服务社会治理的试点示范

花果园片区作为城市超大型社区的代表性，在市域社会治理现代化中具有重要的示范意义，同时花果园人民法庭的智慧法院建设也具有一定规模，可考虑以花果园片区作为试点示范，成立相关组织，组建研究团队，从多层次、多角度探索司法大数据服务社会治理特别是超大型社区治理工作。

（二）可考虑在国家层面加强司法大数据与政法大数据的联通互动

司法大数据是政法大数据的重要组成部分，在数据管理、数据流通和数据汇聚等各环节，还存在一些司法（法院）数据和政法（综治、公安、检察、法院、司法等）数据的壁垒，更多表现为单向流动，这给及时有效解决纠纷案件带来一些不利影响。可考虑在国家层面加强司法、政法数据的联通互动，更加全面、及时掌握案情，共同促进市域社会治理现代化。

（三）可考虑完善促进司法大数据服务社会治理的激励机制

加大司法大数据在社区综治绩效考评体系中的权重，细化激励机制配套细则和工作方案。对于法庭诉前、诉中促成调解的相关人员给予奖励激励；对于司法大数据在社区矛盾隐患排查、预警方面有实际效果的，按照相关规定给予表彰奖励，并将有关工作情况作为其他各类评先评优的重要依据，最大限度调动法院在司法大数据服务社会治理方面的工作积极性、主动性。

南明区人民法院司法确认程序运行态势与优化完善研究

曹　波[*]

摘　要： 为切实维护人民群众合法权益，公平公正、便民高效地解决矛盾纠纷，南明区人民法院结合实际，全面推动诉源治理工作，力求把矛盾纠纷解决在萌芽状态、化解在基层。得益于诉源治理工作的高效推进，南明区人民法院司法确认程序运行态势良好，司法确认在衔接人民调解与法院审查、解决社会矛盾纠纷等维度的内在价值得以彰显，较好地满足人民群众对公正高效便捷司法的内在需求和期待。针对司法确认所存在的案件适用比例不高、范围有限、裁定书释法说理不足以及办案质量有待提升等问题，南明区人民法院应该继续秉承司法为民、公正司法、锐意改革、大胆创新的理念，坚决破除制约司法确认预设功能和内在价值发挥的体制机制障碍，综合采用制度革新和技术变革等方式，持续提高司法确认适用比例，释放司法确认内在价值，强化司法确认裁定书释法说理，增强司法确认的公信力；建构虚假司法确认防范机制，确保司法确认质量效益；积极搭建线上司法确认平台，助力司法确认便捷高效，确保司法确认始终高效有序运行，为辖区经济社会高质量发展提供坚强有力的司法服务和保障。

关键词： 司法确认　人民调解　诉源治理　非诉程序　司法为民

司法确认，又称调解协议司法确认，是人民法院依据特定的程序对非诉调

---

[*]　曹波，贵州大学法学院副教授，贵州基层社会治理创新高端智库研究员，硕士生导师，法学博士，中国社会科学院法学研究所·贵州省社会科学院博士后科研工作站联合培养博士后。

解组织达成的调解协议进行审查，以确定调解协议是否有效的司法活动。对于被司法确认裁定有效的调解协议，当事人可以向人民法院申请强制执行，"司法确认名为'确认'，其实只是对当事人已经达成的调解协议赋予强制执行力的过程"。① 司法确认程序缘起于我国地方司法实践，是有效应对日渐高发且相对严峻的社会矛盾纠纷形势，强化人民调解与法院诉讼衔接，提升多元化纠纷化解能力，推进社会治理体系和治理能力现代化的重要制度安排，"是中国近几年才兴起的一项新型且有自己特色的司法制度，是在接近正义'第三次浪潮'的时代背景下产生的"，② 被高度评价为"诉调对接的关键环节，是中国司法实践中的制度创新"。③ 贵阳市南明区人民法院既是最高人民法院授予的"全国优秀法院"（2019 年），也是人力资源和社会保障部与最高人民法院联合授予的"全国模范法院"（2020 年），长期以来牢牢坚持司法为民、公正司法、锐意改革、大胆创新的理念，积极运用司法确认程序大力支持和保障人民调解工作，强化对纠纷当事人的司法救济和司法保障，公正且高效化解矛盾纠纷，推动基层治理向少诉无讼的前端防范转型，积极助力市域社会治理现代化建设。

一　概述与动因：南明区人民法院司法确认程序运行基本背景

作为我国多元矛盾化解机制改革的重要制度性成果，司法确认先后经历自下而上、自上而下两个阶段的孕育发展及推广适用，逐渐成为当前社会治理体系和治理能力现代化的重要机制和依凭。起初意义上的司法确认发端于甘肃省定西市中级人民法院的试验性司法改革。2007 年 1 月，时任甘肃省定西市中级人民法院院长的时春明在定西市二届人大一次会议工作报告上提出开展"人民调解协议确认机制"试点，决定在甘肃省渭源县人民法院的

---

① 邵华：《论调解协议的司法确认：效力、价值及程序审查》，《政治与法律》2011 年第 10 期。

② 〔意〕莫诺·卡佩莱蒂编《福利国家与接近正义》，刘俊祥等译，法律出版社，2000，第 4~5 页。

③ 潘剑锋：《论司法确认》，《中国法学》2011 年第 3 期。

会川法庭和莲峰法庭率先进行试点，并于 2008 年元旦起在定西全市法院系统进行全面试行，逐步形成"定西做法"向甘肃全省推广。2008 年 5 月，最高人民法院将定西中院确定为多元纠纷解决机制改革试点单位之一。同年 7 月，时任最高人民法院副院长的万鄂湘同志在定西检查指导时，明确肯定"定西做法"是一项重要的机制创新，是践行"公正司法、一心为民"的体现。鉴于在化解矛盾纠纷、维护社会和谐稳定方面所具有的突出优势，"定西做法"也得到时任最高人民法院院长王胜俊同志的高度肯定，指示要做好经验总结。[①]

2009 年 7 月 24 日，最高人民法院下发的《关于建立健全诉讼与非诉讼相衔接的矛盾纠纷解决机制的若干意见》（法发〔2009〕45 号）明确规定："经行政机关、人民调解组织、商事调解组织、行业调解组织或者其他具有调解职能的组织调解达成的具有民事合同性质的协议，经调解组织和调解员签字盖章后，当事人可以申请有管辖权的人民法院确认其效力。"人民调解协议司法确认得到最高人民法院的制度性规范，在全国范围内得到推广适用。2010 年 8 月全国人大常委会审议通过的《人民调解法》吸收最高人民法院法发〔2009〕45 号文件的相关规定，其第 33 条关于司法确认的规定几乎完全再现该意见第 20 条的内容。至此，历经三年半的时间，调解协议司法确认程序实现由地方试点试行到全国统一推广、由司法改革措施到基本法定制度的升华，司法确认正式演变成为矛盾纠纷解决机制突破发展、提供司法保障的重要法定程序。

为配合《人民调解法》的落地实施，最高人民法院于 2011 年 3 月专门发布《关于人民调解协议司法确认程序的若干规定》（法释〔2011〕5 号），对调解协议申请司法确认的管辖法院、提交资料、法院受理范围、审查组织、审查时间、审查标准等程序机制做出更为细致的规定。2012 年 8 月修正的《民事诉讼法》于第十五章"特别程序"中增设第六节"确认调解协议案件"，以第 194 条、第 195 条两个条文专节规定调解双方当事人申请司法确认的条件、管辖法院，以及人民法院司法确认程序及效力等，司法确认最终成为我国基本

---

① 刘加良：《司法确认程序何以生成的制度史分析》，《法制与社会发展》2016 年第 1 期。

法律规定的一项重要的非诉程序。①

其后，根据司法确认实践的演变发展和现实需要，2021 年 12 月修正的《民事诉讼法》又与时俱进地合理扩大司法确认程序适用范围，优化司法确认案件管辖规则。② 一方面，将司法确认程序适用范围扩展至依法设立的调解组织调解达成的调解协议，允许中级人民法院受理符合其管辖标准的司法确认申请；另一方面，根据调解主体和调解类型的不同，明确人民法院委派调解、调解组织自行调解等情况下，司法确认案件的不同管辖规则。③ 根据时任最高人民法院院长周强同志的说明，关于司法确认程序的最新修正以及最新规定，有利于进一步发挥司法确认程序对多元解纷方式的促进保障作用，丰富人民群众解纷渠道，推动矛盾纠纷源头治理，同时也有利于完善诉调对接，便于审查和执行，有效防控虚假调解和虚假确认的风险。④

综合来看，人民调解协议司法确认程序在经历探索试验、推广适用和优化完善后，被证明是衔接诉讼与非诉讼性矛盾纠纷解决机制的重大创新，是促进矛盾纠纷有效化解和源头治理的重要举措，"是我国自 2004 年开始的多元化纠

---

① 《民事诉讼法》（2012 年修正）第 194 条：申请司法确认调解协议，由双方当事人依照人民调解法等法律，自调解协议生效之日起三十日内，共同向调解组织所在地基层人民法院提出。第 195 条：人民法院受理申请后，经审查，符合法律规定的，裁定调解协议有效，一方当事人拒绝履行或者未全部履行的，对方当事人可以向人民法院申请执行；不符合法律规定的，裁定驳回申请，当事人可以通过调解方式变更原调解协议或者达成新的调解协议，也可以向人民法院提起诉讼。

② 《民事诉讼法》（2021 年修正）第 201 条：经依法设立的调解组织调解达成调解协议，申请司法确认的，由双方当事人自调解协议生效之日起三十日内，共同向下列人民法院提出：（一）人民法院邀请调解组织开展先行调解的，向作出邀请的人民法院提出；（二）调解组织自行开展调解的，向当事人住所地、标的物所在地、调解组织所在地的基层人民法院提出；调解协议所涉纠纷应当由中级人民法院管辖的，向相应的中级人民法院提出。第 202 条：人民法院受理申请后，经审查，符合法律规定的，裁定调解协议有效，一方当事人拒绝履行或者未全部履行的，对方当事人可以向人民法院申请执行；不符合法律规定的，裁定驳回申请，当事人可以通过调解方式变更原调解协议或者达成新的调解协议，也可以向人民法院提起诉讼。

③ 张宝山：《民诉法修改：助推司法质量效率全方位提升》，《中国人大》2022 年第 1 期。

④ 周强：《关于〈中华人民共和国民事诉讼法（修正草案）〉的说明——2021 年 10 月 19 日在第十三届全国人民代表大会常务委员会第三十一次会议上》，中国人大网，http：//www.npc.gov.cn/npc/c30834/202112/5dd11058b5c54fc198386c8706a0076a.shtml。

纷解决机制改革迄今为止唯一获得全国性立法确认的成果"。① 就其构造而言，司法确认通过人民法院司法权的有效运行，以司法的确定性及强制性有效克服人民调解的相对自由性和随意性，使当事人双方自愿达成的调解协议在经过人民法院的司法审查后获得强制执行的法律效力，从而保障人民调解协议的执行性。对此，有学者曾明确指出，司法确认程序将人民调解的"柔"性与司法制度的"刚"性结合起来，鼓励当事人发生纠纷选择人民调解机制，减少了"一场官司几代仇"的社会不和谐因素，其赋予调解协议的强制执行力，使得社会关系趋于稳定，司法确认在维护社会稳定中显现了其秩序价值；司法确认程序简便，克服了诉讼程序的烦琐性，能够快速平息纷争，为人民群众维权提供了便利。②

南明区系贵州省会贵阳市的中心城区之一，是贵阳市乃至贵州省经济社会高质量发展的"领头雁""桥头堡"。伴随着近年来经济体制变革、社会结构深刻变动、利益格局深刻调整，南明区经济社会发展过程中各类传统和新型矛盾纠纷逐渐显现，呈现多样化、新型化、复杂化等特点。与此同时，近年来人民群众的维权意识和法治意识普遍高涨，运用法律方式维护自身权利成为人民群众的主流选择，客观上带来辖区内各类案件数量激增。据统计，仅 2017 年，南明区人民法院受理民商事案件 13284 件，同比上升 21.75%。2017~2021 年，南明区人民法院总共受理民商事案件 92996 件，审结 84739 件；共审结涉市场主体纠纷案件 8633 件，涉案标的 53 亿元；审结金融借款、民间借贷、信用卡等金融纠纷案件 31583 件，涉案标的 160 亿元。

为切实维护人民群众合法权益，公平公正、便民高效地解决矛盾纠纷，南明区人民法院结合实际，全面推动诉源治理工作，力求把矛盾纠纷解决在萌芽状态、化解在基层。2023 年上半年，南明区人民法院共向特邀调解员或调解组织推送调解案件 11632 件，同比上升 30.37%，完成调解 10266 件，调解成功各类案件 5826 件，较上年同期增长 1.8 倍，调解成功率 56.75%，

---

① 刘加良：《司法确认程序何以生成的制度史分析》，《法制与社会发展》2016 年第 1 期。
② 徐钝：《司法确认制度及其价值的法哲学拷问——一个合法性范式分析视角》，《法律科学》（西北政法大学学报）2014 年第 4 期。

同比上升 10.59 个百分点，调解平均用时 17.37 天，平均委派时长 3 天，其中调解成功执行案件 705 件（当庭履行 218 件），调解成功营商类案件 167 件。全院新收各类案件 14396 件，同比下降 22.51%，其中新收民商事案件 8647 件，同比下降 14.18%。由此可见，包括人民调解在内的诉源治理工作在南明区取得令人瞩目的实效，各类社会治理资源有效转化为治理效能，全区社会治理的制度优势与治理效能得以协同提升，而衔接人民调解与司法审查、确认调解协议效力、赋予调解协议强制执行力的司法确认无疑是其中不可或缺的制度性机制，其对于南明区高效解决社会矛盾纠纷、维护社会和谐安宁稳定功不可没。

二 综览与透视：南明区人民法院司法确认程序运行整体态势

从 2019 年 1 月 1 日至 2022 年 7 月 21 日的统计数据来看，得益于诉源治理工作的高效推进，南明区人民法院司法确认程序运行态势良好，司法确认在衔接人民调解与法院审查、解决社会矛盾纠纷等维度的内在价值得以彰显，较好地满足了人民群众对公正高效便捷司法的内在需求和期待。

（一）司法确认案件数量稳步增加

统计数据显示，南明区人民法院司法确认程序在经历数年时间的运行后，已经拥有相对成熟的经验，司法确认案件数量呈现逐年递增且增速不断扩大的总体特征。其中，2019 年，南明区人民法院全年办理司法确认案件 336 件，2020 年，南明区人民法院全年办理司法确认案件 537 件，增速为 59.82%；2021 年，南明区人民法院全年办理司法确认案件共 781 件，同比增加 244 件；2022 年 1 月 1 日至 7 月 21 日，南明区人民法院办理司法确认案件共计 1504 件，① 已远超 2021 年全年办理的司法确认案件数量

---

① 截至 2022 年 7 月 21 日，南明区人民法院办理以"诉前调确"为文号的司法确认案件，即诉前调解成功后，当事人依法申请司法确认的案件为 1504 件。与此同时，南明区人民法院还办理成功进行诉前调解并出具调解书的案件 49 件。

（见图1）。按照这一增速，2022 年全年南明区人民法院办理的司法确认案件数有望接近 3000 件，这将占全院办理民商事案件总数的二成。

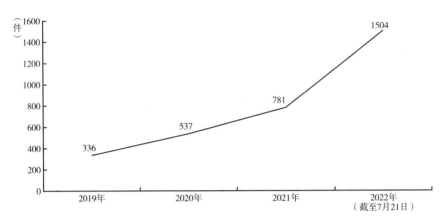

图 1　近年来南明区人民法院办理司法确认案件数量

（二）司法确认案件类型分布广泛

从 2012 年《民事诉讼法》第 194 条以及 2021 年《民事诉讼法》第 201 条的规定来看，人民法院办理的司法确认案件范围（对象）为人民调解组织达成的调解协议，而对案件类型似无相应限制，即只要能够经人民调解组织调解的案件类型，均可作为人民法院司法确认的案件。然而，最高人民法院《关于人民调解协议司法确认程序的若干规定》第 4 条明确规定，人民法院司法确认不予受理的案件类型包括不属于人民法院受理民事案件的范围或者不属于接受申请的人民法院管辖、确认身份关系、确认收养关系、确认婚姻关系等四类案件，从而对司法确认案件范围进行限缩。对于不予受理的第一类案件，因不属于人民法院受理民事案件或者缺乏管辖权，接受申请的人民法院不予受理具有一定的合理性，而对后三类案件被排除于司法确认案件范围的原因，最高人民法院有关同志解释道，"身份关系、收养关系、婚姻关系是否存在以及是否需要解除，不仅对当事人本人，而且对整个社会的和谐稳定都具有重要影响，当事人应当慎重处理上述关系。如果确实需要对上述关系是否存在进行认定，确实需要解除上述关系，应当通过诉讼或者其他法定方式解决"。①

从南明区人民法院办理的司法确认案件类型来看，司法确认实际运用于社会矛盾纠纷的各主要类型，包括但不限于人身损害赔偿、债务、分家析产、赡养、抚育、抚养、继承、相邻关系、婚约财产、宅基地、财产权属、合伙、农业承包合同、劳务合同、借款合同、保管合同、运输合同、建设工程施工合同、承揽合同、租赁合同、借用合同、赠与合同等纠纷，其中既有标的较小的轻微民事纠纷，也不乏标的上亿元的重大民事纠纷。

例如，在贵阳某企业管理有限公司诉贵阳某房地产开发有限公司偿还借款纠纷中，2022 年 4 月，贵阳某企业管理有限公司将贵阳某房地产开发有限公司诉至南明区人民法院，要求被告偿还借款 1.3 亿元。为促进矛盾纠纷源头化解，根据当事人的意愿，南明区人民法院诉调对接中心根据案件类型和特点将该案推送给调解经验丰富的退休老法官进行诉前调解。该案标的额较大，因有部分借款为现金支付，部分证据材料缺失，双方对实际借款金额分歧较大，调解曾一度陷入僵局。为能公正及时地化解纷争，调解员再次对案件进行仔细梳理，多次与双方电话沟通，并引导双方按规定补齐证据材料，在调解员专业指导下，双方当事人对证据进行逐一核实、质证，最终确认借款金额，达成还款协议，并申请了司法确认。该案通过"诉前调解+司法确认"的模式高效化解了 1.3 亿元的涉企纠纷，审理周期较诉讼至少缩短 2/3，并为当事人节省诉讼费用 30 余万元。

与此同时，对于纠纷性质依法不能进行调解的（上诉三类关于身份的矛盾纠纷）、协议内容不需要强制执行的，以及协议内容影响关联案件的审判、执行的案件，南明区人民法院通常以出具民事调解书，而非进行司法确认的方式进行处理。例如，根据 2022 年的统计数据，在南明区人民法院对诉前调解案件调解成功并出具调解书的 49 起案件中，离婚纠纷共 29 件，抚养收养关系纠纷 8 件，占该类案件的 75.51%（见图 2）。

（三）司法确认案件办理快速迅捷

人民法院的司法确认通过对人民调解协议进行司法审查并赋予其强制执行

---

① 卫彦明、蒋惠岭、向国慧：《〈关于人民调解协议司法确认程序的若干规定〉的理解与适用》，《人民司法》2011 年第 9 期。

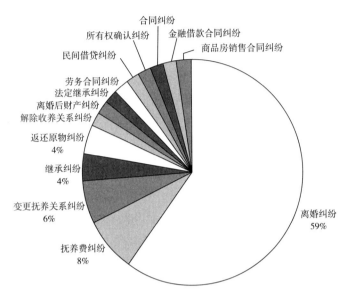

图 2　2022 年南明区人民法院以"诉前调书"为文号办结案件类型

力，以期公正高效快捷地解决矛盾纠纷，维护人民群众合法权益，为此，《民事诉讼法》规定，当事人申请司法确认调解协议，可以采用书面形式或者口头形式。当事人口头申请的，人民法院应当记入笔录，并由当事人签名、捺印或者盖章。《最高人民法院关于人民调解协议司法确认程序的若干规定》要求，人民法院收到当事人司法确认申请，应当在三日内决定是否受理，人民法院受理司法确认申请后，应当指定一名审判人员对调解协议进行审查；并且应当自受理司法确认申请之日起十五日内作出是否确认的决定。因特殊情况需要延长的，经本院院长批准，可以延长十日，即人民法院办理司法确认案件的期限最长为 28 日。

就审查人员组成以及案件办理期限来看，南明区人民法院司法确认案件办理快速迅捷，契合设置司法确认程序的初衷。一方面，南明区人民法院已经基本形成办理司法确认案件的固定团队，由相对固定的法官承办司法确认案件，这既可以保证司法确认案件承办质量，又可以节约司法确认案件的办理时间。

另一方面，根据统计分析，2019 年，南明区人民法院法官办理司法确认案件每件用时 10.43 天；2020 年，南明区人民法院法官办理司法确认案件效率有所提升，为每件 8.50 天；2021 年，南明区人民法院法官办理司法确认案件的平均用时有所增长，为 18.69 天；2022 年，南明区人民法院办理一件司法确认案件平均用时仅为 5.28 天，法官的办案效率明显提升，特别是办结的 1504 件司法确认案件中，有 447 件当事人当天申请当天办结，有 310 件于当事人申请司法确认次日即办结，两者已经超过当期办结全部司法确认案件的五成（见图 3）。

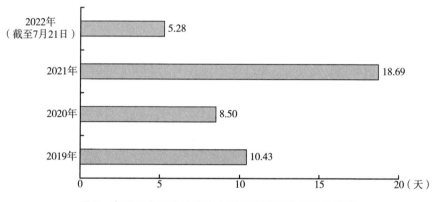

图 3　南明区人民法院法官办理司法确认案件平均用时

（四）司法确认案件以确认为主体

根据最高人民法院《民事诉讼法解释》的规定，对于司法确认案件，人民法院的处理结论有四种：一是不予受理，二是确认协议有效，三是驳回申请，四是准予撤回申请（包括按撤回申请处理）。其中，第 355 条规定，当事人申请司法确认调解协议，有下列情形之一的，人民法院裁定不予受理：（一）不属于人民法院受理范围的；（二）不属于收到申请的人民法院管辖的；（三）申请确认婚姻关系、亲子关系、收养关系等身份关系无效、有效或者解除的；（四）涉及适用其他特别程序、公示催告程序、破产程序审理的；（五）调解协议内容涉及物权、知识产权确权的。人民法院受理申请后，发现有上述不予受理情形的，应当裁定驳回当事人的申请。故第一种和第三种处理结论其实是针对不同程序阶段而做出的区分，在实体意义上无进一步区分的必要。第 357 条规定，确认调解协议的裁定作出前，当事人撤回申请的，人民法院可以裁定准许。当事人无正当理由未在限期内补充陈述、补充证明材料或者

223

拒不接受询问的，人民法院可以按撤回申请处理。即人民法院准予撤回司法确认申请以及按撤回申请处理的情形也具有实体意义上的相似性。因此，上诉四种处理结论中真正有区分意义的是确认协议有效、驳回申请（包括不予受理）以及准予撤回申请（包括按撤回申请处理）三种，确认协议有效无疑占据绝对主流，其他两类处理结论的适用相对较少。

根据图4所示，南明区人民法院2019年办理的336件司法确认案件中仅17件未确认调解协议的效力，2020年办理的537件司法确认案件中仅16件未确认调解协议的效力，2021年办理的781件司法确认案件中仅10件被驳回申请而未确认调解协议的效力，2022年7月21日前办理的1504件司法确认案件中仅11件被驳回申请、4件被准予撤回申请，未确认调解协议效力率不足百分之一。

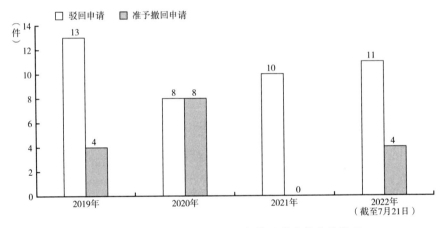

图4 南明区人民法院未确认调解协议效力的案件情况

（五）司法确认程序功能发挥较好

司法确认程序尽管自2009年即开始进行推广运用，但出于各类众所周知的主客观原因，司法确认程序的公众认知度、接受度还处在不断深化的过程中，司法确认在推动矛盾纠纷多元解决方面的价值还有待进一步释放。不过，从当前南明区人民法院司法确认程序运行的整体态势来看，司法确认程序预设功能发挥相对较好，也得到人民群众和上级领导的肯定。以下谨以两例予以印证性说明。

第一，司法确认在参与花果园片区诉源治理中发挥积极价值。贵阳市南明区花果园片区，系国内单个楼盘占地面积等多个指标第一的超大型社区，总占地面积 10 平方公里，常住人口 50 万，现有企业 1.2 万家，涉房纠纷、物业纠纷突出。2019～2021 年，花果园片区每年产生的矛盾纠纷近万起，除南明区人民法院院本部办理的案件和人民调解、诉前调解的案件外，花果园人民法庭每年新收案件近 4000 件，员额法官每年办案逾千件。为破解南明区人民法院难承其重的困境，并回应司法助力社会治理现代化的需求，南明区人民法院成立以分管副院长为组长的法庭诉源治理专班，分管副院长入驻花果园指挥部和区综治中心，共克超大型社区诉源治理堵点和难点。一方面，南明区人民法院通过发挥司法专业职能，以联调促联控。对纠纷非诉解决的可能性进行研判，向双方当事人说明诉调对接的特点与优势、诉讼风险与成本，为联合调解提供专业方案和建议，推动调解工作积极开展。另一方面，及时进行司法确认，以"强制力"促"公信力"。对诉前调解成功的案件进行司法确认，提升诉前调解公信力，促进一站式实质解纷，确保当事人权利及时兑现。司法确认在解决超大型社区矛盾纠纷以及诉源治理中的成效初步显现，并得到上级领导的肯定性批示。

第二，选聘特邀调解员，组建"老法官之家"。为推进诉源治理工作，探索多元纠纷解决机制，2021 年 4 月南明区人民法院组建"老法官之家"，一批擅长调解工作的退休法官作为特邀调解员，参与法院案件的调解，化解了大批矛盾纠纷，不断提升诉源治理工作水平，充分发挥诉前调解的优势满足人民群众多元化司法需求，诉调对接工作取得明显成效。2022 年以来，针对部分标的额较大的涉企纠纷，集中推送给调解经验丰富的特邀调解员进行诉前调解，现已成功调解 10 余件大额涉企纠纷，为企业节省诉讼成本 300 余万元。相关成功调解的案例，又得到司法确认对调解协议的认可和执行。例如，针对某资产管理股份有限公司贵州分公司与遵义市某投资（集团）有限公司、遵义市某城市建设投资经营有限公司、遵义某建设（集团）有限公司 17.05 亿元的债权债务纠纷，南明区人民法院组织"老法官之家"的特邀调解员对该纠纷进行诉前调解，最终于 2022 年 6 月 15 日成功达成调解协议，并向南明区人民法院申请司法确认。南明区人民法院经审查后于 2022 年 6 月 20 日作出裁定书确认当事人所达成的调解协议有效，从而通过司法确认程序肯定了调解协议的效力，为当事人之间债权债务纠纷的最终解决提供了法律强制执行力。

三　检视与对策：南明区人民法院司法确认程序优化完善

近年来，在上级法院的指导下，南明区人民法院结合自身审判实践，就优化司法确认程序制定翔实且具体的实施方案，将优化司法确认程序与多元化纠纷解决机制有机结合，深入推进司法确认程序从源头上减少诉讼增量，释放司法确认程序多层次、多渠道化解矛盾纠纷的内在价值。

（一）细化充实司法确认程序规范，推动司法确认有序运行

众所周知，明确具体的规范依据是程序高效有序运行的必备前提，而为推动诉前调解程序在南明的切实运行，南明区人民法院主动根据有关规定和上级部门的相关要求，不断细化充实司法确认程序规范。具体来说，为进一步优化司法资源配置，推进案件繁简分流、轻重分离、快慢分道，深化民事诉讼制度改革，提升司法效能，促进司法公正，全国人民代表大会常务委员会于2019年12月通过《关于授权最高人民法院在部分地区开展民事诉讼程序繁简分流改革试点工作的决定》，授权最高人民法院在贵阳市中级人民法院及其辖区内基层人民法院就优化司法确认程序等开展民事诉讼程序繁简分流改革试点工作。

贵阳市中级人民法院根据全国人大常委会的授权及最高人民法院、贵州省高级人民法院的有关规定，制定《贵阳市中级人民法院优化司法确认程序试点工作实施细则（试行）》，以进一步健全诉调对接工作机制，依法、审慎、稳妥地开展民事诉讼程序繁简分流改革试点工作，优化司法确认程序，及时保障当事人的合法权益。该细则共4章28条，分别规定司法确认的案件管辖及立案受理、审查原则和程序、司法确认效力和执行等内容，为全市各法院深入推进司法确认程序优化提供详尽、具体、完备的规范依据。

其后，南明区人民法院根据最高人民法院《民事诉讼程序繁简分流改革试点实施办法》的规定，按照上级法院工作要求，结合自身审判工作实际，

制定《南明区人民法院关于民事诉讼程序繁简分流改革试点工作实施方案》，以第4条、第5条、第6条和第7条四个条文专节规定"优化司法确认程序"。其第4条旗帜鲜明地提出，"坚持把非诉讼纠纷解决机制挺在前面，依托南明区民商事案件调解中心、保险金融纠纷诉调对接工作平台等，坚持在合法自愿原则下推进婚姻家庭纠纷、邻里纠纷等案件的诉前调解，从源头上减少诉讼增量，将优化司法确认程序与多元化纠纷解决机制有机结合，推动矛盾纠纷多层次、多渠道化解"。第5条建立特邀调解名册制度，规定"特邀调解组织或者特邀调解员调解达成民事调解协议的，双方当事人可以自调解协议生效之日起三十日内共同向本院申请司法确认"。第6条明确委托、委派调解协议的司法确认，规定"经本院委托、委派民商事调解中心、人民调解委员会、行业调解委员会、行政调解委员会等调解组织调解达成民事调解协议的，双方当事人可以自调解协议生效之日起三十日内共同向人民法院申请司法确认"。第7条则在诉前调解协议司法确认的基础上，规定案件审理过程中当事人达成调解协议也可申请司法确认，即"在案件审理阶段，亦可根据案件实际情况特邀专业性调解组织或调解员介入，对案件进行调解，促进矛盾纠纷化解"。由此可见，南明区人民法院主动结合自身司法确认工作的实践，积极细化上级部门制发的关于优化司法确认的文件，明确了司法确认的案件范围、管辖、审查规则、审查程序、司法确认的效力以及执行等问题，为推动该院司法确认工作的有序、稳健开展提供了必要、必需且充实的规范依据。

（二）持续提高司法确认适用比例，释放司法确认内在价值

从统计数据来看，虽然近年来司法确认在南明区人民法院的适用比例有较大提升，但不得不承认，当前司法确认案件适用数量以及适用比例仍旧有较大的提升空间，这对充分释放司法确认公正高效解决矛盾纠纷的内在价值有着基础性和根本性的意义。毕竟再优良的制度规范，一旦未能有效付诸实践、未能在现实中得到相应的运用，都将沦为具文。当然，从其他法院的调研统计情况来看，司法确认适用比例也面临偏低的问题。例如，杭州市上城区人民法院的统计显示，"上城法院在未成立诉调对接中心以前未曾受理过司法确认案件。2012年11月诉调对接中心开始运行，截至2014年5月，该中心共调解纠纷

4065 起，其中 2212 起经调解员调解解决，并由审判人员出具调解书或撤诉裁定书，另有 36 起适用司法确认处理，诉前调解成功率有 54%，而司法确认的适用率几乎不到 1%"。① 也有调研显示，"自 2016 年《最高人民法院关于人民法院特邀调解的规定》颁布以来，某市法院在全市基层法院大力推行司法确认程序，司法确认案件数较以往大幅提升，但与同期受理民商事案件数相比，司法确认案件所占比例微乎其微。2016 年至 2019 年分别占同期民商事案件受理数的 0.43%、0.15%、0.16%、0.74%。即便是在大力推广司法确认程序的前提下，该制度依然没能发挥出想象中的优势"。② 与此同时，司法确认的案件主要集中于人民调解协议的司法确认，而行政调解协议、行业调解协议的司法确认案件更为稀少。

应当说，在司法确认正式推广初期，因对司法确认程序尚不熟悉，司法确认适用比例相对较低尚可理解，然而司法确认程序已经运行十余年，已然成为一项相对成熟的司法程序，更何况当前矛盾纠纷解决压力倍增，司法确认在推动矛盾纠纷的最终化解方面具有更强的现实需求性，其适用数量和比例按理均应有较大幅度的增长。个中原因，既有观念认知上对司法确认程序运行机制和运行实效的固有偏见和误区，也有制度设计层面上立案标准难明确、审查标准模糊不清以及救济程序难发挥功效等缺陷和问题。例如，有学者在调研中发现，"两地法官对司法确认的态度却高度一致，不仅仅是谨慎，毋宁说是有点排斥。Z 区法院的一位法官说：'如果能不办（司法确认），我就不办。'而承办司法确认案件的 W 区法院的一位法官则表示：'这是因为上头有要求和任务指标'……法官们更为担忧的是，一些申请人可能虚构债权债务，通过人民调解委员会达成调解协议后申请司法确认来逃避债务。如果出现错案，承办法官将面临相应的职业风险"。③

---

① 丁莹：《诉调对接中司法确认的尺度考量——以上城法院实践为例》，杭州市上城区人民法院，http://shangcheng.zjcourt.cn/art/2015/5/19/art_1360995_12143713.html，最后访问时间：2022 年 10 月 16 日。

② 王帆：《存废之间：调解协议司法确认程序的功能续造？基于 X 市法院司法确认程序实证调查分析》，载刘贵祥主编《审判体系和审判能力现代化与行政法律适用问题研究——全国法院第 32 届学术讨论会获奖论文集（下）》，人民法院出版社，2021，第 1036 页。

③ 黄东东：《治理如何现代化：组织、信息与司法确认——以 W 区与 Z 区的调研为基础》，《河北法学》2018 年第 11 期。

事实上，早在 2019 年 2 月 27 日，最高人民法院发布实施《关于深化人民法院司法体制综合配套改革的意见——人民法院第五个五年改革纲要（2019—2023）》，首次提出"诉源治理"的概念，要求"坚持把非诉讼纠纷解决机制挺在前面，推动从源头上减少诉讼增量"。而诉源治理的本质就是将矛盾化解于形成之初，以免形成没有必要的诉讼纠纷，诉源治理与基层法院的相关性在于，通过基层法院的非讼介入，引导或指导纠纷当事人化解矛盾，消解纠纷。① 司法确认程序属于非讼程序，其价值体现在满足当事人的多元解纷需求以及提高司法效率，且完善司法确认程序也能为非诉讼调解的发展保驾护航。② 作为推进诉源治理工作的重要机制，司法确认的适用比例势必应当得到较大幅度的提升。而上述制约司法确认适用比例因素的消除需要建立相应制度机制，也需要更新包括人民法院司法确认适用者、矛盾纠纷当事人以及普通社会公众对司法确认程序的认知。正如学者所言："激活司法确认程序，既要拓展司法确认程序的适用范围，也要通过法制宣传、个案指引等方式促使群众认识其重要价值，从而提高司法确认程序的使用率。"③

（三）强化司法确认裁定释法说理，增强司法确认的公信力

比较法学家勒内·达维德曾言："只要不是将法官的裁判仅仅视为国家权威宣示，裁判说理就是必需的。"④ 法谚也云："正义不仅要实现，而且应当以人们看得见的方式实现。"这份"看得见"的正义在裁判文书中即体现为论点鲜明、论证严密、层次分明、分析透彻的裁判理由。法院的权威来源于裁判的说服力，逻辑清楚而又具说服力的裁判必然为任何忠实法治原则的司法制度所孜孜不倦地追求。毋庸讳言，裁判文书说理不仅是说服当事人自愿接受裁判结果、证明裁判正当性的基本手段，也是限制法官自由裁量权、树立司法公信和

---

① 张卫平：《"案多人少"问题的非讼应对》，《江西社会科学》2022 年第 1 期。
② 丁亚琦：《诉源治理视域下诉调衔接机制的完善》，《人民论坛》2022 年第 3 期。
③ 钟明亮、陈莉：《完善我国案源治理的路径思考——以 C 市 A 区人民法院为样本的分析》，《法律适用》2022 年第 7 期。
④ 〔法〕勒内·达维德：《当代主要法律体系》，漆竹生译，上海译文出版社，1984，第 432 页。

权威的重要路径。[①] 为进一步加强和规范人民法院裁判文书释法说理工作，提高释法说理水平和裁判文书质量，2018 年 6 月，最高人民法院专门下发《关于加强和规范裁判文书释法说理的指导意见》，要求"裁判文书释法说理，要阐明事理，说明裁判所认定的案件事实及其根据和理由，展示案件事实认定的客观性、公正性和准确性；要释明法理，说明裁判所依据的法律规范以及适用法律规范的理由；要讲明情理，体现法理情相协调，符合社会主流价值观；要讲究文理，语言规范，表达准确，逻辑清晰，合理运用说理技巧，增强说理效果"。然而，从南明区人民法院现有的司法确认裁定书来看，释法说理确有极大的提升改善的余地，特别是不予受理、不予确认调解协议或者驳回申请的裁定书释法说理的不充分性至为明显。

例如，在戚某与方某申请确认调解协议效力案中，戚某与方某经南明区民商事案件人民调解委员会主持调解，达成调解协议"方某于 2022 年 10 月 1 日前退还戚某款项 20000 元"，并向南明区人民法院申请司法确认。南明区人民法院审查认为，"申请人戚某与方某 2022 年 4 月 25 日达成的调解协议，依法不属于人民法院受理的范围"，裁定"对申请人戚某与方某的申请，本院不予受理"。又如，在刘某某与陈某某申请确认调解协议效力案中，刘某某与陈某某于 2022 年 5 月 26 日经南明区人民法院特邀调解员主持调解，并达成调解协议并申请司法确认。南明区人民法院受理后，经审查认为，"申请人刘某某与陈某某 2022 年 5 月 26 日达成的调解协议，事实认定不清楚，不符合法律规定"，裁定"驳回申请人刘某某与陈某某关于申请确认调解协议有效的申请"。在该两份司法确认裁定书中，南明区人民法院均仅以"依法不属于人民法院受理的范围"裁定不予受理，"事实认定不清楚，不符合法律规定"裁定驳回申请，然而该二案究竟是属于人民法院司法确认依法不予受理的何种情形，当事人在特邀调解员主持下达成的调解协议的事实认定究竟如何不清楚，不符合哪条法律的具体规定等，裁定书均未给出应有的说明，遑论对裁定书进行符合上述最高人民法院要求的释法说理。

诚然，司法确认程序追求便捷高效，但便捷高效不等于简单粗疏，便捷

---

① 曹波：《德国刑事判决书说理方法探微——以马斯洛依故意杀人一案刑事判决书为视角》，《刑事法评论》2013 年第 2 期。

高效办理司法确认案件依然需要进行相对充分的释法说理。因为司法确认裁定书释法说理不充分将严重削弱司法确认程序自身内在的合理价值，也将影响当事人正当程序性权利和实体性权利的维护，极大地削弱司法确认乃至整个司法制度的公信力和权威性。更何况，强化司法确认裁定书的释法说理对于推动社会各界更新对司法确认程序的认知、激活司法确认程序的司法适用等均具有积极的价值。在今后的司法确认实践中，对于说理充分、释法明确且具有典型性的司法确认裁定书或者司法确认案件，不妨通过类案宣传、编制典型案例或者向上级法院上报等方式拓展司法确认程序的社会认知度和肯定度。

（四）建构虚假司法确认防范机制，确保司法确认质量效益

从统计数据上来看，尚未发现当事人恶意串通开展虚假调解、申请虚假确认的案例。不过，其他实务专家在调研中发现，"以'虚假诉讼'作为核心词条进行搜索，K 区人民法院所在 Y 省近三年来有相关裁判文书共有 2137 份。在大部分文书中'虚假诉讼'出现在原告所述事实或者被告辩称意见中，并未被法院予以认定"。研判得出虚假调解主要高发于以下领域。一是合同类案件。比如，民间借贷纠纷，将高利贷、赌债等非法债务通过司法确认变为合法之债，或者双方直接虚拟莫须有的债务以对抗其他债务的执行。比如，房屋租赁合同纠纷，凭借租赁关系主张买卖、拍卖不破租赁以规避执行。二是婚姻家庭类纠纷。比如，离婚案件利用离婚转移夫妻共同财产，或规避购房限贷限购政策。比如，分家析产案件，以裁判文书中"分户""确权"等内容对抗拆迁政策，以获得更多拆迁红利。除上述两大类以外，劳动争议、建筑施工合同、企业破产等案件也是需对虚假调解进行重点审查的领域。[1] 也有学者结合中国裁判文书网公开的裁定书进行分析发现，"从中国裁判文书网查询到的 15 起被法院裁定不予确认的司法确认案件说明在司法确认程序中发现和否定虚假人民调解具有可能性和必要性。在这 15 起案件中，原纠纷均是追索劳动报酬争议，

---

[1] 卢旭、严华：《论繁简分流改革背景下司法确认程序的优化路径——立足于 K 区人民法院规制虚假调解的系统实践》，载刘贵祥主编《审判体系和审判能力现代化与行政法律适用问题研究——全国法院第 32 届学术讨论会获奖论文集（上）》，人民法院出版社，2021，第 322 页。

义务人一方恒定为金湖县准胜建筑工程公司，权利人一方均为自然人，调解主体均是某某县人民调解委员会，人民调解协议确定的给付数额共计 364.52 万元，其中的 11 起因基础法律关系之真实性的依据不足而被裁定不予确认"。①此外，也有学者表示，"由于社会诚信尚没有普遍确立，有一些纠纷当事人可能会通过虚假调解协议司法确认程序来损害案外人利益或者达到其他不正当目的"，并提出"为防范虚假调解协议的司法确认，人民法院受理调解协议司法确认案件时，应当向当事人告知申请虚假调解协议司法确认的法律后果，并要求出具承诺书。对调解协议进行审查时，人民法院认为有必要的，可以采取听证等方式进行，人民法院也可以依职权调查收集有关证据以审核调解协议的合法性"。②

我们认为，在司法确认实践中，不可避免地会出现当事人串通进行虚假调解并就虚假调解协议申请司法确认。《贵阳市中级人民法院优化司法确认程序试点工作实施细则（试行）》也注意到这一问题，并给予专门性应对。其第 10 条和第 11 条明确规定，司法确认案件的审查应当坚持简便快捷、依法审慎的原则，严格把好审查关，防范虚假调解、虚假确认等情形，着重审查调解协议是否为当事人的真实意思表示、是否违反法律规定以及是否存在损害国家利益、社会公共利益及集体和他人合法利益等情况，同时还应审查调解协议的制作是否存在程序明显违法情形，以及协议的可执行性，并努力督促当事人自觉履行相关民事调解协议。

除在审查环节严格执行相关规定外，南明区人民法院还可考虑建构下列机制或采取下列措施。一是进一步强化制度建设，持续扩充"老法官之家"，不断提升诉前调解人员的专业素质和专业能力，强化诉前调解人员名册建设，设置并公布诉前调解人员"黑名单"，通过高质量的诉前调解保障高质量的司法确认。二是优化完善当事人承诺机制，明确当事人违反承诺可能受到的具体处罚措施和处罚力度，增加当事人虚假调解与虚假确认的失信违法成本。对此也有学者主张，"为了进一步规制与惩戒司法确认程序中的虚假调解协议，提高虚假调解协议的违法成本，应构建集司法处罚、民事赔

① 刘加良：《非诉调解协议司法确认程序的实践误区及其矫正》，《政治与法律》2018 年第 6 期。

② 刘敏：《论优化司法确认程序》，《当代法学》2021 年第 4 期。

偿与刑事惩罚于一体的惩戒体系"。① 三是开展进一步的调研,整理容易发生虚假确认的纠纷类型,对具有较高虚假确认的案件类型,建构专门的审查规则和审查方式,在对案件基础事实、相关证据材料进行严格审查的基础上,做出是否确认调解协议效力的裁定。四是畅通虚假调解、虚假确认的救济途径,探索建立司法确认案外人通报机制、司法确认裁定书上网公开机制,完善案外人权利救济体系,切实维护案外人的合法权益。五是持续提升承办司法确认案件法官的专业水平和政治素养,防范法院内部人员办理司法确认案件时出现失职渎职现象。

(五)积极搭建线上司法确认平台,助力司法确认便捷高效

积极搭建线上司法确认平台,"让数据多跑路,让群众少跑腿",是适应当前信息网络技术发展以及矛盾纠纷解决的新形势新期待,方便人民群众更为便捷地参与司法、获取司法帮助的必要之举。从有关媒体报道来看,线上司法确认系统或平台已经在不少法院进行推广运用。比如《人民日报》报道的"江苏微解纷"调解平台,打通线上调解、线上司法确认与线上文书收取的"关节",当事人在"江苏微解纷"上开展线上调解,调解成功后可直接在微解纷平台线上申请法院司法确认,承办法官在线上进行审核后,出具司法确认裁定书,查实双方提交申请时均"同意以电子方式送达诉讼文书",并将司法确认裁定书以电子方式送达当事人,从而实现矛盾纠纷解决的全线上模式,极大地便利人民群众获取高效便捷的司法服务。② 又如,浙江省台州市黄岩区人民法院以数字化改革为牵引,以"无纸化办案"为切入口,将"全域数字法院"建设贯穿于司法服务的各个环节——窗口立案,纸质材料"先扫后立";网上立案,电子材料自动入卷;电子卷宗随案生成;无纸协同调解联动,调解成功的,在线对接司法确认,调解失败则可通过网上流转诉讼

---

① 周明:《多元解纷体系下司法确认案件的审查规则完善——以防范虚假调解协议风险为视角》,载中国法学会编《全面推进依法治国的地方实践(2021卷)》,法律出版社,2022,第22页。

② 倪弋:《提升诉讼质效,回应人民群众司法需求》,《人民日报》2022年2月17日,第18版。

材料，在线立案。① 福建省厦门市翔安区人民法院打造"指尖解纷"新模式，建立线上法官工作室，法官在线靠前指导调解，调解成功后当事人申请司法确认的，一键申请转在线司法确认，法官通过移动微法院向当事人电子送达司法确认裁定书，共办理在线司法确认 407 件。做好未化解纠纷转为诉讼案件的衔接工作，诉前调解过程全程留痕、一键可查。②

贵州省内也不乏基层法院积极开展线上司法确认，并获得广泛好评的事例。如铜仁市碧江区人民法院搭建"调裁一体"机制，对于进入法院的矛盾纠纷，该院首先进行繁简分流，对矛盾纠纷事实清楚、争议明确的简单案件，引导当事人选择省时省力、快捷高效的诉前调解。对于调解成功、即时履行的，不再进入诉讼程序。不能即时履行的，一律由速裁团队法官进行司法确认，并依法出具司法确认书。对调解不成功的案件，则直接转入诉讼程序进行立案登记，让矛盾纠纷以最优方式、最快速度在最短时间内化解。③

我们注意到，《南明区人民法院关于民事诉讼程序繁简分流改革试点工作实施方案》第 3 条提出"坚持科技赋能"，要求加快推进大数据、人工智能等与司法工作深度融合，充分利用贵州移动微法院、远程视频庭审调解等网上平台，扩大线上覆盖范围，全面推进语音识别、文书自动生成、智能辅助、电子卷宗等科技手段的深度应用，提高审判质效。在今后的司法确认程序优化完善过程中，南明区人民法院应该积极依托贵州省大数据、人工智能发展的优势，主动借鉴其他兄弟法院在线上司法确认方面的好经验好做法好平台，搭建符合南明区人民法院实际需要的线上司法确认平台，助力司法确认便捷高效开展，切实便利人民群众解决矛盾纠纷。

结　语

长期以来，南明区人民法院在推进司法确认工作过程中，始终坚持正确政

---

① 高敏、黄法：《台州黄岩法院：以数字化改革为牵引，一体化推进"三中心"建设》，《浙江法制报》2022 年 5 月 30 日，第 23 版。
② 《构建全区在线纠纷化解网络，打造诉非联动解纷新模式》，《人民法院报》2021 年 7 月 17 日，第 4 版。
③ 张志祥、陈刚：《创新便民服务举措　提升诉源治理水平》，《当代贵州》2021 年第 34 期。

治方向，以习近平新时代中国特色社会主义思想为指导，坚持党对政法工作的绝对领导，坚定不移走中国特色社会主义法治道路，切实提升化解矛盾纠纷的能力水平；始终坚持以人民为中心，将不断满足人民群众司法需求作为出发点，积极稳妥推进司法确认工作，充分发挥司法确认对人民调解的引导、促进和保障作用，为人民群众提供公正高效便捷的司法服务，司法确认工作取得令人瞩目的成绩。针对当前司法确认工作中存在的若干问题，南明区人民法院应该继续秉承司法为民、公正司法、锐意改革、大胆创新的理念，坚决破除制约司法确认预设功能和内在价值发挥的体制机制障碍，综合采用制度革新和技术变革等方式，助推司法确认始终高效有序运行，从而为辖区经济社会持续健康发展提供坚强有力的司法服务和保障。

南明区人民法院深化人民法院
一站式建设工作报告

闵文超　王荣霞　付雯*

摘　要： 南明区人民法院落实最高人民法院关于深化人民法院一站式多元解纷机制建设、推动矛盾纠纷源头化解的实施意见，落实《信访工作条例》《最高人民法院关于加强新时代人民法院涉诉信访工作的意见》，推进有信必复，巩固拓展党史学习教育和队伍教育整顿成果，解决群众诉讼过程中"急难愁盼"问题，一站式多元纠纷解决和诉讼服务体系建设取得了良好的效果和成绩。

关键词： 一站式　多元纠纷解决　诉讼服务

2022年，南明区人民法院就一站式多元纠纷解决和诉讼服务体系建设情况重点围绕四个延伸、五个重点工程，推动一站式建设向基层、向社会、向网上、向重点行业领域延伸，做实源头减量、多元增效、智慧诉服、最优窗口五大工程采取的有效举措。

一　落实最高人民法院多元解纷工作精神及 施行《人民法院在线调解规则》的举措

为深入贯彻落实习近平总书记"坚持将非诉讼纠纷解决机制挺在前面"①

---

* 闵文超，贵阳市南明区人民法院立案庭庭长；王荣霞，退休前为贵阳市南明区人民法院立案庭副庭长；付雯，贵阳市南明区人民法院四级高级法官助理。

① 本报评论员：《把非诉讼纠纷解决机制挺在前面》，《人民法院报》2023年8月18日，第1版。

的重要指示精神和省市区委及上级法院关于加强诉源治理的工作部署，南明区人民法院主动融入党委政府主导的诉源治理格局，探索以"三结合"为导向、以"三联动"为核心、依托"三化三式"诉讼服务体系建设的诉源治理解纷模式，充分发挥诉讼服务中心总枢纽和人民法庭桥头堡的作用，力求解纷在基层，消弭于萌芽，努力推动多元解纷提质增效，积极助力市域社会治理现代化建设。

（一）基本情况

2022年7月13日上午，贵州省人大常委会副主任杨永英率队赴南明区人民法院开展基层社会治理调研，随后在南明区人民法院诉源治理工作专报上作出批示："南明区人民法院在抓诉源治理工作上善于创新探索，成效明显，希望认真总结，完善提升，形成机制，为全省多元矛盾化解提供示范性样本和实践经验。"2022年5月30日，南明区人民法院制作的视频短片《治源》在全省法院诉源治理工作推进会上展播，撰写的《努力提升人民群众的司法获得感和满意度》被"长安评论"公众号采用推送，《和谐桃花源，无讼永乐安》等多篇工作信息被多家省市媒体采用推送。

一是积极探索创新，倾力打造多元解纷"南明模式"。南明区人民法院党组高度重视诉源治理工作，先后制定《南明区人民法院关于深入开展诉源治理工作的实施方案》《南明区人民法院诉调对接工作管理规定（试行）》等工作机制，压紧压实责任，形成干警主动参与、各部门协调联动的工作体系。着力打造"民商事调解中心、老法官之家、院校合作"三大调解品牌，积极引进公证调解、行业调解、律师调解等模式，推动矛盾纠纷多元化解。目前共吸纳特邀调解员137名，特邀调解组织7个。2022年，推送调解案件17364件（诉前16808件，诉中556件），调解成功8303件（诉前7834件，诉中469件），调成率较去年同期上升23.8个百分点，调解案件平均用时18.22天，持续多年的案件增长势头首次出现拐点，新收案件同比降低37.19%。2023年上半年，南明区人民法院共向特邀调解员或调解组织推送调解案件11632件，同比上升30.37%，完成调解10266件，调解成功各类案件5826件，较去年同期增长1.8倍，调解成功率56.75%，同比上升10.59个百分点，调解平均用时17.37天，平均委派时长3天，其中调解成功执行案件705件（当庭履行218

件），调解成功营商类案件 167 件。全院新收各类案件 14396 件，同比下降 22.51%，其中新收民商事案件 8647 件，同比下降 14.18%。

二是加强诉调对接，着力提升源头解纷成效。切实发挥人民法院在诉源治理中的参与、推动、规范和保障作用，公正高效化解纠纷，推动工作向纠纷源头防控延伸，制定了《南明区人民法院关于商品房买卖合同类案多元化解实施细则（试行）》等工作机制，全力优化营商环境，切实推进本院类案多元化解工作。对涉金融、物管类等纠纷，加强与当事人和相关部门的沟通协调，由诉调对接中心统筹，培训指导调解员，开展集约送达，实现大量纠纷在诉前化解。2022 年以来，成功化解类案纠纷 2158 件。

三是发挥人民法庭的桥梁纽带作用，构建基层矛盾纠纷预防化解网格。充分发挥人民法庭职能，融入基层社会治理，在花果园片区探索"综治中心牵总、企业化解为主、联合解纷为辅、法院诉讼断后"的超大型社区诉源治理模式；永乐人民法庭着力打造"法官入乡村、就地解纠纷、矛盾不入庭"诉源治理模式，通过设立法官工作站、开展一周一走访制度、建立 3+2 调解模式等多种方式，积极助力永乐乡"无讼乡"的创建，服务保障乡村振兴。2022 年以来，南明区人民法院在各人民法庭辖区挂牌成立 7 个法官工作站及 7 个法官工作点，参与 4 个"无讼社区"、1 个"无讼乡"、1 个"无讼村"创建试点工作，通过与辖区基层组织联动联调，推动区域纠纷源头预防和化解，取得较好效果，各人民法庭 2022 年收案量明显下降，较 2021 年同期降低近 50%。

四是强化多调联动，推动形成社会治理大格局。切实贯彻落实最高人民法院推进构建中国特色"总对总"在线多元解纷新格局工作座谈会精神，积极推动与本地区相关单位诉调对接工作。目前，南明区委政法委印发《南明区关于加强诉源治理　推动矛盾纠纷源头化解的工作方案》，对矛盾纠纷多元化解的平台体系、运行机制、工作保障以及相关单位职责等作出明确规定，进一步完善和巩固了诉源治理工作格局。南明区人民法院还引进了银保监会、金融调解委员会、公证等相关调解组织开展专业案件调解。

五是强化智慧赋能，全面推行线上调解。南明区人民法院以信息技术为支撑，推行网上立案、线上查询、在线调解、在线司法确认等诉讼服务，当事人运用"人民法院调解平台""多元调解"小程序等线上诉讼平台就可实现线上调解。对调解员进行在线调解培训，要求调解员学习掌握平台使用方法和

《人民法院在线调解规则》。2022 年以来，共推送调解案件 17364 件，全部录入人民法院调解平台，其中通过音视频调解 6288 件，音视频在线调解率 36.21%。

（二）存在的问题、下一步工作打算及建议

南明区人民法院作为中心城南明区人民法院，案件体量仍然很大，解纷压力较大，调解队伍建设、经费保障等还需进一步强化。

一是全面融入社会治理大格局。紧紧围绕社会治理和经济社会发展大局，更加主动融入党委政府一体化矛盾纠纷调处，加强与司法行政等有关部门在诉非分流、多元化解等方面的衔接联动，凝聚更大预防化解矛盾纠纷合力，助力形成共建共治共享的现代社会治理格局，进一步实现从源头减少诉讼增量的目标。

二是全面提高一站式多元解纷能力和水平。加强调解员队伍建设，进一步加强培训指导，促进调解员队伍专业化、规范化建设。建立健全先行分流引导、专业联动调解和"分调裁审"机制，不断完善繁简分流、调解速裁、多元化解的分层递进纠纷解决机制。

三是建议上级部门进一步加强技术支持。目前，法院办案平台网上立案审核的诉前调解案件需要手动输入人民法院调解平台。希望可逐步实现人民调解平台和法院办案平台及其他诉讼服务平台的互联互通，进一步减少法院在案件调解和诉讼流转中的环节和耗时，有力提升案件质效。

二 "厅网线巡"立体化诉讼服务开展情况

2022 年，南明区人民法院积极顺应时代发展潮流，以智慧法院建设为支撑，围绕便民利民的工作需求，充分尊重群众多层次、多样化立案需求，全力打造"厅网线巡"立体化诉讼服务渠道，完善现场、自助、网上、跨域/跨境"四立"服务体系，为群众提供更加便捷化、精准化、智慧化、全流程在线的诉讼服务，充分保障当事人依法行使诉权，最大限度方便群众办理立案手续、减轻群众诉累，提升服务群众水平，使群众的满意度大幅提升。加强网上立案审核人员的数量和素质配备，特别是 2022 年 9 月贵阳疫情防控期间，当事人

无法前往窗口立案，网上立案审核凸显优势所在。2022年至今南明区人民法院网上立案审核达10422件，审核通过6492件，网上立案通过率达62.29%，跨域立案14件。执行系统网上审核2122件、保全平台审核119件，取得了较好的社会效果。

开设绿色服务通道，让诉讼服务更暖心。为进一步保障、优化老弱病残孕等特殊群体的诉讼权益，使其在享受便捷服务的同时也体会到司法的温暖，南明区人民法院设立"七十岁以上老年人、孕妇、残疾人、军人优先"窗口，为特殊群体提供专门专人服务，尽最大可能为其提供诉讼服务便利。

为进一步优化法治营商环境，不断提升司法服务水平，着力为中小微企业纾困解难，助推法治营商环境水平再上新台阶，南明区人民法院立案大厅专门增设两个窗口"优化营商环境民事案件立案窗口""优化营商环境执行案件立案窗口"为民营企业开通立案、执行绿色服务，打造现代化司法保障，护航中小微企业。2022年以来，南明区人民法院民事立案营商环境案件960件、营商环境执行案件530件，优先办理中小微企业的立案业务，在审查、登记、受理等各个环节提速增效，及时为中小微企业解决燃眉之急。

多元增效、智慧诉服方面，充分推行网上鉴定系统平台，2022年通过鉴定系统委托案件235件，在线委托率达80%以上，使得案件当事人及鉴定机构可以通过鉴定系统完成鉴定交费及补充材料，适时查看案件鉴定进展情况，在方便当事人的同时增加了鉴定案件委托过程的公开透明度，为案件审理夯实了基础。

司法辅助送达方面，将集约送达外包给第三方公司，做到审判辅助工作专业化、集约化、高效化，2022年，外包的送达小组累计收案25478件，完成案件送达68944人次，其中民事案件送达完结51790人次，执行案件送达完结14539人次，诉前调解案件送达完结2378人次，更好地服务本院审判工作。

无纸化扫描方面，积极响应贵州省高级人民法院的无纸化办案规定，在立案大厅设立"无纸化办案专区"，由外包专业公司派人对案件卷宗材料进行扫描归档，实行法官审理案件卷宗电子化、规范化，更好地服务于审判工作。2022年立案扫描9772件，扫描卷宗材料达454043页，使本院的无纸化办案率大幅度提升。

三 落实《信访工作条例》《最高人民法院关于加强新时代人民法院涉诉信访工作的意见》，推进有信必复

（一）提高政治站位，强化责任担当

涉诉信访工作是全院工作的重中之重，是目前压倒一切的政治任务。我院党组高度重视，精心部署，统一组织干警学习《信访工作条例》，第一时间传达上级关于信访工作的会议精神，贯彻落实上级各项工作要求。深化人民法院一站式多元解纷机制，充分发挥诉讼服务中心"一站式"作用，综合运用网上申诉、来访来信、12368等诉讼服务热线等，拓宽信访渠道，畅通群众信访途径。并在院设立专门信访接待室，在接待场所宣传信访工作有关的法律法规、信访事项处理程序等。院党组定期听取信访工作汇报，分析研判信访工作形势及部署下一步工作。

为扎实推进涉诉信访工作，成立院涉诉信访案件"控增量"攻坚行动领导小组，由院党组书记、院长担任组长。领导小组负责全面统筹协调全院涉法涉诉信访案件"控增量"攻坚行动，加强督查督办、跟踪问效和指标考核等，全面压紧压实责任。建立由院长负总责、分管领导具体抓、党组成员全面参与、信访工作部门和审判业务部门协同配合的工作体系，通过院领导"包案"督导+"一案一策"确保信访案件逐案清理、各个击破，实现信访案件"控增量""减存量"的目标。

（二）健全制度机制，坚持依法化解

准确把握新形势下的人民内部矛盾特点，创新涉诉信访工作新的工作模式，建立新形势下的涉诉信访工作机制。坚持运用法治思维和法治方式，坚持诉访分离，对信访问题准确分流、有序导入、及时处理、妥善化解。认真贯彻落实《信访工作条例》《最高人民法院关于加强新时代人民法院涉诉信访工作的意见》，以人民为中心，切实维护群众的合理合法诉求。一是制定《贵阳市南明区人民法院领导接访制度》《贵阳市南明区人民法院涉法涉诉

信访事项办理实施细则》，不断提升信访工作系统化、规范化、法治化水平。切实落实领导接访和包案化解制度，制定每周领导接访排期表和包案责任表，妥善处理重点领域、重点案件、重点人员涉诉信访问题。二是建立定期开展涉法涉诉信访案件风险排查和信访联络员联报工作机制，并制定了《南明区人民法院涉诉信访案件"减存量"攻坚行动方案》《南明区人民法院涉诉信访案件"控增量"攻坚行动方案》。三是根据信访事项类型制定不同工作程序，对信访整个过程制定监督问责机制。

（三）加强诉源治理，狠抓源头预防

南明区人民法院紧紧依靠党委领导和上级法院指导，加强诉源治理工作，将防线前移，搭建前端共治体系，把涉诉信访工作融入基层社会治理之中，加强源头化解，预防信访案件的形成。

一是充分发挥基层党组织作用，做实"一中心一张网十联户""党小组+网格员+联户长"的铁三角基层治理机制及基层信访工作联席会议机制。充分发挥法官工作站和工作点方便群众联系的作用，通过积极走访群众、企业，了解社情民情，就地化解纠纷，在定分止争的同时强化隐患摸排，与基层组织共促良序善治。

二是通过多方参与、多元联动的诉前解纷模式推动矛盾纠纷源头化解。南明区人民法院充分发挥司法在多元化纠纷解决机制中的引领、推动和保障作用，对属于"高发频发"的区域性、类型化矛盾纠纷，深入分析争议成因，积极向区委政法委汇报，协同基层组织、行业主管部门开展矛盾纠纷源头治理。目前正在针对物业类、金融类、商品房合同类案件探索类案诉讼前端化解机制。南明区人民法院成立的特色调解团队"老法官之家"积极发挥其善调纠纷的优势，攻坚化解各类信访案件，取得显著成效。

三是"诉调联动"强化矛盾纠纷关口把控。南明区人民法院将诉讼服务中心作为案件分流、摸排、把控的总枢纽，在登记立案阶段案件分流中心对案件进行甄别分流，积极向当事人宣传诉前调解"低成本、省时长、较简便"的优势，引导纠纷前端化解。立案庭根据立案情况进行串并分析，及时向审判执行部门通报风险隐患，加强防控提示，与基层、重点行业领域加强沟通联动，及时提出司法建议，形成预防化解链条。

（四）存在的困难及下一步工作打算

2022 年 1~11 月，南明区人民法院收到上级法院转办 12337 举报平台案件 51 件，均已报结；由区信访局融合平台转办案件 44 件，均已报结；重复治理案件 11 件，已报结 1 件；倒流案件 5 件，均已报结。院信访接待室共计接待信访人 402 人（次）。

根据省法院、市政法委多轮筛查，确定"三下台账"及"一更新台账"中，南明区人民法院涉及上级部门各平台交办的涉法涉诉信访案件共计 51 件，目前已全部化解。

信访工作是党的群众工作的重要组成部分，事关群众切身利益、事关社会和谐稳定，是了解社情民意的重要窗口。对于信访案件，严格依法裁判，综合运用调解、教育等办法做好释法析理、思想疏导等工作，结合诉源治理工作，在源头上预防、萌芽时化解。依法做好涉诉信访工作的前提是将人民群众的诉求期待、矛盾问题的转化等纳入法治的框架下，在法律制度下解决。

目前，南明区人民法院还存在少数干警责任意识不强、信访工作机制不完善等问题。对此，法院将在党委政法委坚强领导、上级法院精心指导下，切实落实信访工作责任，不断提高司法服务水平，努力提升人民群众司法获得感、满意度，筑牢维护社会稳定的铜墙铁壁，推进诉源治理和矛盾实质化解，紧紧围绕社会治理和经济社会发展大局，更加主动参与党委政府一体化矛盾纠纷调处，加大与司法行政等有关部门在诉非分流、多元化解等方面的衔接联动，凝聚更大预防化解矛盾纠纷合力，推进矛盾纠纷源头化解，实现力求解纷在基层，消弭于萌芽。

四 巩固拓展党史学习教育和队伍教育整顿成果，解决群众在诉讼过程中的"急难愁盼"问题

南明区人民法院作为贵阳市中心城区人民法院，案件体量仍然很大，解纷压力较大，调解队伍建设、经费保障等还需进一步提升强化，下一步应多向区政府、区党委汇报联系，以取得上级党组织各方面的指导、支持，把调解工作做得更精、更细、更完善。在鉴定系统平台方面存在的问题是鉴定机构不够全

面，省内外部分鉴定机构未上鉴定系统平台，无法通过鉴定系统平台委托工作。部分鉴定机构对鉴定系统操作不熟练甚至误操作，导致线上委托流程不畅，对这些问题也需逐步向上级党委汇报，以期得到统筹协调。另外，希望院党组、院领导对诉讼服务中心的人员加强配置，把业务好、责任心强的干警充实到立案一线，以更好地服务于诉讼群众，更大限度提升人民群众的满意度、获得感。

智慧赋能南明区人民法院现代化
建设调研报告

詹杨勇[*]

摘　要：建设网络化、阳光化、智能化的智慧法院，以司法为民、司法公正为原则，结合大数据、人工智能、网络等技术，使得法院审判执行等各项工作阳光高效，并逐步实现基层法院现代化建设，多元满足人民群众日益增长的司法新需求，大大提升人民群众的满意度，努力让人民群众在每一个司法案件中感受到公平正义，全力以赴走好基层法院新的"赶考之路"。

关键词：司法为民　司法公正　智慧法院　网络化　阳光化

中国特色社会主义建设进入伟大的新时代，我国社会主要矛盾已经转化为人民日益增长的美好生活需要和不平衡不充分的发展之间的矛盾。随着我国经济社会发展及民主法治建设进程逐步推进，人民群众对民主法治、公平正义等方面提出了新的更高要求。为了促进实现审判体系和审判能力现代化、提高各级法院审判执行质效，最高人民法院提出加快建设网络化、阳光化、智能化的智慧法院，南明区人民法院依托网络、人工智能及大数据等科技手段，本着司法为民、公正司法，坚持司法规律、体制改革与技术变革相融合的原则，以具有网络化、阳光化、智能化等特征的智慧法院开发与应用，来支持现代化基层法院的司法审判执行、诉讼服务及

---

[*]　詹杨勇，贵阳市南明区人民法院综合办公室工作人员，四级法官助理。

司法管理，更好地为人民群众服务，全力以赴走好基层法院新的"赶考之路"。

一　建设多元、跨域的网络化智慧法院，实现审判执行质效提升

智慧法院网络化开发与应用是智慧法院建设的基础环节，是全业务网上办理的基础保证，智慧法院网络化实现了资源共享、快速传输数据信息、综合信息服务等功能。随着网络信息技术的发展，南明区人民法院将网络化技术融入法院各项实际工作，多元满足人民群众司法需求，大大提升了法院工作质效。建设便利人民群众的网络化智慧法院，南明区人民法院通过网络数据便捷传输及立案系统，让网络数据多跑动、人民群众少跑腿。使得当事人只要有上网终端，就可以通过网络进行"网上立案"，避免了当事人往返奔波。针对疫情防控，本着司法为民的原则，南明区人民法院大力推行民商事、行政一审案件进行"网上立案"（见图1）。

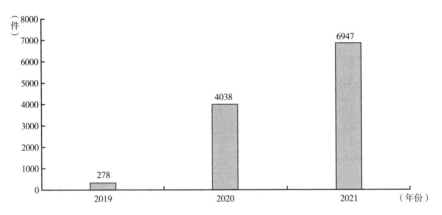

图1　2019~2021年南明区人民法院网上立案数量

不只是立案环节，为了满足新时代人民群众的司法需求，在庭审方面南明区人民法院通过网络化技术，积极推广应用基于互联网的贵州微法院，方便当事人异地开庭，大大提高简易程序类案件审结率。互联网庭审的方式通过内外网之间的网闸等安全设备及软件，来保障网络数据传输安

全，当事人可以通过手机移动网络或互联网电脑来参加庭审，更加便捷、有效和安全（见图2）。

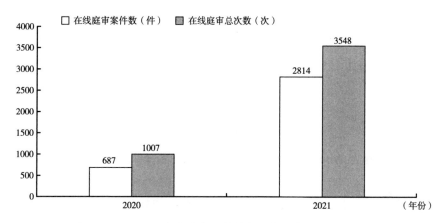

图 2　2020~2021 年在线庭审案件数和在线庭审总次数情况

建设多元互联的网络化智慧法院。南明区人民法院基于贵州省法院专网，积极建设安全可靠的专网专线，使得南明区人民法院院本部和五家派出法庭实现与全国法院数据互联互通。在贵州省法院的指导下，参与建设移动专网，使得南明区人民法院每位干警都可以通过办公手机终端连入办公网络进行移动办公。

建设协调联动性的网络化智慧法院。在执行工作方面，网络化应用更是解决执行工作难点的重要利器，南明区人民法院与公安、金融等多个有关部门实时联网，构建网络共享交换体系，打破了各部门之间的信息壁垒，协调联动对失信被执行人进行信用惩戒，让法院对被执行人的存款、股权、车辆、住房、船舶，甚至支付宝等财产信息尽收眼底。南明区人民法院积极应用网络执行查控系统，通过网络系统冻结划扣"老赖"财产，相比传统人工查控模式，网络查控效率呈几何倍数增长（见图3）。

不只是在法院执行工作中，网络化的协调联动性推进更多跨界合作，通过网络信息技术，实现信息共享，建立联动处理机制，不同机关单位之间可以联合处理工作，形成合力。南明区人民法院积极应用贵州省政法机关跨部门大数据办案平台，实现与全省政法机关工作网络互联互通、信息资源实时共享、跨

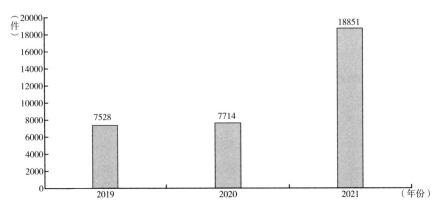

图3 2019~2021年南明区人民法院执行网络查控案件数量

部门业务网上协同,该平台可对协同业务的数据流转和案件质量情况进行管理、监控和统计,南明区人民法院通过使用贵州省政法机关跨部门大数据办案平台,全面实行电子换押、罪犯交付刑罚执行等业务网上单轨制办理,实现在跨部门大数据办案平台接收案件电子卷宗和电子数据后,及时向案件发起机关反馈接收信息,并推送排期开庭信息和反馈裁判结果,实现跨部门全业务网上办理、全流程网上协同(见图4)。

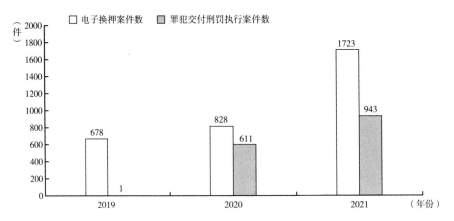

图4 2019~2021年南明区人民法院跨平台大数据办案平台电子换押、罪犯交付刑罚执行业务情况

二　建设公开、公正的阳光化智慧法院，提升司法透明度，增强司法公信力

建设多元公开的阳光化智慧法院，南明区人民法院通过"四大公开平台"把相关信息向社会公开，以公开促公正，将审判工作置于阳光之下，防范司法腐败，提升司法公信力。

南明区人民法院积极应用"审判流程信息公开平台"，本着应公开全公开原则，及时将应公开案件审判流程信息上传至平台，当事人可随时查询案件进展，法院通过微信、微博、网站等信息平台向当事人推送案件进展信息，将审判流程公开透明地展现给人民群众，方便社会监督，促进阳光审判（见图5）。

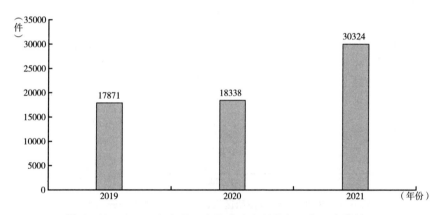

图5　2019~2021年南明区人民法院审判流程已公开案件情况

南明区人民法院积极建设庭审直播法庭，通过"庭审直播平台"将庭审活动向社会公开透明地进行网络直播，让阳光庭审可视化、庭审规范化（见图6）。

南明区人民法院积极应用"中国裁判文书网公开平台"，公开裁判文书是阳光化公开的重要部分，有利于提升司法透明度，利于社会监督和防范司法腐败，南明区人民法院以公开为原则、不公开为例外，逐步推进裁判文书应公开全公开（见图7）。

南明区人民法院积极公开执行信息，通过"执行信息公开网平台"及时公开失信被执行人信息、终本案件信息、执行公告、执行法律文书、执行案件

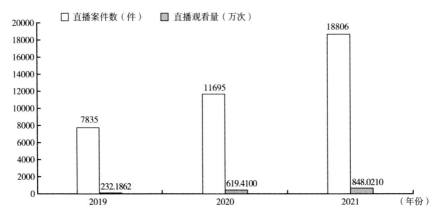

图 6　2019~2021 年南明区人民法院庭审直播情况

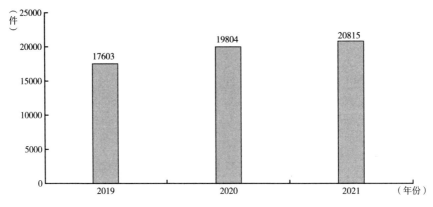

图 7　2019~2021 年南明区人民法院裁判文书公开情况

流程节点信息等相关信息（见图 8）。执行信息公开可规范办案干警的执行行为、提升执行质效、保障当事人及公众的知情权，执行信息公开依法惩戒"老赖"，提高执行效力，增强公众的诚信意识，有助于社会诚信体系建设。

南明区人民法院通过阳光化开发与应用的节点精细化管控与操作全流程留痕性，使得法院综合办案系统在立案节点，系统随机分案，避免人为操控，把好阳光公正的第一道关。并在审理、结案、归档等环节也进行节点精细化管控，保证审判执行工作每个流程节点的阳光公正；确保全流程留痕性，从立案、开庭、合议到宣判、执行等各环节全程留痕，通过同步录音录像、系统后台操作记录等信息化手段，使得办案人员在系统上的操作权责清晰，实现操作有记录、问题可追溯的阳光化管理（见图 9）。

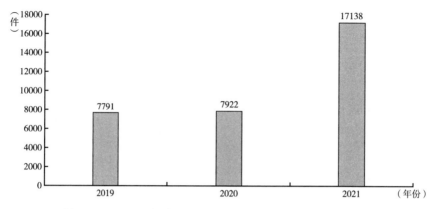

图 8　2019～2021 年南明区人民法院执行信息案件数公开情况

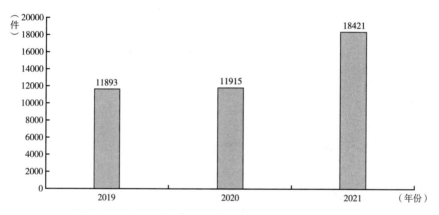

图 9　2019～2021 年南明区人民法院录音录像案件数情况

　　南明区人民法院积极应用"一网式"信访申诉管理平台，动态管理法院信访信息，有效消除监管盲区，实现了法院信访案件办理的统一管理、动态跟踪、实时分析和信访工作考核，让信访工作阳光化、规范化。

三　建设全方位提供诉讼服务的智能化智慧法院，多元满足人民群众的司法服务新需求，解决人案矛盾现实考验

　　南明区人民法院根据当事人的司法服务需求，建设为当事人提供全方位诉

讼智能化服务的智慧法院，通过导诉服务智能化应用方面的开发，在当事人立案之前，智能导诉电脑通过人脸、语音识别等智能化技术，为当事人提供查询法条、法律咨询、诉讼程序、诉状模板、办案流程、常见法律问题解答以及同类案件的审判情况等服务；通过自助诉讼服务智能化应用方面的开发，使得当事人可以实现网上自助立案、自助查询案件相关信息、自助缴费、自助阅卷、联系法官等多项便民自助服务，减少了当事人排队等待审查以及立案窗口录入信息的时间，有效提高立案工作的效率。

南明区人民法院不只在诉前提供智能化服务，在诉中、诉后等流程中，通过使用相应的诉讼服务智能化应用，在移动端或 PC 端即可了解案件进程、案件审限、案件审理等情况，并可在线上缴纳诉费，申请网上阅卷、证据交换、电子材料提交、与法官留言互动，文书签收、视频调解等智能化服务，真正实现了当事人全流程一站式智能诉讼服务。

南明区人民法院通过积极推广使用审判智能辅助应用开发，将智能化信息技术与法院审判业务深度融合，打造审判智能化辅助应用体系，为法官提供各种智能化服务。通过现代化智慧法院智能化应用"智审"系统为审判工作提供多维智能服务，智能生成电子卷宗，通过 OCR 智能识别等技术智能分类，实现信息智能回填，将纸质卷宗直接转换为电子卷宗，减少了人工制作过程及录入工作量，法官通过检索、编辑、利用电子卷宗，得到更加便捷的智能服务；智能关联与当事人相关的案件信息，通过识别当事人有效身份信息，呈现案件当事人在其他法院的诉讼信息，最大程度避免重复诉讼、恶意诉讼或虚假诉讼的产生；智能生成与辅助制作各类文书，一键生成电子签章、信息完整的应诉通知书、举证通知书等过程文书；智能分析裁量标准，系统能够根据点选的关键词，自动统计、实时展示同类案件裁判情况；智慧法院"法信"平台提供智能化检索、智能推送服务，满足法官在办案过程中对法律、案例、专业知识的精准化需求，为一线法官在审判工作中准确适用法律和裁判文书充分说理方面提供智能化服务，促进类案同判和量刑规范化，提高审判质量和效率；在庭审、调解、合议、听证、审判委员会讨论等各类办案环节开发应用智慧法院语音智能识别系统，基于语音自主学习能力，可自动学习历史案件数据，结合不同法院和诉讼参与人的语音资料进行有针对性的智能学习，系统经过反复学习和模型训练，持续提高识别率，减轻法官、书记员笔录的负担，提高庭审效率；智慧法院裁判文书智能分析系统能够对裁判文书进行智能分析，发现人工评查不易发现的逻辑错误、诉讼请求遗漏、法律条文引用错误等问题，帮助法官提高裁判文书质量；智慧法院综合办案系统智能化促进案件快速流转和审批，嵌入各个工作环节提供智能化辅助，可提升法官工作质效，解决案多人少的现实问题（见图10）。

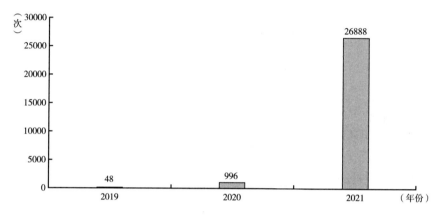

图10　2019～2021年南明区人民法院文书智能化服务使用次数

南明区人民法院积极推广使用智慧法院大数据智能分析应用，智慧法院大数据管理和服务平台汇聚全国法院案件信息，已成为全球最大的审判信息资源库，全国法院收结案信息每五分钟自动更新一次，除审判执行信息外，还汇集了司法人事、司法政务、司法研究、信息化管理、外部数据等六大数据体系数据资源，智慧法院大数据智能分析为司法决策提供全面、及时、准确的数据参考，为法官提供类案参考和量刑规范化支持，以及相关案例推荐、关联案件分析等大数据智能应用服务。同时，建立常态化大数据专题研究智能分析机制，及时为社会治理、宏观调控等提供相应专题类型案件的司法信息和智能分析报告。

结　语

智慧法院网络化、阳光化、智能化三者之间是相互联系的有机整体。智慧法院网络化建设，是智慧法院建设的基础和前提；智慧法院阳光化是智慧法院提高司法公信力的必然要求，是打造智慧法院风清气正政治生态体系的重要保证；智慧法院智能化建设是智慧法院建设的深层次内容，是全面提升服务质效的重要手段。为了满足了人民群众多元司法新需求、全面提升法院审判执行工作质效，南明区人民法院积极推进建设网络化、阳光化、智能化的智慧法院，全力以赴走好基层法院新的"赶考之路"。

参考文献

刘峥、何帆、李承运：《〈人民法院在线诉讼规则〉的理解与适用》，《人民司法》2021 年第 19 期。

王珊珊：《让公平正义以看得见的方式实现》，《人民法院报》2023 年 3 月 13 日。

林坤、董昆：《论"互联网+"庭审公开的治理实践、基本理念和制度优化》，《法律适用》2021 年第 12 期。

宣传报道

南明区人民法院驻花果园片区法官工作站（点）、法官调解工作室揭牌成立

2022 年 1 月 27 日上午，花果园片区法官工作站（点）、法官调解工作室正式揭牌成立，南明区委常委、政法委书记游永平，南明区人民法院党组书记、院长舒子贵，区综合治理中心及花果园片区街道办事处负责人、南明区人民法院班子成员及相关部门负责人参加揭牌仪式。

揭牌仪式后，游永平一行查看了法官工作站（点）和法官调解工作室的办公场所，详细了解相关工作制度等，并召开座谈会，就法官工作站（点）和法官调解工作室工作开展作进一步部署。

舒子贵表示，为顺应花果园片区经济社会发展，满足辖区群众司法新需求，南明区人民法院结合新时代人民法庭职能定位，在南明区综合治理中心设立"法官工作站""法官调解工作室"，在花果园片区 3 个街道办事处设立"法官工作点""法官调解工作室"，旨在进一步巩固深化政法队伍教育整顿成果，主动融入地方党委建立的基层社会治理大格局，以人民法院调解平台"三进"工作为契机，构建分层递进源头预防化解矛盾纠纷路径，形成"纵向到底、横向到边"基层预防化解纠纷网络。法官工作站（点）、法官调解工作室成立后，我院将联合花果园片区的矛盾纠纷联动调解中心、人民调解组织、行业调解组织探索开展人民调解、行业调解在前，法院诉讼断后的"漏斗型"解纷模式，推动矛盾纠纷就地发现、就地调处、就地化解，为花果园这一大型社区稳定、和谐、平安贡献法院力量。

游永平表示，南明区人民法院在南明区综合治理中心设立"法官工作站（点）"和"法官调解工作室"，是南明区社会治理、诉源治理的标志性试点工程，是南明区人民法院坚持用法治思维谋划社会治理、用法治方式破解治理难题，不断让辖区群众感受到司法温度的一项重要举措，是着力将矛盾纠纷化解在基层、解决在当地，从源头上预防和减少社会矛盾的具体实践。在下一步的工作中，一要始终坚持党委领导、政府主导，主动融入地方党委建立的基层社会治理大格局，充分发挥职能作用，通过社区法官工作站开门纳谏，为街道社区做好普法宣传工作，成为群众身边的法院，创建服务群众的法院品牌，切实把学习教育成果转化成为民办实事成果，不断提高司法为民服务水平。二要进一步强化以人民为中心的思想，创新工作方法，主动靠前服务，提供高标准、高质量的法律服务，不断满足人民群众对美好生活的需要。三要加强部门和街道社区联动，实现信息资源共享，探索建立基层预防化解纠纷网络，积极将矛盾纠纷化解在基层、化解在萌芽状态，切实维护社会稳定和安全。

"我院指派法官固定每周五在工作站接待群众，为辖区群众提供各类司法服务，把调解纠纷、化解矛盾的关口前移，在为百姓提供司法服务的同时，进一步融合街道社区干部、人民调解员、综治网格员等多种力量共同参与基层矛盾纠纷化解，为基层群众提供多途径、多层次、多种类的纠纷解决方式，实现矛盾纠纷不出社区就地化解。"南明区人民法院副院长王平在接受媒体记者采访时表示。

（供稿：办公室）

借力"大走访"为"诉源治理"探索新路

2022 年 2 月以来，南明区人民法院围绕"入村寨进社区走企业访群众"活动目标任务，党组书记、院长舒子贵，党组成员、副院长王平，党组成员、执行局局长胡勇及立案审判执行部门负责人、资深法官深入社区、企业开展大走访活动。

舒子贵一行首先走访了位于后巢乡的山水黔城社区并与社区相关领导座谈。该社区常住人口约 4 万余人，为贵阳市早期人口相对聚居的中大型楼盘。

在座谈中得知该社区现为南明区"三感社区"建设点，且小区居民整体文化素质较高，近年来涉诉案件相对较少。舒院长即强调，社区是参与社会治理的重要细胞，要把握好"诉源治理"机制建设的重要契机，探索打造"无讼社区"，为"三感社区"锦上添花。

同时，舒子贵一行还走访了在辖区内经营的贵州桥梁集团，参观了该公司主题展馆并座谈。认真听取了辖区企业发展中面临的经营性困难、法律矛盾纠纷化解和风险预估等问题，与企业负责人和职工代表深入交流，分管民事审判口的领导和资深审判法官现场针对企业提出的专门管辖，建筑工程施工合同纠纷中的鉴定评估等涉及的法律问题答疑解惑。

舒子贵表示，贵州桥梁集团作为贵州省路桥建设行业的佼佼者，其党建引领队建的经验成果值得我院学习借鉴，而此次大走访是我院围绕"强南明"司法服务精确化、诉源治理精细化、营商环境精准化的重要举措。双方要依托办公场所毗邻的优势，建立起常态化沟通机制，搭建"法企共建"平台，拓展提升司法服务的精准度和便捷度，为在辖区内打造大批"无讼企业"奠定扎实基础。

打造"无讼社区""无讼乡村""无讼企业"是南明区人民法院2022年诉源治理工作"围点治源"思路的重要组成部分，通过在一片大型社区设立一个法官工作站、一个大型企业配备一名法官作为法律联络人的模式，助力企业或区域自治，以点带面将矛盾纠纷化解在萌芽状态，并与"老法官之家"内外形成合力，构建多位一体的诉源治理格局，竭尽所能地减少诉讼增量！

（供稿：马　倩）

市法院党组书记、院长戴世驹到花果园片区
调研诉源治理工作

2022年3月9日，春风和煦，阳光明媚。市法院党组书记、院长戴世驹一行到花果园社区进行走访、调研，深入了解一站式多元解纷及诉源治理工作开展情况。南明区人民法院党组成员、副院长王平，花果园人民法庭负责人胡杨陪同走访。

南明区人民法院诉源治理研究

戴世驹院长先后走访了花果园人民法庭、南明区社会治理综合服务中心、南明区人民法院驻花果园片区法官工作站、五里冲街道综治中心、五里冲街道中园社区居委会。戴世驹院长通过与花果园指挥部二级巡视员陈云贵、区政法委副书记蔡垚、花果园人民法庭干警及驻庭人民调解员、五里冲街道综治中心主任、中园社区居委会书记及主任、社区调解员、网格员等进行深入交流，实地了解花果园辖区企业生产经营、居民生活的实际情况，分析涉讼案件的类型和纠纷源头，指出从源头化解社区矛盾纠纷的方法和要点，提出在新形势下人民法院如何探索诉源治理新路径、融入社会治理大格局工作思路。

王平向戴世驹院长汇报了南明区人民法院法庭建设、诉源治理及"无讼社区"创建等工作开展情况，戴世驹院长对南明区人民法院在法庭建设及诉源治理方面的工作思路及已取得的工作成效予以了充分的肯定，并要求，一是提高政治站位，准确把握人民法院在诉源治理中的职能定位，紧紧依靠党委坚强领导，围绕推动市域社会治理现代化，理清思路，真抓实干，切实加强与政府及相关部门的沟通协调，齐抓共管，形成合力，加快推进诉源治理，降低万人成讼率。二是延伸审判职能、优化诉讼服务，扎实推动矛盾纠纷源头预防和多元化解，突出加强人民法庭建设，努力闯出一条减轻群众诉累、减轻法官负荷、推进基层治理法治化的省会法院诉源治理新路。做好全市法院诉源治理工作的探路者和先行者，在诉源治理工作的功能效能上进一步见实见效，发挥特色优势，着力打造法院特色亮点工作，着力打造"诉源治理"品牌。三是在商品房预售合同、物业纠纷、房屋租赁纠纷等纠纷多发领域，通过归纳案件中的争议焦点和梳理相关法律法规，打造审判精品案例，建立"示范性裁判"制度，促使同类案件及潜在纠纷当事人合理预期结果，真正达到"判一调百"的社会效果。四是人民法庭要全面落实"三个便于""三个服务""三个优化"职能定位和工作要求，建立健全工作机制，依托综治中心平台，更加有效整合调解资源，加强法律把关，高度重视人民调解员队伍建设，通过培训有效提升基层人民调解员的业务水平和能力素质，拓宽调解工作思路，让解纷资源在纠纷联调工作中发挥更大作用，促进诉源治理工作成效的进一步提升。五是全力推进诉源治理、法治宣传等工作，以更好服务保障"强省会"行动和更高水平的平安建设、法治建设。

南明区人民法院将认真贯彻落实戴世驹院长的指示精神，创新诉源治理工作思路，加快"无讼社区"创建工作，主动把司法工作融入共建共治共享的社会治理格局建设中，积极打造法院特色亮点工作，积累经验、创响品牌，不断开创我院诉源治理工作的新局面，为"强省会""强南明"切实做好司法保障工作。

（供稿：许靖聆）

开展人民调解员培训　助力提升基层调解质效

"我今天才知道，原来调解还有这么多方法途径，今天的培训内容实用，让人受益匪浅！"人民调解员刘某在中园社区"诉源治理"调解员专题培训会后高兴地说。

为进一步加强人民调解员队伍建设，提高人民调解员的业务水平和矛盾纠纷化解能力，2022年3月18日，南明区人民法院党组成员、副院长王平在南明区五里冲街道办事处中园社区居委会对到场的20余名社区人民调解员及网格员开展调解员技能提升专题培训。

王平同志向参会人员介绍了南明区人民法院2022年诉源治理工作思路，并结合诉源治理工作思路，讲解了人民调解在诉源治理工作中的重要地位及作用。从理论到实践，王平同志以生动的语言，结合鲜活的案例讲解了人民调解员的工作内容、工作职责、调解的方法及技巧，将自己在法院工作20余年积累的调解经验、感悟及调解过程中积累的智慧结晶毫无保留地传授给参训人员，使人民调解员对人民调解工作的内容和方法、技巧等有了更深刻的理解和掌握，丰富了人民调解员对调解工作相关知识的理论储备，提高调解工作的业务水平和工作技巧能力，培训现场气氛活跃，笑声盈盈。

培训会后，南明区人民法院诉讼服务中心工作人员还就人民法院调解平台的操作使用对到场参训人员进行详细培训，并告知申请人民法院进行司法确认的方式及途径，提高了社区人民调解员运用信息化手段化解纠纷的能力。

为认真贯彻落实最高人民法院关于加快推进人民法院调解平台进乡村、进社区、进网格工作部署，南明区人民法院积极作为、扎实工作，与辖区内基层治理单位共建诉非联动机制，推动基层治理单位入驻人民法院调解平台，扩大

259

诉前调解工作覆盖面，拓展多元解纷渠道，推动矛盾纠纷就地发现、就地调处、就地化解，不断增强辖区人民群众的司法获得感及司法满意度。

（供稿：许靖聆）

凝聚多方力量　推进诉源治理
——驻南明区人民法院"仲裁调解室""公证调解室"挂牌成立

2022年3月28日，贵阳仲裁委员会驻南明区人民法院仲裁调解室、贵阳市衡律公证处驻南明区人民法院公证调解室签约揭牌仪式在南明区人民法院举行。贵阳市中级人民法院副院长陈东，贵阳仲裁委员会主任卜贵荣，南明区区委常委、政法委书记钟锋，南明区人民法院党组书记、院长舒子贵，区司法局局长李文胜，南明区人民法院其他班子成员等参加签约揭牌仪式。

引入仲裁调解和公证调解，旨在充分利用仲裁和公证资源，搭建多元解纷平台，为民商事主体提供诉讼、仲裁、公证、调解一站式多元解纷服务，推动矛盾纠纷源头化解、多元化解。同时，引进公证充沛的专业人力资源，开展执行辅助性事务外包，对文书送达、调查取证、财产保全等事务性工作进行集约办理，从而让法院可将有限的司法资源专司执行核心工作，推动执行工作高水平运行。

揭牌仪式结束后，召开了诉源治理工作座谈会，听取法院诉源治理工作情况汇报，与会人员围绕推动诉讼与仲裁、公证有机衔接，充分发挥调解工作室功能、深入推进诉源治理等问题，进行深入热烈探讨，并就具体衔接操作流程提出意见和建议。

钟锋指出，2021年南明区人民法院收案近6万件，员额法官人均收案超千件，南明区人民法院在南明区社会综合治理和法治建设等方面所作出的成绩值得肯定。由于法院案多人少矛盾愈加突出，诉源治理工作迫在眉睫。钟锋要求，一要提高政治站位，牢牢把握诉源治理工作根本要求。坚持将非诉讼纠纷解决机制挺在前面，推广多元、温和的调解方式解纷而非选择冰冷、刚性的诉讼程序止争，有利于和谐大环境的建设，故要围绕推动区域治理现代化，理清思路、真抓实干。二要坚持党委领导、多方参与，形成诉源治理合力。诉源治理工作并非法院一家之责，要从"法院主推"上升为"党委主抓"，形成以点带面化解、辐射带动化解、分层递进化解的良好局面，这既是为南明区人民法院松绑减负，同时也有利于相关单位与法院的协同配合，以"一盘棋"的思维形成治理合力。三要围绕中心工作，坚定履职担当。南明区人民法院作为南明区社会矛盾纠纷化解的前沿阵地，承载着服务辖区社会经济稳定的司法保障重任，要围绕中心工作，服务大局，为"强南明"服务"强省会"贡献法院力量。

陈东转达了市法院党组对两个调解工作室签约揭牌成立的关心和祝贺，同时强调，一要建立沟通联络机制，加强与贵阳仲裁委和贵阳市衡律公证处的工作衔接和业务沟通，在实践中健全完善诉调工作衔接机制，推进诉讼和仲裁、公证无缝衔接、高效运行。二要加大宣传工作力度，通过典型案例宣传、发放宣传册等灵活多样的宣传形式，提升人民群众对仲裁调解、公证调解的认知度和接受度，积极为诉裁、诉证对接工作营造良好环境，保障仲裁调解和公证调解工作顺畅开展。三要勇于探索创新，用足用好用活各类调解资源，充分发挥各个调解组织的专业优势，精准为人民群众、市场主体提供专业化的解纷服务，争取打造出可复制、可借鉴的诉源治理南明模式。

最后，舒子贵代表南明区人民法院对上级法院、区委、区政府对南明区人民法院诉源治理工作的关心和支持表示衷心感谢，并表示在仲裁和公证入驻法院后，将加大对仲裁和公证解纷机制的宣传力度，积极引导群众树立仲裁思维和公证思维，培育多元解纷意识，从而促进矛盾纠纷化解向源头治理转化。南明区人民法院将从人员配备、制度优化等方面全力抓好两个专门调解室的对接工作，切实做到诉讼和仲裁公证调解的畅通分流和高效衔接，打造具有南明特色的诉源治理新名片！

（供稿：马　倩）

南明区人民法院驻社区法官工作站启动联动调解机制，妥善化解一起家庭纠纷

2022 年 4 月 11 日，南明区人民法院花果园人民法庭启动驻社区法官工作站联动调解工作机制，成功化解一起积怨较深、矛盾较大的排除妨害纠纷案

件，彰显了司法的温暖和人性的关怀，取得良好的法律效果和社会效果。

"我不会来开庭的，我才是受害者！你们法院如果什么都搞不清楚就胡乱干涉处理，我跟你们没完！这事儿谁管我砍死谁⋯⋯"该案开庭前，花果园人民法庭驻庭人民调解员与被告张某取得联系并询问其是否愿意与原告王某进行协商处理时，张某歇斯底里地在电话里吼叫道。该案案情并不复杂：母亲王某诉请判令儿子张某立即搬离母亲王某位于花果园 K 区某处的房屋，并将该房屋返还给母亲王某。因被告张某拒不到庭，该案最终进行了缺席审理。庭审结束后，承办法官感觉心里沉甸甸的，母子俩之间的矛盾并没有看起来的那么简单，真正解决母子之间的积怨所需要的也不仅是一份论理说法的判决书，更需要亲情去跨越"鸿沟"。"老百姓不愿意到法庭来，我们就到老百姓身边去"，看着审判桌上厚厚的卷宗，承办法官有了决定。

第二天一大早，承办法官放弃了周末休息时间，经向分管领导汇报后，启动了南明区人民法院驻小车河街道办事处法官工作点的沟通联络机制，与花果园小车河街道办事处、花园居委会、小车河派出所等多家单位积极沟通协调，确定了联合调解的相关事宜。

联合调解组一行到花果园 K 区张某住所，对母子二人的矛盾进行调解。联合调解组在与母子二人沟通的过程中了解到，母子积怨多年，加之受张某妻子失业、孩子读书问题迟迟无法解决等家庭问题困扰，导致母子之间的矛盾进一步激化。

秉持"柔性司法"的理念，联合调解组从亲情角度出发，以双方血缘关系为纽带，跟双方"唠家常""解心结""释法理"，经过联合调解组反复疏导劝解，最终促成母子二人握手言和，张某承诺于 1 个月内将争议房屋返还给王某。这只是南明区人民法院践行省法院"为群众办实事示范法院"创建活动要求，积极发挥社区法官工作点协同、多部门联动解纷，推动矛盾纠纷实质化解的一个缩影。

南明区人民法院始终坚持以人民为中心、为群众办实事的司法理念，在花果园片区设立一个法官工作站、三个法官工作点，积极融入党委领导、政府主导、多方参与、法院主推、法治保障的矛盾纠纷多元化解工作。接下来，南明区人民法院将继续推进一站式多元解纷和诉讼服务体系建设，努力为辖区人民群众办好每一件烦心事、忧心事、揪心事，让每一份法律文书承载更多的司法温情，不断提升辖区居民的司法获得感和满意度。

（供稿：许靖聆）

南明区人民法院"三联动"合力推进诉源治理

为全面落实"把非诉讼纠纷解决机制挺在前面"的工作要求，南明区人民法院坚持党委领导，立足职能、系统谋划，主动融入党委政府主导的诉源治理格局，探索推进"三联动"一站式多元解纷工作机制，积极参与和引导更多法治力量共同发力，加强矛盾纠纷源头预防、前端化解、关口把控，诉源治理工作取得初步成效。2022 年 1～4 月，全院新收案件 13751 件，同比下降 17.76%，其中，新收民商事案件 7262 件，同比下降 37.2%，新收行政案件 144 件，同比下降 54.3%。前端推送调解案件 3619 件，诉前调解成功 1301 件，调成率 36%，较去年同期上升 20 个百分点。诉前调解成功案件量和成功率大幅上升，新收案大幅下降，呈现"两升一降"的良好趋势。

"府院联动"强化矛盾纠纷源头预防。南明区人民法院充分发挥司法在多元化纠纷解决机制中的引领、推动和保障作用，将预防化解职能延伸到纠纷产生的源头，在社区、村、乡镇设立"法官工作站""法官调解工作室"，对接基层治理单位、基层党组织等，及时就地预防化解纠纷，并积极开展法律宣讲和裁判示范等活动，前移解纷关口，打造"无讼社区"，力促矛盾化于萌芽时。同时，对起诉到法院的案件进行串并分析，对属于"高发频发"的区域性、类型化矛盾纠纷，深入分析争议成因，追根溯源，积极向区政法委汇报，协同基层组织、行业主管部门开展矛盾纠纷源头治理。2022 年以来，经府院联动协同合作，已实现大量团体诉讼、物业纠纷以案促调、前端化解的效果。目前，在涉某大型物业公司的数百人物业服务合同集团案件的处理中，南明区人民法院在区政法委组织协调区住建局、街道办事处等部门的联动调解下，有效化解物业服务矛盾及后续纠纷。

"多调联动"强化矛盾纠纷前端化解。在党委政法委的统筹协调下，2019 年 6 月，南明区人民法院在全市率先与区司法局成立民商事案件调解中心；

2021 年 4 月，南明区人民法院进一步创新"南明解纷模式"，成立"老法官之家"，聘请一批政治素质高、专业知识和调解技能突出的退休法官作为特邀调解员参与调解工作；2022 年 4 月，又挂牌成立了驻院仲裁调解工作室与公证调解工作室，极力向内引进解纷力量，强化非诉解纷力度。同时，积极引进金融行业和保险行业等调解组织，并主动与律所、院校、社区等合作，增选各行各业具备一定专业知识和调解能力的调解员，坚持"专业调解与联合调解"相结合，"五员联调与六室联调"相结合，逐渐形成人民调解、特邀调解、行业调解、仲裁调解、公证调解、律师调解等多种形式参与的多方联动解纷模式。目前，共有 6 个调解组织、115 名调解员进驻调解平台，非诉解纷呈现多元化、专业化、规范化特点。

"诉调联动"强化矛盾纠纷关口把控。南明区人民法院以诉讼服务中心调解平台作为人民法院参与诉源治理、开展分流对接总枢纽，与基层、重点行业领域形成预防化解链条，对起诉到法院的纠纷，开展分流引导、诉调衔接、调裁对接、登记立案、繁简分流工作。登记立案阶段，案件分流中心对案件进行甄别分流，对家事、邻里、小额等适宜调解的纠纷即时推送诉前调解，开展中立评估和解释疏导工作，积极向当事人宣传诉前调解"低成本、省时长、较简便"的优势，引导纠纷前端化解。启动调解阶段，由法院送达部门支持诉前调解送达工作，对当事人未能提供电话号码的案件，指派送达平台进行协查送达，同时送达起诉书及诉前调解通知书，努力畅通解纷渠道。实质调解阶段，由业务庭负责人或员额法官轮流值班，对诉调案件开展业务指导，在具体案件中就案件法律适用等问题对调解员提供专业指导，助力调解员规范解纷、高效解纷。

（供稿：廖　芳）

贵阳市人大常委会视察组赴南明区人民
法院专项视察诉源治理工作

2022 年 5 月 12 日下午，由贵阳市人大常委会副主任张建军率队的视察组深入南明区人民法院，通过实地视察和交流座谈的方式专项视察诉源治理工作。市法院副院长陈东、南明区委政法委书记钟锋、区人大常委会副主任袁莉，及南明区人民法院党组书记、院长舒子贵等陪同视察。

视察组一行首先到南明区人民法院花果园人民法庭，详细了解调解人员配置、运作模式及调解成效等方面的情况。随后，实地视察南明区人民法院诉讼服务中心及"老法官之家"等工作开展情况，并召开座谈会。

座谈会上，南明区人民法院院长舒子贵从紧扣党委引领"一条主线"、夯实院本部和派出法庭"两个阵地"、守好调解先行和裁判断后"两个端口"、擦亮民商事调解中心和老法官之家"两大调解名片"以及借力仲裁、公证、高校等参调"N种渠道"五个方面，汇报"1+2+2+2+N"诉源治理工作机制运行情况、工作成效，并就开展诉源治理工作中遇到的问题、堵点、难点进行分析，提出下一步工作思路。参会代表各抒己见、畅所欲言，积极对更高质量推进诉源治理建言献策。

区委政法委书记钟锋表示，此次视察充分体现市人大对南明区诉源治理工作的高度重视和关心，以南明区人民法院为代表的诉源治理工作当前取得了一些成效，但与上级党委政府要求、与人民群众期盼还有很大差距。我们将进一步提高政治站位，深化思想认识，切实增强做好诉源治理工作的责任感、紧迫感，真用心、用真心推动诉源治理工作。进一步强化人财物保障，着力打通诉源治理工作中的堵点、难点。进一步健全"一中心一张网十联户"基层治理机制，切实将矛盾纠纷化解在当地、化解在萌芽状态，充分利用好现有的资源推进区域治理体系和治理能力现代化。

市法院副院长陈东表示，市法院将对南明区人民法院有益经验进行推广，并对南明区人民法院"1+2+2+2+N"诉源治理工作机制的运行进行指导，争取探索出可复制、可借鉴的好经验、好做法，推动全市法院诉源治理工作做优做实见成效。

市人大常委会副主任张建军表示，本次视察，既是市人大常委会依法实施人大监督的履职需要，也是坚持以人民为中心、走好群众路线的现实需要。南明区人民法院在区委领导、区政府主导下，主动作为，勇于探索，在纠纷源头防控上做出的有益探索和取得的成效值得肯定。张建军就做好下一步工作提出三点要求：一是坚持党对诉源治理工作的集中统一领导。党的领导贯穿诉源治理工作的全过程，是诉源治理工作得到强力推进、取得显著成效的根本保障。

要坚持党委领导下的诉源治理机制体系，将人民法院一站式多元解纷和诉讼服务体系建设纳入党委政府社会治理大格局中，形成强大的诉源治理合力。二是坚持"以人民为中心"的根本立场。诉源治理工作要以习近平法治思想为指导，把"为民"作为该项工作的出发点和落脚点，切实做到为群众办实事解难题，减轻人民群众诉累，及时有效维护人民合法权益，回应人民群众的诉求和关切。三是坚持多元化解，协同完善纠纷诉调对接机制。目前南明区人民法院诉源治理模式呈多样性、广泛性、可行性的良好趋势。从法官工作站、院校合作机制、"老法官之家"、"无讼社区"创建等工作中可见南明区人民法院真抓实干的闯劲和善用资源的巧劲。针对当下存在的瓶颈、困难和共性问题，要以攻坚克难的勇气，以中心城南明区人民法院应有的担当"入题""破题""解题"，为全市多元化解纠纷、完善诉调对接机制探新路、开新局、创新绩！

（供稿：马　倩）

南明区人民法院"诉前调解+司法确认"高效化解1.5亿元涉企纠纷

2022年5月，南明区人民法院通过前端诉前调解并及时司法确认，成功化解一起涉案金额1.5亿元的债权转让纠纷，有效节约了企业诉讼成本和法院司法资源，这是南明区人民法院对大额商事纠纷开展诉源治理的有益尝试和重大突破，为进一步优化营商环境探索出新路。

申请人贵州某资产管理股份有限公司与遵义市某投资有限公司等7家公司债权转让纠纷一案经南明区人民法院"老法官之家"特邀调解员主持调解后达成调解协议，并向本院申请司法确认。本案涉案金额高达1.5亿元，涉及8家企业，如处理不当可能引发金融风险。为全面了解案情、提供精准司法服务、在高效源头解纷的同时保证办案质量，4月14日，南明区人民法院走访组到申请人贵州某资产管理股份有限公司进行走访，深入了解该公司基本情况、经营范围及运营模式，并针对争议焦点，固定关键证据，确认关键信息。根据走访收集到的情况，法院对案件再次进行详细审查，并经法官专业会议和院审委会讨论，最终认为该案双方系自愿调解，不损害国家、集体和他人的利益，调解协议合法有效，应当予以确认。该起高标的额涉企纠纷在诉前快速化解，既确保申请人债权依法实现，又为企业化解债务风险，稳定产业链、供应链赢得时间。

后疫情时代，面临着经济增速减缓的风险和挑战，南明区人民法院积极作为，着力以优质的司法服务为市场主体排忧解难、纾困减负。南明区人民法院主动融入党委领导、政府主导的诉源治理大格局，依托南明区民商事案件调解中心、"老法官之家"调解平台，积极引进仲裁调解、公证调解，主动与金融行业、保险行业等建立诉调对接机制，集合各类专业资源，搭建多元解纷平台，为市场主体提供"诉前调解+司法确认"的非诉解纷服务，着力降低企业诉讼成本，推动商事纠纷实质化解，切实为企业纾困解难。一是立案窗口在登记立案前根据纠纷的类型和特征，充分释明法律规定和诉讼风险，为当事人推荐最佳的纠纷解决方案，引导当事人选择先行调解，节省诉讼成本。二是依托金融、保险等专业调解工作室，根据案件类型委派专业调解员或特邀调解员，并由立案庭专业法官对调解程序进行业务指导，助力规范调解、高效解纷。三是优化司法确认程序，由资深法官担任主审，配齐配强司法辅助人员，打造优质团队专职办理司法确认案件。四是拧紧防范虚假诉讼责任链条，在立案阶段、调解阶段、司法确认阶段加强主动甄别意识，在民间借贷、离婚析产、以物抵债、公司分立等虚假诉讼高发领域的案件确认中，加大证据审查力度，强化关联案件搜索，防范虚假诉讼风险。通过提供诉前分流、专业调解、司法确认"三点一线"优质"诉调对接"服务，为企业发展"加速度""省成本""促发展"。2022 年 1~4 月，南明区人民法院诉前共成功调解纠纷 1301 件，同比上升 127.8%；共办理司法确认案件 685 件，同比增长 182%；结案 683 件，同比增长 187%，结案率 99.7%，确认有效率 99%。

不断深化诉源治理，破解发展难题，防范重大风险，增强发展动力是推动经济高质量发展的重要任务。南明区人民法院将继续坚持新发展理念，依托依法治理和诉源治理两大抓手，充分发挥前端解纷"低成本、省时长、较简便"的优势，推动商事纠纷源头化解，助力南明经济社会高质量发展。

（供稿：廖　芳）

多措并举强基层　诉源治理加速度

2022 年 5 月 24 日，南明区人民法院党组成员、副院长王平主持召开人民法庭诉源治理工作推进会，对人民法庭下一步诉源治理工作的开展及深入推进进行安排部署，各人民法庭负责人及诉源治理工作联络人参加会议。

会议传达学习中央、省委、省高院、市委、市中院关于诉源治理的文件精神及《南明区关于加强诉源治理推动矛盾纠纷源头化解的工作方案》，要求法庭全体干警对前述文件认真贯彻落实。

会议要求，一是各法庭要全面贯彻落实上级及本院关于诉源治理的工作部署，强化担当作为，在诉源治理工作中紧紧围绕"党委领导、政府主导、多方参与、法院主推、法治保障"的二十字方针推进各项工作；二是各法庭务必于五月三十日前确定各自辖区打造无讼社区的工作方案及法官工作站/点的选址事宜，报分管院长确认后在六月十五日前落实完毕；三是作为与基层组织创建"共建共治共享"社会治理新格局的重要抓手，法官工作站/点是人民法院密切联系群众、就地化解基层矛盾纠纷的桥头堡，建议将法官工作站/点设立在有待创建的无讼社区内，依托于法官工作站开展无讼社区的创建工作，有效整合及统筹安排诉源治理的各项工作；四是应深入学习领会中央、省、市、区的诉源治理文件精神，熟悉辖区的地理人文情况，结合辖区的乡土人情的特点，打造出一条有各法庭特色的诉源治理之路；五是各法庭在推进诉源治理工作的过程中，注重工作资料收集，加强工作经验的总结和提炼，不断提高工作水平和能力，助力人民法庭诉源治理工作提质增效。

会议强调，在区政法委及各有关单位的积极努力下，《南明区关于加强诉源治理推动矛盾纠纷源头化解的工作方案》已于五月出台并实施，这为南明区人民法院全力开创诉源治理工作新局面、打造诉源治理新格局提供了良好的组织保障及制度保障，接下来，南明区人民法院将严格落实工作方案要求，深入加强与区有关单位的工作对接，主动融入多元治理、基层治理，致力于诉源治理"深耕细作"及"换挡提速"，积极推动诉源治理工作纵深推进，助力平安南明建设。

（供稿：许靖聆）

南明区人民法院诉源治理工作视频在全省法院诉源治理工作推进会上展播

2022 年 5 月 30 日，全省法院诉源治理工作推进会召开，会议研究部署了下一步全省法院诉源治理重点工作任务。省委副书记、省委政法委书记时光辉作出重要批示，省法院党组书记、院长韩德洋作重要讲话，为下一步全省法院诉源治理工作明确了方向。会上，作为全省展播观摩视频的三家法院之一，南明区人民法院通过视频短片《治源》进行汇报展示。

为全面落实"把非诉讼纠纷解决机制挺在前面"的工作要求，南明区人民法院坚持以习近平法治思想为指导，全面贯彻落实中央和省市区委及上级法院决策部署，主动融入党委政府主导的诉源治理格局，探索推进以"三结合"为导向、以"三联动"为核心、以"三化三式"诉讼服务体系建设为保障的诉源治理解纷网络建设，力求解纷在基层，消弭于萌芽，努力推动基层治理向少诉无讼的前端防范转型，积极助力市域社会治理现代化建设。2022 年 1～5月，新收民商事案件 8694 件，同比下降 35.24%；新收行政案件 177 件，同比下降 50.70%；推送调解成功 2602 件，调解成功率 49.38%，较去年同期上升20 个百分点，平均办理时长 9.35 天。

以"三结合"为导向力争实现"标本兼治"

防解结合实现"治未病"。南明区人民法院紧紧依靠党委领导，将防线前移，搭建前端共治体系，融入"一中心一张网十联户"和"党小组＋网格员＋联户长"铁三角机制，设立法官工作站 1 个、工作点 3 个；走访群众 6450 户、企业 28 家，就地化解纠纷并提出法律意见，法院在定分止争的同时强化隐患摸排，与基层组织共促良序善治。治疏结合实现"治已病"。对已成讼案件，南明区人民法院着力提升审判质效，确保程序流转通畅，促进生效裁判自动履行，减少执行和涉诉信访案件，严防反弹形成旧存案"堰塞湖"，避免衍生案件。点面结合实现"除病灶"。南明区人民法院以花果园片区为试点，打造南明区首个"无讼社区"——中园社区，争取在 2022 年 6 月底各法庭均创建至少一个"无讼社区"，力求"以点带面、以面带片、以片带区"促进居民从"有诉"向"无讼"转变。

南明区人民法院诉源治理研究

以"三联动"多元解纷机制为核心推动矛盾纠纷实质化解

"府院联动"强化矛盾纠纷源头预防。南明区人民法院充分发挥司法在多元化纠纷解决机制中的引领、推动和保障作用，对属于"高发频发"的区域性、类型化矛盾纠纷，深入分析争议成因，积极向区政法委汇报，协同基层组织、行业主管部门开展矛盾纠纷源头治理。在区住建局、街道办事处等部门的联动调解下，成功化解了涉某大型物业公司的集团物业服务合同纠纷，有近千件后续纠纷止于萌芽。在常住人口45万的花果园，以花果园人民法庭为抓手，形成"综治中心牵总、企业化解为主、联合解纷为辅、法院诉讼断后"的花果园片区治理模式。花果园人民法庭受理案件数从去年同期1570件下降至652件，同比下降58.47%。针对行政案件，建立与行政机关沟通衔接机制，通过作出司法建议和行政审判白皮书，助推行政机关依法行政，2022年以来新收行政案件数较去年同期大幅下降。"多调联动"强化矛盾纠纷前端化解。在党委政法委的统筹协调下，南明区人民法院倾力打造"民商事调解中心、老法官之家、学院调解基地"等精品调解团队，并积极引进仲裁调解、公证调解、人民调解、行业调解等调解形式，坚持"专业调解与联合调解"相结合、"五员联调与六室联调"相结合，非诉解纷呈现多元化、专业化、规范化特点。目前，共有7个调解组织，121名调解员进驻调解平台。"老法官之家"成立一年来共调解成功近5000件案件，成功率达50%，并攻坚化解信访案件近200件，成长为多元解纷的中坚力量。"诉调联动"强化矛盾纠纷关口把控。南明区人民法院以诉讼服务中心作为诉源治理总枢纽。登记立案阶段，案件分流中心对案件进行甄别分流，积极向当事人宣传诉前调解"低成本、省时长、较简便"的优势，引导纠纷前端化解。并根据立案情况进行串并分析，与基层、重点行业领域形成预防化解链条，2022年1~5月，立案庭共接待当事人咨询、来信来访、立案申请26000余次，经开展诉前引导、释明工作，最终更多当事人选择以非诉方式解决纠纷。

"三化三式"诉讼服务体系建设为诉源治理工作提供坚实保障

南明区人民法院坚持以群众需求为导向，全力优化资源配置，在诉讼服务大厅设置保全、立案、分流、调解等窗口，为人民群众提供立案审查、多元调解、诉调对接、保全鉴定、电子送达一站式诉讼服务。以信息技术为支撑，推行网上立案、电子送达、线上查询等诉讼服务，当事人运用"人民法院在线服务"小程序等线上诉讼平台就可实现线上调解。2022年以来，网上立案率达34%，无纸化立案率达75%，线上调解率达39%，为人民群众提供"人性化、智能化、规范化"和"菜单式、集约式、一站式"的诉讼服务和多元解纷，努力提升人民群众的司法获得感和满意度。

"诉源治理"是破解"人案矛盾"的治本之举，也是推进国家社会治理体系和治理能力现代化的长效抓手。人民法院诉源治理工作任重而道远。南明区人民法院将在党委坚强领导、上级法院精心指导下，立足职能、系统谋划，充分发挥审判职能，努力打造新时代下多元解纷南明模式，切实把矛盾纠纷化解在源头，更好地维护人民群众合法权益，促进社会和谐稳定。

（供稿：廖　芳）

探索超大型社区诉源治理之路
——南明区人民法院诉源治理工作侧记

贵阳市南明区花果园片区，系国内单个楼盘占地面积等多个指标第一的超大型社区，总占地面积10平方公里，常住人口45万人；现有企业1.2万余家，涉房纠纷、物业纠纷突出。2019~2021年，花果园片区每年产生的矛盾纠纷近万起，除院本部办理的案件和人民调解、诉前调解的案件外，花果园人民法庭每年新收案件近4000件，员额法官年均办案逾千件。为破解南明区人民法院难承其重的困境，并回应司法助力社会治理能力和治理体系现代化的需求，南明区人民法院成立以分管副院长为组长的法庭诉源治理专班，分管副院长入驻花果园指挥部和区综治中心，共克超大型社区诉源治理堵点和难点，初步探索形成"综治中心牵总、企业化解为主、联合解纷为辅、法院诉讼断后"的花果园片区治理模式。

一、综治中心牵总、形成治理合力

坚决贯彻落实"党委领导、政府主导、多方参与、司法推动、法治保障"诉源治理工作机制。依托南明区综治中心，整合政法委、公安局、住建局、司法局、金融办、街道等力量，各司其职，共谋解纷策略、共搭解纷平台、共建

271

解纷力量，形成诉源治理整体合力。目前已基本形成制度化体系，包含 9 个实施意见或方案、5 个实施细则。

二、企业化解为主、明确主体责任

根据"谁主管谁负责，谁引发谁化解"的思路，企业承担矛盾纠纷化解主体责任，加强重大风险防控预警。通过召开联席会研究、类型化案例分析、提出法律建议等方式，引导和激发企业自我体检、自我盘活、自我化解的内生动力，确保从源头减少企业矛盾转化为纠纷、纠纷转化为诉讼。对已产生的纠纷，引导企业主动认领、及时化解，避免久拖推诿、激化矛盾后难以调和。

三、联合解纷为辅、强化源头预防

依托综治中心牵总形成的治理合力，联合各方力量化解矛盾纠纷。并针对高发、多发的矛盾纠纷类型成立相应工作专班。例如，针对网签备案和产权办理纠纷高发成立了产权办理专班；针对物业纠纷高发成立了物业纠纷治理专班等，各专班之间既有分工又有合作。截至 4 月底，花果园未交纳物业费业主逾 40000 户，涉案金额 1.5 亿元，经物业纠纷治理专班统筹、矛调中心联合调解、裁判文书类案公示等措施，至今仅有 50 件物业纠纷进入诉讼；产权办理专班推动网签备案 5825 套、开展产权办理 2400 户，将大量矛盾纠纷从源头上化解，避免成案涌入法院。

四、法院诉讼断后、推动实质解纷

一是发挥司法专业职能，以联调促联控。对纠纷非诉解决的可能性进行判断，向双方当事人说明诉调对接的特点与优势、诉讼风险与成本，为联合调解提供专业方案和建议。二是主动嵌入基层治理，以法治促共治。在花果园片区三家街道办事处设立法官工作站、法官调解工作室作为诉源治理桥头堡，花果园人民法庭三名员额法官分别入驻，通过"相约星期五"工作模式在辖区内开展诉前矛盾化解工作。自 2022 年 1 月 27 日挂牌成立至 5 月，诉前调解成功 72 件。三是积极开展类案公示，以判决促调解。充分发挥裁判引导功能，为群众提供直观、现实的法律参考，达到"判一调百"的效果。截至 2022 年 5

月，已在花果园片区公示裁判文书101件次。四是打造"无讼社区"，以"无讼"促和谐。2022年3月，自"无讼社区"——中园社区创建以来，社区人民调解员已全部作为特邀调解员被纳入人民法院调解平台，并分别开展培训和专题讲座3次。截至2022年5月底，中园社区无一起刑事和民事诉讼案件。根据以点带面、以面带片、以片带区的"围点治源"思路，力争6月底在五个法庭均创设至少一个无讼社区，扩大"无讼社区"效应。五是及时进行司法确认，以"强制力"促"公信力"。对诉前调解成功的案件进行司法确认，提升诉前调解公信力，促进一站式实质解纷，确保当事人权利及时兑现。至2022年5月，除现场兑现诉前调解案件126件外，花果园人民法庭办理司法确认案件130件。六是加大普法宣传力度，以"释法"促良序。以"大走访"为契机，积极宣传涉房开、物业纠纷诉调对接的特点与优势、诉讼风险与成本。同时加强民法典、打击电信网络诈骗、整治养老诈骗法律法规宣讲，以案释法明理，提升群众诉前解纷意识和风险防范意识，从基层推动良序善治。截至2022年5月底，花果园人民法庭共走访群众411户、企业5家，就地化解纠纷并提出法律意见100余件次。

与位于"大山深处"调处"人间烟火"的大多数人民法庭一样，设立在闹市中的花果园人民法庭，守护着近50万居民的"车水马龙"和法治之基。花果园片区诉源治理工作虽初显成效，但大量矛盾纠纷依然存在并难以化解，这对主管部门和南明区人民法院均系重大挑战。而作为超大型社区诉源治理之路的"探索者"，南明区人民法院定将久久为功，助力大型社区"城市枫桥"之路日渐平坦、明亮！

（供稿：马　倩）

区人大常委会视察南明区人民法院诉源治理工作

2022年6月9日上午，区人大常委会副主任袁莉率队到南明区人民法院，通过实地参观、听取工作汇报及交流座谈的方式专项视察加强诉源治理、推动矛盾纠纷源头化解工作。区委政法委常务副书记曾璟，南明区人民法院在家班子成员、立案庭及各人民法庭相关人员陪同视察。

南明区人民法院诉源治理研究

视察组一行先后参观南明区人民法院诉讼服务中心、民商事案件调解中心、"老法官之家",现场听取登记立案、诉调分流、案件调解等诉讼服务情况介绍,重点了解诉源治理工作运行模式和调解队伍的构成等具体情况,并召开座谈会。

座谈会上,视察组观看了南明区人民法院诉源治理工作纪实片《治源》。南明区人民法院党组成员、副院长王平向视察组汇报了南明区人民法院以"三联动"为核心推动矛盾纠纷实质化解,以"三化三式"诉讼服务为坚实保障,以花果园人民法庭为试点"以点带面"的诉源治理工作模式,详细介绍了打造"老法官之家""学院调解基地"精品团队和"无讼社区"创建等工作亮点,并就当前存在的问题困难提出下一步工作思路。视察组充分肯定了南明区人民法院在推动诉源治理工作中作出的努力和成绩,并对更高质量推进诉源治理提出指导意见。

区委政法委常务副书记曾璟表示,感谢各级人大对南明区诉源治理工作的高度重视和关心,多次到南明区人民法院视察调研,近年来南明区人民法院深入贯彻落实习近平总书记"坚持将非诉讼纠纷解决机制挺在前面"的重要指示精神,全力推进诉源治理工作,取得了显著的成效,并积累了很多经验。同时,员额法官仍承担着办案任务繁重、考核指标较多、涉诉信访缠访等压力,诉源治理是破解"人案矛盾"的治本之举,对护航地方经济发展具有重要意义,我们将进一步提高政治站位,深化思想认识,进一步强化人财物保障和治理合力,着力化解行业类型化纠纷和区域矛盾,着力打通诉源治理工作中的堵点、难点,形成诉源治理经验示范,切实将矛盾纠纷化解在当地、化解在萌芽状态。

区人大常委会副主任袁莉指出,南明区人民法院在区委领导、区政府主导下主动作为,凝聚合力,在纠纷源头化解上做出的有益探索、取得的成效值得肯定。袁莉要求,要紧紧围绕社会治理和经济社会发展大局,要紧紧依靠党委政府,协调各方优势,凝聚更大预防化解矛盾纠纷合力,形成"一盘棋"联调联动,促进矛盾纠纷源头化解。要全面提高一站式多元解纷能力和水平,积极打造行业调解和"老法官之家"等工作亮点,促进一站式多元解纷和"无讼社区"建设,形成可复制的典型经验和先进做法予以推广。要进一步夯实基层工作基础,创新工作方法,发挥职能作用,积极主动作为,推动矛盾纠纷就地发现、就地调处、就地化解，从源头上减少诉讼增量，为全区经济社会发展提供有力的司法服务保障。

南明区人民法院将以此次调研为契机，认真贯彻落实区人大指导意见，进一步提高政治站位，充分发挥审判职能作用，整合资源下好"一盘棋"，打好诉源治理"组合拳"，切实推动诉源治理工作再上新台阶，努力提升人民群众的司法获得感和满意度。

（供稿：廖　芳）

积极探索创新，努力打造新时代
多元解纷"南明模式"

为深入贯彻落实习近平总书记"坚持将非诉讼纠纷解决机制挺在前面"的重要指示精神和省市区委及上级法院关于加强诉源治理的工作部署，南明区人民法院主动融入党委政府主导的诉源治理格局，探索推进以"三结合"为导向、以"三联动"为核心、依托"三化三式"诉讼服务体系建设为保障的诉源治理解纷网络，力求解纷在基层，消弭于萌芽，努力推动基层治理向少诉无讼的前端防范转型，积极助力市域社会治理现代化建设。

2022年1~5月，南明区人民法院新收民事案件8159件，民事案件下降幅度在全市排名第一，市法院在全市法院多元解纷工作通报会上予以表扬。5月30日，全省法院诉源治理工作推进会上，作为全省展播观摩视频的三家法院之一，南明区人民法院以制作的视频短片《治源》进行汇报展示，多家省市级媒体对南明区人民法院"三联动"合力推进诉源治理工作进行宣传报道。

以"三结合"为导向力争实现"标本兼治"

防解结合实现"治未病"。南明区人民法院紧紧依靠党委领导，将防线前移搭建前端共治体系，融入"一中心一张网十联户"和"党小组+网格员+联户长"铁三角机制，设立法官工作站1个、工作点3个；走访群众6450户、企业28家，就地化解纠纷并提出法律意见，法院在定分止争的同时强化隐患摸排，与基层组织共促良序善治。以治疏结合实现"治已病"。对已成讼案件，南明区人民法院着力提升审判质效，确保程序流转通畅，促进生效裁判自动履行，减少执行和涉诉信访案件，严防反弹形成旧存案"堰塞湖"，避免衍生案件。以点面结合实现"除病灶"。南明区人民法院以花果园片区为试点，打造南明区首个"无讼社区"——中园社区，目标是在 2022 年 6 月底各法庭均创建至少一个"无讼社区"，力求"以点带面、以面带片、以片带区"，促进居民从"有诉"向"无讼"转变。

以"三联动"多元解纷机制为核心推动矛盾纠纷实质化解

"府院联动"强化矛盾纠纷源头预防。南明区人民法院充分发挥司法在多元化纠纷解决机制中的引领、推动和保障作用，对属于"高发频发"的区域性、类型化矛盾纠纷，深入分析争议成因，积极向区政法委汇报，协同基层组织、行业主管部门开展矛盾纠纷源头治理。在区住建局、街道办事处等部门的联动调解下，成功化解了涉某大型物业公司的集团物业服务合同纠纷，有近千件后续纠纷止于萌芽。在常住人口 45 万的花果园，以花果园人民法庭为抓手，形成"综治中心牵总、企业化解为主、联合解纷为辅、法院诉讼断后"的花果园片区治理模式。花果园人民法庭受理案件数从 2021 年同期的 1945 件下降至 847 件，同比下降 56.4%。针对行政案件，建立与行政机关沟通衔接机制，通过作出司法建议和行政审判白皮书，助推行政机关依法行政，2022 年以来新收行政案件数较去年同期大幅下降。"多调联动"强化矛盾纠纷前端化解。在党委政法委的统筹协调下，南明区人民法院倾力打造"民商事调解中心、老法官之家、学院调解基地"等精品调解团队，并积极引进仲裁调解、公证调解、人民调解、行业调解等调解形式，坚持"专业调解与联合调解"相结合、"五员联调与六室联调"相结合，非诉解纷呈现多元化、专业化、规范化特点。目前，共有 7 个调解组织，121 名调解员进驻调解平台。"老法官之家"成立一年来共调解成功近 5000 件案件，成功率达 50%，并攻坚化解信访案件近 200 件，成长为多元解纷的中坚力量。"诉调联动"强化矛盾纠纷关口把控。南明区人民法院以诉讼服务中心作为诉源治理总枢纽。登记立案阶段，案件分流中心对案件进行甄别分流，积极向当事人宣传诉前调解"低成本、省时长、较简便"的优势，引导纠纷前端化解。并根据立案情况进行串并分析，与基层、重点行业领域形成预防化解链条，2022 年 1~5 月，立案庭共接待当事人咨询、来信来访、立案申请 26000 余次，经开展诉前引导、释明工作，最终更多当事人选择以非诉方式解决纠纷。

依托"三化三式"诉讼服务体系建设为诉源治理工作提供坚实保障

南明区人民法院坚持以群众需求为导向，全力优化资源配置，在诉讼服务大厅设置保全、立案、分流、调解等窗口，为人民群众提供立案审查、多元调解、诉调对接、保全鉴定、电子送达一站式诉讼服务。以信息技术为支撑，推行网上立案、电子送达、线上查询等诉讼服务，当事人运用"人民法院在线服务"小程序等线上诉讼平台就可实现线上调解。2022年以来，网上立案率达34%，无纸化立案率达75%，线上调解率达39%，为人民群众提供"人性化、智能化、规范化"和"菜单式、集约式、一站式"的诉讼服务和多元解纷，努力提升人民群众的司法获得感和满意度。

"诉源治理"是破解"人案矛盾"的治本之举，也是推进国家社会治理体系和治理能力现代化的长效抓手，人民法院诉源治理工作任重而道远。南明区人民法院将在党委坚强领导、上级法院精心指导下，立足职能、系统谋划，充分发挥审判职能，努力打造新时代下多元解纷南明模式，切实把矛盾纠纷化解在源头，更好地维护人民群众合法权益，促进社会和谐稳定。

（供稿：廖　芳）

双龙人民法庭深入辖区走访调研　推动区域诉源治理

为了展现人民法院在诉源治理工作中靠前站位、主动出击的司法担当，近日，南明区人民法院党组成员、副院长王平带领双龙人民法庭深入辖区所属的云关村村委会、小碧乡人民政府、龙洞堡街道办事处，就人民法庭深入参与基层社会治理进行走访调研。

双龙人民法庭一行每到一处，详细了解当地行政管辖、居住人口、矛盾纠纷成因等情况，与云关村村委会、小碧乡人民政府、龙洞堡街道办事处负责人就加强联动协作、推进诉源治理工作进行深度交流。

王平表示，诉源治理是党委政府领导下的综合治理机制，司法工作向纠纷源头防控延伸，人民法庭需发挥参与、推动、规范和保障的重要作用。双龙人民法庭将在综治中心挂牌成立"法官工作站"，积极推动"无讼社区"创建，充分发挥基层人民法庭"便民"优势，强化"末梢"担当，主动服务社会发展大局，切实将矛盾纠纷化解在源头。

下一步，双龙人民法庭将"坚持把非诉讼纠纷解决机制挺在前面"，加强与区域基层组织联络联动，加强非诉调解业务指导和培训，积极开展形式多样的普法宣传教育活动，引导辖区群众形成理性的纠纷解决观念，努力推动矛盾纠纷化解在基层，助力辖区经济社会高质量发展。

（供稿：伍　仪）

贵州省社会科学院　贵阳市南明区人民法院诉源治理专题研究论著启动仪式暨诉源治理研讨会举行

2022 年 7 月 6 日，贵州省社会科学院、贵阳市南明区人民法院诉源治理专题研究论著启动仪式暨诉源治理研讨会在南明区人民法院举行。贵州省社会科学院党委书记吴大华、省法院研究室主任赵君、区委副书记王兴盘等出席研讨会并讲话。南明区人民法院党组书记、院长舒子贵主持会议。

会上，舒子贵介绍南明区人民法院与省社科院合作编写诉源治理专题研究论著的初衷，旨在借助省社科院智库作用，从南明区人民法院诉源治理工作切入，进行多层次、多角度研究，通过深入调研，发现问题、分析成因，提出对策建议，编写《南明区人民法院诉源治理研究》，为党委政府诉源治理工作决策提供服务，为南明区人民法院更深入推进诉源治理工作给予理论指导，同时通过对南明区人民法院诉源治理创新举措进行宣传，获取更多方面对诉源治理工作的关注、重视和支持，凝聚诉源治理合力，有效破解基层法院案多人少的矛盾。

吴大华指出，中央高度重视诉源治理工作，多次作出重要决策部署，国发 2 号文件出台后，对贵州的法治建设也提出了新要求，因此，讲好贵州司法故事，展示贵州良好司法形象，是我们共同的任务和目标。南明区人民法院先行先试，在诉源治理工作中形成了一些好的经验和做法，希望通过此次专题调研，及时总结经验，分析现在存在的问题和可能面临的新挑战，尽快编写出南明区人民法院诉源治理专题研究论著，为党委决策服务，为建设更高水平的法治贵州和实施"强省会"战略作出贡献。

王兴盘表示,近年来,南明区的诉讼案件迅猛增长,2021 年总收案近 60000 件,民商事案件占比超过一半,南明区人民法院为破解人案矛盾,在诉源治理工作中积极探索,效果明显。这次南明区人民法院和省社科院合作,对南明区诉源治理工作进行专题研究,首先非常感谢省社科院对南明区工作的关心和支持,建议在做好经验总结提升的同时,对南明区经济社会存在的突出问题进行深度调研、深入分析,有针对性地提出对策建议,编写出具有影响力和参考价值的诉源治理专题研究论著。

赵君表示,南明区人民法院案件体量位于全省基层法院前列,2021 年员额法官人均办案数 1117 件,远远高于全省法官人均办案数 328 件,南明区人民法院法官是负重前行、非常不易。为破解人案矛盾,南明区人民法院在诉源治理工作中勇于创新,工作理念先进、工作举措实在,取得显著成效。同时,全省法院在省委政法委领导协调下,特别是 2021 年全省诉源治理工作现场观摩会开展以来,各地各部门协力推动诉源治理工作,已初步形成党委领导、政府主导、多方参与、司法推动、法治保障诉源治理格局,取得了明显成效。最后,建议诉源治理专题研究论著一要展现成果、二要总结经验、三要提供指导,对全省甚至全国法院都有借鉴作用和参考价值。

研讨会上,与会人员围绕蓝皮书编写热烈讨论,建言献策。大家一致认为,在《南明区人民法院诉源治理研究》编写中,一要坚持问题导向,聚焦南明区诉源治理工作中的难点堵点和痛点,深度调研南明区经济社会运行的梗阻、深挖经济社会存在的矛盾问题,对矛盾纠纷成因进行深入分析,有针对性提出对策建议。二要坚持目标导向,找准法院在诉源治理工作中的职能定位以及承担的司法职责,推动建立"党委领导、政府主导、综治协调、司法引领、社会协同"的诉源治理工作格局。三要坚持效果导向,对南明区人民法院诉源治理实践进行经验总结,提炼出可推广和借鉴的具有南明特色的经验做法。精选典型案例,充分发挥典型案例的示范作用,引领价值导向,树立行为规则,助力社会治理现代化建设。

贵州省社会科学院法律研究所副所长、研究员吴月冠,贵州省社会科学院法律研究所研究员、法学博士王飞,贵州省社会科学院法律研究所副研究员、法学博士张可等课题组成员,贵阳市中级人民法院研究室主任余长智，区委政法委常务副书记曾璟，区司法局局长李文胜，南明区人民法院特邀调解员李志强，南明区人民法院在家班子成员及相关部门负责人参加研讨会。

（供稿：立案庭）

南明区首个"无讼乡"在永乐乡创建揭牌

为持续巩固南明诉源治理新"枫"景，南明区将法治、德治、文治与基层自治相结合，共助乡村振兴，共护"桃花源"。2022年7月14日，南明区首个"无讼乡"创建揭牌仪式在永乐乡举行。区委常委、政法委书记钟锋，南明区人民法院党组书记、院长舒子贵，区政法委常务副书记曾璟，南明区人民法院党组成员、副院长王平，区司法局副局长黄娅，永乐乡党委书记郝刚，永乐乡政法委员高登贵及永乐党政办、平安办、法庭、司法所等有关负责同志参加了揭牌仪式并座谈。

座谈会上，郝刚书记指出永乐乡人文资源丰富，地理位置优越，生态环境优美，民风勤劳淳朴，创建"无讼乡"的基础条件较好。创建永乐"无讼乡"，一要提高思想认识，把创建工作作为提升乡村治理能力、服务乡村振兴的重要抓手；二要进一步理顺矛盾纠纷调处化解机制，整合矛盾纠纷化解资源和力量；三要把工作做深做实，结合当地特色，党委政府及各部门全力推进创建活动。

舒子贵院长指出，永乐派出人民法庭作为"无讼乡"创建的助推者和参与者，一是要坚持党的绝对领导，在党委的领导下积极完善惠民便民利民司法举措；二是要坚持以人民群众为中心，法庭法官要避免坐堂问案，走进田间地头，做村民的"讲法人"，做群众的"知心人"；三是要坚持和乡村振兴有机衔接。把诉源治理工作融入基层治理、乡村振兴的大局中去，为当下农村"五治"工作提供司法保障。

钟锋书记指出，永乐乡"无讼乡"创建揭牌，标志着南明区诉源治理工作进一步走深、走实。一要坚持以习近平法治思想为指导，构建多元化、全方位、立体式诉源治理格局；二要坚持对矛盾纠纷"早发现、早治理、早化解"，从源头上减少诉讼增量，加强释法析理，既要"化诉"，更要"止争"；三要做好保障，形成治理合力。当地党委政府要把"无讼乡"创建当作"功在当代，利在长久"的重要工作，做好相应保障，与法院、司法等部门做好协同配合，织密矛盾纠纷排查化解网，共同呵护永乐安宁！

开展永乐乡"无讼"乡创建工作是创新和发展新时代"枫桥经验"的重要举措，是推动完善"党委领导、政府主导，多方参与、司法推动、法治保障"诉源治理格局，从源头上减少矛盾纠纷产生，减少衍生诉讼案件发生，切实维护社会稳定和安全，服务乡村振兴的有力举措。下一步，永乐乡在党委的领导下，在政府相关职能部门、政法机关、基层自治组织、专业性行业性调解组织和其他社会力量等各方的共同努力和协同配合下，将继续建立健全工作模式，推动永乐乡社会治理迈上新台阶。

（供稿：王　晶）

永乐人民法庭着力"三个加强"诉源治理初有成效

贵阳市南明区人民法院永乐人民法庭司法管辖 5 个行政村 39 个村民组，常住人口 13070 人。党的十九大提出实施乡村振兴战略以来，南明区人民法院立足新时代人民法庭"三个便于""三个服务""三个优化"工作原则，推动落实乡村振兴行动，坚持和发展"枫桥经验"，在服务乡村产业振兴、维护农民合法权益、融入基层社会治理等方面积极探索，及时回应基层司法需求，将公开、公正、便民、为民的阳光司法真正融入工作点滴中。

永乐人民法庭自 2021 年 9 月恢复单独收案以来，至 12 月仅 4 个月收案便达 119 件。2022 年永乐人民法庭主动将矛盾纠纷化解端口前移，以"无讼乡"创建为契机，在党委的领导下，通过与辖区内政府相关职能部门、综治机关、基层自治组织联合开展诉源治理，落实"一周一网格一走访"制度，形成"法官入乡村、就地解纠纷、矛盾不入庭"的良好格局。截至 6 月，永乐乡诉前化解矛盾纠纷 45 件，永乐人民法庭新收民事案件仅 22 件，民事案件调撤率 46%，服判息诉率 100%，多项质效指标位居全市基层人民法庭前列，为实现永乐乡"有诉"而"无讼"奠定扎实基础，在区委政法委牵头领导下，7 月

14 日南明区首个"无讼乡"在永乐揭牌创建。

加强司法供给　服务群众所需

2022 年 6 月，永乐人民法庭在乡综治中心设立"法官工作站"，由永乐人民法庭负责人担任工作站负责人，并陆续选派业务精湛、品格坚韧的优秀干警充实队伍，立足法律咨询、纠纷调解、矛调分流、法治宣传、应急处险等 5 项基本职责，与群众相约星期五，联合乡政府、司法所常态化开展现场指导调解、现场巡回审判、现场纠纷调处。仅 6 月至 7 月，永乐人民法庭已参与基层纠纷调处 3 次，开展巡回审判 2 次，参加乡政府矛盾纠纷协调会 3 次。

加强司法保障　助力乡村振兴

永乐乡是南明区唯一一个以果蔬为主导产业的纯农业乡，实际耕地面积 19500 余亩，其中水果种植面积 15000 余亩、专业蔬菜地 3000 余亩、花卉苗圃 1500 余亩。"四季有花、四季有果、四季有菜、四季有景"的田园风光逐步成型。为给辖区企业提供优质的司法服务，永乐人民法庭开通快审快结绿色通道，通过合同预审、纠纷联调、示范性裁判等方式促成买卖合同、土地租赁等涉农案件快立、快审、快结。据统计，2021 年以来，永乐人民法庭共审结涉农纠纷 36 件，平均审理天数 39 天，涉及争议标的 3838439.08 元，解决争议标的 778044.66 元。

为构筑果蔬发展"防护网"，永乐人民法庭推动专业力量下沉、服务前移，主动跟进农户法治需求，通过走访座谈、法治讲座等方式，输送法律知识，提升农户法律意识。并以政法系统"大走访"为契机，走访村民 30 户，收集 2 条问题难题，研究法律对策后反馈给当地党委政府，共同构建"政府+司法"帮扶机制。

为推进农村良序善治、提升农民法治意识、助力乡村发展，通过"民法典宣传月"等特殊时点的集中普法宣传和常态化的法治宣传，开展送法下乡、送法入户，并编制《农村常见土地问题法律指南》，回应农民普遍关注的土地纠纷问题，从而推进土地矛盾纠纷的源头预防和化解。

加强司法服务　融入基层社会治理

不仅要将纠纷化解在诉前，更要推动基层治理形成办事依法、遇事找法、解决问题用法、化解矛盾靠法的法治常态。对此，永乐人民法庭充分利用乡、村两级治安观察员和调解信息员、网格员、联户长的作用，依靠其人熟、地熟的优势，加强乡、村两级矛盾纠纷排查，及时启动三级联调机制，组织相关责任部门参与协调，及时有效地将矛盾纠纷化解在当地。

当前，永乐人民法庭以法官工作站（点）、法官调解工作室、"无讼乡"创建等为抓手，加强同村、派出所、司法所、人民调解组织等基层组织的联动沟通，主动融入村（社）基层综合治理大格局。2022年下半年拟开展"法安桃源、共创无讼"的庭村共建结对活动，深化开展法官进网格、进乡村、送法入户等接地气办实事行动，集约化解乡村矛盾纠纷，力争形成法助乡村振兴长效工作机制。

（供稿：马　倩）

深化部署聚合力　强化担当抓落实
——南明区人民法院召开人民法庭诉源治理工作第三次推进会

2022年8月11日，南明区人民法院党组成员、副院长王平主持召开人民法庭诉源治理工作第三次推进会，对人民法庭7月的诉源治理工作推进情况进行总结并对接下来的诉源治理工作进行安排部署，立案庭诉调对接中心负责人、各人民法庭负责人、诉源治理工作联络人参加会议。

在听取各部门工作情况汇报后，王平要求，一要切实提高对诉源治理工作重要性、必要性的思想认识，强化责任担当，狠抓工作落实，奋力实现各项既定的诉源治理的工作目标。二要提高学习的积极性和自觉性，加强对诉源治理相关文件精神和典型案例的学习，以学促用，助推我院各项诉源治理工作的开展进程。三要结合五个"找准"，开展好我院的各项诉源治理工作，即"找准"人民法庭功能定位的创新点，搞清楚人民法庭"是什么"、"做什么"和"怎么做"，全面提升人民法庭建设水平和基层司法能力；"找准"人民法庭参与基层社会治理的方向和目标，探索新发展格局下人民法庭服务基层治理新模式；"找准"人民法庭便民利民的特色及品牌，坚持创新发展思维，不断探索服务群众、便民利民的新时代"枫桥经验"，让人民群众"零距离"感受公平正义，推动人民法庭工作高质量发展；"找准"人民法庭服务乡村振兴的切入点与着力点，凝心聚力、担当尽责，多措并举构建人民法庭服务乡村振兴新格局;"找准"人民法庭服务"强省会"行动的支撑点,紧绕服务大局、司法为民、公正司法工作主线,不断提升人民法庭建设水平和基层司法能力,为实施"强省会"行动、建设更高水平的平安南明法治南明提供有力司法服务和保障。

会议的最后,王平勉励与会的年轻干警:紧扣工作大局狠抓落实,紧扣时代脉搏担当作为,紧扣时代精神勇于创新。尽自己最大的努力,为党和人民工作;尽自己最淳朴的力量,践行自己的司法初心;尽自己最大的光和热,汇集成力,以实际行动谱写法院事业发展的新篇章!

(供稿:许靖聆)

努力做好人民群众幸福生活的守护者
——花果园人民法庭物业矛盾纠纷源头治理小记

孔子有云:"里仁为美。择不处仁,焉得知?"(《论语·里仁篇》),这与"孟母三迁"的故事一样,都强调了居住环境的重要性。物业公司是小区业主"最重要"的邻居之一,双方之间能否和谐相处,直接关系到小区居民日常生活的幸福指数。贵阳市南明区花果园片区,系国内单个楼盘占地面积等多个指标第一的超大型社区,总占地面积 10 平方公里,常住人口 45 万人;现有企业1.2 万余家,辖区物业公司为花果园住宅、商铺、公寓/写字楼约 15 万户业主提供物业服务。近年来,南明区人民法院受理的花果园片区物业纠纷案件呈逐年递增之势,在参与基层社区治理过程中,尽力解决"望邻兴叹"问题,让辖区居民及企业更具有幸福感、认同感、归属感,是南明区人民法院司法为民的出发点和落脚点。

下沉力量,矛盾化解在基层

物业纠纷无小事,为促进业主和物业公司之间构建和谐关系,南明区人民法院坚持以社区法官工作站(点)为依托,发扬"铁脚板"的工作精神,密集走基层、访群众,倾力解决业主和物业公司"急难愁盼"问题,积极回应人民群众多元司法需求与司法期盼。

"法官,我买的是毛坯房,要装修还得补交我买房前十年的物业费,这事

284

儿换谁能接受?"当事人李某在电话里气愤地说道。近日,花果园人民法庭驻小车河街道办事处法官工作点驻点法官在日常排查辖区物业矛盾纠纷中,注意到这起纠纷,李某诉请判令物业公司停止妨害己方对新购房屋装修的权利,却对物业公司阻止装修的原因语焉不详。驻点法官经耐心询问得知,李某以竞拍方式购买了一套位于花果园片区的法拍房,但未留意到竞拍公告中关于该法拍房可能存在欠付物业费等费用的提示,李某到物业公司办理装修手续时,物业公司要求补交该房屋自通知交房之日至今约十年的物业管理费,李某无法接受、拒不交纳,物业公司据此多次到装修现场阻止工人装修,双方矛盾层层升级。为实质性化解矛盾,驻点法官认真查阅涉法拍房案卷宗材料,详细了解该法拍房物权的流转过程,然后与南明区人民法院"老法官之家"驻花果园人民法庭特邀调解员共同制定联合调解工作方案,经与物业公司及业主数次沟通,晓之以理、明之以法,耐心细致地做思想工作,最终促成双方达成和解协议,业主补交三年物业费并与物业公司签订物业管理协议。

关口前移,优化环境促营商

为经济发展与社会发展保驾护航是法院义不容辞的职责,花果园片区现有企业 1.2 万余家,商业密集,南明区人民法院坚持关口前移,主动担当作为,精准对接融入,依法维护各类市场主体的合法权益,护航花果园片区经济高质量发展,积极助力"强省会"五年行动。

"这个案子原告的诉讼主体资格存在一些问题,我想跟您沟通一下……""我不管,我不懂法律,我只知道再这样下去我的企业已经无法生存了,我还要让他们赔偿我这几个月十几万的损失!这个官司我必须打!"这是 2022 年 6 月发生在花果园人民法庭诉讼服务中心的一幕。花果园片区某汽车服务企业负责人在登记立案时,因诉讼主体资格问题拒不听取工作人员的释明意见,执意要求立案。面对当事人的不理解,工作人员没有简单地拒之门外,而是耐心与其沟通。经询问得知,该企业主营业务是汽车服务,物业公司以交通堵塞为由,于数月前不再允许该企业门口停放客户的车辆,由此导致该企业经营受到影响、陷入困境,该企业急于通过诉讼途径谋求生机。为及时解决企业的燃眉之急,该纠纷被移交给小车河街道办事处法官工作点,由驻点法官与南明区人民法院"老法官之家"驻花果园人民法庭特邀调解员联动开展诉前调解工作。调解人员多次走访双方企业,摸清问题症结,围绕双方诉求和矛盾焦点有针对性地开展调解工作，积极促成双方达成了协议，汽车服务企业自愿放弃赔偿的诉请，物业公司也在保证小区交通畅通的前提下为该汽车服务企业划定了停车区域，优质高效的非诉解纷服务，成功地帮助该企业破解了难题、走出困境。

司法延伸，判后跟进促履行

物业纠纷是花果园片区诉源治理工作重点之一。针对该片区物业纠纷产生的原因及现状，南明区人民法院积极探索、精准施策，在区综治中心的牵头下，联合花果园矛盾纠纷联动调解中心、花果园各街道办事处、辖区派出所等多方联动共治，共同打造了"诉前多元联动调解＋判后典型案例公示"机制，通过前端和末端双向发力，实现标本兼治效果。南明区人民法院在大力推进诉前调解工作的同时，充分发挥司法职能，开展判后答疑工作，引导当事人服判息诉、自动履行生效法律文书确定的义务，从源头控制执行案件增量，努力实现"案结事了"的社会效果。同时，对拒不履行生效判决确定义务的被执行人且在辖区内较为典型的案例，南明区人民法院与区综治中心及相关街道办事处启动执行联动机制，加大对此类案件的执行力度，及时保障物业服务企业的胜诉权益，并充分发挥典型案例的示范作用，对无故拖欠物业费的业主进行教育、引导，进一步实现该类纠纷的源头治理。

目前，花果园片区物业矛盾纠纷源头治理工作已初步凸显成效。2021年，南明区人民法院受理涉花果园片区物业费纠纷共计845件。截止到2022年8月19日，宏立城物业公司起诉的物业费纠纷72件，进入庭审程序前/诉讼程序中因业主履行付款义务撤诉54件，共计回款28.95万元；提报花果园矛盾调解中心的物业费纠纷190件，已成功调解22件，共计回款31.91万元。基于典型案例的示范宣传效应和强制执行的威慑效应，物业公司组织力量自行清收物业费，截至2022年8月19日已累计清收物业费3758万元。

"隔竹每呼皆得应，二心亲熟更如何。"物业公司与小区业主本就是"鱼水"关系，二者相互依存、相辅相成，唯有良性互动、和睦共处，才能有效地提升社区居民的生活品质。下一步，南明区人民法院将充分发挥人民法庭司法职能，强化法官工作站（点）"末梢"担当，主动服务基层社会治理，精准找到化解物业矛盾纠纷的平衡点和切入点，推动物业纠纷源头治理、就地解决，努力做好人民群众幸福生活的守护者，积极助力基层治理体系和治理能力现代化建设。

（供稿：许靖聆）

二戈寨人民法庭建立"回访+普法"机制，推动
诉源治理走深走实

诉源治理作为社会治理的重要组成部分，是基层社会治理法治化的题中应有之义，担负着基层社会治理社会化、法治化、智能化、专业化实践的引领性和构建性功能。南明区人民法院二戈寨人民法庭坚持将非诉讼纠纷解决机制挺在前面，积极开展矛盾纠纷源头化解工作，诉源治理工作成效明显，2022 年 1 月至 2023 年 5 月，诉前推送调解案件 663 件，调解成功 607 件，诉前调解成功率达到 91.5%。

为确保源头解纷取得实质性效果，有效减少衍生案件，二戈寨人民法庭在推进诉源治理工作的同时，坚持效果导向，建立诉前调解案件"回访+普法"工作机制，从调解成功案件中，挑选数量相对较多、影响力较大、争议较大、具有典型意义的案件上门回访，及时掌握诉前调解协议履行情况，收集群众对诉源治理工作的建议意见，现场开展普法宣传，力求矛盾纠纷源头化解工作实现政治效果、法律效果、社会效果的有机统一。

在对贵州某工贸有限公司回访中，获悉该公司在诉前成功调解案件 12 件，其中 9 件案件当事人主动履行了调解协议，公司表示，诉前调解不仅让当事人减少了金钱成本，也节省了时间成本，为老百姓解决纠纷提供了更为便捷有效的路径，诉前调解值得肯定和推广。

在回访过程中，针对辖区内企业、自然人普遍存在的对合同内容理解不透、按期履约意识不强、外出务工人员维权经验不足等问题，回访人员详细讲解相关法律法规，耐心进行咨询解答，并就民法典中与日常生活息息相关的法律规定开展普法宣传，引导企业和群众增强法律意识、防范法律风险、依法维护自身合法权益。

2022 年 1 月至 2023 年 5 月，二戈寨人民法庭开展回访 55 次，现场进行普

法宣传 23 次。下一步，二戈寨人民法庭将充分发挥司法职能，积极融入基层社会治理，联动辖区基层组织加大诉源治理工作力度，不断创新诉前调解案件"回访+普法"工作机制，为基层社会治理现代化、法治化作出应有的贡献。

（供稿：二戈寨人民法庭）

实质化解一案　温情教育一地

——永乐人民法庭"法庭+特邀调解员+村委会"诉源治理模式初探

"治政之要在于安民"，诉源治理旨在通过"以柔化刚"的司法温情将矛盾纠纷消弭于诉前，减轻群众诉累，提升基层治理效能。2022 年 11 月 16 日，南明区人民法院永乐人民法庭成功调解了一起发生在家庭内部的征收补偿费分割和农村房屋管理使用权纠纷，这是一次创新矛盾纠纷调解方式的成功探索，充分实现了预防、挽救、修复、治疗家庭社会关系的司法功能，弘扬了守望相助、崇德修睦的家庭美德。

南明区永乐乡石塘村村民韦某与罗某系母女关系，因位于石塘村一栋三层房屋的管理使用权而产生纠纷。矛盾发生后，原本骨肉情深的母女不相往来，亲情关系一度紧张。在开展永乐"无讼"乡创建中，永乐乡各村治保主任在解决矛盾纠纷中充当前锋，由于当事人之间有多种问题交织导致矛盾激化，石塘村治保主任虽多次组织调解均未取得效果。永乐人民法庭遂开启"法庭+特邀调解员+村委会"调解模式，邀请南明区人民法院特邀调解员参与此次调解工作。虽然该案法律关系复杂，当事人分歧较大，但特邀调解员凭着丰富的调解经验以及精湛的专业素养，在仔细了解纠纷详情后，厘清法律关系，找准问题症结，从维护当事人的合法权益出发，立足法律规定和本案实际，有的放矢地开展调解工作，努力化解家庭矛盾、修复母女亲情。经过长达 6 小时的释法明理、温言相劝，母女双方终于化解了矛盾、弥合了亲情，在亲属、村民、村干部的见证下，当场签订调解协议，法院也将作出司法确认书来保证协议的法律效力和强制执行力。本次实地调解，不仅是永乐人民法庭深入参与乡村治理、从源头化解矛盾纠纷的有益尝试，而且让当地村民从身边人身边事得到启发和教育，起到了较好的普法效果，切实做到了"化解一案，教育一地"，对提高公民对法律价值的高度认同感、公民法律意识，树立司法权威起到了积极的作用。

近年来，南明区人民法院持续推进诉源治理，建立健全非诉实质化对接机制，积极探索创新矛盾纠纷调处模式。永乐人民法庭在此背景下，践行司法为民理念，把"我为群众办实事"落实到每个案件办理中，积极打造"法庭+特邀调解员+村委会"诉源治理模式，委派特邀调解员在诉前调解阶段成功化解了不同类型的纠纷，取得了较好的法律效果和社会效果。

（供稿：王春波　曾　芬）

积极探索诉源治理新路径"1231"南明模式显成效
——南明区人民法院诉源治理工作综述

习近平总书记在中央全面依法治国工作会议上深刻指出，我国国情决定了我们不能成为"诉讼大国"。南明区人民法院坚持以习近平法治思想为指导，坚持和发展新时代"枫桥经验"，积极作为、锐意创新，逐步探索出"1231"诉源治理"南明模式"，竭力将矛盾纠纷消弭在前端、化解在基层，取得明显成效。2022年，全院共受理各类案件42878件，其中新收案件34242件，推送调解案件17364件，调解成功8303件，调解成功率51.76%，同比上升23.8%，调解平均用时18.22天，近1/3的民商事案件在诉前得以快速成功化解，持续多年的案件增长势头首次出现拐点，新收案件同比下降31.96%，员额法官人均办案692件，同比减少近300件，法官办案压力有所缓解。在2022年全市基层法院审判执行业务类绩效考核中列一类地区第一名。

2023年上半年，南明区人民法院共向特邀调解员或调解组织推送调解案件8693件，同比上升56.01%，调解成功各类案件3679件，较去年同期增长1.67倍，调解成功率51.57%，同比上升5.88个百分点，调解平均用时17.5天，其中调解成功执行案件664件，当庭履行166件。全院新收各类案件13268件，同比下降20.19%。

建立一套工作体系，强化组织保障

南明区人民法院紧紧依靠党委领导，主动融入"党委领导，政府负责，

南明区人民法院诉源治理研究

民主协调，社会协同，公众参与，法治保障，科技支撑"的社会治理大格局，将诉源治理工作作为"一把手"工作高位推进，成立由主要负责人任组长的诉源治理工作领导小组，下设多元解纷和源头治理两个专班，为诉源治理工作提供了强有力的组织保障，制定《南明区人民法院关于深入开展诉源治理工作的实施方案》《南明区人民法院诉调对接工作管理规定》等系列工作制度，压紧压实责任，形成全院一盘棋、各部门协调联动的工作体系，推动诉源治理工作走深走实、行稳致远。

探索两条路径，力求实现矛盾纠纷"标本兼治"

一是构建一站式多元解纷机制。将诉讼服务中心作为分调裁审总枢纽进行全方位升级打造，组建分流引导团队、司法确认团队、立案登记团队、小额速裁团队，有条不紊开展案件分流引导、诉调衔接、调裁对接、登记立案、繁简分流工作。对于家事、邻里、小额等适宜调解的纠纷，引导当事人选择非诉方式解决纠纷，将案件推送给特邀调解员和调解组织进行诉前调解。对于无调解基础的小额诉讼纠纷，分流至小额速裁团队，启动"六快三简化"工作机制进行便捷高效审理。通过发挥"总枢纽"的调度、协调功能，建立了分流引导、诉调对接、司法确认"三点一线"的一站式多元解纷机制，满足当事人一站式多元解纷需求，推动矛盾纠纷源头化解，诉讼案件增量得到有效控制，呈现诉前调解成功案件量和成功率大幅上升、新收案大幅下降的"两升一降"良好态势。二是构建矛盾纠纷源头预防化解网格。充分发挥人民法庭职能，融入基层社会治理，联动辖区基层组织构建矛盾纠纷预防化解网格，着力打造"一庭一品"的基层法庭诉源治理模式，推动区域纠纷源头预防和化解。2022年，在全区挂牌成立17个法官工作站（点），参与6个"无讼社区（乡村）"创建试点工作，在花果园片区，探索"综治中心牵总、企业化解为主、联合解纷为辅、法院诉讼断后"诉源治理模式，对辖区高发频发的矛盾纠纷进行源头化解，取得明显成效，花果园人民法庭全年受理案件1764件，同比下降54.21%；在永乐乡，以"无讼乡"创建为抓手，着力打造"法官入乡村、就地解纠纷、矛盾不入庭"诉源治理模式，积极服务保障乡村振兴。

注重"三个联动"，凝聚诉源治理合力

一是加强"府院联动"，实现矛盾纠纷源头预防。充分发挥司法在多元化纠纷解决机制中的引领、推动和保障作用，对属于"高发频发"的区域性、类型化矛盾纠纷，深入分析争议成因，积极向政法委汇报，协同基层组织、行业主管部门开展矛盾纠纷源头治理。对于多发频发的物业纠纷，积极加强与区住建局、街道办事处等部门的联动联调，成功化解了涉某大型物业公司的集团物业服务合同纠纷，有近千件后续纠纷止于萌芽。在花果园片区，经采取物业纠纷治理专班统筹、矛调中心联合调解、裁判文书类案公示等措施，仅有少量物业纠纷进入诉讼。二是加强"多调联动"，推进矛盾纠纷多元化解。坚持"专业调解与联合调解"相结合，倾力打造民商事调解中心、"老法官之家"等精品调解团队，积极引进公证调解、金融行业和保险行业等调解组织，并主动与律所、院校、社区等合作，增选各行各业具备一定专业知识和调解能力的调解员，逐渐形成人民调解、特邀调解、行业调解、仲裁调解、公证调解、律师调解等多种形式参与的多方联动解纷模式。目前，共有 7 个调解组织，123名调解员进驻调解平台，非诉解纷呈现多元化、专业化、规范化特点。三是加强"诉调联动"，确保非诉解纷依法规范高效。为提升调解员的工作能力和水平，确保非诉案件办理水平和质量，南明区人民法院建立培训联络机制，不定期组织调解员开展业务培训，召开调解工作调度会、交流座谈会，邀请资深法官、优秀调解员讲解民法典等常用法律法规、分享调解经验和心得，及时总结调解工作经验和不足，征求改进工作的意见建议，促进非诉调解工作高质量开展；由业务庭负责人或员额法官轮流值班，对诉调案件开展业务指导，在具体案件中就案件法律适用等问题对调解员提供专业指导，帮助调解员规范解纷、高效解纷；将疑难复杂有争议的调解案件，提交相对应的法官专业会议进行专题研究，法官为案件处理给出专业意见，确保非诉调解案件经得起法律和群众检验。建立"法官+调解员+居（村）委会"联动联调机制，对部分复杂疑难的家庭矛盾纠纷，充分发挥法官的专业特长、调解员的调解经验以及当地基层组织熟悉社情村情优势，就地联动开展调解工作，不仅从源头化解矛盾纠纷、修复亲情关系，亦让辖区群众从身边人身边事得到启发和教育，起到"化解一案，教育一地"的普法效果。

打造一个精品调解团队，提升非诉解纷能力和水平

为进一步提升非诉调解的专业化、规范化水平，推动矛盾纠纷源头解纷、实质解纷，南明区人民法院先行先试，探索成立"老法官之家"调解团队，广泛吸纳具有调解经验的退休法官及资深法律工作者作为特邀调解员参与非诉调解工作，为化解矛盾纠纷注入新的力量。经过不断的摸索和实践，"老法官之家"前端分流案件的功能日渐明显，调解团队也随之不断壮大，现有特邀调解员71名，其中专职调解员28名，兼职调解员43名。2022年调解成功案件5635件，占南明区人民法院诉前调解成功案件的近70%。"老法官之家"调解员凭着丰富精湛的专业素养、高效便捷热情的解纷服务，不仅为当事人减轻诉累，赢得一片肯定和好评，同时对从源头控制诉讼案件增量、缓解案多人少矛盾起到积极作用，"老法官之家"已经成长为非诉解纷的中坚力量，成为南明区人民法院一张亮丽的名片。

2022年7月，省人大常委会副主任杨永英率队赴南明区人民法院开展基层社会治理调研时，对南明区人民法院诉源治理工作作出批示予以充分肯定。南明区人民法院制作的视频短片《治源》在全省法院诉源治理工作推进会上展播，撰写的《和谐桃花源，无讼永乐安》等多篇工作信息被多家省市媒体采用推送。目前，南明区人民法院正积极推进与贵州省社会科学院合作编写诉源治理专题研究论著，旨在借助社科院的科研优势，及时总结经验、探索路径并提出相关对策建议，为领导决策提供参考，为市域治理现代化贡献力量。

（供稿：立案庭）

凝心聚力绘新图　接续奋斗开新局
——南明区人民法院召开一站式建设及诉源治理工作推进会

2023年3月7日，南明区人民法院召开一站式建设及诉源治理工作推进会，认真传达学习贯彻落实党的二十大精神和省、市法院院长会议精神，安排部署2023年工作任务。党组书记、院长舒子贵出席会议并讲话，党组成员、副院长王平主持会议，审委会专职委员何骧，立案庭、各人民法庭相关负责人及联络员参加会议。

会议首先传达党的二十大精神和省、市法院院长会议精神。各人民法庭、诉讼服务大厅、诉调对接中心负责人分别汇报一站式法庭建设、法官工作站建设、诉源治理等工作开展情况及下一步工作思路，舒子贵院长、王平副院长、何骧专委听取汇报并作出工作要求。

会议指出，立案庭作为人民法院的窗口，人民法庭作为人民法院的基层触角，都处在前沿阵地，肩负一站式建设和诉源治理的工作重任。要积极提高政治站位，切实贯彻落实党的二十大精神和省、市法院院长会议精神，要坚持以人民为中心的工作思路，坚持"两便"工作原则，突出集约高效、旨在便民利民，实现一站式诉讼服务和多元解纷；要坚持"一庭一品"的人民法庭建设工作思路，"走出法庭""走进基层""走近群众"，通过实地走访及精准调研，抓住辖区诉源治理的工作重点、发现辖区诉源治理的工作特色，深入挖掘、打造新时代人民法庭工作的特色亮点工程，讲好属于自己的"法庭故事"，创新诉源治理的工作新思路。同时，法院基层干部要积极面对困难，树立明确且坚定的工作目标，积极练就坚韧不拔的工作品质，越是困难的时候，越是要凝心聚力迎难而上，牢记"困难乃见才，不止将有得"。

会议要求，一要把学习贯彻党的二十大精神作为当前和今后一个时期的重大政治任务，切实把思想和行动统一到党的二十大精神上来，准确把握一站式建设和诉源治理工作的新形势新任务新要求；二要认真学习贯彻落实省、市法院院长工作会议精神，担当作为、谋划思路，做到"观大局""谋全局""干大事""拓新局"，鼓足苦干的劲头、弘扬实干的精神、增长巧干的智慧，切实推进一站式建设及诉源治理工作创新发展；三要更加积极主动地融入地方党委统一领导的工作大局之中，着眼于满足辖区人民群众更加多样化的矛盾纠纷解决需求，在中国式现代化新征程中彰显法院担当；四要进一步加强一站式建设及诉源治理宣传工作，瞄准宣传方向、突出宣传重点、提升宣传品质，以弘扬法治精神、传递司法正能量为导向，为推动一站式建设及诉源治理工作营造良好的氛围。

一路走来，一心为民。南明区人民法院自开展一站式建设及诉源治理工作以来，一刻未曾停歇，一丝未曾松懈。南明区人民法院将坚持以人民为中心的思想，努力满足辖区人民群众对司法工作的更高要求，积极构建一站式建设及诉源治理工作新格局，努力书写新时代司法工作的新篇章。

（供稿：许靖聆）

加强多方合作　凝聚多元解纷合力
——一带一路国际商事调解中心、中国中小企业协会调解中心
驻南明区人民法院调解工作室揭牌仪式暨多元解纷工作
座谈会在南明区人民法院举行

2023年4月7日下午，一带一路国际商事调解中心驻贵阳南明区人民法院调解室、中国中小企业协会调解中心驻南明区人民法院调解工作室揭牌仪式暨多元解纷工作座谈会在南明区人民法院举行。

南明区人民法院党组书记、院长舒子贵，一带一路国际商事调解中心贵阳调解室主任何贝利、特邀调解员代红伟，中国中小企业协会调解中心贵州省办公室主任钱冶然出席仪式。仪式由南明区人民法院党组成员、副院长王平主持。

当天，南明区人民法院分别与一带一路国际商事调解中心贵阳调解室、中国中小企业协会调解中心签署了合作协议，旨在利用两个调解组织的专业优势和实践优势，参与法院民商事纠纷诉前调解工作，推动更多民商事纠纷源头化解、实质化解。

在座谈中，代红伟表示，调解是多元解纷机制中的重要环节，调解中心驻南明区人民法院调解室将努力借助总部的先进经验和兄弟调解室的指导帮助，不断总结经验，以专业法律调解服务降低企业争议解决的成本、助企纾困，为法院和政府的诉源治理提供有力支持，为创造更好的营商环境贡献力量。

何贝利表示，未来我们要进一步加强与南明区人民法院的沟通联系，形成合力，强化诉源治理，共同化解矛盾纠纷。调解室将进一步有效提升纠纷调处能力，为推动诉调对接机制、矛盾纠纷多元化解机制落地见效夯实基础。

钱冶然表示，中国中小企业协会调解中心将坚持"把非诉讼纠纷解决机制挺在前面"，充分转化协会自身优势，更好地发挥中小企业领域矛盾纠纷"总对总"在线诉调对接机制的作用，积极推进南明辖区中小企业领域诉调对接工作。

舒子贵表示，诉源治理是推进国家治理体系和治理能力现代化的长效抓手，也是破解"人案矛盾"的治本之举。近年来，南明区人民法院坚持以

习近平新时代中国特色社会主义思想为指导，主动融入党委领导的诉源治理工作体系，努力探索诉源治理的"南明模式"。同时，诉源治理需要更多社会力量的共同参与，南明区人民法院将以党的二十大精神为引领，切实发挥人民法院在诉源治理中的参与、推动、规范和保障作用，坚持用法治思维和法治方式及时解决涉及群众切身利益的矛盾和问题，加强矛盾纠纷源头预防、前端化解，积极与一带一路国际商事调解中心、中国中小企业协会调解中心共襄诉源治理、共行法治之力、共筑治理之基，不断完善和丰富矛盾纠纷多元化解机制，为老百姓定纷解忧，共同努力创建新时代下"枫桥经验"的南明样本！

近年来，南明区人民法院主动与各行业协会、专业律所、高等院校、基层社区等加强合作，逐渐形成人民调解、特邀调解、行业调解、公证调解、律师调解等多种形式参与的多方联动解纷模式。南明区人民法院将继续加强与各调解组织的常态化联络，充分发挥各调解组织在预防和化解矛盾纠纷中的专业优势和实践优势，不断完善和丰富矛盾纠纷多元化解机制，进一步满足人民群众多元化解纷需求。

南明区人民法院审判委员会专职委员何骧，一带一路国际商事调解中心贵阳调解室副主任刘成禄，中国中小企业协会调解中心贵州省办公室副主任文艺，立案庭相关负责人以及调解中心部分调解员参加揭牌仪式。

（供稿：立案庭）

南明区人民法院纵向主导协调、横向联动发力，共绘行政争议协调化解同心圆

自 2023 年 3 月 16 日"南明区行政争议协调化解中心"在南明区人民法院挂牌成立以来，在各级依治办的统筹下，南明区人民法院充分发挥行政案件集中管辖法院审判职能，以行政争议实质性化解为目标，依照"纵向主导协调，横向联动发力"思路，深入行政机关开展座谈培训、深入争议现场调查案情，主动加强与行政机关沟通，探索完善"法院主导、属地参与、政府配合、多元调解"的协调化解模式。2023 年以来南明区人民法院审结行政案件 73 件，经协调化解后撤诉 33 件，成功率 45.21%。

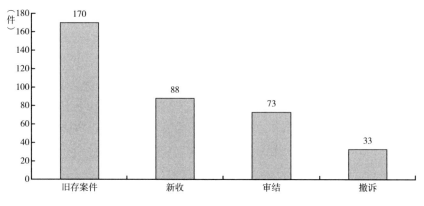

图 1   2023 年行政案件办理情况

以"一个中心"为依托，推动形成行政争议前端治理与实质化解并重新局面

依托南明区行政争议协调化解中心，有效发挥集中管辖法院的纽带、保障和监督作用，同属地司法行政部门的组织优势、资源优势相融合。按照"每案必宣、每案必调"的原则进行分层过滤，在立案前对双方当事人进行行政争议协调化解宣传引导并由专职调解员进行诉前调解，针对被诉行政行为有瑕疵或行政机关能主动自我纠错的，交由行政机关在立案审查期限内组织协调或自我纠错。大力实施"以案释法"，到涉诉较多或败诉率较高的行政机关进行培训宣讲和"大走访"10 余次，通过亮数据、析案例、厘问题，生动诠释行政执法平衡兼顾"合法"与"合理"的重要性和必要性，为行政机关执法理念升级和执法行为规范提供理论依据参考，从源头上减少行政争议的发生。

以"一个方案"为指引，健全行政争议实质化解新体系

以《贵阳贵安行政争议协调化解中心运行规则（试行）》为指引，落实法院主导协调、司法行政机关协同配合、行政机关积极参与机制。诉中将通过发送行政争议化解邀请函，邀请检察机关、司法行政机关参与联席会、研讨会、总结会。不定期通报行政机关行政诉讼败诉案件、行政机关负责人出庭应诉等情况，压实行政机关负责人出庭应诉登记制度，当前行政机关负责人出庭应诉 43 件，整体呈上升趋势，推动行政机关负责人出庭"放下面子""坐上位子""亮开嗓子""敢拍板子"积极应诉，让"结案了事"走向"案结事了"。

以"N个维度"为保障，构建行政争议实质化解新格局

聚焦重大案件、重大改革、重大矛盾、重大项目、重大事项，点一线一面结合：以点为基，推进个案快速化解；以线拓展，加强行政与司法互动；以面覆盖，在各级依治办的统筹下，多部门互通协调。坚持问题一效果导向，将化解经验类型化、典型化；现已收集示范和警示案例8件，为下一步发布行政争议协调化解典型案例奠定基础。同时以效果为落脚点，将"解决问题"作为"监督权力""保护权利"的结合点和落脚点，力促依法行政。

下一步，南明区人民法院将持续深化纵向主导协调、横向联动发力，进一步聚集优势解纷资源，及时有效妥善化解行政争议，助力全市"两降一保"工作，促进行政机关严格公正文明规范执法，提升行政机关公信力；同时提高人民群众司法获得感，进而反哺法治建设和社会进步，提升社会治理体系和治理能力现代化水平！

（供稿：马　倩）

就地解纷促和谐　"小站"彰显大民生

法官工作站是服务人民群众的第一线，是人民法院前移解纷关口、搭建多元体系、延伸服务触角的重要平台，承担着推进基层社会治理、高效化解矛盾纠纷、保证和促进社会公平正义的重要职责。南明区人民法院甘荫塘人民法庭自2021年恢复建制以来，在党委政府领导和支持下，依托综治中心先后在辖区成立驻湘雅街道办事处、太慈桥街道办事处、中曹司街道办事处以及后巢乡四个法官工作站，积极开展调解指导、风险排查等各项工作，取得了一定成效。

为进一步发挥法官工作站"司法服务人民第一线"的作用，将司法治理和行政治理有效衔接，积极延伸司法服务至群众家门口。近日，甘荫塘人民法庭与太慈桥综治中心联动发力，在太慈桥街道法官工作站共同开展诉前调解工作，促成12起矛盾纠纷案件在诉前得到高效化解，取得了调解一案、指导一

片的良好效果。

连日来，多名购房者向甘荫塘人民法庭起诉辖区内一家大型国有房开公司商品房销售合同纠纷，引起了法庭关注。因起诉该房开公司的购房者数量不少，且多数居住在太慈桥社区中铁建国际城。考虑到此类纠纷如果能够在诉前得以就地化解，不仅能够减轻群众诉累，还能为类案纠纷化解提供示范，因此，立足案件实际情况，甘荫塘人民法庭决定"上门"与太慈桥综治中心工作人员共同开展诉前调解工作。通过多方悉心引导和耐心沟通，12起案件最终得以成功化解，房开公司当场同意30个工作日内一次性支付业主相关费用。到场群众纷纷表示："以前一直觉得去法院打官司很麻烦，没想到案子在家门口就能够得到圆满解决，实在太方便了！""法官工作站就是咱们老百姓的连心站"。"为了方便大家，甘荫塘人民法庭定期会在法官工作站开展释法答疑、法律咨询相关工作，大伙遇到问题都可以来这里找法官，我们一定会积极地帮助大家想办法！"法庭庭长赵雪诚恳地对群众说道，到场群众对党委政府和法院工作纷纷称赞道谢。

"民有所需，法有所为"。下一步工作中，南明区人民法院将继续推进"枫桥式人民法庭"建设，主动融入以地方党委为主导的基层社会治理大格局，切实发挥人民法庭在诉源治理、化解矛盾方面的重要作用。人民法庭将积极推动法官工作站职能升级，主动"把法律常识送到手中、将法庭审理搬到家门，让冲突纠纷化解在当地"，用心用力用情解决群众在司法领域的急难愁盼问题，努力推动法庭各项工作高质量发展，奋力谱写新时代人民法院工作新篇章。

（供稿：甘荫塘人民法庭）

南明区人民法院举行特邀调解员聘任颁证仪式暨
2023年上半年特邀调解员培训会

为深入推进诉源治理工作，进一步提升人民法院特邀调解员化解矛盾纠纷的能力，提高调解队伍规范化、专业化水平，2023年5月30日，南明区人民法院举行特邀调解员聘任颁证仪式暨2023年上半年特邀调解员培训会。南明区人民法院党组成员、副院长王平，副院长韦娟，党组成员、政治部主任杨志，党组成员、执行局局长向阳，审委会专职委员何骧出席会议并为特邀调解员颁发聘书。

培训会上，培训人员为特邀调解员阐述如何进一步发挥特邀调解员作用、解读相关管理考核制度；讲解房屋租赁、借贷合同、离婚、物业服务、机动车交通事故等几类纠纷的相关法律法规，并结合具体案例进行实践指导；同时就多元解纷的各项指标评分标准、计算方式、操作方法等进行讲解。

王平对受聘的特邀调解员表示祝贺，感谢各位特邀调解员对法院诉源治理工作的支持。强调特邀调解工作是完善社会矛盾纠纷多元预防调处化解机制、是将矛盾化解在基层的重要抓手。加强调解工作是人民法院践行"以人民为中心"发展理念，不断满足人民群众多层次、多途径、低成本、高效率的解纷需求的一项重要举措。期望特邀调解员珍惜荣誉、强化责任，充分发挥职业特长和领域优势，积极开展调解工作，承担起化解矛盾纠纷、维护社会和谐稳定的社会责任。同时对于特邀调解员依法履行调解职责提出要求：一要切实提高政治站位，充分认识特邀调解工作的重要意义，高质高效化解矛盾纠纷；二要履行好职责使命，不断提升业务水平和专业素养，努力实现案结事了；三要讲规矩守纪律，始终坚守职业道德，切实维护调解员形象。

（供稿：立案庭）

南明区首家"无讼社区"授牌仪式在五里冲街道中园社区举行

为进一步发挥"枫桥经验"智慧，以源头治理为切入点，多措并举打造共建共治共享的基层社会治理新模式，2023年6月7日，南明区首家"无讼社区"授牌仪式在五里冲街道中园社区举行。区委常委、政法委书记钟锋，南明区人民法院党组书记、院长舒子贵共同为中园社区进行"无讼社区"授牌。

钟锋指出，创建"无讼社区"是有利于社会矛盾纠纷化解、有利于群众安全感满意度提升、有利于推进市域社会治理现代化的基层社会治理新模式，各成员单位既要各司其职、各负其责，又要加强沟通、协同作战。一要坚持党委领导，凝聚合力共同创建；二要强化统筹部署，实现条块责任落实；三要明确目标任务，落细落实贯彻措施。在"无讼社区"的基础上，向创建"九无"社区持续发力（无毒、无赌、无黄、无邪、无访、无诉讼、无命案、无诈骗、无事故），倒排工期挂图作战，集中时间、集中力量，全力以赴补齐短板，齐心协力攻坚克难，争取早日实现既定目标。

此次"无讼社区"验收授牌工作，是对前期诉源治理工作的总结及持续深化。下一步，南明区人民法院将继续积极探索基层社会治理现代化新途径，充分发挥中园社区成功创建"无讼社区"的示范效应，以示范带动提升，以示范激活活力，以示范引领效能，将"无讼社区"创建的成功经验深入推广至更多社区，努力为辖区人民群众营造公平公正的法治环境，不断提升辖区人民群众的幸福感及满意度。

区人民检察院党组书记、检察长袁松，五里冲街道党工委书记向军，区公安分局、区司法局分管领导，五里冲司法所所长及花果园矛调中心负责人，五里冲街道、花果园街道、小车河街道、兰花都街道分管领导，中园社区居委会书记等多部门代表参会。

（供稿：许靖聆）

茆荣华赴花果园人民法庭、甘荫塘法庭调研

2023 年 6 月 17 日，贵州省高级人民法院党组书记、院长茆荣华赴南明区人民法院花果园人民法庭和甘荫塘法庭就法庭标准化、规范化、智慧化建设以及诉源治理工作情况进行调研。

茆荣华到花果园人民法庭、甘荫塘法庭先后实地调研了立案窗口、调解室、审判法庭、办公室等场所建设情况，与干警亲切交谈，询问其生活和工作情况。

调研期间，茆荣华认真听取了两个法庭的工作情况介绍，对取得的工作成绩给予了充分肯定。他表示，花果园人民法庭和甘荫塘法庭以源头治理为切入点，采取"委托调，示范判，耐心答"的方式，全流程解决矛盾纠纷，多措并举打造共建共治共享的基层社会治理新模式。创新法治宣传手段，利用群众

喜闻乐见的方式普及法律知识，进一步推动群众法治素养的提升。

茆荣华指出，要充分发挥司法服务保障作用，持续完善基层司法力量融入"一中心一张网十联户""党小组＋网格员＋联户长"基层治理机制，针对中心城区诉源治理工作的痛点、难点，创新方式方法，进一步推动诉源治理工作走深走实。要坚持科技创新，用好用活法院信息化系统，以科技助力司法便民利民，满足人民群众司法新需求。要抓好案件审判效率提升，深入开展长期未结案件动态清零专项活动，及时高效实现当事人的公平正义。

随后，茆荣华还参观了贵阳市南明区社会治理综合服务中心。

（供稿：贵州高院）

奋楫笃行谋新局　蓄力赋能谱新篇

——南明区人民法院召开一站式建设及诉源治理工作推进会

2023年6月21日，南明区人民法院召开一站式建设及诉源治理工作推进会，对2023年上半年相关工作进行总结，并对下半年工作进行安排部署。党组书记、院长舒子贵出席会议并讲话，党组成员、副院长王平主持会议，立案庭、各人民法庭相关负责人及联络员参加会议。

会上，立案庭、各人民法庭相关负责人分别汇报一站式建设、法官工作站建设、诉源治理、无讼村居创建等工作开展情况及下一步工作思路。

会议指出，人民法庭工作要坚持"一庭一品"工作思路，抓住辖区工作重点和工作特色，将中园社区"无讼社区"创建的成功经验深入推广至更多社区，积极强化三个"着力"，即着力创建一个"无讼村（居）"、着力创新一个治理思路、着力打造一个治理品牌。

诉源治理工作要强调人民法院处理涉诉案件，既是化解矛盾纠纷，更是参与构建基层社会治理新格局的重要方式，切实强化诉调对接"三个进一步"，即进一步创新诉源治理工作机制，进一步完善特邀调解工作管理机制，进一步强化调解组织联络工作机制。

推动诉源治理"三项"实效，即矛盾源头性疏导，纠纷实质性化解，社会综合性治理。

一站式建设工作要切实强化"三化三式"诉讼服务中心建设，加强法官工作站（点）建设，努力为辖区人民群众营造公平公正的法治环境，不断提升辖区人民群众的幸福感及满意度。

会议要求，一要坚持党的领导，更加积极主动地融入地方党委统一领导的工作大局之中，准确把握一站式建设及诉源治理工作的新形势新任务新要求，在中国式现代化新征程中彰显法院担当；二要坚持以人民为中心思想，从源头上、本质上化解矛盾纠纷，从细节上、品质上提升诉讼服务，坚持以更高质量的人民司法，回应新时代人民群众对司法的新需求；三要坚持创新工作思路，敢于担当作为、勇于干事创业、甘于敬业奉献，铆足劲头，切实推进一站式建设及诉源治理工作创新发展；四要坚持加强学习，积极向兄弟法院学习先进经验和创新思路，取长补短，提升能力建设，切实促进法院各项工作再上新台阶。

本次会议明确了下一阶段一站式建设及诉源治理工作的思路及任务。南明区人民法院将继续积极探索基层社会治理现代化新途径，切实加强一站式建设，努力满足辖区人民群众对新时代司法工作的新需求、新期待，以法治方式推动实现社会治理现代化，构建基层社会治理新格局。

（供稿：廖　芳）

南明区人民法院"公证+司法辅助"破解"执行难"

"我处调查人员完成了对被执行人张某民、张某春、刘某某、吴某某生活居住、劳动就业、收入、债权等情况的调查。本调查报告为我处调查人员在调查过程中记录，与调查实际情况相符。"3月24日，贵阳市衡律公证处向贵阳市南明区人民法院提交了一份《委托（公证程序）现场调查核实报告》，为终结执行案件提供了有力的法律依据。

调查报告涉及广西大新县某煤炭公司与被执行人张某民、张某春、刘某某、吴某某的经济纠纷一案。在南明区人民法院作出判决后，始终未能得到执行。3月17日，该院根据此前与贵阳市衡律公证处签订的《关于公证机构参与人民法院终本案件传统调查辅助事务实施细则》，发函委托该处向张某民、张某春、刘某某、吴某某所在单位及居住地周边群众实地调查他们的生活居住、劳动就业、收入、债权等情况，这是南明区人民法院签发的首份《委托公证机关财产调查函》。

这种"公证+司法辅助"的服务外包工作模式，为南明区人民法院切实破解"执行难"开辟了一条新路子。

被执行人难找、被执行财产难寻、协助执行人难求——这一直是实现司法公正的拦路虎，也是破解"执行难"中法院想方设法攻克的难题。

近年来，南明区人民法院勇于尝试，推动机制不断创新，穷尽一切措施解决困扰执行工作的"查人找物难"问题。2023年3月，按照最高人民法院、司法部《关于扩大公证参与人民法院司法辅助事务试点工作的通知》要求，并结合贯彻落实贵州高院执行局提出的终本案件"三个不得"的规定，南明区人民法院经与贵阳市衡律公证处协商后，共同签订了《关于公证机构参与人民法院终本案件传统调查辅助事务实施细则》，探索引入公证机关参与执行辅助事务，委托公证人员开展财产状况调查，综合推动切实解决执行难问题。

"为了查找被执行人以及可供执行的财产，执行干警需花费大量的时间和精力，在一定程度上影响了执行工作质效，公证机关参与执行辅助事务后，可有效减少司法成本、提升执行质效。"南明区人民法院执行法官坦言。

《关于公证机构参与人民法院终本案件传统调查辅助事务实施细则》明确规定，可委托公证处进行传统调查的情形为拟依职权终本案件，涉民生类案件以及当事人反映强烈、矛盾冲突较大的案件等，且调查范围在贵阳市。

传统调查包含的内容为：被执行人为自然人的，向被执行人所在单位及居住地周边群众调查了解被执行人生活居住、劳动就业、收入、债权等情况，并制作调查笔录附卷为凭；被执行人为法人或其他组织的，应当对其住所地、经营场所进行调查，全面核实被执行人企业性质、实际经营状况以及承办法官认为其他需要调查的内容。

在调查结束后，公证机构需就调查过程、调查内容、调查结果向南明区人民法院出具调查报告，这份报告将作为执行或者终本案件的重要依据。

"'公证+司法辅助'的服务外包方式，不仅促进司法资源的合理配置和利用，同时，作为中立第三方，公证机构的引入能够监督法院执行行为，使执行工作更加规范、高效，更好保障申请执行人和被执行人的合法权利。"南明区人民法院执行局副局长沈帅表示，今后，南明区人民法院将进一步优化工作流程，拓展调查范围，提升公证机构参与司法辅助事务的深度、广度和精度，切实解决调查难、取证难、查人找物难等问题，齐心协力推动切实解决执行难问题。

（来源：《贵州法治报》）

打造新时代诉源治理"南明样板"

——贵阳市南明区人民法院全力推进诉源治理工作综述

"要充分发挥司法服务保障作用，持续完善基层司法力量融入'一中心一张网十联户''党小组+网格员+联户长'基层治理机制，针对中心城区诉源治理工作的痛点、难点，创新方式方法，进一步推动诉源治理工作走深走实。"

2023 年 6 月 17 日，贵州省高级人民法院党组书记、院长茆荣华在贵阳市南明区人民法院花果园人民法庭调研时，对南明区人民法院以源头治理为切入点，采取"委托调，示范判，耐心答"的方式，全流程解决矛盾纠纷，多措并举打造共建共治共享的基层社会治理新模式给予充分肯定，对进一步推进诉源治理工作提出了新的希望。

近年来，南明区人民法院按照贵州省、贵阳市、南明区委和上级法院部署要求，进一步发扬新时代"枫桥经验"，积极主动融入"党委领导、政府主导、多方参与、司法推动、法治保障"的诉源治理大格局，切实发挥人民法院在诉源治理中的参与、推动、规范和保障作用，创新推进诉源治理体制机制建设，探索出一条符合辖区实际的诉源治理新路子，为南明区经济社会高质量发展，为推进"强省会"行动积极贡献法院智慧和力量。

党委引领　拓宽诉源治理"朋友圈"

全国投资潜力百强区、全国投资竞争力百强区、中国西部百强区……作为省会城市贵阳的中心城区之一，南明区在推进"强省会"行动中至关重要。

南明区常住人口超过 104 万人，辖 19 个街道办事处、4 个乡，辖区有超大型社区花果园，也有贵阳火车站、贵阳南站、贵阳东站三个铁路大站，人员流动性大、人员结构复杂、市场主体汇聚，各类社会矛盾数量大、类型多，法院收案数持续攀升，人案矛盾突出。

面对人案矛盾突出的实际情况，南明区人民法院将推进诉源治理作为破解人案矛盾的治本之策，作为推动基层社会治理现代化的关键之举，成立了由法院党组书记、院长舒子贵任组长，其他班子成员任副组长的诉源治理工作领导小组，下设多元解纷和源头治理两个专班主抓此项工作。

诉源治理是一项系统工程，需要汇聚全社会力量，从源头预防、前端化解、综合调处等各方面精准发力。南明区人民法院按照贵州省、贵阳市、南明区委和上级法院的部署要求，紧扣党委引领"一条主线"，坚持和发展新时代"枫桥经验"，积极推动构建"党委领导、政府主导、多方参与、司法推动、法治保障"诉源治理工作大格局，不断扩大多元解纷"朋友圈"。

诉源治理工作开展伊始，法院党组就向南明区委作专题汇报，区委主要领导听取汇报并批示推动，区委政法委多次召开矛盾纠纷非诉讼解决机制工作会议，并多次到南明区人民法院实地调研，在人员、经费和工作机制上给予有力支持和保障。此外，南明区委政法委还印发了《南明区关于加强诉源治理推动矛盾纠纷源头化解的工作方案》，对矛盾纠纷多元化解的平台体系、运行机制、工作保障等作出明确规定，进一步完善和巩固诉源治理工作格局。

为全面推进矛盾纠纷多元化解工作，南明区探索成立了"南明区矛盾纠纷联动调解中心"，构建警调对接、诉调对接、访调对接、物调对接、环调对接和家事调解"六调联动"机制，将调解工作下沉到村居、街道，此举为矛盾纠纷真正实现源头化解创造了条件、奠定了基础。

推进诉源治理工作是一个系统工程，离不开系统的制度体系支撑。南明区人民法院按照顶层设计、结合工作实际，创新制定了《特邀调解工作管理方案（试行）》《关于建立特邀调解员管理机制的工作方案》《特邀调解员案件补贴办法（试行）》《诉源治理工作实施方案》《诉调对接工作管理规定（试行）》《关于诉前委托鉴定工作的操作规程》《调解案件补贴办法（试行）》等系列规范性文件，对非诉调解工作的多个方面进行了细化、规范和指引，促进实现诉调对接实质化。

在各职能部门的共同努力下，在各项制度体系的加持下，南明区诉源治理工作推进有序，成效明显。2022年，南明区人民法院新收各类案件34242件，同比下降 32%，其中新收民商事案件 18566 件，同比下降 36.5%，南明区收案件数近 3 年来持续攀升的势头首次出现拐点，实现近 1/3 的民商事案件在诉前得以快速成功化解，在 2022 年全市基层法院审判执行业务类绩效考核中列一类地区第一名。

创新推动　打造多元解纷"金名片"

"没想到涉案金额这么大的案子也能通过诉前调解快速化解，为我们企业化解债务风险，稳定产业链、供应链赢得了宝贵时间。"南明区人民法院"老法官之家"特邀调解员成功化解了一起涉案金额高达 1.5 亿元的债权转让纠纷，有效节约了企业诉讼成本和司法资源，高效解纷赢得企业肯定。

"本案涉案金额高达 1.5 亿元，涉及 8 家企业，如果处理不当可能会引发金融风险。"为实现高效解纷的同时保证办案质量，在达成调解协议后，南明区人民法院走访组还深入企业了解企业基本情况和运营情况，固定关键证据，确认关键信息，最终认为该案双方系自愿调解，不损害国家、集体和他人利益，调解协议合法有效，依法进行司法确认。

"该起高标的额涉企纠纷在诉前实现快速化解，既确保了申请人债权得以保护，又为企业赢得发展空间，系南明区人民法院对大额商事纠纷开展诉源治理的有益尝试和重大突破，也为进一步优化营商环境探索了新路。"在谈到该起高标的额涉企纠纷诉前化解的意义时，南明区人民法院党组书记、院长舒子贵说。

据了解，为实现多元化、专业化、规范化的纠纷调解，南明区人民法院着力打造一支高素质的调解员队伍，通过陆续吸纳政治素质好、专业知识强、调解技能突出的退休法官等同志作为特邀调解员组成的"老法官之家"，积极参与法院的调解工作。

目前，"老法官之家"调解团队已有特邀调解员 78 名，其中专职调解员 29 名，兼职调解员 49 名，他们是南明区人民法院着力打造的一张调解名片，成长为矛盾纠纷源头化解的中坚力量。2022 年，"老法官之家"调解团队成功调解案件 5635 件，占诉前调解成功案件的 70% 左右。

"要推进诉源治理，健全完善诉调对接机制，提高诉源治理智治水平，加强诉讼服务中心实质性解纷能力。"2023 年 1 月，贵阳市中级人民法院党组书记、院长任明星到南明区人民法院调研时强调。

南明区人民法院坚持把非诉讼纠纷解决机制挺在前面，依托诉讼服务中心，建设分调裁审总枢纽，组建了分流引导团队、立案登记团队、小额速裁团队、司法确认团队，进一步优化诉讼服务，推进"诉调联动"，构建一站式多元解纷机制，让通过非诉方式化解矛盾纠纷成为更多群众的最优选择。

在登记立案阶段，案件分流中心对案件进行甄别分流，将家事纠纷、邻里纠纷、小额诉讼纠纷等适宜调解的纠纷，通过开展中立评估和解释疏导，积极向当事人宣传调解"低成本、高效率、较简便"的优势，尽可能引导当事人选择温和方式化解纠纷。

在矛盾纠纷进入实质性调解阶段，分配业务庭负责人或员额法官轮流值班，对诉调案件开展业务指导，在具体案件中就法律适用等问题对调解员提供专业指导，助力调解员规范解纷、高效解纷，实现一案多调、层层过滤的"漏斗"式化解。

通过系列举措，法院诉讼案件增量得到有效控制，诉前调解成功案件量和成功率大幅上升，新收案大幅下降。2023 年上半年，南明区人民法院共向特邀调解员或调解组织推送调解案件 10689 件，调解成功 5137 件。全院新收各类案件 8463 件，同比下降 29.03%。

司法为民　构筑定分止争"前沿哨"

"以前一直觉得去法院打官司很麻烦，没想到现在在家门口就能够得到圆满解决，实在太方便了！"近日，南明区人民法院甘荫塘人民法庭与太慈桥综治中心联动发力，在太慈桥街道法官工作站共同开展诉前调解工作，促成了 12 起矛盾纠纷案件在诉前得到高效化解。解纷高效快捷，群众纷纷点赞。

此前，多名购房者向甘荫塘人民法庭起诉辖区内一家大型国有房开公司商品房销售合同纠纷，引起了法庭关注。因起诉该房开公司的购房者数量不少，且多数居住在太慈桥社区，考虑到此类纠纷如果能够在诉前得以就地化解，不仅能够减轻群众诉累，还能为类案纠纷化解提供示范，甘荫塘人民法庭主动上门与太慈桥综治中心工作人员共同开展诉前调解工作。通过多方悉心引导和耐心沟通，12 起案件最终得以成功化解，房开公司当场同意在 30 个工作日内一次性支付业主相关费用。

为切实推进诉源治理，将矛盾纠纷化解在源头，南明区人民法院依托 5 个派出人民法庭，挂牌成立了 17 个法官工作站（点），通过设立法官工作站

（点）、法官调解工作室等载体，着力打造"一庭一品"的基层法庭诉源治理模式，将司法治理和行政治理有效衔接，让司法服务直抵群众家门口，实现矛盾纠纷源头感知、源头化解。

花果园片区是典型的超大型社区，总占地面积 10 平方公里，常住人口 45 万，近年来每年产生上万起矛盾纠纷，纠纷类型集中在物业费缴纳、产权办理、租赁合同等方面，牵涉到的住户数量多、涉案金额大，给社会治理带来了巨大挑战。

为顺应花果园片区经济社会发展，满足辖区群众司法新需求，南明区人民法院结合新时代人民法庭的职能定位，于 2022 年 1 月在花果园片区挂牌成立法官工作站（点）和法官调解工作室，积极主动融入地方党委建立的基层社会治理大格局，推动用法治思维谋划社会治理、用法治方式破解治理难题。依托南明区综治中心，联合政法委、公安局、司法局、住建局等部门，通过大量走访调研和对矛盾纠纷类型的分析，因地制宜推出了"综治中心牵总、企业化解为主、联合解纷为辅、法院诉讼断后"的工作机制，推动超大型社区基层治理。

针对高发、多发的矛盾纠纷类型，成立工作专班，对同类型矛盾纠纷集中化解。如针对网签备案和产权办理纠纷，成立了房屋产权办理专班，推动网签备案 5825 套、开展产权办理 2400 户；针对物业纠纷高发，成立了物业纠纷治理专班，集中解决了未交纳物业费业主逾 40000 户、涉案金额 1.5 亿元的矛盾纠纷，最终仅有少量物业纠纷进入诉讼，有效减少了争议各方的诉讼成本，节约了诉讼资源。

如今，南明区人民法院在花果园片区成立了 5 个法官工作站（点）、法官调解工作室，通过"相约星期五"开展诉前矛盾化解工作，"零距离"满足辖区群众司法需求。

2023 年 6 月 7 日，南明区首个"无讼社区"授牌仪式在花果园片区五里冲街道中园社区举行，南明区委常委、区委政法委书记钟锋，南明区人民法院党组书记、院长舒子贵出席挂牌仪式并共同为"无讼社区"中园社区授牌。

在一年多的创建工作中，南明区人民法院积极主动为中园社区的创建工作提供服务，通过开展送法进社区、法治进校园、以案释法、调解培训讲座等形式多样的活动，推动矛盾纠纷源头化解，让"问题不出社区、矛盾不成诉讼"。

据了解，在南明区委政法委、区综治中心牵总下，2022 年花果园片区有三个代表性的居委会开展了"无讼社区"的试点创建工作。中园社区的成功创建将为其他"无讼社区"的创建积累经验、提供参考，推进诉源治理工作取得新成效。

通过"无讼社区"的创建，推动矛盾纠纷源头化解，这是南明区人民法院坚决执行中央和省市区委及上级法院关于加强诉源治理的工作部署和制度要求，在诉源治理工作中展现司法担当的又一项重要举措。

2022 年 7 月，南明区人民法院就在全区唯一的农业乡永乐村成功开展了"无讼乡"创建工作。永乐人民法庭成为"无讼乡"创建的助推者和参与者，在党委的领导下，积极完善惠民便民的司法举措，法官深入田间地头，成为群众的"讲法人"和"知心人"，真正把诉源治理工作融入基层治理和乡村振兴大局中，为农村"五治"工作提供了司法保障。

上下同欲者胜！自诉源治理工作开展以来，在党委领导和相关职能部门的协同下，南明区人民法院始终将"诉源治理"作为一项长效工程，行司法之力、筑共治之基，实现联防联控、群防群治社会治理格局。坚信久久为功必将会硕果累累，打造南明诉源治理新"枫"景！

（来源：范良丽，《贵州法治报》记者）

"无讼社区"的"无讼密码"

——诉源治理防矛盾于未发　多方联动解纠纷于萌芽

从家事纠纷到邻里矛盾，从物业服务到劳动争议……基层矛盾纠纷纷繁。

南明区五里冲街道中园社区位于花果园片区，辖区有 5000 多户、1 万多人，人口组成复杂、流动人口多等因素增加了基层社会治理的难度。2022 年，中园社区成为"无讼社区"创建试点，经过一年多的合力创建，在探索新时代基层社会治理经验的过程中，这里蹚出了一条"强化联动、多元解纷、强化预警、源头治理"的路子，先后成功排查和调解民事纠纷近 100 起，2022 年以来辖区无一起矛盾纠纷进入诉讼程序，实现了"矛盾不上交、纠纷不成讼"治理成效，为推进基层社会治理提供了一个成功范例，2023 年 6 月被南明区委政法委等部门命名为该区首家"无讼社区"。

近日，记者走进中园社区，探寻该社区成功创建"无讼社区"的密码。

强化联动，发挥出"1+1>2"的效能

"就该你们赔。""这种情况无法赔。"……不久前的一天下午，中园社区居委会办公室的走廊上传来一阵喧闹声。

原来，辖区居民王丽（化名）的车在停车场被狗咬坏了刹车管，王丽认为她交了停车费，管理方应赔偿她的损失。物业公司调监控发现刹车管是一只流浪狗咬的，认为这种情况公司无法承担赔偿。双方争执不休，王丽便报了警，民警认为这是可以化解的矛盾纠纷，便陪双方来居委会调解。

居委会工作人员将双方迎进居委会调解室，中园社区居委会副主任、调解员左松立即过来调解。

"这个问题事出有因，但毕竟是发生在停车场，能不能用减免停车费或者物业费的方式来补偿？"耐心听完了事情的来龙去脉后，左松先提出了调解方案。经过近一个小时的调解，双方对问题的解决初步达成一致意见。

"如果真闹到诉讼那一步，费时费力，调解员解决了我和物业之间的矛盾，真的很感谢！"王丽说。

像这样派出所发现矛盾纠纷，社区、派出所联动解决的例子在中园社区还有很多。社区里发生的矛盾纠纷通常是一些家长里短的小事，但在左松和他的同事看来，这些都是与居民生活幸福感息息相关的事情，必须尽全力化解，最大限度减少群众维权而产生的诉累和成本。

"在这个有 1 万多居民的社区，矛盾纠纷仅仅依靠居委会 5 名调解员的力量远远不够，特别是遇到专业性强的矛盾纠纷调解时，我们力不从心，所以强化联动、多元解纷尤为重要。"中园社区党总支书记、居委会主任刘晓美认为这是成功创建"无讼社区"的重要保障。

一起学校预警、社区"吹哨"、部门联动的家事纠纷调处案例，让刘晓美印象深刻。

2022 年 4 月，辖区某小学反映，学校有一名学生常常遭受其父亲暴打。原来，这名学生的父母离异后，长期居住在外地的母亲为该学生租房让其单独居住，其父亲却在上学、放学路段堵截打骂该学生，校方与家长多次沟通无果，希望社区协调相关职能部门介入处理。虽然该学生居住地不在中园社区，应该由属地来协调处理，但为了保障未成年人身心健康、预防产生更大的矛盾，社区立即联动花果园人民法庭、派出所等部门解决此事。

"这个父亲脾气暴躁，调解起来难度很大。"南明区花果园人民法庭庭长、中园社区创建"无讼社区"工作专班办公室主任胡杨说，社区"吹哨"后，工作专班举行了专题会议进行研判，制定了调解计划。

一次调解不成就两次，两次不行就多次。专班成员单位和学校一起多次约见该学生的父母，由社区工作人员讲解家庭暴力给孩子带来的身心伤害，由民警告知其父亲实施暴力者需要承担的责任，由综治中心专职调解员提出变更学生抚养权的建议，通过反复调解，最终学生父母达成和解。

据刘晓美介绍，自开展"无讼社区"创建以来，社区积极与辖区法庭、司法所、综治中心、派出所等单位联动，组建了由法官、法律顾问、居委会委员、网格员、人民调解员等人员组成的联动调解矛盾纠纷队伍，依托花果园人民法庭驻社区法官工作点，对辖区各类民事纠纷进行联动式调解和化解，为群众提供多元化、多渠道、多层面的解纷服务。

胡杨认为，在中园社区矛盾纠纷预防化解中，各方立足职能、相互配合，及时把矛盾纠纷止于未发、解于萌芽、终于始发，发挥出了"1+1＞2"的效能。

靠前排查，避免"小矛盾"升级为"大问题"

在做好矛盾化解的同时，中园社区还将工作重点放在排查预防上，变被动处置为主动发现、提前介入，从源头减少矛盾纠纷的发生。

"上门走访 U 区 10 栋 2 单元某户居民，业主与母亲常住，一切正常，无家庭矛盾。""微信回访某户居民，情侣之间仍存在感情纠葛，需持续跟踪关注。"……在中园社区矛盾纠纷常态化走访排查台账上，记录着各网格员日常排查情况，区域内苗头性、倾向性矛盾纠纷，各项信息齐全还附有图片备注，让人一目了然。

刘晓美介绍，中园社区共划分为 13 个网格，每个网格员与网格内每一户至少一位居民加了线上联系方式，每周都会开展一次矛盾纠纷集中排查，重大节日、特殊时期随时排查，做到底数清、情况明。

"不断做实'一中心一张网十联户''党小组+网格员+联户长'铁三角机

制，广泛动员在职党员、支部党员、网格员、联户长、片区民警、退休干部、热心居民、物业公司代表等共同参与基层社会治理，多渠道整合矛盾纠纷线索，定期召开联席会议对矛盾纠纷线索进行研判处理，努力将隐患消除在源头、矛盾化解在基层，形成矛盾纠纷预防和化解的强大合力。"刘晓美说，这是中园社区以党建引领基层治理的一种做法。

王仪侠是中园社区的一名联户长。"联户长除了在民情民意搜集、政策法律宣传等方面发挥作用外，也要注重在生活中发现并化解矛盾，及时消除隐患，避免'小矛盾'升级为'大问题'。"王仪侠说。

王仪侠常常通过线上建立的"联户连心群"与邻居话家常，线下也关注着左邻右舍的动态。一次，他听到楼上传来吵闹声，上门查看发现是一对情侣吵架，女方怀疑男方有外遇不放男友出门，甚至以自杀相威胁，男方则指责女方半夜在外玩。他立即和网格员一起进行疏导调解，首先安抚女方的情绪，引导两人找出出现信任危机的原因，并告知社区有调解员、法律顾问，有问题可以找社区调解。经过居中调和，这对情侣和好如初。

不断深化诉源治理，完善多方参与的社会矛盾纠纷源头预防与多元化解机制，如今的中园社区环境干净整洁、商户规范经营、居民互敬互助，一派和睦景象。

目前，南明区正在制定相关工作方案，完善社区调解介入率、万人起诉率等"无讼社区"创建评估指标，充分发挥中园社区成功创建"无讼社区"的示范效应，以示范带动提升、以示范激活活力、以示范引领效能，深入总结"无讼社区"创建的成功经验并推广至更多社区，推动南明区更多社区形成"少讼""无讼"的法治良序。

党的二十大报告提出，在社会基层坚持和发展新时代"枫桥经验"。如何高效高质把矛盾纠纷化解在基层、化解在萌芽状态？南明区用实践给出了答案——多方参与、凝聚合力，释放出最大治理效能。

矛盾纠纷的预防和化解需要凝聚各方治理合力。居委会有着人熟地熟情况熟、群众基础好的优势；派出所接触到的矛盾纠纷类警情较多；法庭、司法所有着专业化的调解队伍；综治中心整合资源、统筹协调作用突出……从靠前排查提早预防，到出现纠纷及时调处，中园社区在创建"无讼社区"的过程中始终坚持党建引领，部门和居委会之间、部门和部门之间的联动密切、协作高效，形成了矛盾纠纷化解的"多车道"，有助于提升矛盾纠纷化解效率，让群众更满意、让治理更有效。

矛盾纠纷的预防和化解同样少不了群众的力量。从做实"一中心一张网十联户""党小组+网格员+联户长"铁三角机制，到常态化举行"送法进社区""法治进校园""巡回审理"等形式多样的宣传活动，为的就是走好党的群众路线，不断推进共建共治共享，让群众讲文明、睦邻里、守法纪，在提升社会治理效能中提升群众的获得感、幸福感、安全感。

处理矛盾、化解纠纷是社会治理的基础性工作。采访中园社区创建"无讼社区"的过程中，我们感受到了攥指成拳的巨大合力，体会到了群策群力的强大能量，正是这力聚力、手牵手形成的"同心圆"，让基层社会治理迸发出无穷活力。

（来源：陈文新、冉婷林，《贵阳日报》记者）

大事记

2022 年 4 月 25 日　南明区人民法院党组会议对诉源治理工作作出部署。会议研究决定由各审判业务庭室负责对口指导诉前调解工作，并由"老法官之家"调解员组建攻坚团队，对复杂案件或新类型案件开展调解工作，最大限度源头解纷。

2022 年 5 月 7 日　南明区人民法院与贵阳学院举行"合作培养法律人才"签约仪式，双方就探索法院引进学院师生参与法院调解工作，合作开展诉源治理和司法辅助事务外包、开展实习合作和法律人才招聘等院校战略合作共建机制达成共识。

2022 年 5 月 12 日　贵阳市人大常委会副主任张建军率队深入南明区人民法院，通过实地视察和交流座谈的方式专项视察诉源治理工作。视察组一行对南明区人民法院主动作为、勇于探索，积极打造商事调解中心、"老法官之家"，引入仲裁、公证、高校等多方力量参与诉源治理等亮点工作予以充分肯定，并就切实为民办实事解难题，进一步完善诉调对接机制等提出意见建议。

2022 年 5 月 30 日　贵州省政协社会和法制委员会主任何冀带队调研组一行 20 人到南明区人民法院调研司法服务保障全面优化法治化营商环境工作情况。调研组先后参观南明区人民法院诉讼服务中心、南明区民商事案件调解中心和"老法官之家"，详细了解网上立案、跨域立案、电子送达、网上查询咨询等诉讼服务工作情况，询问当事人的诉讼体验感及对法院工作的建议意见，现场观摩特邀调解员线上调解纠纷，并观看南明区人民法院拍摄的诉源治理工作纪实视频《治源》，调研组还与特邀调解员亲切交谈，勉励"老法官"发挥专业特长和丰富的实践经验，为诉源治理工作贡献智慧和力量。

2022 年 5 月 30 日　全省法院诉源治理工作推进会召开，作为全省展播观

大事记

摩视频的三家法院之一，南明区人民法院通过视频短片《治源》进行汇报展示。南明区人民法院主动融入党委政府主导的诉源治理格局，探索构建以"三结合"为导向、以"三联动"为核心、以"三化三式"诉讼服务体系建设为保障，打造花果园人民法庭"以点带面"助力"无讼社区"创建试点的诉源治理解纷网络，力求解纷在基层、消弭于萌芽，努力推动基层治理向少诉无讼的前端防范转型，积极助力市域社会治理现代化建设。

2022 年 5 月 30 日 南明区人民法院党组书记、院长舒子贵主持召开党组扩大会议，深入传达学习贯彻全省法院诉源治理工作会议精神，研究部署贯彻落实措施。南明区人民法院全体班子成员及相关部门负责人参加会议。

2022 年 6 月 9 日 贵阳市南明区人大常委会副主任袁莉率队到南明区人民法院，通过实地参观、听取工作汇报及交流座谈的方式专项视察加强诉源治理、推动矛盾纠纷源头化解工作。视察组一行先后参观南明区人民法院诉讼服务中心、民商事案件调解中心、"老法官之家"，现场听取登记立案、诉调分流、案件调解等诉讼服务情况介绍，重点了解诉源治理工作运行模式和调解队伍的构成等具体情况，并召开座谈会。视察组充分肯定了南明区人民法院在推动诉源治理工作中作出的努力和成绩，并对更高质量推进诉源治理提出指导意见。

2022 年 7 月 6 日 贵州省社会科学院、贵阳市南明区人民法院诉源治理专题研究论著启动仪式暨诉源治理研讨会在南明区人民法院举行。贵州省社会科学院党委书记吴大华、贵州省高级人民法院研究室主任赵君、贵阳市南明区委副书记王兴盘等出席研讨会并讲话。南明区人民法院党组书记、院长舒子贵主持会议。研讨会上，与会人员围绕专题研究论著编写热烈讨论、建言献策。省社会科学院部分专家、市法院及区委有关部门领导、南明区人民法院在家班子成员及相关部门负责人参加研讨会。

2022 年 7 月 13 日 贵州省人大常委会副主任杨永英率队赴贵阳市南明区人民法院开展基层社会治理调研。调研组一行到南明区人民法院诉讼服务中心，详细了解网上立案、跨域立案、电子送达、网上查询咨询等诉讼服务工作情况，了解一站式多元解纷工作开展情况，并观看南明区人民法院拍摄的诉源治理工作纪实视频《治源》。调研组对南明区人民法院积极开展矛盾多元化解、推进诉源治理工作，所做出有益探索、取得的成效和经验予以肯定，并就做好下一步工作提出意见建议。贵州省人大监察和司法委员会专职副主任委员周德林、委员会相关同志参加调研。贵阳市人大常委会副主任张建军，贵阳市中级人民法院党组书记、院长戴世驹，中共南明区委常委、政法委书记钟锋等陪同调研，南明区人民法院领导班子成员参加调研。

2022 年 7 月 14 日 为持续巩固南明诉源治理新"枫"景，将法治、德治、文治与基层自治相结合，共助乡村振兴，共护"桃花源"。南明区首个"无讼乡"创建揭牌仪式在永乐乡举行。中共南明区委常委、政法委书记钟锋，南明区人民法院党组书记、院长舒子贵，区政法委常务副书记曾璟，南明区人民法院党组成员、副院长王平，区司法局副局长黄娅，永乐乡党委书记郝刚，永乐乡政法委员高登贵及永乐党政办、平安办、法庭、司法所等有关负责同志参加了揭牌仪式并座谈。

2022 年 7 月 15 日 中信银行信用卡中心贵阳分中心将一面"诉源治理促诚信社会　多元解纷护金融安全"的锦旗赠送南明区人民法院，感谢南明区人民法院诉调对接中心快速推进金融纠纷前端化解工作，称赞南明区人民法院工作效率高、工作作风好。双方并就司法确认、线上调解等问题进行座谈交流，就推送调解、协助查询等工作达成一致意见。

2022 年 8 月 南明区人民法院诉源治理工作获省人大常委会副主任杨永英批示："南明区人民法院在抓诉源治理工作上善于创新探索，成效明显，希望认真总结，完善提升，形成机制，为全省多元矛盾化解提供示范性样本和实践经验。"

2022 年 8 月 8 日 为加强类案化解，实现"以判促调"效果，切实推进本院类案多元化解工作，经南明区人民法院院审判委员会讨论通过《商品房买卖合同类案多元化解实施细则（试行）》。实施细则为进一步推动诉前衔接协调和发布典型案例引导诉前调解、促进调解工作向纠纷源头防控延伸提供了重要指引。

2022 年 8 月 11 日 南明区人民法院党组成员、副院长王平主持召开人民法庭诉源治理工作第三次推进会，对人民法庭月度诉源治理工作推进情况进行总结并对接下来的诉源治理工作进行安排部署，各人民法庭负责人、立案庭诉调对接中心负责人、诉源治理工作联络人参加会议。王平要求，要切实提高对诉源治理工作重要性、必要性的思想认识，强化责任担当，结合五个"找准"，紧扣工作大局狠抓落实，切实开展好我院的各项诉源治理工作，为实施

大事记

"强省会"行动、建设更高水平的平安南明法治南明提供有力司法服务和保障。

2022 年 8 月 19 日、26 日　为进一步提升特邀调解员的专业水平，二戈寨人民法庭对特邀调解员开展业务培训，一是针对双方达成协议对于利息的约定最高不超过 4 倍 LPR。根据当事人经济状况或者合同履行情况在 4 倍之内适当调整。二是对于大金额的民间借贷纠纷，提高调解员识别涉嫌虚假诉讼的能力，对申请人提交的证据严格审查。

2022 年 8 月 24 日　为竭力化解一起赡养纠纷，永乐人民法庭庭长与南明区人民法院特邀调解员前往永乐村村委会，深入当地村委会了解情况，并共商联合拟定调解方案，积极加强与地方基层组织联动化解纠纷。旨在通过探索"法庭+特邀调解员+村委会"调解模式推动矛盾纠纷多元化解、源头化解。

2022 年 8 月 25 日　南明区政协召开"关于推进民事诉讼程序繁简分流工作"专题协商座谈会，南明区人民法院党组成员、副院长王平，南明区人民法院副院长韦娟参加会议。会议听取了南明区人民法院对民事诉讼程序繁简分流工作开展情况的介绍。与会委员充分肯定南明区人民法院推动案件繁简分流、轻重分流、快慢分道，并积极开展诉源治理，满足人民群众多元、高效、便捷的纠纷解决需求的一系列工作举措，并围绕进一步深化多元解纷机制、不断提升治理能力、促进案件质效提升等内容进行了专题协商。

2022 年 8 月 25 日　为切实推进诉源治理，加强法院多元解纷和诉调对接工作，进一步提升调解工作质效。南明区人民法院召开"老法官之家"调解工作座谈会，邀请"老法官之家"调解员参加，主动征求大家对法院诉源治理工作的意见建议，并对调解员进行业务指导培训。党组成员、副院长王平，专职审判委员会委员何骧，员额法官、诉调对接中心负责人以及相关工作人员参加座谈会。会议由院专职审判委员会委员何骧主持。

2022 年 8 月 26 日　贵阳市政协副主席、党组成员向洋率调研组一行到南明区人民法院调研法院助推法治政府建设工作，市法院副院长陈东，南明区人民法院党组书记、院长舒子贵，党组成员、副院长王平陪同调研，其他班子成员及相关工作人员参加调研。调研组一行先后到南明区人民法院花果园人民法庭、中园"无讼社区"，南明区人民法院诉讼服务中心、民商事案件调解中心、"老法官之家"实地视察，现场听取登记立案、诉调分流、案件调解等诉讼服务情况介绍，重点了解诉源治理工作运行模式和调解队伍的构成等具体情况，并与两级法院进行座谈。

2022年8月 为提升永乐乡人民调解员和网格员的矛盾纠纷调处能力，推进永乐"无讼乡"创建活动，近日，南明区人民法院编制了《农村常见土地问题法律知识宣传手册》，并在永乐乡政府的支持下，以农村多发易发、农民普遍关注的农村集体土地相关法律为专题，到永乐乡、永乐村、羊角村开展了三场普法培训，培训中调解员、网格员认真倾听，并与主讲人员积极互动深入交流，培训达到了预期的效果。

2022年8月 南明区人民法院想果农所想、急果农所急，采取"以买带促"形式帮助果农尽快打开销售渠道。近日，南明区人民法院机关工会发出倡议，动员全院干警及工作人员自愿自费以市场价格购买艳红桃，全院人员积极响应，首批即购买了永乐乡2300余斤艳红桃，通过"以买带促"，努力带动促进艳红桃销售，积极为果农办实事、解民忧，以实际行动为群众纾困解难，助力乡村振兴，促进乡村和谐。

2022年9月 自疫情发生以来，南明区人民法院立案庭干警、"老法官之家"调解员，闻"疫"而动、迅速响应，通过下沉社区、就地服务、加入当地抗疫临时党支部等方式，在一线以实际行动为群众服务，践行初心使命。他们中既有年轻的共产党员、共青团员，亦有年逾60的调解员，其中1名工作人员加入南明区人民法院先锋队进驻花果园高风险区参与疫情防控工作。

2022年9月30日 南明区人民法院党组成员、副院长王平组织召开会议，对立案庭疫情防控复工复产相关工作进行安排，要求诉调对接中心要切实加强疫情防控及矛盾纠纷隐患排查，加强对特邀调解员的业务指导，压紧压实工作责任，切实推进诉源治理工作。

2022年10月 为提升辖区矛盾纠纷的化解水平和能力，2022年以来，永乐人民法庭通过设立法官工作站、开展一周一走访制度、法律宣传讲座、驻村调解员培训、建立3+2调解模式等多种方式，积极深入乡村治理，强化多元解纷，推动矛盾纠纷及时、高效、源头化解，大量矛盾纠纷被化解于村居，有力维护社会安全和稳定，助力永乐乡"无讼乡"的创建。截至2022年10月，永乐人民法庭诉前调解案件78件，进入法庭新收案件仅22件，与2021年同期相比下降70%，逐步形成"法官入乡村、就地解纠纷、矛盾不入庭"的良好格局。

2022年10月 为进一步提升辖区人民调解员化解矛盾纠纷的能力，提高人民调解员队伍整体素质，本月，南明区人民法院共组织开展两次人民调解员业务知识培训。一是针对房屋买卖合同纠纷类诉前调确的注意事项。二是针对民间借贷的基础法律关系进行辨别，以防存在"真买卖，假借贷"的情况，提升调解员对于基础法律关系的辨别能力。

2022年10月26日 为切实开展"诉源治理"工作，助力永乐乡"无讼乡"创建，永乐人民法庭庭长与南明区人民法院特邀调解员前往永乐村村委会联合调解一起赡养纠纷，成功化解老人和儿女之间的心结，取得了良好的社会效果。

2022年11月15日 为深入学习宣传贯彻党的二十大精神，切实把思想和行动统一到党的二十大精神上来，推动人民法庭工作实现新发展，南明区人民法院党组成员、副院长王平以"贯彻落实二十大精神，开创人民法庭新篇章"为题，为五个派出人民法庭干警宣讲党的二十大精神，要求各人民法庭要把学习党的二十大精神同做好当前的诉源治理工作、优化营商环境、审判绩效攻坚等工作结合起来，把学习成果体现在服务大局、司法为民、公正司法的生动实践中，确保高质量完成全年的各项工作目标任务，奋力谱写人民法庭工作新篇章。

2022年11月16日 为深入学习贯彻落实习近平总书记关于实施乡村振兴战略的重要指示精神和贵州重要讲话精神，持续发挥好驻村工作队的作用，推进乡村振兴，促进乡村矛盾纠纷前端化解，南明区人民法院党组书记、院长舒子贵同志带队，与在家党组成员一行深入南明区人民法院驻村帮扶点云关乡摆郎村开展党的二十大精神宣讲及驻村调研指导工作。

2022年11月16日 为进一步规范诉前调解工作，加强对特邀调解员的管理和指导，切实推进诉源治理工作，经南明区人民法院党组讨论研究决定，对《贵阳市南明区人民法院调解案件补贴办法（试行）》相关条款进行修正。

2022年11月16日 近日，南明区人民法院永乐人民法庭成功调解了一起发生在家庭内部的征收补偿费分割和农村房屋管理使用权纠纷，这是一次创新矛盾纠纷调解方式的成功探索，充分实现了预防、挽救、修复、治疗家庭社会关系的司法功能，弘扬了守望相助、崇德修睦的家庭美德。永乐人民法庭在此背景下，践行司法为民理念，把"我为群众办实事"落实到每个案件办理中，积极打造"法庭+特邀调解员+村委会"诉源治理模式，委派特邀调解员在诉前调解阶段成功化解了不同类型的纠纷，取得了较好的法律效果和社会效果。

2022 年 11 月 17 日 近日，南明区人民法院"老法官之家"特邀调解员诉前成功调解一起教育培训合同纠纷，既解决了当事人的现实困难，减轻双方诉累的同时化解了他们两年来的心结，又维护了诚实守信的契约精神，获得双方当事人的一致好评。

2022 年 11 月 28 日 为推进平安贵州建设 2022 年度市（州）诉源治理考核工作，科学制定考评指标，省法院组织召开视频会，充分听取部分中基层法院对制定诉源治理考核细则工作的意见和建议。南明区人民法院诉调对接中心负责人通过视频向上级法院汇报了南明区人民法院关于对诉源治理工作考核的科学定位及万人起诉率等考核指标的相关意见建议。

2022 年 11 月 南明区人民法院联合南明区检察院在二戈寨社区开展诉源治理等相关法制普法宣传活动，针对预防养老诈骗、土地征收纠纷、婚姻家庭纠纷等常见问题向群众解答并派发宣传小册子，引导群众了解诉讼流程和诉前调解工作。

2022 年 11 月 南明区人民法院切实贯彻落实省法院关于积极开展诉源治理宣传推广工作的安排部署和要求，在本院微信公众号宣传"贵州新时代人民法庭便民利民服务平台"微信小程序，在诉讼服务中心、人民法庭等线下场所滚动播放诉源治理和人民法庭宣传动漫，在微博、抖音等平台同步宣传，印制 3000 份诉源治理明白卡，在诉讼服务中心、人民法庭、民商事调解中心等线下场所向人民群众展示发放，进一步提高人民群众对诉源治理的知晓度认同感。特邀调解员在调解前充分向当事人释明诉源治理工作的重要意义及诉前调解的优势，既积极化解纠纷又做好司法工作的宣传员。

2022 年 12 月 9 日 南明区人民法院二戈寨人民法庭采取"法官+调解员"联动调解方式，成功化解一起合同纠纷，长达数年的拆迁补偿遗留问题得到圆满解决。此次联动调解，充分体现出了人民法庭驻村法官工作点贴近群众、熟悉社情、便捷解纷的职能优势。下一步，二戈寨人民法庭将继续优化司法服务举措，将诉源治理一站式解纷思路贯穿工作始终，用心解决辖区群众"急难愁盼"的各类问题，积极回应群众的多元司法需求，为辖区群众提供公正、高效、便捷的司法服务，为推动辖区经济社会稳定提供有力的司法保障，让人民群众切实感受到公平正义就在身边。

2022 年 12 月 14 日 为深入学习宣传贯彻落实党的二十大精神，扎实开展大走访活动，南明区人民法院党组成员、副院长王平，党组成员、执行局局长向阳一行到中铁二局第一工程有限公司进行走访并宣讲党的二十大精神。此次走访以采取填写调查问卷、面对面座谈的形式进行。走访组一行首先对党的二十大精神进行宣讲，随后双方结合各自的工作实践交流了学习党的二十大精神的心得体会、理解认识以及下一步深入贯彻落实的工作打算。双方重点围绕进一步充分发挥法院诉调对接功能和强化精细执行、高效执行助理企业源头解纷与加速复工复产，切实推进经济稳健提速进行深入沟通交流。

2023 年 2 月 3 日 为贯彻落实好省、市法院对执源治理工作部署要求，进一步保障人民群众胜诉权益，维护社会公平正义，南明区人民法院召开执源治理工作推进会。会议要求，要认真贯彻落实上级法院关于执源治理的安排部署和要求，做好"八个加强"，切实开展执源治理工作，依法保障胜诉当事人及时实现权益。一是加大组织保障力度，确保执源治理各项工作责任落实到位，高效推进；二是加大诉源治理工作力度，从源头减少执行案件，推进执源治理工作；三是加大判决书、判后答疑力度，提高自动履行率，减轻执行工作压力；四是加大执前调解力度，加强调解员培训工作，促进更多案件在前端化解；五是加大执行工作力度，增加法律文书自动履行率，避免衍生案件产生；六是加大执源治理宣传力度，通过对执行案件和亮点工作的宣传，为执源治理工作营造良好的氛围；七是加大调查研究力度，及时总结执源治理经验；八是加大考核奖惩力度，将执源治理相关工作任务纳入年终绩效考核，确保执源治理工作取得实效。

2023 年 2 月 7 日 2022 年，南明区人民法院坚持以习近平法治思想为指导，坚持和发展新时代"枫桥经验"，积极作为、锐意创新，逐步探索出"1231"诉源治理"南明模式"，竭力将矛盾纠纷消弭在前端、化解在基层，取得明显成效。推送调解案件 17364 件，调解成功 8303 件，调解平均用时 18.22 天。

2023 年 2 月 22 日 贵阳市中级人民法院民二庭庭长刘妍一行到南明区人民法院开展商品房买卖合同类案示范调判机制运行工作及审判实务中热点难点

问题专题调研并召开座谈会。座谈会上，舒子贵院长介绍南明区人民法院近期工作开展情况，尤其是创新诉源治理工作机制、构建矛盾多元化解机制、推进智慧法院建设创新机制以及"无讼社区"创建等方面的司法创新实践。并表示南明区人民法院将进一步树立"一个纠纷一个案件"理念，推进案件繁简分流、节约司法资源、统一裁判标准，将示范调判机制与诉调对接、优化司法确认等制度相结合，让案件审理进入"快车道"，推动案件审理不断提速，以便更高效便捷维护群体性民生权益，以期实现"个案精审、类推调判、批量快审"的良好效果。

2023 年 3 月 2 日 为切实深化多元解纷工作，进一步优化特邀调解队伍，充分发挥人民调解"第一道防线"的作用，南明区人民法院组织召开诉源治理工作座谈会，与北京融商一带一路法律与商事服务中心共同座谈，双方就如何进一步加强合作，共同建立商事纠纷多元化解工作机制进行讨论，并一致认为，要积极开展非诉解纷研究和实践，高效化解民商事纠纷，更好地发挥人民调解组织作用，不断优化营商环境，促进经济行稳致远。

2023 年 3 月 7 日 南明区人民法院召开一站式建设及诉源治理工作推进会，认真传达学习贯彻落实党的二十大精神和省、市法院院长会议精神，安排部署 2023 年工作任务。会议要求，要把学习贯彻党的二十大精神作为当前和今后一个时期的重大政治任务，切实把思想和行动统一到党的二十大精神要求上来，坚持以习近平新时代中国特色社会主义思想为指导，认真学习贯彻落实省、市法院院长工作会议精神，准确把握一站式建设和诉源治理工作的新形势新任务新要求。

2023 年 3 月 14 日 为深入学习宣传贯彻落实党的二十大精神、扎实开展大走访活动，南明区人民法院党组成员、副院长王平，党组成员、执行局长向阳一行到贵州建工集团第四建筑工程有限责任公司进行走访调研。此次走访以采取填写调查问卷、面对面座谈的形式进行。双方结合各自的工作实践交流了学习党的二十大精神的心得体会、理解认识以及下一步深入贯彻落实的工作打算。双方重点围绕进一步充分发挥法院诉调对接功能，强化诉源治理和执源治理，积极维护企业资金链产业链安全，助力企业纾难解困，切实推进经济稳健提速进行深入沟通交流。

2023 年 3 月 16 日 为积极推动法院和高校之间司法实践、人才培养等方

大事记

面的创新和交流，促进理论与实践深入融合，助力辖区社会治理，3月16日，南明区人民法院与贵州警察学院召开司法实践院校合作工作座谈会。贵州警察学院法律系主任林苇、副主任龚周杰等同志，南明区人民法院党组成员、副院长王平，审判委员会专职委员何骧及相关工作人员参加座谈。会议由何骧主持。座谈会上，林苇、王平分别介绍了学院教学实践和法院诉源治理工作的基本概况，学院与法院双方就司法实践、诉调对接、人才培养等合作事宜进行了深入交流。贵州警察学院与南明区人民法院将充分借助"近水楼台先得月"的区位优势，释放"法院+高校"资源聚集效应，努力实现优势互补、借力发展、互助共赢，为法治人才的引进、培养、成长提供更好的起跑线和练兵场，助力辖区社会治理的创新发展。

2023年3月16日　南明区行政争议协调化解中心揭牌仪式在南明区人民法院举行。贵阳市中院副院长陈东，南明区委常委、政法委书记钟锋，花溪区委常委、政法委书记杨鸿，清镇市委常委、政法委书记黄星以及南明区人民检察院党组书记、检察长袁松，花溪区司法局党组书记、局长田景文等有关领导参加揭牌仪式。

2023年3月22日　永乐人民法庭充分运用"法庭+村委会"联动调解机制，进一步发挥人民法庭基层司法前沿优势，持续开展巡回审判，积极融入基层社会治理体系。同时加强与人民调解组织、乡、镇等部门的沟通协作，努力让更多矛盾纠纷消于萌芽、止于未诉，将诉源治理深耕细作，为百姓点亮实质解纷的"明灯"。

2023年3月23日　贵阳市南明区人民法院王平副院长一行到平安普惠贵州分公司进行大走访工作，平安普惠负责人介绍了入黔13年来的经营情况及企业责任与担当，同时也表达当前公司面临不良业务增加带来的压力。王平副院长对平安普惠贵州分公司企业担当责任给予肯定，对平安普惠贵州分公司前端风险预防及后端不良业务清理提出了多角度处理及优化建议。

2023年3月29日　南明区人民法院党组成员、副院长王平、付凤，审委会专职委员何骧，及双龙法庭、诉调对接中心负责人等一行到德恒贵阳律师事务所进行走访，并围绕诉源治理工作进行座谈。座谈会上，双方就拓展多元解纷渠道，推动矛盾纠纷就地发现、就地调处、就地化解进行沟通交流，为诉源治理方面的合作奠定基础。

南明区人民法院诉源治理研究

2023 年 3 月 31 日 南明区人民法院二戈寨人民法庭诉前成功化解一起因门面出租引发的纠纷，当事人当庭付清所欠租金 5000 元并续签租赁合同，取得了定分止争、案结事了的良好效果。为了避免今后发生类似的纠纷，法官指导双方重新达成书面的房屋租赁合同。双方在调解室握手言和并对法官和调解员连连道谢。

2023 年 4 月 3 日 贵阳中院行政审判庭庭长俞蕾一行到南明区人民法院就行政争议协调化解工作调研指导并召开座谈会，南明区人民法院党组书记、院长舒子贵，副院长韦娟，南明区司法局副局长黄子飞，白云区人民法院副院长黄永福等参加会议。两级法院与会人员就如何充分依靠行政机关的组织优势和法院审判、检察院法律监督的专业优势，如何深化行政诉讼与非诉讼纠纷解决方式的有机衔接以推进行政争议实质化解，以及当前遭遇的难点和堵点进行了讨论交流。市中院法官对座谈会中提出的实践热点、难点问题进行一一解答和指导。

2023 年 4 月 7 日 一带一路国际商事调解中心驻贵阳南明区人民法院调解室、中国中小企业协会调解中心驻南明区人民法院调解工作室揭牌仪式暨多元解纷工作座谈会在南明区人民法院举行。南明区人民法院分别与一带一路国际商事调解中心贵阳调解室、中国中小企业协会调解中心签署了合作协议，旨在利用两个调解组织的专业优势和实践优势，使其参与法院民商事纠纷诉前调解工作，推动更多民商事纠纷源头化解、实质化解。

2023 年 4 月 11 日 陕西省蒲城县法院党组成员、副院长景涛一行到贵阳市南明区人民法院交流调研。南明区人民法院党组成员、副院长王平，党组成员、副院长杨小菠分别就"一站式建设"、诉源治理、基层法庭建设和电子卷宗随案同步生成等工作进行介绍。景涛副院长还实地参观了南明区人民法院诉讼服务中心、"老法官之家"、花果园人民法庭，双方进行了深入交流学习。

2023 年 4 月 24 日 为深入推进青少年法治教育工作，切实加强对青少年的民法典教育，南明区人民法院二戈寨人民法庭与贵州装备制造职业学院在学校大礼堂联合开展"民法典走进校园"活动，活动中二戈寨人民法庭庭长选择青少年较为关注的"高空抛物""未成年人打赏网络主播""未成年人网络贷款""网络诈骗"等方面典型案例，采取以案说法的方式，教育引导青少年们在成长的路上要增强法律意识，提高防范能力，正确明辨是非，坚决抵制一切不法行为。

2023 年 4 月 23 日　为深入贯彻落实省、市、南明区人民法院关于开展"案件质量提升三年行动"工作部署，进一步提升立案庭、人民法庭工作绩效，2023 年 4 月 23 日，南明区人民法院党组成员、副院长王平组织召开立案庭、人民法庭绩效提升工作推进会，审判委员会专职委员何骧以及立案庭、各人民法庭全体工作人员参加会议。立案庭、各人民法庭分别汇报了审判绩效、诉源治理、网上立案、"三进"工作等工作情况，并就工作中遇到的问题、质效指标短板进行详尽的分析并作出下一步工作打算。会议要求，全体干警要做到"三个认真贯彻落实"：一是认真贯彻落实省、市、区三级法院"案件质量提升三年行动"方案精神，做好查缺补漏，努力提升案件绩效工作；二是认真贯彻落实公正司法、司法为民的工作主线，以人民为中心思想，进一步推动诉源治理工作；三是认真贯彻落实纪律作风要求，遵守司法礼仪，提升司法服务能力和水平，努力增强人民群众司法获得感。

2023 年 4 月 26 日　为切实找准司法服务乡村振兴战略着力点，助力乡村和谐稳定、高质量发展，夯实诉源治理和"无讼乡"建设，南明区人民法院党组书记、院长舒子贵率党组成员、副院长王平，党组成员、副院长杨小菠等一行到永乐乡走访调研，永乐乡党委书记郝刚、乡长郝涛陪同调研。调研组一行先后走访了艳红桃种植基地、手工艺人孙鹏个人工作室和植物种植基地、贵阳市刘玉智藏报馆，向企业负责人征集政法干警在纪律作风、司法行政、服务管理、便民利民等方面的问题线索以及意见建议。同时宣传了当前优化营商环境的便民利民措施，鼓励企业抓住机遇，重视生产安全，合规合法经营。

2023 年 4 月 27 日　自"南明区行政争议协调化解中心"在南明区人民法院挂牌成立以来，在各级依治办的统筹下，南明区人民法院充分发挥行政案件集中管辖法院审判职能，以行政争议实质性化解为目标，依照"纵向主导协调，横向联动发力"思路，深入行政机关开展座谈培训、深入争议现场调查案情，主动加强与行政机关的沟通，探索完善"法院主导、属地参与、政府配合、多元调解"的协调化解模式。南明区人民法院以"一个中心"为依托，推动行政争议前端治理与实质化解并重；以"一个方案"为指引，聚焦纠纷联动化解，健全行政争议实质化解新体系；以"N 个维度"为保障，构建行政争议实质化解新格局。2023 年以来南明区人民法院审结行政案件 73 件，经协调化解后撤诉 33 件，成功率 45.21%。

2023 年 5 月 4 日　为扎实推进"案件质量提升三年行动"，2023 年 5 月 4 日下午，南明区人民法院召开案件绩效指标提升工作交流推进会，会议强调了加强矛盾纠纷前端治理。扎实开展诉源治理、执源治理以及行政纠纷协调化解工作，努力构建特邀调解、行业调解、律师调解等多种形式参与的多方联动解纷格局，推动矛盾纠纷源头化解、实质化解，有效降低衍生案件数量。

2023 年 5 月 5 日　为进一步发挥法官工作站"司法服务人民第一线"的作用，将司法治理和行政治理有效衔接，积极延伸司法服务至群众家门口，近日，甘荫塘人民法庭与太慈桥综治中心联动发力，在太慈桥街道法官工作站共同开展诉前调解工作，促成 12 起矛盾纠纷案件在诉前得到高效化解，取得了调解一案、指导一片的良好效果。

2023 年 5 月 19 日　为切实推动劳动人事争议非诉讼纠纷解决机制建设，力促矛盾纠纷化解在前端，南明区人民法院与南明区龙洞堡街道办事处劳动人事争议调解中心共同召开"多元调解　多元共治"座谈会。院党组成员、副院长王平，龙洞堡街道办事处副主任曹兰出席座谈会。与会人员围绕劳动人事争议诉前调解开展情况、实践中存在的具体问题共同商讨，并就进一步加强合作、提升调解效能等达成共识。

2023 年 5 月 22 日　二戈寨法庭建立"回访+普法"机制，推动诉源治理走深走实。2022 年以来，二戈寨人民法庭开展回访 55 次，现场进行普法宣传 23 次。从调解成功案件中，挑选数量相对较多、影响力较大、争议较大、具有典型意义的案件上门回访，及时掌握诉前调解协议履行情况，收集群众对诉源治理工作的建议意见，现场开展普法宣传，力求矛盾纠纷源头化解工作实现政治效果、法律效果、社会效果的有机统一。

2023 年 5 月 23 日　为进一步完善诉前鉴定工作机制，有效提升审判质效，南明区人民法院积极推行诉前鉴定集约式办理工作模式，通过司法鉴定工作前置，缩短审判周期，提升审判质效。2023 年 1~4 月，已办理诉前鉴定案件 55 件，其中有 8 件已出具鉴定报告。法官仅用 13 天就审结了一起原来耗时较长的无民事行为能力及确定监护人案件，这得益于该案相关鉴定工作在诉前已经完成。南明区人民法院将司法鉴定由"诉中"前置为"诉前"，通过"诉前鉴定+多元调解"的模式进行优势互补，不仅降低当事人诉讼成本、缩短审判时长，且有利于深化诉源治理、提升办案质效，助力审判进入"快车道"。

2023 年 5 月 30 日 为深入推进诉源治理工作，进一步提升人民法院特邀调解员化解矛盾纠纷的能力，提高调解队伍规范化、专业化水平，贵阳市南明区人民法院举行特邀调解员聘任颁证仪式暨 2023 年上半年特邀调解员培训会。南明区人民法院党组成员、副院长王平，副院长韦娟，党组成员、执行局局长向阳，党组成员、政治部主任杨志，审委会专职委员何骧出席会议并为特邀调解员颁发聘书。此次培训结合法院工作实际，围绕司法确认、绩效指标、管理考核等方面对特邀调解员进行业务培训。

2023 年 6 月 7 日 为进一步发挥"枫桥经验"智慧，以源头治理为切入点，多措并举打造共建共治共享的基层社会治理新模式，南明区首家"无讼社区"验收授牌仪式在五里冲街道中园社区举行。中共南明区委常委、政法委书记钟锋，南明区人民法院党组书记、院长舒子贵共同为中园社区进行"无讼社区"授牌。

2023 年 6 月 9 日 南明区人民法院党组成员、副院长王平，党组成员、审委会专职委员周凌蔚及立案庭、审管办、各人民法庭相关负责人一行前往遵义市播州区人民法院考察学习交流一站式诉讼服务、绩效提升及人民法庭建设等工作。此次交流，增强了南明区人民法院和播州区人民法院间的联系和沟通，双方互相学习借鉴先进工作经验做法，拓展了工作思路和视野。双方表示，将持续加强联络，实现共促共进、彼此赋能，共同开拓新思维，探索新实践，努力开创法院工作新局面。

2023 年 6 月 14 日 贵州省社会科学院、贵阳市南明区人民法院诉源治理研讨会在南明区人民法院举行。南明区人民法院党组书记、院长舒子贵主持会议。贵州省社会科学院研究人员、南明区人民法院领导班子成员参会。双方聚焦诉源治理工作的探索创新，围绕诉源治理专题研究论著编撰工作进行了深入交流和探讨，双方一致表示要努力提炼可推广和借鉴的具有南明特色的诉源治理经验做法，编写出具有影响力和参考价值的诉源治理专题研究论著，为党委决策服务，为建设更高水平的法治贵州和"强省会"战略作出贡献。

2023 年 6 月 21 日 南明区人民法院召开一站式建设及诉源治理工作推进会，对 2023 年上半年相关工作进行总结，并对下半年工作进行安排部署。党组书记、院长舒子贵出席会议并讲话，党组成员、副院长王平主持会议，立案庭、各人民法庭相关负责人及联络员参加会议。会议明确了下一阶段一站式建设及诉源治理工作的思路及任务，并从坚持党的领导、坚持以人民为中心思想、坚持创新工作思路、坚持加强学习等四个方面提出要求，努力满足辖区人民群众对新时代司法工作的新需求、新期待。

2023 年 6 月 30 日 《法制生活报》正式更名为《贵州法治报》，并以标题《打造新时代诉源治理"南明样板"》整版刊发南明区人民法院诉源治理工作综述。从党委引领拓宽诉源治理"朋友圈"、创新推动打造多元解纷"金名片"、司法为民构筑定分止争"前沿哨"三个方面对南明区人民法院全力推进诉源治理工作，努力打造南明诉源治理新"枫"景进行报道。

2023 年 6 月 30 日 南明区人民法院首次召开诉源治理专题专业法官会议，立案庭所有员额法官对 3 件经诉前调解申请司法确认案件进行研究讨论。南明区人民法院积极探索，建立专业法官会议指导诉调对接工作机制，通过召开专业法官会议，对委托委派调解中复杂案件或司法确认中争议案件进行专业研讨，对特邀调解工作予以指导，畅通诉调对接工作机制，进一步促进矛盾纠纷实质工作。

2023 年 7 月 南明区人民法院坚持和发展"新时代枫桥经验"，坚持把非诉讼纠纷解决机制挺在前面，积极践行能动司法，着力构建诉源、执源、访源治理相结合，与行政争议协调化解一体推进的"3+1"源头解纷模式，通过延伸审判职能抓前端、治未病，从源头上减少诉讼增量，积极助力基层社会治理现代化。一是持续推进"1231"诉源治理南明模式，二是探索"立审执破"一体化执源治理工作机制，三是建立"全院一盘棋"访源治理工作体系，四是构建"纵向主导协调，横向联动发力"行政争议协调化解格局。

2023 年 7 月 甘荫塘人民法庭多举措推进法官工作站实质化运行。一是通过设立站点，实现辖区站点全覆盖，法官定期在法官调解工作室接待群众、开展普法宣传、接受法律咨询、助力化解矛盾纠纷、组织调解员培训、打造一站式解纷工作室、推动"无讼"社区创建等。二是搭建平台，整合多方资源联合调解，以打造"小事不出村、大事不出镇、矛盾不上交"的枫桥法庭为目标，与当地派出所、司法所、乡镇妇联、居委会等部门联合，利用各部门职能优势，进行联合调解，将矛盾化解在源头。三是关口前移，促进纠纷就地化解。根据辖区群众矛盾聚集情况，有针对性地选择在法官工作（站）点开展调解工作，为辖区群众提供便捷、经济、高效的诉讼服务，畅通司法服务"最后一公里"。

2023 年 7 月 11 日　南明区人民法院对新聘特邀调解员开展业务培训。此次业务培训围绕调解工作注意事项、诉调对接流程等知识进行讲解。南明区人民法院通过业务培训、发布典型案例、谈心谈话、强化考核等形式切实加强对调解员的培训和管理，着力提升调解队伍的政治素质、业务水平和调解能力，推动多元解纷效能充分发挥。

2023 年 7 月 12 日　南明区人民法院"老法官之家"调解员邱宁玉成功在诉前化解两起涉拆迁补偿行政争议案件。两案的成功化解，一方面展现了"老法官们"退休不退志、践行司法为民的初心本色；另一方面也彰显了南明区行政争议协调化解中心在成立后，有效依托南明区人民法院诉调对接中心调解力量，实现以最少的程序保护人民群众权益、促进行政争议实质化解的"双赢"效果。

2023 年 7 月 12 日　7 月 12 日下午，黔东南州中级人民法院副院长徐承庆带领中院审委会专职委员石胜华、凯里市法院副院长王莹、榕江县法院副院长罗维、从江县法院副院长唐世光等一行 10 人到南明区人民法院调研交流破产审判、诉源治理等工作。会上，舒子贵院长介绍了南明法院人员编制、收结案件等基本情况，永乐法庭庭长详细介绍了破产审判工作的整体情况，副院长王平介绍了"1231"诉源治理的"南明模式"的具体内涵，包括如何构建一站式多元解纷机制和矛盾纠纷源头预防化解网格，实行"府院联动""多调联动""诉调联动"三联动，以及"老法官之家"调解团队的运作模式等。

2023 年 7 月 13 日　为进一步优化法治营商环境，助力民营企业高质量发展，积极探索优化涉企案件源头解纷工作机制，切实为辖区经济发展提供强有力的司法保障，南明区人民法院邀请区工商联、辖区内部分商会及企业代表共同召开法治化营商环境诉源治理工作座谈会。区人大常委会副主任、区工商联主席郑敏超，区委统战部副部长、区工商联党组书记朱锡晨，区法院在家领导班子成员，辖区商会及企业代表参加座谈。区法院党组成员、副院长王平主持会议。会议明确，区工商联与区法院将进一步加强联动、加大探索力度，充分发挥工商联和法院的职能作用，建立常态化沟通联络机制，保障沟通联络工作走深走实，共同推动商事商会调解和商事纠纷多元化解工作取得新成效，凝聚发展合力，着力打造一流法治化营商环境，帮助企业解决实际问题，坚定发展信心，共同营造公平竞争的市场环境，促进民营经济健康发展。

2023 年 7 月 14 日 省法院立案庭庭长张爱琪一行三人赴南明区人民法院，对诉前调解、网上立案、诉前鉴定、集中清退诉讼费等工作进行调研。市法院副院长陈东，区法院副院长韦娟等陪同调研考察。张爱琪一行实地走访了立案大厅、老法官之家、信访室、速裁团队。张爱琪要求，一要强化责任担当，立案庭要以一站式诉讼服务平台建设为契机，主动作为，不断提高立案质量，提升人民群众满意度。二要及时总结，将"老法官之家"的成功经验推广夯实，延伸至执源、访源治理，高效高质化解矛盾纠纷。三要有依法调解的行动自觉，充分尊重当事人意愿，不得违反调解的相关规定。四要将诉前鉴定走深务实，及时总结经验，做好当事人释明工作。五要对于双龙航空港经济区社会事务管理全面托管南明区所带来的案件增量要有预判，并积极做出预案，坚持能动司法，切实发挥司法的保障作用。

2023 年 7 月 18 日 中共贵阳市委常委、市政法委书记彭容江率南明区二级巡视员陈云贵，区委常委、政法委书记钟锋，副区长、公安局局长龚飞，区政法委常务副书记陶智一行到花果园人民法庭进行走访调研，区法院党组成员、副院长王平陪同调研。彭容江一行实地察看了法庭安检通道、诉讼服务中心、审判法庭、诉中人民调解员办公区、"老法官之家"办公区等基础建设情况，详细了解了法庭人员配置、审判工作开展、诉源治理工作开展等情况。彭容江对花果园人民法庭已取得的工作成绩予以了充分的肯定，并对法庭开展好今后工作提出以下要求：一是继续加强诉源治理工作，持续加大诉前调解力度，实现矛盾纠纷源头化解；二是深入推进关于物业服务费用相关纠纷诉前调解工作，通过调解、类案公示等多元化方式促进该类纠纷的诉前化解，推动该类纠纷源头化解、实质性化解；三是进一步加强涉企矛盾纠纷的处理和化解工作，助力辖区企业平稳健康发展，持续优化法治化营商环境；四是始终牢记司法为民初心，切实为人民群众办实事、解难题，不断满足人民群众对司法工作的新需求、新期待。

2023 年 8 月 4 日 为加强立案管理、提升诉讼服务满意度，南明区人民法院召开立案诉讼服务调度会。会上学习传达了《全省法院 2023 年 1—6 月诉讼服务运行情况》《全省法院满意度评价通报》等文件精神。会议要求，一要采取有效措施确保诉讼服务满意度得到实质性提升。二要坚决贯彻落实立案登记制。三要深入排查清理诉前调解失败未转立案的案件。会后，对诉讼服务大厅相关人员进行了培训。

2023 年 8 月 9 日 贵阳市中级人民法院审判管理办公室主任朱红率队市法院营商办督导组到南明区人民法院督导检查营商环境暨审判质量指标体系试点工作。围绕诉执源治理推进情况、诉讼便利度情况等工作进行专项督导检查。督导组强调要着力规范营商案件管路制度建设，推动商事纠纷快调、快立、快审、快执。

2023 年 8 月 18 日 为有效提高立案庭工作人员的政治素质和业务能力，推动立案工作水平、诉讼服务能力不断提升，确保"案件质量提升三年行动"取得实效，立案庭举行 2023 年度第五期业务培训。会上首先进行了政治培训，对综合绩效工作进行讲解，并从审务督察、三个规定、意识形态、党风廉政建设几个方面对大家进行培训指导。在业务培训阶段，执行局沈力法官对规范执行案件立案进行讲解。立案庭组织传达学习省高院《关于规范申请强制执行案件执前调解、和解工作的工作提示》，本次培训紧扣实务，坚持问题导向，提出了解决实际问题的方法和措施。

2023 年 8 月 18 日 为进一步加强法庭干警和特邀调解员业务能力建设，二戈寨人民法庭组织开展婚姻家庭及道路交通法律要点业务培训。培训会上，二戈寨人民法庭庭长张丹丹针对婚姻家庭方面关于婚前给付财物请求返还的问题，分析处理有关彩礼纠纷时应注意的问题；就认定感情破裂的情形等相关热点问题进行分析，探讨民法典相关法律规定；针对机动车交通事故责任纠纷案件，以真实案件为例，讲解此类案件的调解思路、证据指引，并重点就机动车交通事故责任纠纷中交强险和商业险的分责分项及赔偿范围、限额等进行了具体的讲解和分析。

2023 年 8 月 24 日 南明区人民法院立案庭、二戈寨法庭法官分别深入辖区物管纠纷高发多发的小区进行走访，通过组织物业公司和业主代表座谈、实地走访群众、现场查看有争议的服务设施和绿化环境，面对面倾听业主诉求，深入了解物业公司与业主之间的矛盾起因。针对走访小区目前存在的困难和问题，走访法官从法律角度进行成因分析，并给出司法建议和专业指导。舒适和谐安定的居住环境是业主和物业服务公司共同的追求，作为物业服务公司，要提高物业服务水平，提升业主对服务的满意度，对于目前发生的纷争，尽量采取沟通协商的方式妥善解决，或者选择较为"温和"的非诉方式解纷；对于恶意拖欠物管费的业主，法院则将依法快审快判快执，对物业公司合法权益予以充分保障，希望双方互谅互让，共同构建安定、宜居、和谐的居住环境。经过法官耐心的释法答疑解惑，物业公司与业主矛盾得到缓解，对抗情绪有所改善，均愿意多沟通交流，友好协商解决小区物管存在的问题和纠纷。

2023 年 8 月 29 日 为进一步推进诉源治理工作，提升诉前调解成功率，南明区人民法院举行与中小企业协会调解中心沟通协调会，此次沟通协调会结合调解员工作实际，围绕金融类案件诉前调解、网上诉前调解、调解员管理考核等方面存在的问题共同商讨，并就进一步加强合作、提升调解效能等达成共识。

2023 年 9 月 11 日 为提高辖区人民调解员、特邀调解员业务能力与工作水平，推动矛盾纠纷前端治理、实质化解，永乐人民法庭在永乐乡人民政府召开交流培训会。会上，永乐法庭庭长介绍创建"新时代枫桥式人民法庭"的背景、意义、难点与要求。他表示永乐乡的诉源治理工作在人民调解员、特邀调解员的努力下卓有成效，并在"无讼乡"的创建工作中积累了丰富的矛盾纠纷化解经验。永乐乡党委副书记、政法委员肯定了创建"新时代枫桥式人民法庭"对于永乐乡基层治理的积极作用，并表示永乐乡政府将积极配合并全力支持人民法庭的创建工作，同时激励调解员借此机会提高自身工作水平、规范日常工作流程、实现档案规范化，充分发挥自身丰富的群众工作经验，对永乐乡矛盾纠纷早发现、早干预、早治理，在永乐人民法庭专业指导下总结出一套可复制、可推广的诉源治理"永乐经验"，助力永乐乡高质量发展。

2023 年 9 月 13 日 在贵州省高级人民法院印发的《2023 年度全省法院诉前调解和多元解纷工作"十佳解纷品牌"》通知中，南明区人民法院"老法官之家"入选，获评全省法院"十佳解纷品牌"。通知指出："南明区人民法院创立'老法官之家'，围绕'减少诉讼、方便群众、提高效率'解纷要求，选聘政治素质过硬、专业知识丰富、调解技能突出的退休法官，作为特邀调解员参与诉前调解和信访化解，形成了'专职与兼职融合，专业与行业互补为架构，和言和行和贵为宗旨'的调解品牌。"

2023 年 9 月 18 日 南明区人民法院"老法官之家"特邀调解成功化解一

起离婚后财产纠纷执行案件。调解员经过不断的沟通，并详细释明不履行法律文书确定的义务及要承担的法律后果，最终达成执行和解，被执行人愿意主动积极履行法律文书确定的全部义务。案件执行完毕后申请执行人发自内心对诉调中心的工作予以认可，并送来了一面"为民解忧，公正无私"的锦旗。

2023 年 9 月 24 日 南明区人民法院党组成员、副院长王平组织召开立案庭工作调度会。王平副院长对本季度立案庭诉讼服务、审判质效和诉调对接工作进行调度，并就下一步工作进行安排部署，他要求，全庭干警要紧密结合中央、省委、市委、区委、上级法院和全院的中心工作、重点工作，以扎实的司法工作作风，高质量开展好主题教育，把学习贯彻习近平新时代中国特色社会主义思想转化为坚定理想信念、锤炼党性和指导实践、推动工作的强劲动力，持续推进一站式诉讼服务和诉源治理工作，不断提升人民群众司法获得感。

2023 年 9 月 26 日 为深入推进诉源治理工作、不断优化多元解纷机制。南明区人民法院召开"老法官之家"多元解纷工作调度会。会上，诉调对接中心通报了"老法官之家"获评全省法院"十佳解纷品牌"情况，对"老法官之家"全体特邀调解员及书记员的辛勤付出表示感谢，号召大家再接再厉、共同努力，不断创新多元解纷新做法，争取再创佳绩。立案庭闵文超庭长对近期多元解纷工作进行简要总结，指出了存在的不足，并就下一步工作提出要求，要将"老法官之家"的成功经验推广夯实，延伸至执源、访源治理，高效高质化解矛盾纠纷。

2023 年 9 月 26 日 立案庭诉调对接中心组织"老法官之家"全体特邀调解员及书记员开展学习贯彻习近平新时代中国特色社会主义思想专题培训。培训围绕学习贯彻习近平新时代中国特色社会主义思想主题教育的要求，强调习近平新时代中国特色社会主义思想主题教育是贯彻落实党的二十大精神的重大举措，期望"老法官之家"调解员特别是党员同志加强理论学习，结合主题教育进一步开展好调解工作。

2023 年 9 月 26 日 为促进调解工作与司法确认的有效衔接，提升调解员的业务能力，南明区人民法院组织特邀调解员进行调解工作业务培训。培训会上，法官深入阐释对调解协议进行司法确认的法律依据、案件材料准备、案件审查、要求及流程，并要求调解中要加强对民间借贷纠纷、虚假诉讼及违约金利息等重要内容的审查与计算，避免虚假诉讼，及时更新利息计算标准等。本次培训从调解工作的实际需求出发，以调解司法确认为工作切入点，具有很强的实用性，有利于提升调解质量。

2023 年 10 月 11 日 为了深入推进诉源治理，确保当事人的合法权益得到及时兑现，厚植当事人诚信理念，从源头防控执行案件衍生问题，南明区人民法院发出首份诉前调解成功案件《自动履行义务告知书》。当日，南明区人民法院"老法官之家"特邀调解员成功化解两起诉前案件并向义务人发出《自动履行义务告知书》，明确告知义务人应自觉履行生效法律文书，避免因不及时履行义务而产生不利后果，督促义务人从被动到主动、从要我履行到我要履行转变。

2023 年 10 月 12 日 南明区人民法院召开诉源治理暨一站式建设第三季度工作推进会，党组成员、副院长王平主持会议。会上，立案庭、各人民法庭相关负责人分别汇报一站式建设、诉源治理、"新时代枫桥式人民法庭"创建等工作开展情况及下一步工作思路。会议就进一步加强诉源治理暨一站式建设、充分发挥法院审判职能提出要求，一要进一步推进一站式建设，要坚持目标导向和问题导向，推动一站式建设向基层、向社会、向网上、向重点行业领域延伸。二要积极发挥"老法官之家"作为"十佳解纷品牌"的优势，构建"'调解团队'+'审判团队'"双团队全流程联动解纷办案模式。三要进一步加强巡回审判工作，充分发挥法官工作站（点）功能，精心选取典型案例，大力开展巡回审判、送法下乡、法治宣传进校园、进社区、进乡村、进企业等普法宣传活动，增强广大群众法治观念和依法办事能力。四要进一步推进"新时代枫桥式人民法庭"创建，发挥人民法庭地处基层、贴近群众优势，推进诉源治理工作走深走实，切实把"抓前端、治未病"落到实处。五要进一步加大宣传工作力度。充分发挥新媒体功能，以更生动、更具象、更喜闻乐见的方式呈现内容，增强人民群众对法院工作的理解、支持和信任，着力营造学法、尊法、守法、用法的良好法治环境，为提升社会治理法治化水平贡献法院力量。

2023 年 10 月 16 日 省财政厅副厅长李明一行赴南明区人民法院调研对接行政争议协调化解工作，南明区财政局局长帅箐陪同调研。南明区人民法院副院长韦娟结合行政案件审理重点、难点、要点，梳理汇报了南明区人民法院近五年受理行政案件总体情况、行政争议协调化解中心运行情况、2023 年行

大事记

政复议案件审理情况和行政案件审理下一步工作打算。李明副厅长对南明区人民法院行政案件审理和行政争议协调化解工作给予高度肯定，勉励南明区人民法院充分发挥"老法官之家"作为全省"十佳解纷品牌"的优势，深入践行能动司法，以行政争议实质性化解为目标导向，大力开展行政争议协调化解工作，推动更多行政争议源头化解、实质性化解，助力全省"两降一保"工作，为法治政府建设贡献一份法院力量。

2023年10月17日 为切实推进金融纠纷诉源治理、妥善防范化解金融风险、提升审判质效、持续优化法治化营商环境，南明区人民法院党组成员、副院长王平率立案、审判、执行部门相关干警到建行河滨支行走访调研。双方进行座谈交流，就如何推进金融领域诉源治理，如何完善金融纠纷多元化解机制进行了深入交流。会议明确，双方将进一步提高政治站位，深刻认识金融消费纠纷诉源治理的重要意义，聚焦金融机构集中反映的难点、痛点，不断创新工作举措，推动金融纠纷源头化解、实质化解。

2023年10月18日 花果园人民法庭五里冲片区法官工作站在无讼社区"中园社区"启动联调联动机制，成功化解一起相邻权纠纷。这起纠纷的成功化解，是南明区人民法院在辖区"无讼社区"开展诉源治理工作及开展创建"新时代枫桥式人民法庭"工作的一个缩影。南明区人民法院通过"走出去""走进来"的方式将关口前移，就地化解矛盾纠纷，既减轻了当事人的诉累，又促进了邻里和谐，取得了较好的社会效果。接下来，南明区人民法院将进一步依托法官工作站点，推进解纷力量和司法服务进一步向社区延伸，继续为从源头上化解社会矛盾、推进诉源治理提供更有力的司法服务，促进矛盾纠纷前端化解，有效从源头上减少诉讼增量。

2023年10月23日 为进一步加强诉调对接，充分发挥审判法官指导诉前调解工作的积极性，立足"方便群众诉讼、提高审判效率、深化诉源治理"工作要求，南明区人民法院开展"老法官之家"特邀调解员业务培训会。培训会上，立案庭法官讲解《贵阳市南明区人民法院完善诉调对接机制全流程提升审判质效规定（试行）》等法院新出台规定的要求，并就进一步完善诉调对接机制、诉前鉴定工作、协助送达工作、加强保密工作等诉调对接工作注意事项进行培训。

2023年10月24日 为进一步推进诉源治理工作，不断优化矛盾纠纷诉前调解和多元化解衔接机制，充分发挥"老法官之家"作为全省"十佳解纷品牌"的优势，实现诉调联动效能最大化，全面提升法院审判质效，南明区人民法院出台《贵阳市南明区人民法院完善诉调对接机制全流程提升审判质效规定（试行）》及《贵阳市南明区人民法院法律文书自动履行督促工作规定（试行）》，旨在进一步强化对特邀调解的专业指导，切实调动审判法官指导诉前调解工作的积极性，预承办法官全程指导调解员开展诉前调解工作，进一步实现诉前调解成功率及审判质效双提升。

2023 年 11 月 2 日　为推进建筑装饰装修类纠纷源头治理、妥善防范化解装饰装修类纠纷、持续优化法治环境，南明区人民法院党组成员、副院长王平，党组成员、执行局局长向阳，立案庭相关负责人一行到贵阳市建筑装饰装修协会人民调解委员会走访，双方围绕建工类、装饰装修类案件的诉前调解情况、审判中存在的具体实务问题进行深入交流。双方达成共识，要充分发挥装饰装修行业调解的专业优势，积极运用"贵阳市住宅装修诚信服务平台 App"等助力手段对涉及装饰装修合同、建工合同类纠纷进行多元化解，力促在源头解纷，优化家装市场法治环境。

2023 年 11 月 3 日　二戈寨人民法庭采取"诉前调解+司法确认"，成功化解一起涉案金额 1100 万元的买卖合同纠纷案件，为涉案企业节约诉讼费用 8 万余元，大大缩短诉讼耗时，当事人为此赠送"公正高效助调解　定分止争促和谐"锦旗表示感谢。二戈寨人民法庭截至 10 月底，通过"拉家常式""面对面式""背对背式""线上视频"等方法，多措并举化解矛盾纠纷 457 件，其中有 372 件当事人达成调解协议并进行司法确认，有近 8 成纠纷实现源头化解、实质化解，取得了案结事了人和的良好效果。

2023 年 11 月 7 日　南明区人民法院党组成员、副院长王平一行到贵阳市为民民商事人民调解委员会走访调研，并就深入推进诉源治理工作与五里冲街道办事处、为民民商事人民调解委员会、南明区公证处等相关负责人进行座谈。会议明确，基层社会治理要切实践行"以人民为中心"，充分发挥协调联动、高效聚合的作用，为群众提供多样、便捷、适宜的纠纷化解方案，共同扎实推进多元解纷机制建设，与会单位要进一步提升参与基层社会治理水平，传承好新时代"枫桥经验"，不断推进人民法院调解平台"进乡村、进社区、进网格"工作，真正实现纠纷"止于诉前，解于萌芽"的治理目标，建立"法

大事记

院+社区+人民调解+公证"联合解纷机制,确保司法服务直达一线。

2023 年 11 月 8 日 为深入推进矛盾纠纷多元化解工作,南明区人民法院与小碧乡召开多元共治联合解纷工作推进会。区法院党组成员、副院长王平,小碧乡党委副书记、政法委员项毅,立案庭、双龙法庭、诉源治理工作相关负责人,小碧乡平安办主任及乡综治办工作人员参加会议并进行交流。推进会明确要建立联动化解矛盾纠纷工作机制,充分发挥"老法官之家"特邀调解员的专业特长和小碧乡的基层治理组织、调解组织熟悉社情民意的优势,形成乡派出所、乡司法所、综治中心等积极参与的政府主导、综治协调、多元联动、合力调解的工作模式,各自发挥职能优势,将人民调解的柔性治理和司法机关的刚性执法结合起来,形成多元共治、合力解纷格局,实现"小事不出村,大事不出乡,矛盾不上交"的目标,努力提升人民群众的安全感、获得感、幸福感。

2023 年 11 月 15 日 二戈寨人民法庭驻市交管局南明分局法官工作站揭牌成立。南明区人民法院党组书记、院长舒子贵与贵阳市交通管理局南明区分局副局长罗文武共同为法官工作站揭牌并致辞。区法院副院长韦娟、审委会专职委员何骧以及二戈寨法庭干警代表、市交管局南明分局干警代表参加了揭牌仪式。法官工作站工作目标为:一是密切联系群众的基层堡垒,也是主动延伸司法服务职能、挖掘司法潜能、发挥多元司法功能的重要体现。二是形成以"交警+调解员+法官"三调合一的工作模式。三是将继续以服务为基点,完善各项举措,切实担负起"维护一方稳定、保障一方平安、构建一方和谐"的重任,为维护社会和谐稳定提供更加有力的司法保障。

2023 年 11 月 23 日 贵阳市中级人民法院党组书记、院长任明星到二戈寨人民法庭就法庭建设及诉源治理工作情况进行走访调研。任明星院长指出,人民法庭应当坚持以习近平新时代中国特色社会主义思想为指导,立足新时代人民法庭"三个便于""三个服务""三个优化"工作原则,并提出四点要求,一要坚持党建引领,把握正确方向;二要深入推进诉源治理,积极融入基层社会治理;三要坚持司法为民,着力提升审判质效;四要坚持科技创新,将无纸化办公落到实处。

2023 年 11 月 27 日 贵州省高级人民法院印发《关于对新时代"枫桥式人民法庭"建设先进集体予以表扬的通报》,对全省 35 个先进集体予以通报表扬。其中，南明区人民法院花果园人民法庭获评新时代"枫桥式人民法庭"建设先进集体。花果园人民法庭运用"三力驱动"助力大型社区新时代枫桥经验工作提质增效、党建联动聚合力、数字赋能增活力、新型模式增效力法治思维和法治方式化解社会矛盾。花果园人民法庭经过两年探索，已逐步融入花果园片区社会综合治理的大格局中，成为这一超大型社区新时代"枫桥经验"工作模式推进的重要一环。

2023 年 11 月 29 日 中国建设银行股份有限公司贵阳河滨支行与南明区人民法院召开金额纠纷诉调对接工作联络会。双方就中心城区金融纠纷总量大、新类型解纷多、化解难度高等痛点、难点进行深入交流。双方明确，将进一步建立诉调对接联络机制，加强信息互通，深化协调联动。南明区人民法院党组成员、副院长王平表示法院将进一步强化诉调对接工作，充分发挥"老法官之家"调解团队及其他特邀调解组织的作用，积极化解各类金融纠纷，希望双方加强信息互享互通互动，积极畅通多层次金融纠纷化解途径，助力金融市场的稳定与发展。立案庭相关负责人、审判、执行部门员额法官代表参加会议。

2023 年 12 月 1 日 南明区人民法院党组书记、院长舒子贵组织召开办案绩效指标专题调度会，围绕当前结案攻坚工作形势，结合办案绩效指标态势，分析全院"提绩增效"工作开展情况，并对年终结案冲刺工作进行统筹安排。舒子贵强调，全院要紧紧围绕"公正与效率"主题，对标"案件质量提升三年行动"目标任务，从"三个强化"着力，促进审判质量全面提升。一是强化专业化团队建设，促进案件质量指标逐步优化。二是强化审限节点动态管控，实现办案效率指标稳步提升。三是强化判后释法答疑工作，推动办案效果指标向好发展。全院各审判部门逐步推进判后释法答疑工作，配合执源治理工作，实现服判息诉效果。以优异成绩在 2023 年全市法院业务类绩效考核中居前列、做表率，为 2024 年进一步推进"案件质量提升三年行动"奠定良好的基础。

2023 年 12 月 13 日 为深入践行新时代"枫桥经验"，充分发挥人民法庭司法审判和普法宣传的作用，提升人民群众安全感和对政法机关的满意度，南明区人民法院二戈寨人民法庭主动延伸司法服务触角，开展巡回审判活动，以"接地气"的审判方式，打通"司法为民"最后一公里。二戈寨人民法庭在市

大事记

交管局南明分局法官工作站公开开庭审理了一起机动车道路交通事故责任纠纷一案，并当庭对该案进行宣判，双方当事人对裁判结果均表示满意。二戈寨人民法庭坚持把非诉讼纠纷解决机制挺在前面，充分依托法官工作站，开展巡回审判工作，将就地开庭、以案释法、普法宣传一体推进，让庭审活动成为生动的普法讲堂，既有利于矛盾纠纷就地解决，亦通过典型案例的示范引领作用，实现"审理一案，教育一片"的良好效果，积极为基层社会治理现代化贡献智慧和力量。

2023 年 12 月 28 日 南明区人民法院特邀调解员将同一原被告三案合并巧调解，成功化解了三起离婚后财产纠纷案件。双方当事人离婚分割夫妻共同财产时在补偿、履行上产生了分歧，导致产生了相连的三起执行案件。经调解员沟通并组织调解后双方将夫妻关系存续期间关于公积金未明确归属、房屋补偿款、房屋过户等问题的三起执行案件一并化解，同时解决了双方当事人的三个执行案件，真正做到案结事了，减少了大量法律程序和诉讼费用，切实从源头上实质解纷。

2024 年 1 月 4 日 为扎实推进第二批主题教育走深走实，"理论宣传二人讲"走进立案庭，以《学习贯彻习近平法治思想的南明法院实践》为题进行宣讲，南明区人民法院党组成员、政治部主任杨志主持宣讲活动，立案庭全体人员参加。会上，"理论宣传二人讲"宣讲人覃烨和汪西琳从学习贯彻习近平法治思想、围绕中心服务大局筑牢政治忠诚、围绕"公正与效率"主题推进新时代法院工作高质量发展、围绕新时代"枫桥经验"推进诉源治理、围绕忠诚干净担当建设法院队伍五个方面，结合视频播放，图文并茂地介绍了南明区人民法院在新时期、新征程上坚持以习近平新时代中国特色社会主义思想为指导，深入学习贯彻习近平法治思想，推动法院工作高质量发展的生动实践，为现场干警上了一堂理论丰富、实践生动，指导性和实用性兼具的理论宣讲课。

2024 年 1 月 18 日 南明区人民法院立案庭召开 2023 年工作总结暨 2024 年工作部署推进会，院党组成员、副院长王平出席会议并讲话，立案庭全体人员参加会议。会上，庭长闵文超通报 2023 年立案庭各项工作开展情况及存在的问题，要求全庭人员要增强纪律意识、规则意识，持续改进司法作风，秉承"我为群众办实事"的司法理念，把工作落到实处，推动立案诉服各项工作稳中有进、提质增效。副庭长廖芳从诉前调解、诉讼服务、案件分流、满意度调查回复、诉服平台指标等方面组织大家学习，并提出深入推进诉源治理工作的打算和安排。副庭长周叶组织大家学习新修订的《中华人民共和国民事诉讼法》。王平对立案庭2023年工作给予充分肯定，并对2024年的工作提出三点要求：一要以更高政治站位推动工作，二要以更强业务能力推动工作，三要以更实司法作风推动工作。

2024年1月23日 为总结2023年诉源治理暨"枫桥式人民法庭"创建工作，安排部署2024年工作，南明区人民法院召开诉源治理暨"枫桥式人民法庭"创建工作推进会。会上，大家积极建言献策，各人民法庭庭长分别就2023年诉源治理工作开展情况、"枫桥式人民法庭"创建工作及2024年工作打算进行了汇报。何骧提出，大家要坚持党的全面领导，充分发挥"枫桥式人民法庭"制度优势，加强宣传，有针对性进行走访，为辖区经济社会的发展提供高质量的司法服务和保障。有思路有措施地进行2024年的工作安排。韦娟表示，创建"枫桥式人民法庭"是近年来工作重心，已经创建的争取百尺竿头更进一步创建全国"枫桥式人民法庭"，未创建成功的争取在2025年创建省级"枫桥式人民法庭"。同时，五个法庭要拧成一股绳发挥1+1>2的作用，共同制定培训方案，加强婚姻家事纠纷类型的调解。王平对大家2023年取得的成绩表示认可及感谢，对推进"枫桥式人民法庭"创建工作提出了三点要求：一要提高政治站位，认识到开展诉源治理及枫桥式人民法庭创建工作的重要性；二要坚持创新，拓展新的路径思考；三要不断总结提升，完善诉源治理、枫桥式法庭机制。

2024年1月24日 南明区人民法院"老法官之家"特邀调解员田静成功化解一起标的高达415万元的民间借贷纠纷案件。高某和刘某是多年生意往来的朋友，刘某因经营生意需要周转向高某借款415万元，由于刘某经营失败，没有及时偿还，高某无奈诉至法院。调解员从情理与法理两方面着手展开调解，及时有效化解了矛盾纠纷，让本是好朋友的双方当事人冰释前嫌，握手言和。

2024年2月 二戈寨人民法庭和永乐人民法庭成功调解原告衡某与被告李某借款纠纷案、何某华与何某良矛盾纠纷案，二案当事人相继赠送锦旗致谢法官。一面锦旗，一个故事，一份温暖，一种激励。一面小小的锦旗不仅是人民群众对法院工作的认可，也更加坚定了法院干警致力为民排忧解难、化解矛盾纠纷的信念。南明区法院将继续坚持司法为民的理念，切实为群众办实事解难题，把公正和效率落实到司法实践的每一个细节，让人民群众切实感受法律的威严与温度，更好地促进社会和谐稳定。

2024年3月8日 贵州省高级人民法院党组成员、副院长雷勇率省委党校第63期厅级干部进修班课题组赴南明区人民法院花果园人民法庭就诉源治理、法庭建设、矛盾纠纷化解等工作开展调研并组织座谈。雷勇表示，花果园法庭取得当前的治理成效实属不易，这主要得益于党委政府的坚强领导和支持。花果园法庭立足基层社会治理，践行能动司法理念，以解纷减诉为目标，对区域集中涌现且具有代表性的矛盾纠纷分类梳理，通过诉前调+示范判，将大量矛盾纠纷化解在诉前，摆脱了案件高发的困境，争取到了矛盾纠纷化解主动权，也取得了良好的工作成效及社会效果，为本次课题组调研提供了内容丰富、数据翔实的参照样本。雷勇强调，南明区人民法院要在"老法官之家"的基础上引入行业调解，借助专业调解在司法确认方面再探索，纵深推动诉源治理工作。要创新工作方法，在矛盾纠纷多元化解方面持续发力，提升实质解纷水平，为辖区经济发展提供更为有力的司法保障。要夯实人民法庭建设，结合派出法庭的地域特点，因地制宜开展普法宣传、文化创建，力推花果园法庭诉源治理工作法成为超大型社区综合治理的标杆样本。

2024年3月21日 二戈寨人民法庭受理的原告万某诉被告中国某安财产保险股份有限公司、吴某、游某机动车道路交通事故责任纠纷一案，在贵阳市交管局南明分局法官工作站开庭审理，并当庭调解，取得案结事了人和的良好效果。群众利益无小事，一枝一叶总关情。南明区人民法院将持续坚持和发展新时代"枫桥经验"，围绕"公正与效率"主题，秉持"如我在诉"的司法理念，用好"情、理、德、法"四字诀，对涉及民生权益案件做到"应调尽调"，同时加大对人民调解、行业调解的指导力度，充分发挥调解在矛盾纠纷预防化解中的基础性作用，推动矛盾纠纷化解在基层、化解在萌芽状态，为"实质解纷"按下快捷键。

2024年4月12日 南明区人民法院邀请辖区内工商银行、邮政银行贵阳分行、中国银行南明支行、建设银行河滨支行等17家银行召开金融案件审判工作座谈会。会议强调，金融案件的源头化解与高效审理离不开各金融机构的支持与配合，当前金融纠纷案件多发、类型繁杂，需要各方共同防范化解，希望各方加强联动，强化共商共治。同时，完善法院、金融机构的沟通联络机制，坚持问题导向，同向发力，推动金融纠纷"就地化解、源头化解、实质化解"，努力构建金融纠纷源头治理新格局，为切实化解金融风险、维护稳定金融秩序、助力优化法治化营商环境贡献力量。

2024 年 4 月 25 日 南明区人民法院与修文县人民法院联合设立的大数据知识产权司法保护联系点在南明区亚太中心举行揭牌仪式。设立大数据知识产权司法保护联系点旨在精准对接贵阳市大数据产业创新保护需求，推动大数据知识产权纠纷多元化解。南明区人民法院将紧扣党委和上级法院决策部署，以大数据知识产权司法保护联系点为抓手，为相关部门及企业提供精准化、个性化、链条化、高效化知识产权保护服务：一是立足主责主业，打通大数据知识产权难点堵点，为当事人提供多样化纠纷解决路径；二是依托党委政府，推动大数据知识产权多元共治，做实"上下联通，左右联动"；三要围绕服务效能，助推大数据产业创新保护，做好矛盾纠纷预判和超前谋划应对。大数据知识产权司法保护联系点成立后，南明区人民法院将接续在诉源治理探索中积累的多元纠纷化解经验优势，创新大数据知识产权司法保护工作机制，建立健全大数据知识产权"严保护、大保护、快保护、同保护"格局，为保持贵阳市大数据产业在全国的先行优势、建设"数字活市"贡献司法力量。

图书在版编目（CIP）数据

南明区人民法院诉源治理研究／吴大华，舒子贵主
编．--北京：社会科学文献出版社，2024.6. --ISBN
978-7-5228-3778-9

Ⅰ . D926.22

中国国家版本馆 CIP 数据核字第 20243YP090 号

南明区人民法院诉源治理研究

主　　编／吴大华　舒子贵

执行主编／张　可

出 版 人／冀祥德
责任编辑／陈晴钰
责任印制／王京美

出　　版／社会科学文献出版社
　　　　　地址：北京市北三环中路甲 29 号院华龙大厦　邮编：100029
　　　　　网址：www.ssap.com.cn
发　　行／社会科学文献出版社（010）59367028
印　　装／三河市尚艺印装有限公司

规　　格／开 本：787mm×1092mm　1/16
　　　　　印 张：22.25　字 数：365 千字
版　　次／2024 年 6 月第 1 版　2024 年 6 月第 1 次印刷
书　　号／ISBN 978-7-5228-3778-9
定　　价／168.00 元

读者服务电话：4008918866